·"十二五"普通高等教育本科国家级规划教材·

·面向21世纪人力资源管理系列教材·

劳动经济学

（第5版）

Labor Economics

主　编　杨河清

副主编　张　琪

中国人民大学出版社

·北京·

总 序

由中国人民大学人力资源开发与管理研究中心组织全国人力资源管理领域著名专家学者编写的人力资源管理系列教材第五版以全新面貌与读者见面了。

中国人民大学人力资源开发与管理研究中心成立于2000年，聚集了学术界、政府研究机构的专家学者，致力于我国人力资源开发与管理研究。中心自成立以来，除了组织编写本系列教材之外，还翻译了我国第一套人力资源管理译丛。

改革开放以来，中国经济的高速增长为世人所瞩目。究其原因，学者们的共识是，成就主要源于两个因素：一是体制改革所造就的制度创新和激励机制；二是改革对生产要素，特别是劳动力要素的解放。改革使大量人力资源摆脱了旧体制的束缚，以各种方式投身于经济建设，使我国人力资源的优势得到充分发挥。正因为如此，在传统体制下从来没有被认为是一门科学的人力资源管理，在改革开放后特别是20世纪90年代以来，得到了企事业单位的高度关注。如何确定组织的人力资源战略、做好组织的人力资源规划，如何招聘、留住、开发以及激励组织需要的各类人才，如何把握好职位分析、绩效管理、薪酬管理等人力资源管理中的关键环节，如何建设良好的组织文化，已经成为企事业各级领导考虑的最重要的问题。随着移动互联网的发展、全球化步伐的进一步加快、人工智能等最新科学技术的发展以及90后开始大量进入职场，各种组织的人力资源管理面临诸多新的挑战，很多组织的人员数量增长可能会逐渐停止甚至下降，但对员工的质量要求却大大提升，这就对组织的人力资源管理水平提出了更高的要求。

从我国改革开放40年的历程中可以清楚地看到，人力资源的确是推动中国经济发展的最重要资源，堪称“第一资源”。更为重要的是，如今，我国自然资源的人均占有量与世界相比并不占优势，国民财富生产中自然资源消耗水平已经很高，可以毫不夸张地说，我国经济与社会实现可持续发展的唯一出路在于进一步发挥人力资源的优势。需要指出的是，发挥人力资源优势并不像有些人所想象的，只是靠廉价的人工成本去竞争。世界各国发展的经验已经证明，人工成本必然会随着经济发展水平而不断提高。一个国家的人力资源优势主要体现在两个方面：一是人力资源的教育素质，它体现为潜在的生产力；二是对已经实现就业的人力资源的管理水平，它体现为对人力资源的开发利用程度。我国的教育，特别是基础教育，在世界上是有竞争力的，培养了一支高素质的劳动力队伍。而我国的管理水平，尤其是人力资源管理水平，与世界发达国家相比差距仍然较大。因此，提高我国企事业单位以及政府机构的人力资源管理水平是发挥我国人力资源优势的当务之急。近几十年来，我国几代领导人都强调人才对于国家发展的重要作用，人才是第一资源日益得到广泛的认同，国家领导人一再强调的人才强国战略更是将人力资源和人才问题提升到整个国家战略的高度。

为了提高我国人力资源管理水平，我们通过翻译教材与专著、邀请外国专家讲学等方法，努力将发达国家在人力资源管理方面的先进理念和经验介绍到国内。但是，人力资源管理是管理学诸学科中受到一个国家文化传统影响最大的领域，对人的管理必然受到社会价值观念、法律制度、人文传统等方面的影响，因此，仅仅依靠舶来品是不能真正解决自身问题的。

中国的管理学经过 30 多年的恢复和成长，已经到了建立具有自身特色的符合中国文化的管理理论的时候。鉴于管理学的文化根基特征，可以说，建立中国特色管理理论的关键在于建立具有中国特色的人力资源管理理论。

总而言之，无论是提高我国人力资源管理水平，还是建立具有中国特色的管理理论体系，都需要培养大批具有先进管理理念、掌握科学管理方法的人力资源管理专业人才。近年来，社会对人力资源管理专业人才的需求一直名列高校毕业生需求榜的前列。旺盛的需求同样导致供给的增加。据统计，自 1993 年中国人民大学在我国开设第一个人力资源管理本科专业以来，到目前为止，全国已经有 500 多所高校开设了人力资源管理本科专业，人力资源方向的硕士和博士培养也已经上规模。尤为可喜的是，不仅面向私营部门的人力资源管理专业人才培养日渐成熟，面向公共部门的人力资源管理专业人才培养也已经在很多高校中渐成规模，并且对公共部门人力资源管理水平的提高发挥了积极的作用。从 2001 年开始出版的本系列教材的第一版，到目前为止已完成了四次全面的再版修订工作，本套教材对于满足我国各高校人力资源管理专业的教学需要起到了非常积极的作用，得到广大教师和学生的一致好评。

优秀的教材必须随着社会经济的发展与教学改革的深化而不断完善。我们根据作者的教学体会和使用的教师对本系列教材第四版的反馈，组织了这次重新修订工作。本系列教材从一开始起步阶段，就在编写中把握了以下三个重要原则：第一，优选教材作者。本系列教材的作者不拘泥于一个学校，而是从我国各著名高校中最早从事人力资源管理教学与研究的著名学者中遴选，每位作者必须是在人力资源管理的相关领域或模块中的真正专家。同时要求这些学者必须亲自主笔，以保证教材的质量。第二，优化教材体系。本系列教材包括《人力资源管理概论》《人力资源战略与规划》《组织行为学》《工作分析的方法与技术》《人力资源战略与规划》《培训与开发》《战略性绩效管理》《薪酬管理》《劳动经济学》《劳动关系》等，既可以满足人力资源管理专业的学生系统学习人力资源管理知识的需要，也可以为非人力资源管理专业的管理类学生根据需要选用。第三，重视本国案例的运用。最近几十年来，随着我国市场经济的长足发展以及企业人力资源管理水平的不断提高，涌现出大量有价值的本土化人力资源管理案例。因此，在修订时，我们特别强调多运用中国改革开放以来的案例，以帮助学生更好地理解和掌握相关理论与方法。

尽管已经付出了很大努力，我们仍然清楚地认识到，这套教材还存在许多可以不断完善和修改的地方。我们真诚地希望广大读者不吝赐教，提出修改意见和建议，使之日臻完善，以更快地推动我国人力资源管理水平的提高。

董克用

中国人民大学人力资源开发与管理研究中心

第 5 版前言

本教材第 1 版 2002 年由中国人民大学出版社出版发行以后，受到广泛欢迎，并承蒙专家们的高度评价，于 2004 年被评为北京市高等教育精品教材，2006 年和 2014 年分别入选普通高等教育“十一五”“十二五”国家级规划教材。

2014 年第 4 版面世以后，本教材继续广受欢迎，据不完全统计，全国已有上百所大学的本科生、研究生使用了本教材。教材从初版至今 16 年间，重印 18 次，发行量已逾 20 万册。本教材长期受到厚爱，作为编写者，我们既对读者深表谢意，为教材能为我国劳动经济学的普及和教学、科研做出贡献而感到欣慰，也为教材仍然存在这样那样的问题而感到不安。

第 4 版问世以来，4 年多的时间过去了，伴随社会经济发展到一个新的阶段，国家对民生问题愈加重视，社会各方对民生问题愈加关注，民生问题的改善与解决愈加紧迫。经济学中直接针对民生问题进行分析，解读就业、收入分配、人力资源开发、劳动者保障的劳动经济学在我国受到了前所未有的重视。我在 2002 年第 1 版前言开篇伊始所讲到的“在我国的某些专业人士中出现了‘劳动经济学没用了’的说法，有人甚至认为劳动经济学已经成为一门没有前途的、落后于时代的学问”的看法，随着社会的需要、理论与实践的发展早已销声匿迹。

4 年多来，伴随社会经济的发展，伴随学界对劳动经济领域问题更深入的研究和理解，劳动经济学科又有了新的进步，一些新的探索、新的解释、新的观点和认识已被广泛接受，将这些基本成熟的内容纳入教材的时机已经来临。吐故纳新，订正错误及不妥，让《劳动经济学》能够更好地在新的时期为社会进步、为人才培养、为学科发展服务，再次修订显得很有必要。

本次修订保持了教材原有的基本框架，修订主要集中在第 4 章（杨河清、王欣）、第 6 和第 7 章（黎煦）、第 8 章（张琪）、第 9 章（吴江）、第 11 和第 12 章（詹婧），对习近平新时代中国特色社会主义思想和党的二十大精神，近年国内外劳动经济学领域出现的新思想、新理论、新方法、新材料加以梳理，尽量将其中适宜的内容吸收进入本教材，对原教材中发现的问题加以改进，对原教材中已经明显陈旧的内容进行删改。本次修订面达到了原教材的 30%以上，使教材得到较大的优化。

感谢读者，他们认真地阅读，积极地思考，并且善于提出自己的见解，指出教材的错误或不妥之处，对教材的精益求精给予了莫大的帮助。

限于编写者的水平，本教材仍会存在缺陷，望读者批评、指正。在编写过程中，我们参考了大量的文献，谨向这些文献的作者表示衷心的感谢。另外，中国人民大学出版社的熊鲜菊编辑为本教材编写倾注了许多心血，在此谨致谢意。

杨河清

第1版前言

一

近年来，在我国的某些专业人士中出现了“劳动经济学没用了”的说法，有人甚至认为劳动经济学已经成为一门没有前途的、落后于时代的学问。产生这种现象的原因一方面可能与几年前随着教育部大学专业设置的调整，“劳动经济”从本科专业系列中消失的影响有关；另一方面，似乎也与这几年社会更多地关注财富本身，而较少关注财富产生的最根本的原因和基础劳动有关。我们不认为劳动经济学是落后于时代的学问，更不认为劳动经济学没用了；相反，由于经济与社会的迅速发展，劳动问题作为社会、经济的一个永恒主题，其重要性、复杂性和多变性更加凸显出来。为了从经济学的角度科学地解释重要且复杂多变的劳动问题，现在更需要劳动经济学，更需要能够适应时代要求的劳动经济学。在我国，由于历史方面、专业知识内容方面以及实际业务归口方面的原因，在劳动经济专业基础上形成和发展了人力资源管理和社会保障两个颇受瞩目的专业。考察人力资源管理专业的发展，可以看到，20世纪60年代，劳动经济专业中出现了劳动管理课程。80年代初，伴随我国干部制度的变革和大学教育对人事管理人才培养的介入，劳动经济专业中出现了人事管理方面的课程，进而有了人事管理方向和人事管理专业。80年代后期，干部、工人之间身份管理色彩开始淡化，为了整合劳动力资源，我国的劳动经济和人事管理理论中出现了全面劳动人事管理的内容。与此同时，适应市场经济的与人的开发、劳动力的配置和管理密切相关的人力资源方面的知识、理论和理念逐渐传入我国。进入90年代，人力资源管理逐渐替代了劳动管理和人事管理成为一门蓬勃发展、备受关注的学科，并在大学专业调整中成为新的本科专业。作为大学的一个专业，“社会保障”出现得比较晚，直到1999年才第一次正式进入大学本科和研究生专业目录。但是，作为一门课程和研究方向，“社会保障”在20世纪80年代已经进入了一些大学劳动经济专业的课堂。人力资源和社会保障专业的迅速发展，使人们在一定程度上忽视了劳动经济学。但是，影响大学专业变化的因素，除了学问本身之外，还有其他诸如制度的、管理的、社会的变化等许多方面。从学问角度而言，劳动经济学不仅依然是人力资源管理和社会保障等学科的主要的经济学基础，而且依然从应用经济学的角度强有力地支持着这些专业的发展。除此之外，劳动经济学自身研究的核心对象——劳动力市场和劳动关系方面的变化和问题依然深深地吸引着大批学者和专业人士为其贡献智慧与力量。

劳动经济学是经济学的重要分支，是一门研究劳动的人的学问。“如果认为人们通过劳动创造出价值，将这些价值进行整合的机制就是经济，那么，研究这种机制与结构的经济学几乎都与人们的劳动有关。从这个意义来看，大概可以说劳动经济学是经济学的根本。”① 经济学存在的基本前提是满足人们欲望的有效资源是稀缺的，如何使稀缺的有效资源能够达到最优配置以获得最大的产出是经济学研究的主要任务。劳动经济学以经济学的一个极其重要的特殊领域，即以劳动力资源的开发与优化配置为研究的核心对象，围绕劳动力市场和劳动关系展开分析、研究，进行解释。劳动力市场中的劳动力需求与供给、劳动的投入与劳动生产率、工资与就业、市场性劳动与家务劳动等问题与现象，以及影响劳动力市场运行和劳动关系变化的市场性因素、制度性因素、社会性因素等，是劳动经济学考察与讨论的主要范畴。

劳动经济学是一门与人们的工作和生活直接发生联系、与企业的经营管理高度相关、与政府的社会和经济政策密不可分的极有价值的实用学科。这门学科所涉及的基本问题在现代社会中几乎与任何人都有直接的关系。例如，为什么会有人失业，人们接受教育与职业培训的经济意义何在，什么因素影响人们的求职行为，什么因素影响人们参与市场性劳动的决策，劳动时间有哪些类型与变化，其经济学意义是什么，工资水平是怎样决定的，劳动力市场上为什么会有歧视现象等。“随着社会分工的不断细密，经济学科的门类亦多如牛毛，如金融、外汇、保险、投资、信息、各部门经济、微观经济、宏观经济等，但如果从切身的感性认识和个人的利害关系这个角度看，恐怕哪一个学科都难以和劳动经济学所研究的问题相提并论。”② 劳动经济学讨论、研究的问题不仅与人们的日常生活息息相关，也直接影响着企业及各类用人单位的经营与管理，影响着政府相关政策的制定与实施，影响着整个社会生活和经济生活。

鉴于劳动的极端重要性，世界著名的杜威图书分类法把经济学排为 330，劳动经济学排为 331，放在财政经济学、土地经济学、合作经济学、国际经济学等部门经济学之前，即放在各分支经济学的第一位。

二

伴随劳动经济学研究对象的日益复杂，作为分析方法和分析工具的劳动经济学也必然复杂起来。从我国劳动经济学发展的历程，可以清晰地看到这一点。在西方劳动经济学中，过去由商品交易导出的以数量为中心的供给需求分析框架可以直接应用于劳动问题，但是当人力资源能力的开发和运用的稳定性成为重要的课题时，以数量为中心的供给需求分析框架就无法完整准确地说明问题了。因此，除了与一般商品相同的供需分析之外，劳动经济学还必须考虑作为劳动力商品的承担者——人的特性和这种特性所导致的结果。

如果是一般商品，在交易完成后，即使市场价格下降，其品质并不会因此而下降，但作为劳动者，工资的下降却很有可能导致其工作积极性的下降，进而导致劳动生产率的下降。

---

① 岛田晴雄．劳动经济学．北京：北京经济学院出版社，1988：1.

② 卢昌崇，高良谋．当代西方劳动经济学．大连：东北财经大学出版社，1997：1.

作为“人”，就业后其自身能力和岗位的要求会发生相对变化，用人单位如何提高员工的有效能力，如何高效地发挥员工的有效能力成为重要的课题。另外，与标准化、规格化了的一般商品不同，包括知识、教养、能力、道德、体能等内容的人的素质是多样化的，劳动力商品的质量——每个劳动者的素质很难简单地了解和把握。

劳动力商品的特殊性源于这种商品与其供给者——劳动者不可分割的性质，从这一根本性质中又派生出许多其他特性：(1) 劳动力能够持续地成为商品，其载体——劳动者本身的生存必须得到维持，因此首先必须保证每天最起码的维持生活的物质条件；(2) 劳动力在物理属性上依存于单个劳动者，将劳动力从劳动者身上剥离出来是不可能的；(3) 劳动力的日常再生产是以家庭为基础的，如子女的长期性再生产是通过家庭生活来完成的；(4) 与雇主相比，在很多情况下，劳动者缺乏关于市场条件等方面的信息。

劳动力商品的上述特性使劳动力市场至少具有了两个非常重要的特点。(1) 雇主与劳动者在劳动力市场上的力量关系在多数情况下明显向雇主方面倾斜。由于劳动者既不能把劳动力从自身剥离出来，又不能储存它，而且为了获得收入还必须出卖它，因而在劳动力需求不足时劳动者就会处于极其不利的地位，再加上劳动者一般比雇主缺乏市场信息，他们的谈判地位进一步削弱。(2) 市场的不稳定。不论劳动条件多么恶劣，劳动者都必须获得收入进行自身的劳动力再生产；不仅如此，在很多情况下，他们还必须承担养家糊口的责任。因此，如果工资等劳动力市场状态恶化，为维持必要的收入，他们只好工作更长时间，乃至家庭其他成员参加有酬市场性劳动，以弥补收入的不足。于是，有可能出现市场的劳动条件越差⟶劳动力供给越增加⟶工资越下降这种不稳定的市场状态。

伴随着经济全球化和国际分工的发展，国际竞争日益激烈，产业结构的调整成为各国发展经济的重要手段，与过去相比，产业结构的变化更加频繁、更加剧烈。这样，更容易出现有些行业、企业人员富余，而有些行业、企业人员不足的现象。如果劳动力是等质的，将仅仅构成数量余缺调整的问题。在这种情况下，从人员多余的行业、企业转移一些劳动者到人员不足的行业、企业中去，问题便可得到解决。如果问题解决不了，其原因只能是存在着某种阻碍劳动力流动的制度，那么，只要改变不适当的制度即可。

然而在现实中，问题并非这样简单。现实中的人、现实中的劳动力，其素质是异质的。这样，解决产业、行业、企业间劳动力合理分布的问题就变得复杂起来。例如，对那些掌握着非通用的特殊技能的劳动者来说，向其他行业、企业转移的结果将不可避免地形成技能下降的状态，导致劳动条件的恶化。对企业来说，如果因一时劳动力需求减少而解雇员工，会造成企业人力资本投资的丧失；并使员工对企业的忠诚度、归属感下降；同时，员工的轻易跳槽也会抑制企业在人力资本方面投资的热情。

劳动力市场的特性在现实中导致了与失业、恶劣的劳动条件、低工资、收入差距过大等有关的一系列社会经济问题的产生与发展。为解决这些问题，各种各样的法律、法规、政策以及工会制度和活动介入到劳动力市场中来，形成制度化的劳动关系。劳动经济学研究中最令人关注的是市场上的各种力量、制度、政策。换言之，阐明市场与人的结合关系是劳动经济学最根本的任务。

为了正确、合理地分析、解释各种与一般商品不同的劳动力商品所产生出来的问题，劳动经济学除了要利用对一般商品有效的供需关系分析方法之外，还必须建立起包括劳动者的异质性、就业愿意、劳动关系等新视点的理论框架和自己独特的分析、研究方法。

三

据统计，改革开放以后，我国大学的劳动经济学教材已有十余个版本，既有我国国内学者的作品，也有从国外引进的品种。国外引进的主要是苏联、美国、日本等国教材的译本。我国学者编写的教材按其主要内容大致可以分为两类，一类是20世纪50年代（基本上是未正式出版的讲义）至80年代末期的教材，主要反映我国计划经济时期和经济转轨变型初期劳动经济的理论和一些政策等，从教材的体系、范畴、讨论的问题要点等方面来看基本上是苏联的模式。另一类是近十年出版的教材。这些新出版的教材更多地以市场劳动经济学的理论为基石，以美国的劳动经济学教材为蓝本，设计其框架结构和内容体系，比较多地介绍了当代主流劳动经济学的主要视点、理论和研究方法。上述各种教材对促进我国不同时期劳动经济学教学和科研起到了积极的作用。

本书在积极吸收国内外各类教材的优点、保持理论体系相对稳定的基础上，突出体现了我国劳动经济领域的现实与近年来的研究成果，同时注意反映国外已基本成熟的新理论、新观点。在理论说明所需资料的使用上，尽可能使用我国的有关材料与数据，在利用国外资料时，不仅利用美国的，也注意挖掘有特色的日本的以及其他国家的资料。本书力求不仅介绍理论和分析工具、分析方法，更要将其与实际及读者关心的各种劳动问题相结合。在章节安排上，本书特别增加了“劳动时间”和“劳动经济学的形成与发展”两部分内容。另外，本书把劳动力需求作为全书论述的先导，而一般劳动经济学教科书始于劳动力供给的讨论。毋庸置疑，劳动力的需求与供给行为是相互关联、相互影响的。从长期的观点来看，劳动力供给决定着一国整体的生产力和企业的竞争力，对社会与经济的发展发挥着巨大的作用。但是，从短期看，在景气波动与市场的变化中，以及在用人制度等方面，相对于单个劳动力供给者来说，企业等劳动力需求方扮演着主要的角色，劳动力供给者处于相对被动的地位。在这种认识的基础上，本书首先展开对劳动力需求的考察。

杨河清

2001年1月

目 录

第1章 劳动力需求

企业进行物质产品的生产，提供各种服务，必须有生产要素的投入，既需要土地、资本，又需要劳动力。在此，需要指出的是，劳动力的需求只是劳动需求的一个组成部分，劳动力作用发挥的程度与劳动时间、劳动强度紧密地联系在一起。劳动力、劳动时间、劳动强度的结合形成劳动量。关于劳动时间和劳动强度的说明将在第4章展开。本章在把劳动时间和劳动强度的差别抽象掉的前提下，考察劳动力需求的各方面问题。

第1节 劳动力与劳动力需求

一、劳动力的含义

（一）劳动力的概念

马克思在《资本论》第一卷对劳动力作了如下定义："我们把劳动力或劳动能力，理解为一个人的身体即活的人体中存在的、每当他生产某种使用价值时就运用的体力和智力的总和。"[①] 这个定义说明：

（1）劳动力是人所特有的一种能力。自然界的任何能力，无论是风力、水力、畜力，还是电磁力、化学力、核动力以及电脑表现出来的人工智力，都不能称为劳动力。这些自然力不管有多么强大、多么精确，不管能在多大程度上代替人的劳动力，或者模仿人的劳动力，它们都只能是劳动手段，而不是劳动力。

（2）劳动力是存在于活的人体中的能力。劳动力的存在是以人的生命和健康为基础的。也就是说，人是劳动力的承担者，但并不是任何人都是劳动力的承担者，只有达到一定的成熟程度、具备一定的健康条件、能够参加社会劳动的人，才是劳动力的承担者，才具有劳

① 马克思，恩格斯．马克思恩格斯全集：第44卷．北京：人民出版社，2001：195.

动力。

（3）劳动力是人在劳动中所运用的能力，也就是马克思所说的人在生产使用价值的活动中所运用的能力。这就把人的劳动力和人的其他能力区别开来了。并非人的一切能力都是劳动力，劳动力只是人的能力的一部分，是人在劳动中运用和体现的能力。人在其他活动和交往中运用和体现的能力，则不是劳动力。研究人的能力结构中劳动力所占的位置，提高人的能力结构中劳动力所占的比重，在人的能力开发中着重开发人的劳动力，都是劳动经济学所要解决的课题。

（4）劳动力是人在劳动中运用的体力和智力的总和。劳动力由体力和智力两部分组成。人的躯体活动产生体力，人的头脑活动产生智力。躯体活动受到脑力活动的指挥和控制；而头脑活动要通过对躯体活动的支配来反映和实现。因此，一切劳动都要同时耗费体力和智力，没有只耗费体力而完全不耗费智力的劳动，也没有只耗费智力而完全不耗费体力的劳动。

（二）与劳动力相关的概念

1. 劳动

劳动是指人类使用生产资料创造自身生存和发展所必需的物质财富和精神财富的有目的的活动。这种活动的实现以劳动力的使用作为前提条件之一。劳动是人类独有的活动，劳动的起因和动力在于人类自身的需求。

2. 人口

人口指的是生活在一定社会和一定区域的人的总和。从本质上说，人口是全部社会行为的主体，是一切社会生活的起点和基础。人口和经济、政治、文化、伦理、宗教、地理、生态、环境等因素互相影响。人口包括一切有劳动能力的人和无劳动能力的人，而不管他们的年龄大小、健康状况以及是否参加社会劳动。人口是向国民经济提供劳动力的源泉。人口的数量和质量决定着劳动力资源和劳动力的数量、质量。

3. 劳动适龄人口

劳动适龄人口指的是人口中处于劳动年龄的那一部分人口。如前所述，并非任何人都是劳动力的承担者，只有在一定成熟程度范围内的人，才是劳动力的承担者，这种成熟程度的基本标准就是年龄。人出生后经过发育，成长到开始具备劳动能力的年龄，是劳动年龄的下限。而人继续成长发展逐步衰老，开始丧失劳动能力的年龄，是劳动年龄的上限。处于劳动年龄上限和下限之间的人口就是劳动适龄人口。

劳动年龄的上限和下限通常是由国家规定的。由于各国的国情不同，具体规定也是不同的。比如，从下限看，美国规定为16岁，日本、英国规定为15岁，热带地区的有些国家还要早些，如菲律宾规定从10岁起就算劳动年龄了。我国把16岁规定为劳动年龄的下限。对于劳动年龄的上限，在我国是按法定退休年龄规定的，也就是把男性60岁、女性55岁作为劳动年龄的上限。

劳动年龄的上限和下限不是固定不变的。随着生产的发展、文化教育水平的提高和对劳动力质量要求的提高，劳动年龄的下限会提高；随着人的体力劳动的减轻和寿命的延长，劳动年龄的上限也会有所提升。

在前述劳动力本质含义的基础上，人们经常把具有劳动能力的人称为劳动力。因此，经济学进一步把人口中劳动适龄人口划分为劳动力人口和非劳动力人口（详见第2章第1节）。

4. 劳动力资源

劳动力资源是指能够从事各类工作的劳动力的人口，它是劳动力人口的数量和其平均质量的乘积。劳动力资源有数量和质量两个方面。所以，判断一国劳动力资源量的大小，不应只考虑它的数量，还应考虑劳动力人口所具有的平均素质。

劳动力资源还可分为潜在的劳动力资源和现实的劳动力资源。所谓潜在的劳动力资源，是指一个国家或地区在一定时期内拥有的具有劳动能力的劳动适龄人口的总体。在劳动适龄人口总体中，丧失劳动能力的人，如残疾人、精神病人等都不算劳动力资源。劳动年龄以外的未成年人和退休老人，一般不属于劳动力资源，但那些虽未达到劳动年龄而实际参加劳动的人，以及超过劳动年龄而仍在从事工作的人，也算作劳动力资源。如未成年工、重新被聘用的退休职工、农村中的半劳动力和辅助劳动力等都是劳动力资源。因此，潜在的劳动力资源 ＝ 劳动适龄人口中具有劳动能力的人口 ＋ 劳动年龄以外实际从事劳动的人口。

所谓现实的劳动力资源，是指一个国家或地区实际可以动用的劳动力资源。它等于从潜在劳动力资源中减去那些虽具有劳动能力但由于种种原因没有从事社会劳动的人，例如从事家务劳动的妇女、在校学习的青年学生等。

劳动力资源是人力资源的一部分，人力资源还包括尚未成为劳动力（主要指未达到劳动年龄的未成年人），但未来能够成为劳动力的人口。在劳动力资源中还有由一些在某个工作领域中已经或未来有很大的可能做出较大贡献的人群所组成的人才资源。劳动力资源不等于劳动适龄人口，后者的划分标准只有一条，即劳动年龄的上下限，凡处于劳动年龄上下限之间的均属于劳动适龄人口，而劳动力资源除了劳动年龄这一标准之外，还有是否具有劳动能力这条标准。虽在劳动年龄的界限内但不具备劳动能力的人口，不包括在劳动力资源的范围之内。此外，劳动年龄之外实际从事劳动的人属于劳动力资源，但不属于劳动适龄人口。

劳动力资源也不同于社会劳动力。社会劳动力是指一个国家或地区内实际从事社会劳动的人口。显然，劳动力资源较广泛，而社会劳动力的范围较狭窄。在西方国家，把社会劳动力称为经济活动人口，它是指参与生产各种产品和提供各种服务等创造经济价值的活动的人口。

二、劳动力需求的基本概念

所谓劳动力需求，是指一定时期内，在某种工资率下雇主愿意并能够雇用到的劳动力的数量。有三个问题与劳动力需求的概念密切相关。

（一）劳动力需求是派生性需求

劳动力需求是一定条件下吸收和容纳的劳动力。雇主需要多少劳动力从根本上说并不是由其主观意志决定的，而是由市场对其提供的产品和服务的需求所引起的。

首先，劳动力需求是生产活动的需求。任何生产活动必须有一定数量的生产资料，如厂房、机器设备、材料、燃料等，同时还必须有相应的使生产资料转化为商品的一定数量的劳动力。劳动力提供的劳动是任何生产活动不可或缺的，劳动力需求是生产要素需求的组成部分，劳动、资本、土地、技术、信息等一起构成生产要素。

其次，劳动力需求是对物质产品和服务需求的一种派生需求。在市场经济中，企业之所以雇用劳动力，是因为劳动力与其他生产要素相结合，就能够提供市场所需要的产品和服务。因此，劳动力需求产生的直接基础在于产品和服务的需求，劳动力需求是由产品和服务需求派生而来的。换言之，企业对劳动力产生需求，是因为社会对物质产品和服务有所需求，如果没有后者，便谈不上前者。很显然，一个社会对物质产品和服务的需求（即总需求）越大，在一定的技术条件下，企业对劳动力的需求会相应增大；反之则减少。在其他条件不变时，劳动力需求水平随社会对物质产品和服务需求的变动而变动。

因此，任何对劳动力需求的分析，都必然要涉及对劳动产品需求的分析。因此，劳动力需求的分析要联系生产过程（这里的生产过程是包括流通过程的广义概念）的分析来进行，从这个意义上说，可以认为劳动力需求的理论是关于生产的理论。

（二）边际生产率理论是劳动力需求理论的支持理论之一

劳动力需求的派生性说明劳动力需求水平随产品和服务需求的变动而变动，但是在企业能生产出更多数量的产品和服务，并使用更多数量的劳动力时，很多情况下雇主不愿这样做。这是为什么呢？边际生产率理论表明，雇主对劳动力的需求不单纯是由工厂生产产品和服务的需要决定的，雇主对于实际产量的决策必须根据收益和成本的对比分析才能做出。同样，雇主对劳动力的使用也要根据对增加劳动力所花费的成本和其所能增加的收益的比较。

边际生产率理论的核心是要对某种生产要素的边际收益和它的边际成本作比较，以便作决策。当它用作分析劳动力需求时，只要劳动的边际收益大于劳动的边际成本，雇主就会增雇劳动力。

边际生产率理论发生作用的前提是技术水平不变，即假定生产的其他要素不变，唯一可变的生产要素是劳动投入。离开了这一前提，边际生产力递减规律不能成立。这种抽象并不影响问题的分析，而是使问题得到简化。

同时，边际生产率理论还以雇主追求利润最大化这个前提为基础。在企业追求利润最大化的动机促使雇主增加劳动力时，要使劳动的边际收益等于其边际成本。

（三）劳动力需求是意愿和支付能力的统一

劳动力需求不能等同于劳动力需要。从经济学角度来说，需求和需要是两个不同的概念。需要是指一种不需要以货币支付能力作为后盾的主观愿望。比如，某企业需要员工 1 万人，但是，该企业在现行工资水平条件下没有能力“购买”1 万个劳动力，因此，这不能构成该企业的劳动力需求。相反，需求是指购买者在现行价格水平条件下有能力并有意愿的购买量。因此，劳动力需求是指企业在不同的工资水平（即劳动力的价格）条件下，有能力并有意愿使用的劳动力数量，两者缺一不可。

劳动力需求与消费品的需求有很多相似的地方，它们都是购买意愿和支付能力的统一。消费者对某种消费品的需求，其直接目的是通过物品的消费获得某种满足。但劳动力需求的直接目的则只是为了生产剩余，也就是为雇主提供利润。当这种生产剩余的能力为零时，需求量不会再增加。在市场经济条件下，需求量的大小与价格水平存在着相互依存的关系，比较的标准是价格水平。只有在确定的时点、确定的价格水平下，才能谈到需求增加、减少还是不变的问题。因此，劳动力需求的价格尺度就是工资水平。

三、劳动力需求的分类

（一）劳动力的企业需求、行业需求和市场需求

对劳动力需求的说明，一般分三个层次展开，即企业需求、行业需求和市场需求。

劳动力需求的主体是企业。企业是从事生产或流通的经济单位，企业的行为目标是获取最大的利润。因此，企业家特别关心由于增加劳动力数量而引起的总成本变化，从而使总收入发生的变化。投入如果能使总收入的增加大于总成本的增加，企业将决定投入，因为这样会使企业获得更多的利润。反之，如果投入会使总成本增加更多，企业绝不会增加使用劳动力，因为这样会使企业受到损失。

行业劳动力需求是本行业企业劳动力需求之和，市场劳动力需求是劳动力市场上所有行业的劳动力需求之和。由于劳动力市场是劳动力需求方和供给方依据工资率这一要素价格信号自由进出的系统，一般而言，市场总是由为数众多的需方和供方组成。企业劳动力需求揭示了每种工资率下企业愿意雇用的劳动量；市场劳动力需求则表示在每种工资率下，某一市场，如建筑工人市场、纺织工人市场等企业劳动力需求的总和。市场需求是由企业需求叠加而成的，同样存在着劳动力需求量与工资率之间的反向关系。当然，市场结构不同，劳动力需求的形态也存在差异。

总之，三个层次的劳动力需求不仅范围不同，说明的问题也不同，而且由于工资率变化的影响程度不同，所以劳动力需求的特征也有所差别。

（二）长期与短期劳动力需求

在分析考察劳动力需求时，必须明确所分析的是短期需求还是长期需求。经济学中关于长期和短期的划分并没有一个确切的时间界限。所谓短期，是指资本存量不变，唯一可变的因素是劳动投入量，即把在资本投入量不会变化，技术条件也不变的条件下对劳动力的需求称为短期需求；长期则是指企业的一切生产要素，无论资本、技术还是劳动力要素都是可变的，即任何条件都可能变化。因此，工资、资本价格或产品需求等因素对长期劳动力需求所产生的影响比对短期劳动力需求更大、更复杂。可见，短期与长期都是功能方面的定义，而非计时性质的定义。它确定的是一个时期中哪些生产要素发生了什么变化，而不说明这个时期在时间方面的长短。例如，一个以纺织为主业的公司，将其主业调整为生物制药，各种生产要素都必须进行全面调整，所需时间很长；而一个生产化妆品的公司，将其灌装工序从人工改造为自动灌装线，不需要很长时间。但是在这里，由于两者的资本投入量都发生了变化，所以均被定义为长期。

四、关于劳动力需求的假设

在分析考察劳动力需求时，可以从不同的角度进行。既可以考察完全竞争条件下的劳动

力需求，亦可考察非完全竞争条件下的劳动力需求。在不同的市场条件下，劳动力需求的目标也不一样。但是，不管在何种条件下，劳动力需求的分析框架一般都是：先做一些基本的假设，然后考察劳动力需求的行为主体（企业，有时也包括政府等）为了达成其经营目标在劳动力使用方面所必须遵循的原则。这些基本假设包括生产技术的假设、组织目标的假设、市场环境的假设、劳动力是否同质的假设。

1. 生产技术的假设

或假设技术条件不变，或假设技术条件可变。假设技术条件不变在设计劳动力需求基本模型时是必须的，否则问题就会复杂化。后一种假设实际上是对前一种假设的放宽，这种放宽在对劳动力需求进行动态分析时无疑是必要的。

2. 组织目标的假设

在生产组织中，生产目标是其根本目标。企业的生产目标也是设计劳动力需求基本模型的一种重要条件。有关生产目标的假设，无外乎三种情况：利润最大化、人均产量最大化或总产量最大化。

在市场经济条件下，企业是一个独立的商品生产者和经营者，它要组织商品生产和销售，通过市场交换，弥补生产费用并获取盈利。因此，在经济理论中，企业经常被假定为一个追求利润最大化者或成本最小化者。我们认为，这一有关企业行为目标的假定，不仅仅适用于资本主义企业，社会主义企业在社会主义市场经济条件下也是如此。因此，企业生产经营活动就是企业按市场价格出售其产品、收回成本和取得盈利的活动。从这一定义中可以看出，企业对劳动力的需求是企业生产经营活动的一个重要组成部分。从劳动者个人与企业的关系来看，劳动力需求则是劳动者与企业建立劳动关系，实现就业的一个基础。当然，雇主的动机是复杂的。尽管大多数雇主的行为是受追求最大限度利润的动机支配的，但并不是所有的经营者都以追求最大限度利润为动机，非利润的动机和目标也可以影响雇主的行为。多项研究成果表明，许多经营者以对地位、权力、安全的追求为主要动机。一些雇主感兴趣的也许只是“令人满意”的利润，而不是最大的利润。这意味着他们规定的利润指标是以对“投资的合理回收”为基础的，这种利润指标也许低于可能获得的最大利润。

关于非生产性组织的目标假设，一般不能是利润等经济效益的最大化。例如公共部门，因其掌握着公共权力，如果其组织目标是部门经济效益最大化，将对整个社会的经济秩序造成巨大的破坏。公共部门的组织目标可以概括为服务最大化、财政收入最大化等。有关这方面的分析将在本章附录中进行。

3. 市场环境的假设

分析劳动力需求还要考虑到不同的市场状况。市场状况分为完全竞争性市场、垄断性市场和不完全竞争性市场三种。不同的市场状况下，影响劳动力需求的特征是不同的。因而，企业的劳动力需求也有所不同。关于劳动力需求的分析在市场环境方面的假设最常见的是，假定市场处于完全竞争的状态。

完全竞争的状态，是指一种竞争不受任何阻碍和干扰的市场状况：资源完全可以自由流动，市场主体可以完整、迅速地获得市场供求信息，企业和劳动者均可以自由地进入或退出某个行业，并且假设获得信息的成本为零，劳动力是同质的，劳动力面临的劳动条件是一样的。

市场是否处于完全竞争状态的一个最重要的条件是，市场有众多的供给者和需求者，市场任何一个主体的供给量与需求量占市场总量的比例很小，从而任何主体的交易均不能影响市场的价格。就劳动力市场而言，企业可以在市场工资率上雇用到想雇用的任何数量的工人。如果以低于市场工资率到劳动力市场上去购买工人，那么将雇用不到任何数量的工人。例如，一家企业多雇用几个劳动者或减少雇用几个工人，一些人进入劳动力市场或退出劳动力市场，均不影响市场的工资率，即市场工资率是不变的。

然而，上述假设只是为了简化分析的要点，以利于问题的明了。在现实的劳动力市场上，这种完全竞争的状态很难出现，这不仅是由于劳动力的异质性、信息的不完全性和不对称性，还因为工资率是变化的，它要受到劳动生产率、工会组织、政府政策等影响，进而影响到劳动力的供求状态。

4. 劳动力是否同质的假设

劳动力供给基本模型假设劳动力是同质的，也就是说，劳动力具有相同的质量。但是实际上，劳动力的异质性是劳动力市场最主要的特征。不仅有大量不同类型的劳动力分布在不同的技术、专业和职业岗位上，即使在同一职业岗位上、在同一职场中从事同样的工作，也没有两个劳动者是绝对相同的。

如果所有的劳动力都是同质的，那么只要有一个工人处于失业状态，就不会有劳动力的短缺。然而，在现实的劳动力市场上，一面是大量劳动者持续失业，一面在许多职业中又存在技术工人的短缺，产生了许多劳动力供给问题。尽管劳动力的异质性是普遍的、绝对的，但由于大量的工作并不排斥劳动力的相对微小的异质性，因此现实中广泛地存在着一种劳动替换另一种劳动的可能性，尤其是当训练、教育和经验得到充分利用时。所以，经济学家可以假定劳动力是同质的，以便于对劳动力供给进行分析。

五、劳动力需求表、需求曲线

企业在雇用劳动力时，企业愿意支付的工资率定义为劳动力需求价格。那么，将劳动力需求价格与劳动力需求之间的数量关系用表格的形式描述出来，就可以得到企业劳动力需求表。进一步假设工资率与劳动力需求量的变动无限可分，则可根据需求表画出企业劳动力需求曲线（详见表1-1和图1-1）。

表1-1　　劳动力需求表

工资率 w（元/小时）	劳动力需求量 D（人）	组合
2.0	2 400	a
2.5	1 850	b
3.0	1 450	c
3.5	1 150	d
4.0	900	e
4.5	700	f
5.0	550	g

说明：此表数据是依工资率与劳动力需求量的实际关系虚拟的。

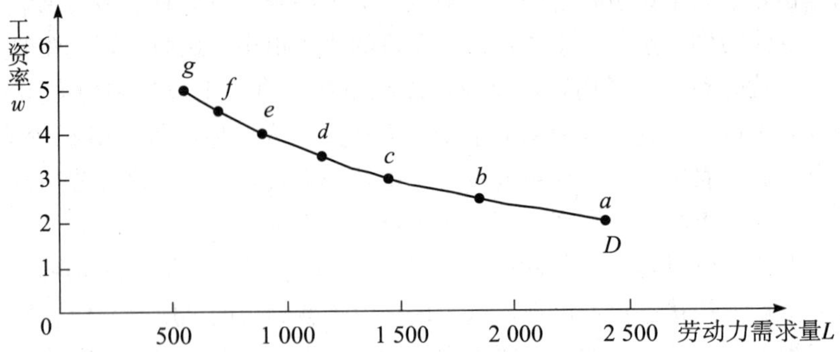

图 1-1 劳动力需求曲线

劳动力需求表和劳动力需求曲线是用表格和几何图形的形式表述劳动力需求的概念。

在图 1-1 中，横轴为企业劳动力需求量，纵轴为工资率，曲线 D 即为企业劳动力需求曲线。从劳动力需求表和需求曲线中可以看到，当工资率由 2 元/小时依次提高到 5 元/小时，随着工资率的提高，企业劳动力需求量相应减少。劳动力需求曲线 D 是一条从右下向左上倾斜的曲线，它充分说明了在其他条件不变的情况下，劳动力需求量与工资率之间的反向联系。

第 2 节　企业劳动力需求行为

企业作为劳动力需求的主体，要追求各种目标。在市场经济条件下，大多数企业的基本目标是利润最大化，所以，经济学在分析企业的行为时经常以企业把利润最大化作目标而做出各种决策为基础。但是，在一些情况下，企业并不是以利润最大化为目标，即使在典型的商品经济体制下，也并非所有的企业都以利润最大化为目标。实际上，对企业经营者进行调查时，常能听到经营者称本企业的目标是“销售额最大化”“消费者与员工的满意度最大化”“对社会的贡献是最重要的”，等等。但是，类似这样的见解，在不同的企业家那里有着很大的差别。即使是同一个企业家，在企业的经营环境发生变化时，目标也很有可能发生变化。如果依这样的见解来分析设定了不同目标的企业行为，那么分析者本身的看法就不得不变更。这样一来，必然要回到企业经营目标本身是由什么因素决定的问题，这与劳动力需求的分析相距甚远。为了便于分析劳动力需求问题，就必须有新的基本视角。可以按是否以利润最大化作为经营目标将企业分为两类。本节将以把利润最大化当作经营目标的各企业采取的行为，即利润最大化原理作为分析的基础，并且将其作为基本视角加以固定，从这个视角来考察企业的行为。

本节将说明假定资本固定的条件下企业短期劳动力需求的基本内容。

一、利润最大化原理

从企业利润最大化原理出发，思考一下企业是如何决定其劳动力需求量的。假定考察的企业是雇用劳动力操作机器、生产物品的生产性企业。这个企业的利润用 π 表示，在此不对利润进行严密的经济学分析，它只是一定时期内的收入（销售额）R 减去成本 C 所余的差额。收入 R 是销售数量 Q 乘以单价 P 的积。成本 C 主要由人工成本和资本成本构成，用生产所需的劳动投入量 L、资本投入量 K，乘以各自的单价，即工资 w 和资本价格 r 求得。这样，可以得到下面的利润公式：

$$\pi = R - C = QP - (Lw + Kr) \tag{1-1}$$

下面如无特别指明，本章中出现的工资一词指未剔除物价变动影响的名义工资。另外，我国当前的工资构成比较复杂，对工资的理解颇有歧义。本节所使用的工资概念应理解为工资性收入。

二、生产函数

在正常情况下，随着劳动与资本的投入量增加，产量也增加。为了直观、简便地把握其中的关系，可用图 1－2 来表示劳动与资本的各种组合相对应的生产量的变化。

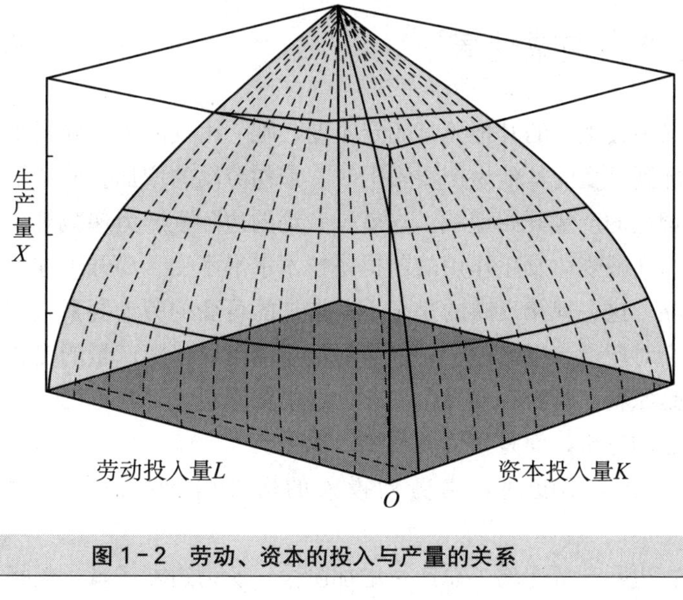

图 1－2　劳动、资本的投入与产量的关系

图 1－2 所示的投入量和产出量的技术性关系，经济学称为生产函数，其数学表达式为：

$$X = f(L, K) \tag{1-2}$$

需要指出的是，除了劳动与资本之外，土地、信息、技术等也是生产要素。为方便起见，这里仅以劳动与资本作为分析对象。

企业购入机器进行生产到机器磨损到不能再使用为止，需要一定的时间。而雇用新的劳动者到其可以独立工作为止，也需要一定的时间。或者，反过来说，企业在其产品难以销售时，即使想削减雇用量，也不能马上实行，雇用量或者说劳动力需求量的调整也是需要时间的。关于这个问题，将在第3章做详细的讨论。下面以迄今经济学的通常解释为依据展开分析。该解释认为，与资本的调整需要较长的时间相比，劳动投入的调整所需时间较短。因此，此处所说的短期应定义为对应资本相对固定不变，劳动投入量处于自由变化的状态。而长期则指资本与劳动均处于可变的状态。根据以上的考虑，在短期中，为了增加产量 X，必须增加劳动投入量 L，例如可用表 1－2 的数据表示在 K 固定为 1 时，L 和 X 的关系。

表 1－2　在资本固定的条件下，劳动投入量与产量关系的假定例子

劳动者数量 L	0	10	20	30	40	50	60	70	80	90	100
产量 X	0	250	353	433	500	559	612	661	707	750	791

需要注意的是，企业的生产在进行，技术也在进步。事实表明，其他条件不变，随着时间的推移，生产可能性曲线也在向右上方移动。造成这种变化的根本原因是技术进步。技术进步的意义就是从既定的资源投入中，获得产量的增加。所以，技术是影响产量的重要因素之一。为了在比较单纯的条件下研究企业劳动力需求的决定原理，假设技术对产出水平没有影响。

在对各种条件进行了上述限定和说明以后，我们来考察企业的短期劳动力需求。在短期的场合，为了增加产量 X，必须增大劳动投入量 L。

三、边际生产力递减规律

在短期定义中，生产的其他要素固定不变，唯一可变的生产要素是劳动投入。当把可变的劳动投入增加到不变的其他生产要素上时，最初劳动的增加会使产量增加；当其增加超过一定限度时，增加的产量开始递减。这就是劳动的边际生产力递减规律。

边际生产力递减规律发生作用的前提是技术水平不变。离开了这一前提，边际生产力递减规律不能成立。这一规律反映的是把不断增加的可变的劳动要素，增加到其他不变的生产要素上时，就会对产量产生影响。特别需要注意的是，伴随产量的变化，机器、厂房等可以是不变的，但是原料、材料等要发生变化。这里把原料、材料等的变化也抽象掉了。这种抽象并不影响问题的分析，而是使问题得到了简化。

在其他生产要素不变时，由劳动投入的增加引起产量的变动可以分为以下三个阶段。

第一阶段：边际产量递增、总产量增加阶段。所谓边际产量，是指由于增加一个单位的劳动要素投入而增加的产量。之所以出现边际产量递增，是因为在开始时不变的生产要素没有得到充分的利用，劳动投入不断增加，可以使固定不变的生产要素得到充分利用，从而使边际产量递增。

第二阶段：边际产量递减、总产量继续增加阶段。这是因为不变的生产要素已接近充分利用，可变的劳动要素对不变的生产要素的利用趋向于极限。

第三阶段：总产量绝对减少阶段。此时，固定不变的生产要素已经得到充分利用，潜力用尽，再增加可变的劳动要素，只会降低生产效率，使总产量减少。

从总产量和劳动投入的关系还可以得到平均产量的概念。平均产量指平均每单位劳动投入所生产的产量。

设总产量为 Q，可变的劳动要素投入为 L，平均产量为 AP，边际产量为 MP，有

$$AP=Q/L$$

$$MP=\Delta Q/\Delta L$$

总产量、平均产量和边际产量之间的关系用图 1-3 表示更为直观。

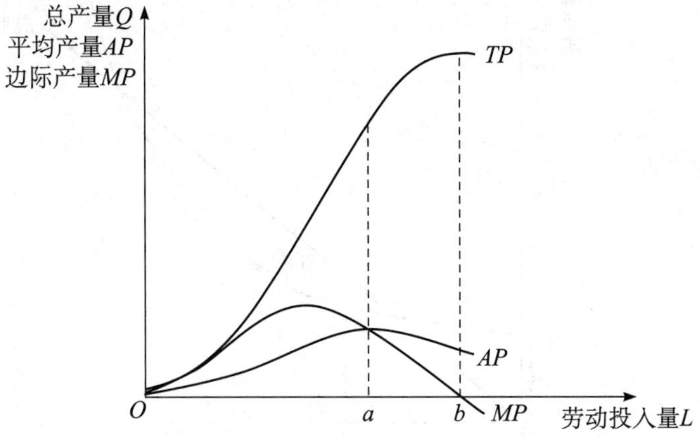

图 1-3 总产量、平均产量、边际产量的关系

在图 1-3 中，横轴为劳动投入量 L，纵轴为总产量、平均产量、边际产量；对应三种产量的曲线为 TP，AP 和 MP。从图中可看到如下特点：

(1) TP，AP，MP 三条曲线都是先升后降。

(2) AP 与 MP 的交点为 AP 的最大值。两条曲线相交前，$AP<MP$；相交后，$AP>MP$。

(3) 当 $MP=0$ 时，总产量取得极大值。

劳动的边际生产力递减规律以及由它决定的总产量、平均产量和边际产量之间的关系是研究企业短期劳动力需求决定原理的出发点。

在资本投入量不变的短期场合中，由于可变生产要素只有劳动投入量，劳动投入量的决定与产量的决定形成互为因果的关系，无论哪个方面被决定，通过生产函数，另一方就会自动决定。

下面，首先从决定产量的侧面进行考察。如果用劳动来解生产函数（式（1-2）），那么可以导出劳动投入量函数：

$$L=g(\frac{X}{K}) \tag{1-3}$$

将利润公式（1-1）代入上式，则有

$$\pi=R-C=XP-\left[g(\frac{X}{K})w+Kr\right] \tag{1-4}$$

四、收入与成本

图 1－4 作为一个例子显示了随着产量 X 的增加，收入和成本会发生什么变化。假定企业的产量 X 增加，产品的价格 P 不变，这样，总收入 R 应该随 X 的增加成比例地增加（这意味着产品市场处于完全竞争的状态）。在图 1－4 中，总收入曲线是一条直线。

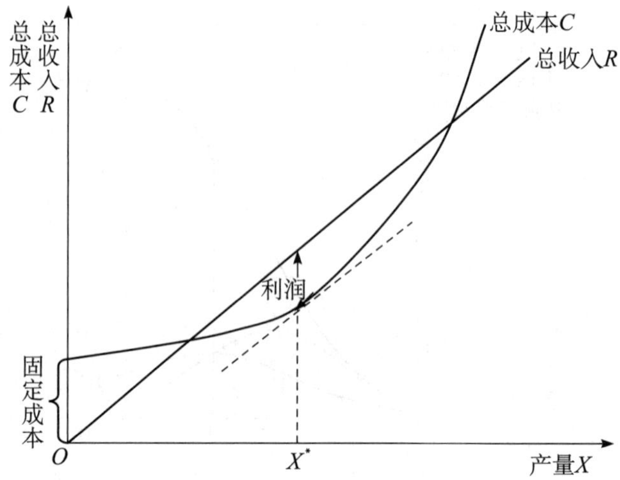

图 1－4 总收入曲线与总成本曲线

伴随 X 每单位的增加，总收入的增加部分（$\Delta R/\Delta X$）称为边际收入，由总收入曲线的斜率表示。当产品价格 P 一定时，边际收入就是 P。

另一方面，总成本 C 随着 X 的增加将会发生什么变化？因为总成本由资本成本（Kr）与人工成本（Lw）构成，在假定企业生产是短期的情况下，资本成本是固定成本，不发生变化，只有人工成本随着产量的变化而变化，是可变成本。由于固定成本在产量 X 即使为零时也不能调整，所以即使一个工人也不雇用，总成本的最低限也不会低于固定成本。因此，总成本曲线的最下端不能起自坐标系的原点，而应起自代表固定成本部分的截距的最上端。企业在增加产量时，需要投入更多的劳动，即需要增加可变成本。如果劳动的边际生产力递减现象发生，就意味着随着产量的增加，劳动投入量的增加会超过产量的增加。因此，即使工资率固定不变，人工成本也要超过产量 X 的增加部分而增大。总成本将如图1－4所表明的那样向右下方凸出。

如果只作总成本曲线，那么如图 1－5（a）所示。在此图中，用总成本除以产量可以得到平均成本（C/X），如果令点 A 代表总成本曲线上的一点，由于平均成本是 C/X，连接原点 O 与点 A 的直线的斜率表示此点的平均成本。随着产量的增加，在到达点 B 前这个斜率趋小，超越点 B 之后趋大。图 1－5（b）显示了包含边际成本变化趋势在内的平均成本曲线。

那么，边际成本如何表示呢？因为边际成本是每单位产量增加时的总成本的增加部分，所以用总成本曲线上每点切线的斜率表示。在收益递减规律下，边际成本在产量增加的带动下逐渐增大。图 1－5（b）的边际成本曲线显示了这个现象。因为总成本曲线的切线通过原点 O，所以在平均成本最小的 B 点，边际成本与平均成本一致，两曲线相交。

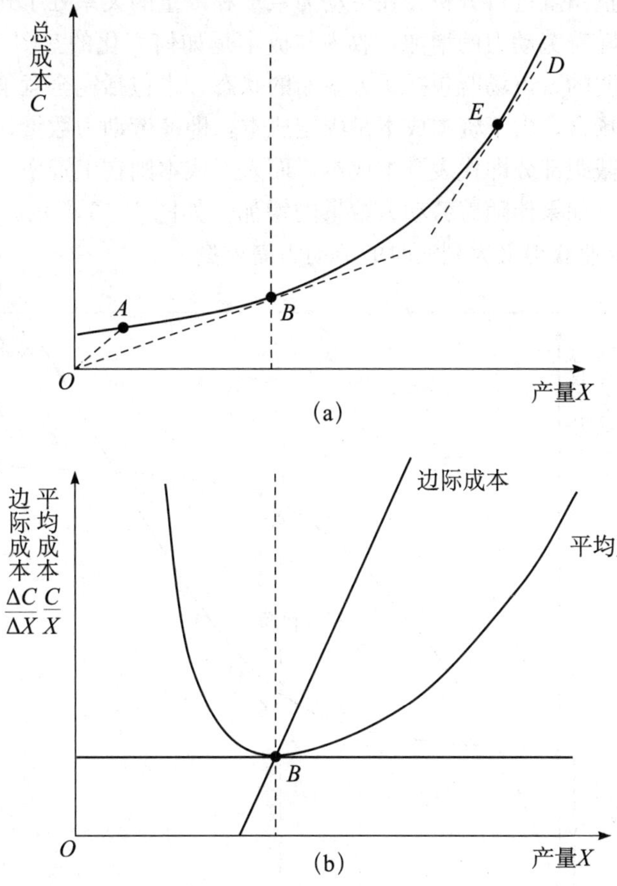

图 1－5　总成本、平均成本和边际成本曲线

五、单个企业的产量决定

回到图 1－4，看一下企业的利润在哪里。图 1－4 显示，企业的利润是总收入超过总成本的部分。随着产量的增加，最初收入增加的部分超过成本增加的部分，使利润增大。但是，此后随着收入的增加低于成本的增加，利润下降。只有在边际收入与边际成本相同的 X^* 点进行生产，企业才能够获得最大的利润。

由于企业的利润如公式（1－1）所示，$\pi=R-C$，所以其最大化的必要条件是

$$\frac{\partial\pi}{\partial X}=\frac{\partial R}{\partial X}-\frac{\partial C}{\partial X}=0$$

即达到边际收入等于边际成本时的产量 X^*，便可以获得最大的利润。[①]

六、单个企业劳动力需求量的决定

从劳动力需求量角度进行分析。在劳动力数量和产量的关系处于式（1－2）所表示的生产函数的状态下，随着劳动力的增加，收入与成本是如何变化的？图 1－6 显示的是一般情况下（如后面将说明的，市场既包括买方垄断的状态，也包括完全竞争的状态）的总收入与总成本。在短期的场合，由于资本成本是固定成本，即使劳动力数量为零，该成本也需要支出。总成本曲线的截距部分即代表资本成本，而人工成本则在工资率不变的条件下随劳动力数量的变化而变化。如果伴随着劳动力数量的增加，如图 1－6 所示，收入与成本也变化的话，点 L^* 则代表企业获得最大利润时的劳动力需求量。

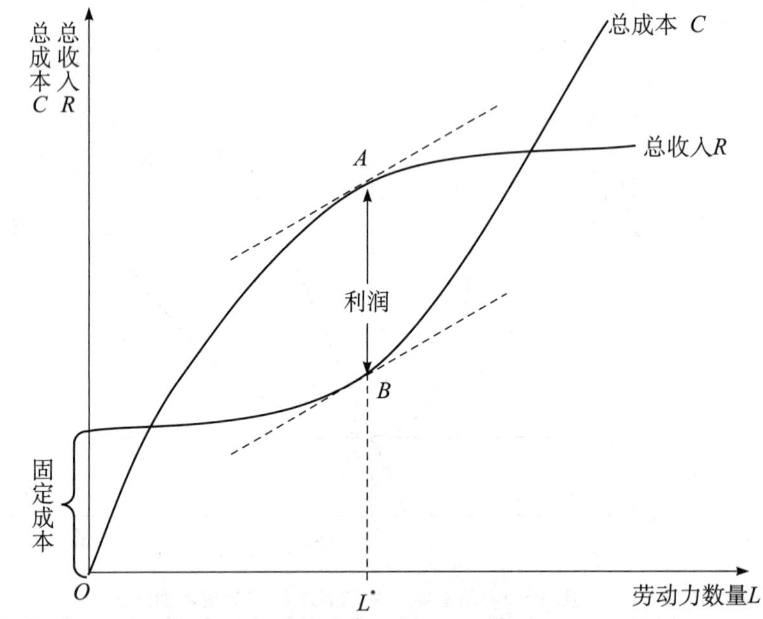

图 1－6　总收入曲线与总成本曲线

与点 L^* 处于同一垂线上的总收入曲线上的点 A、总成本曲线上的点 B 的各自的切线的斜率相等。总收入曲线的切线的斜率表示每增加一个单位（为方便说明，下面设一个单位为一个人）的劳动力数量，产量相应增加，并且收入随之增加。劳动的边际收入用 MR 代表。总成本曲线的切线的斜率表示每增加一个单位劳动力所增加的成本，劳动的边际成本用 MC 代表。在此，伴随劳动力数量的增加，边际收入下降。相反，如图 1－6 所示，总成本曲线下凸，边际成本上升。企业获得最大利润时的劳动需求量 L^*，与产品的价格和工资的变化无关，一般是由边际收入和边际成本的交点决定的。

企业必须面对的产品市场和劳动力市场的竞争状态是影响边际收入与边际成本的重要因

① 以上分析是在收入以直线增加、成本递增的条件下进行的。在其他条件下，结论会相应地发生变化。

素。企业需要调整产品的供给量和劳动的需求量时，上述两个市场的状态会对产品价格和工资产生不同的影响。

七、边际收入

（一）完全竞争的产品市场的边际收入

如果考察的对象是小企业，同时有许多企业在生产同样的产品，那么，某个企业增加其产品的供给量，与整个市场的供给量相比也只不过是区区小数，产品的价格不会因此发生什么变化。这样的市场称为完全竞争的市场。在这样的市场上，价格由整个市场的需求来决定。单个企业只能依照市场的价格决定自己的产量。这样的企业是作为价格接受者开展经营活动的。假定企业具有表 1-2 给出的生产技术状态，在产品的市场价格为 10 元时，把劳动力数量从 50 人增加到 60 人，则有

$$边际收入=10\times612-10\times559=530(元) \tag{1-5}$$

如果产品市场处于完全竞争状态，此时，边际收入＝产品的边际生产力×产品价格。

（二）卖方垄断的产品市场的边际收入

在卖方垄断的产品市场上，市场价格随垄断企业产品供给量的变化而变化。如果垄断企业大幅增加产品供给，市场整体的供给量随之大幅增加，产品价格相应地受到影响而下降。企业必须考虑这种情况，决定自己的产品供给量。在这样的市场上，一般来说，边际收入＝产品的边际生产力×产品的原价格－供给量×价格降低的部分。与完全竞争的产品市场相比，卖方垄断的产品市场上的企业的边际收入因价格的下降而减少。如果是完全竞争的市场，单个企业的产品供给量即使增加，也不会造成价格下降，可以说，卖方垄断市场边际收入公式的第二项，在完全竞争市场的边际收入公式中为零。

供给量增加，价格会以什么程度下降，这与产品的需求特性有关。如果像图 1-7 的需求曲线 U_1 所显示的那样，对于价格的变化，市场整体需求量的变化并不大的商品，供给量稍有增减，价格便大幅波动。而如果是需求曲线 U_2 所代表的商品，需求量对价格的变化十分敏感，那么增加与曲线 U_1 相同的供给量，价格的下降就不那么大了。

八、边际成本

（一）完全竞争的劳动力市场的边际成本

如果市场中的企业都可以忽略其劳动力需求的增减对整个劳动力市场的供需关系的那一点点微不足道的影响，那么，这些企业作为单个企业时，其劳动者数量的增减对市场的工资率的影响也可以忽略。这样，单个企业可以依据整个市场的劳动力供需状态所决定的工资率来考虑自己的劳动力需求量。如果某工种的市场工资为每天 100 元，增加一个该工种的劳动者每天就需要增加 100 元费用。在这种情况下，边际成本＝工资。由于总成本与增减的劳动力数量成比例地增减，图 1-6 中的总成本曲线将呈直线。

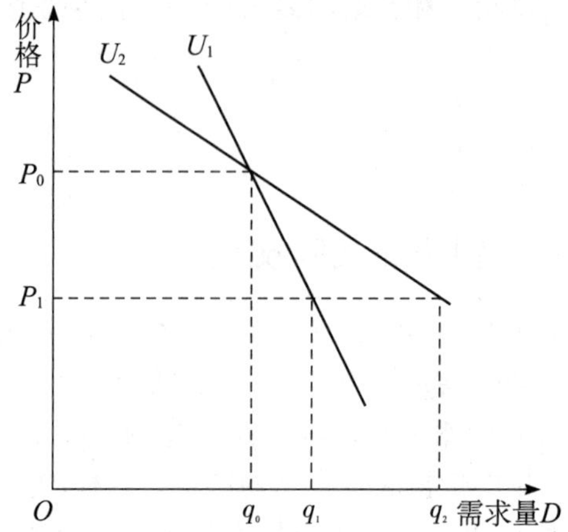

图 1-7 商品的需求曲线

（二） 买方垄断的劳动力市场的边际成本

在有因其劳动力需求量变化而对市场工资造成影响的大型企业存在的劳动力市场，或者虽然无大型企业，但如果是一个微小的劳动力市场，因有影响力的企业增加劳动者数量造成以便宜的工资无法雇用到劳动者时，企业为获得所需的劳动者，将不得不提高工资。反之，如果减少雇用量，则工资下降。在这样的劳动力市场中，企业决定劳动力需求量时，必须考虑对市场工资的影响。增加劳动者的边际成本，需要在过去的工资中加上上涨的部分。例如，原某工种雇用 50 人的时候，每天支付每人 100 元的工资，每天需支出总人工成本 100×50=5 000（元）。如果雇用人数增加到 60 人，受此影响，市场工资上升到每人每天 110 元，那么有

$$边际成本=110\times60-100\times50=1\ 600(元) \qquad (1-6)$$

一般来说，边际成本=工资+劳动者数量×工资上升部分。这个等式与劳动力市场处于完全竞争状态的边际成本公式相比，增加了第 2 项，第 2 项的内容使边际成本提高。

九、处于完全竞争状态的劳动力市场和产品市场的劳动力需求

单个企业的劳动力需求量在企业所面对的是完全竞争状态的产品市场和劳动力市场时，是怎样变化的呢？假定固定成本为 10 万元，劳动力市场是完全竞争的，市场工资为每人每天 100 元。在这样的条件下，总成本曲线如图 1-8（a）所显示的那样，因为随着劳动者的增加，人工成本成比例地增加，而呈直线状态。由于边际成本就是工资，所以如图 1-8（b）所示，呈水平状态。

总收入曲线、边际收入曲线是怎样的呢？如果劳动者数量和产量的关系如表 1-2 所示，并且产品市场是完全竞争的市场，产品价格为 10 元。在收益递减规律的作用下，劳动者数量增加，总收入并不成比例增加。因此，边际收入曲线如图 1-8（b）所示向右下方延伸。

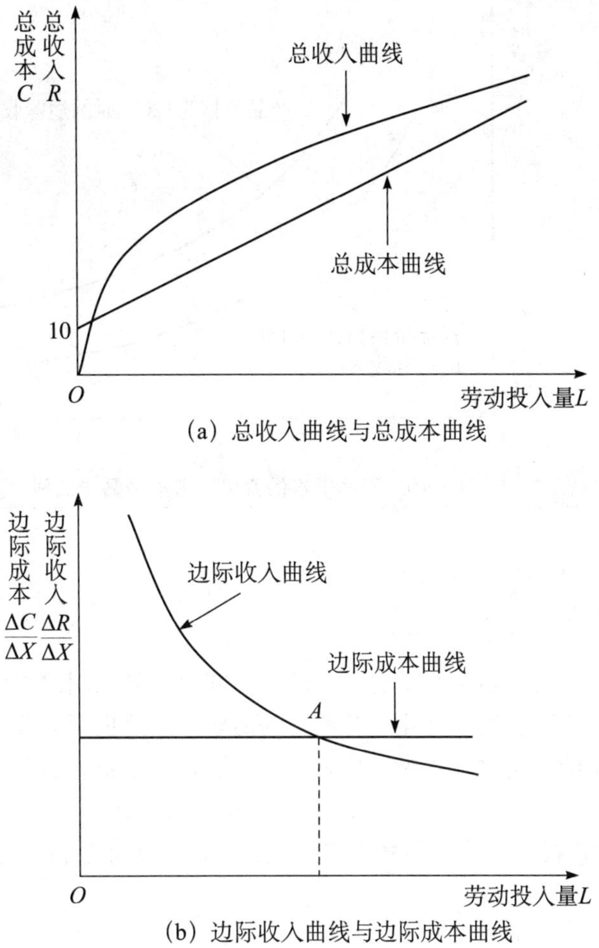

图 1-8　与劳动投入量增减相关的总收入、总成本的变化

把劳动者从 50 人增加到 60 人的边际成本和边际收入相比，如式（1-6）所示，边际成本是1 600元；如式（1-5）所示，边际收入是 530 元；边际成本大于边际收入。雇用劳动力 50 人的企业比雇用 60 人的企业的利润要高。企业获得最大利润时雇用的劳动者数量应该是多少呢？如果劳动投入量是连续可变的，即企业可以雇用的劳动力数量能够最少以一个人为单位增减，那么将是边际收入等于边际成本时的劳动力数量。在图 1-8（b）中，这个数量由边际收入曲线和边际成本曲线相交的点 A 表示。

如果劳动力市场的工资上升，将会怎么样呢？假定产品价格不变，技术关系不变，边际收入曲线也不变，那么边际成本曲线将向上方移动，劳动力的需求量下降。在完全竞争的劳动力市场中，如图 1-9 所示，以纵轴代表名义工资，劳动力需求曲线就是边际收入曲线。在工资一定的情况下，产品价格上升（例如从 100 元上升到 120 元），边际收入增加（边际收入曲线向右上方移动），劳动力需求量扩大。在因技术创新形成的产品边际生产力提高时，会产生相同的效果。

如果工资和产品价格同时上升，那么在产品市场和劳动力市场都处于完全竞争的状态时，边际收入和边际成本各自会像式（1-5）、式（1-6）所显示的那样。当两者相等，达到

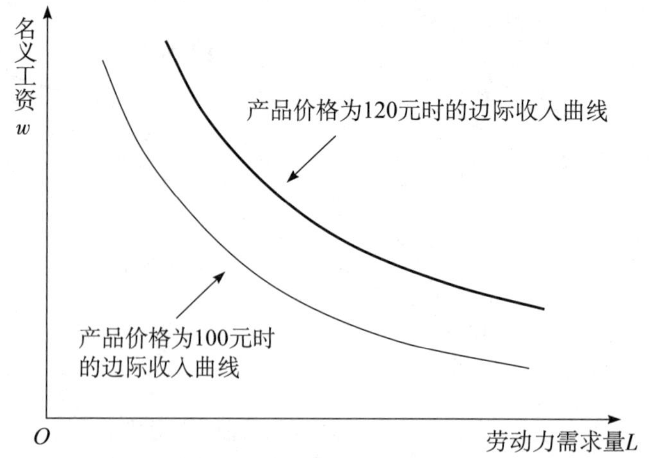

图 1-9　产品价格的变化与劳动力需求曲线

最大利润之时，下式成立。

$$产品边际生产力=\frac{（名义）工资}{产品价格} \tag{1-7}$$

在这种场合，只要（名义）工资与产品价格同时上升相同的幅度，那么，不管幅度有多大，等式右边的值都不会发生变化，劳动力的需求量因此也不会改变。在产品市场和劳动力市场都是完全竞争的市场时，以纵轴代表实际工资，单个企业的劳动力需求曲线就是产品边际生产力曲线。

在卖方垄断的产品市场中，同样也可以从边际收入等于边际成本的原则导出劳动力需求曲线。

十、整个市场的劳动力需求函数

以上考察了单个企业的劳动力需求曲线的有关问题，那么，整个市场的劳动力需求曲线是怎么导出的呢？为了简化分析，假定市场上只有两个企业存在。现在把第一个企业的劳动力需求曲线设定为图 1-10 中的曲线 A，把第二个企业的劳动力需求曲线设定为图 1-10 中的曲线 B。当工资率高于 w_0 时，第二个企业从利润角度考虑就不再雇人了，这样整个市场上的劳动力需求量只是第一个企业的劳动力需求量。然而，当工资率低于 w_0 时，第二个企业也要进入市场雇用劳动者，整个市场的劳动力需求量就成为第一、第二个企业劳动力需求量的合计。市场上存在众多企业时的情况与上述只存在两个企业时的情况相同，市场中所有企业的劳动力需求量的合计就是整个市场的劳动力需求量。

如果市场的工资率处于 w_1 的水平，整个市场的劳动力需求量为 L^*，其中，第一个企业为 L_1，第二个企业为 L_2。前面提到的各个产业、行业的就业者的构成比，可以用图中的企业就业者的构成状况加以说明。单个企业的劳动力需求曲线是依据反映各自产品的需求结构变化的价格体系的变化，进而反映技术构成和资本积累变化的产品边际生产力的变化而改变的。可以说，伴随着经济发展的这些变化是改变不同产业、不同行业就业者构成的原动力。

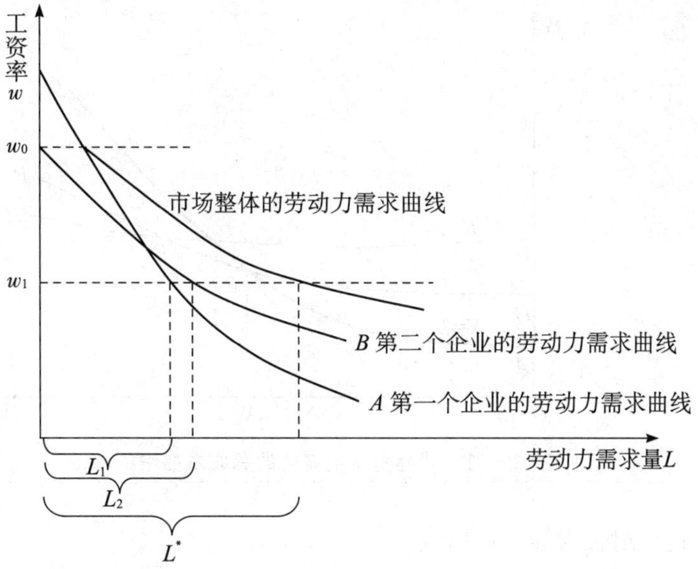

图 1-10　个别企业的劳动力需求曲线和市场整体的劳动力需求曲线

第 3 节　资本积累与长期劳动力需求

在上一节讨论短期劳动力需求时，假定前提是资本固定不变。劳动是唯一可变的生产要素。在这样的条件下，产量决定后，合理的劳动投入量将通过生产函数自动显现出来。

在长期劳动力需求中，资本成为可变化的生产要素。在这样的条件下，企业的产量决定后，节约资本、多雇用劳动力的生产方法，或者节约劳动力、多使用资本的生产方法，都是可以选择的。

一、资本的变化与总成本的变化

图 1-5（a）表示的是资本不变的条件下，产量的变化与总成本的变化的状况。在资本发生变化的情况下，产量与总成本的关系是什么样的呢？图 1-11 可以说明假定资本 K 从 1 增加到 2 或 3 时的总成本变化的状况。由于固定成本随着 K 的增加而增大，在产量少的时候，$K=1$ 的总成本曲线 ABC 与 $K=2$ 的总成本曲线 $DBEF$ 相比，后者处于上方。但是，在 $K=1$ 的情况下，增加产量，必须增加劳动力数量，因此，可变成本——工资便随之增多。而在大量使用机器设备的$K=2$ 的情况下，产量的增加并不需要劳动力数量像 $K=1$ 时增加得那么多。因此，可变成本的增加速度比 $K=1$ 时缓慢。当产量增加到一定量 X_1 时，$K=2$ 的总成本变得低于 $K=1$。与$K=1$，$K=2$，$K=3$ 的各自产量相对应的最低成本相联系的长期成本曲线成为点 $ABEH$ 的连线。

上述例子只是假定资本量的变化是非连续的。但是，资本与劳动相同，是可以连续变化的，因此，从生产函数式（1-2）能够导出为了生产一定的产量 X 所需要的劳动与资本的组

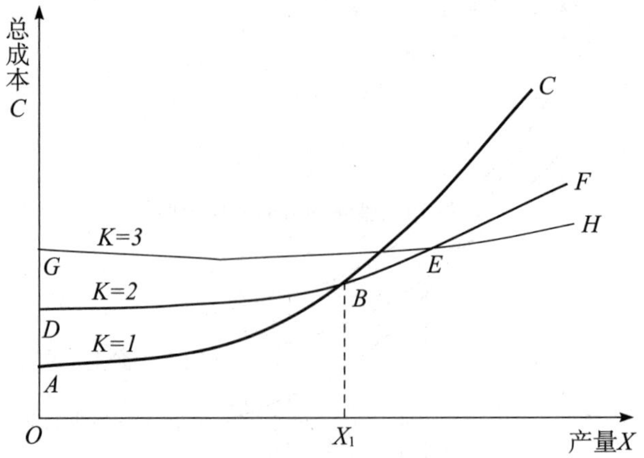

图 1－11　伴随资本量变化的总成本曲线的移动

合。经济学称这个组合为等产量曲线。

在图 1－12 中，横轴为劳动投入 L，纵轴为资本投入 K。图中的点 a 表示生产产量为 Q_1 的生产要素组合，用较多的资本 K_a 和较少的劳动投入 L_a 进行产量为 Q_1 的生产。图中的点 b 是用较少的资本 K_b 和较多的劳动投入 L_b 进行等产量生产的要素组合。在 a 与 b 之间，存在代表一些中间技术的生产要素的组合。将这些可能的组合点连接起来可得到产量 $Q=Q_1$ 的曲线，该曲线即为等产量曲线。它表明不同的生产技术和方法，资本和劳动投入的不同组合，其产量相等。

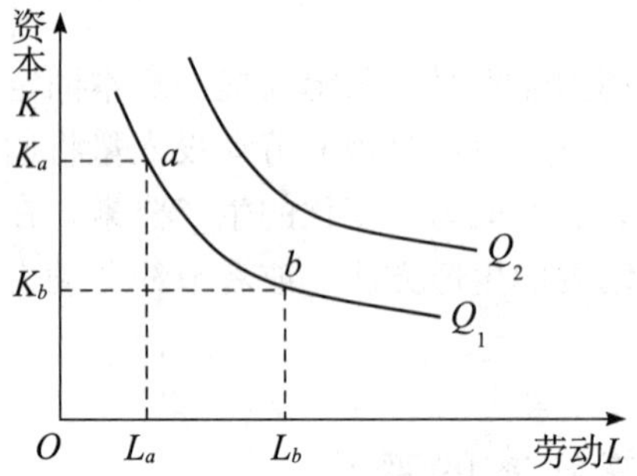

图 1－12　等产量曲线和等产量面

把等产量曲线画成一条连线，意思是劳动要素的投入可以一点一点地替代资本。但在企业的实际生产中，并不存在这种方法，它只能有几种标准的技术，而不会出现劳动投入量连续地替代资本。所以，这只是生产方法的一种抽象表示。

当产量不同，劳动和资本投入的组合不同时，如果产量 $Q=Q_2$，在这种条件下，把一切可能的组合描绘出来，可以得到产量为 Q_2 的等产量曲线。若 $Q_2>Q_1$，则 Q_2 在 Q_1 的右上方。从中容易得知，越在右上方的等产量曲线的产出水平越高。在 KOL 的整个面上，充满着等产量曲线，每一条等产量曲线对应着不同的产出水平，整个面称为等产量面，也叫做企业生产要素的组合系统。

在同一条等产量曲线上，劳动投入和资本投入可以相互替代而产量不变，劳动投入和资本投入相互替代的比率称为边际技术替代率，用 MRTS（margin rate technology substitution）表示。边际技术替代率是在保持相同的产出水平时，减少的一种生产要素投入的数量与增加的另一种生产要素投入的数量之比。所以有

$$MRTS=\left|-\frac{\mathrm{d}K}{\mathrm{d}L}\right|$$

边际技术替代率就是等产量曲线的斜率，它是一个负值，但为了分析方便，一般用其绝对值表示。

边际技术替代率与边际产品有密切联系，所以，它可以用两个可变投入要素各自变动所引起的边际产品之间的比例来表示。设 MP_L 为劳动的边际产品，MP_K 为资本的边际产品，$\mathrm{d}L$ 和 $\mathrm{d}K$ 分别表示劳动投入和资本投入的微量变动，那么，在产出水平不变的情况下，劳动投入增量与其所引起的产出增量 MP_L 的乘积，必然与资本投入负增量与其所引起的产出负增量 MP_K 的乘积相等，即

$$MP_L \cdot \mathrm{d}L=|-MP_K \cdot \mathrm{d}K|$$

整理得

$$\left|\frac{\mathrm{d}K}{\mathrm{d}L}\right|=\frac{MP_L}{MP_K}$$

即

$$MRTS=\frac{MP_L}{MP_K}$$

因此，劳动和资本的边际技术替代率也等于两种可变投入要素的边际产品之比。

二、成本最小化与劳动力需求

企业以什么标准来选择劳动与资本投入的组合？在由销售量决定的产量给定，总收入也被决定以后，利润最大化就是成本最小化。下面，考察以成本最小化为企业的目标时，劳动力需求、资本需求的决定因素。

总成本 C 可用 $C=Lw+Kr$ 来表示。形成总成本的劳动与资本的不同组合称为等成本曲线。在图 1－13 中，横轴为劳动量 L，纵轴为资本量 K。在劳动力价格工资 w 与资本价格 r 给定的条件下，构成成本 C_0 的劳动与资本的组合如式（1－8）所示，等成本曲线可以用纵轴截距为 C_0/r，斜率为 w/r 的直线 AB 表示。如果 r 上升 1 倍，则纵轴截距变为 $C_0/2r$，斜率也变为 $w/2r$，图中的 AB 线位移至 DB 状态。

$$K=\frac{C_0}{r}-\frac{w}{r}\cdot L \qquad (1-8)$$

如果同时工资也上升 1 倍，将会怎么样呢？这时，纵轴截距变成 $C_0/2r$，而斜率是 w 与 r 之比，所以不发生变化，结果直线 AB 平行位移至 DE 处。此时，如果成本 C_0 增加 1 倍，截距的分子和斜率的分母都要增加 1 倍，相互抵消，这样导致成本曲线又返回至原来的直线 AB 处。从上面的分析中可以看出工资、资本价格、成本的相对水平在等成本曲线的决定中所起的重要作用。

如果工资率 w 和资本价格 r 分别由劳动力市场和资本市场决定，总成本 C_0 的大小意味着等成本曲线与原点 O 之间距离的远近。因此，以成本最小化为目标的企业应从构成一定产量的劳动与资本的不同组合中，即应从等产量曲线上的点中，尽可能选择离原点近的等成本曲线（见图 1－14 的说明）。

理论上，等产量曲线可以取图 1－14（a）、（b）、（c）、（d）的 FG 曲线的形态。但是，考虑到现实中的企业不仅只有劳动或资本中的某一个方面，而是两方面同时存在，等产量曲

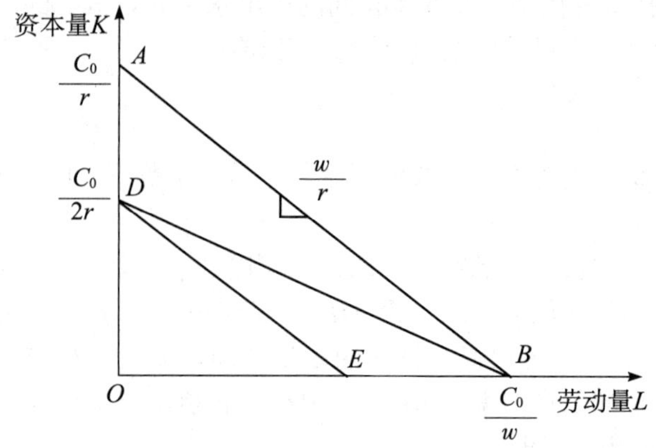

图 1-13　等成本曲线

线应该是图 1-14（c）那样的直角形曲线，或者是图 1-14（d）那样凸向原点的曲线。如果是图 1-14（a）那样的直线，会由于选择端缘处的点 F 或点 G 使成本最小化。可是，如果选择点 F 就意味着企业只使用资本而不使用劳动力；反之，如果选择点 G，则意味着企业只使用劳动力而不投入资本。选择点 F 还是点 G，由工资与资本价格的相对比以及等产量曲线的斜率大小决定。如图所示，w/r 的值大的场合，在等产量曲线 FG 上，点 F 可以作为最小的成本，这就意味着仅仅依靠资本，不需要任何劳动力便可进行生产。但是在现实中，企业必须同时使用劳动与资本，所以这样的等产量曲线是没有实际意义的。

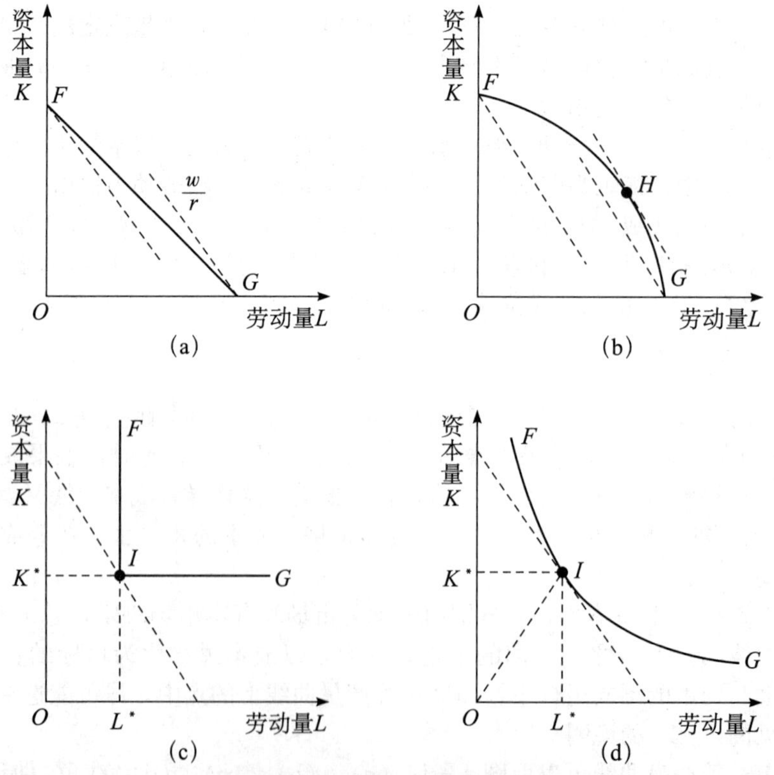

图 1-14　不同的等产量曲线

图 1－14（b）中的曲线与图 1－14（a）中的曲线一样，存在选择端点 F 或 G 的可能，从而也是没有实际意义的。

可以说明现实企业行为的等产量曲线应该是图 1－14（c）或（d）中的曲线的形态。图 1－14（c）的曲线将资本与劳动描述为固定的互补的技术关系，这样的等产量曲线显示了为保证产量，最低资本投入量 K^*、最低劳动投入量 L^* 是必要的，两者之间不存在可以一方增加、另一方相应减少的替代关系。因此，两者的相对价格比发生变化时，成本最小化的资本投入量 K^*、劳动投入量 L^* 都不变。

在此需要进一步说明的是，企业生产一定量某产品所需要的要素投入的组合比例，称为技术系数。技术系数分为可变技术系数与固定技术系数两类。要素投入的组合比例可以改变的，称为可变技术系数；要素投入组合比例不能改变的，称为固定技术系数。

固定技术系数的生产方法由生产的技术条件给定，劳动和资本投入之间不存在替代关系。某些产品的生产以及某些服务的提供的过程，技术条件的限制十分苛刻，劳动和资本必须按一定的比例投入，否则无法正常进行。例如，用某种机械装置进行生产，控制生产过程的人机比例预先已由工程技术要求确定。人数少于技术要求，机器不能运转，而超过要求只能是浪费。因而，固定技术系数条件下的等产量曲线是凸向原点的，呈直角或 L 形分布状态。

图 1－15 可以进一步说明图 1－14（c）的含义，它表明，在产出水平一定的情况下，资本投入增加而劳动投入不变，产出不变；反之，亦然。

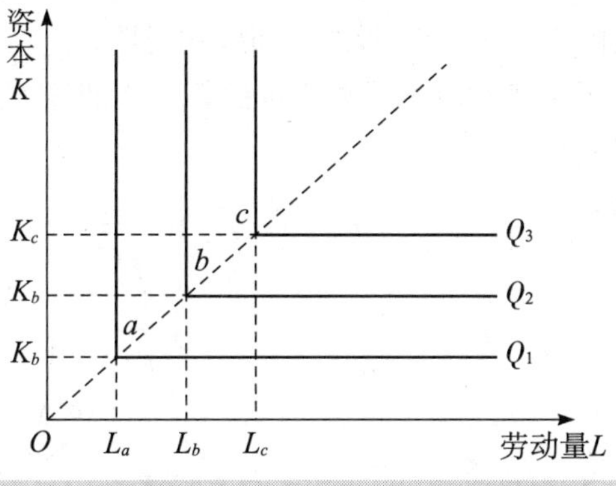

图 1－15　固定投入生产要素比例的等产量曲线

如果企业进行产出水平为 Q_2 的生产，资本和劳动投入的组合以点 b 最佳，两种投入量分别为 K_b 和 L_b，满足不了这一要求就达不到 Q_2 的产量。在此种投入组合的水平上，只增加劳动或者只增加资本投入，产出水平不变，只能是浪费，也就是要素投入的边际产量为零。从图中可以看到，产量由最小限度必要投入要素决定。例如，K_b 不变，劳动投入由 L_b 增加到 L_c，产出水平仍为 Q_2。反之，L_b 不变，资本投入由 K_b 增加到 K_c，产出水平也是 Q_2。但是，按照 K_b 与 L_b 的确定比例均衡地增加两种投入，要素组合由点 b 到点 c，则能实现 Q_3 的产量。

由此可见，在固定技术系数的条件下，企业劳动需求根本上取决于产出水平。

企业进行一定量某种产品的生产，从市场众多的企业、产业的环境背景中，只有一种生产方法，不存在要素替代的可能性属于一种特殊的情况。通常的情况是技术系数可变型的生产。图1-14（d）中的曲线表示技术系数可变型生产。

在图1-14（d）所示的情况下，等产量曲线上各点切线的斜率称为边际技术替代率，表示在劳动量每增减一个单位时，为保持一定的产量所必须增减的资本量。随着劳动量的增加，边际技术替代率即资本对劳动的边际替代率（$\mathrm{d}K/\mathrm{d}L$）递减。资本对劳动的边际替代率可用下式表达。

$$资本对劳动的边际替代率=\frac{劳动的边际生产力}{资本的边际生产力}=\frac{MP_L}{MP_K}=\frac{\mathrm{d}K}{\mathrm{d}L} \tag{1-9}$$

图1-14（d）中的成本最小化在等成本曲线与等产量曲线相切的点 I 处达成。在这个点上，等产量曲线切线的斜率与 w/r 相等，即在成本最小化的点上，有

$$资本对劳动的边际替代率=\frac{工资}{资本价格}=\frac{w}{r} \tag{1-10}$$

将式（1-10）与式（1-9）结合，可以导出

$$\frac{资本的边际生产力}{资本价格}=\frac{劳动的边际生产力}{工资}=\frac{MP_K}{r}=\frac{MP_L}{w} \tag{1-11}$$

式（1-11）意味着支付等量成本得到的劳动量和资本量各自创造的产量的增量逐渐达到相同的水平的劳动和资本投入，与成本的最小化密切相关。其结果，如图1-14（d）所示，成本能够达到最小化点 I 时的劳动量为 L^*，资本量为 K^*。生产过程中与一个劳动量所对应的资本量（K/L）称为资本装备率（或称为技术装备率），点 I 的技术装备率由点 I 与原点相连接的直线的斜率表示。

下面，进一步扩展图1-14（d）所涉及问题的说明。

图1-16（a）给出了多条对应不同总成本的等成本曲线 C_1，C_2，C_3，等产量曲线 Q_1 给定，已知 r 和 w，且 $C_1<C_2<C_3$。

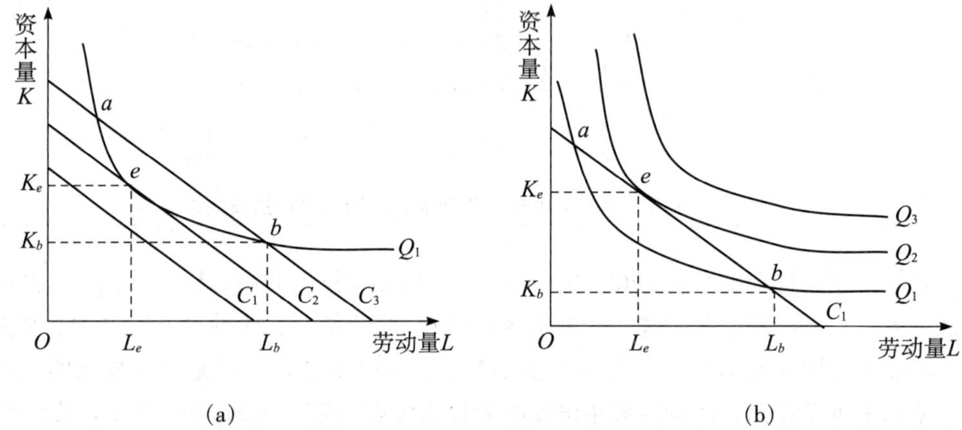

图1-16　最佳生产方法

如何实现成本最小？很明显，C_2 为最小；C_2 与 Q_1 相切于点 e，它既能满足 Q_1 的产出水平的需要，又可使成本最小。在要素价格给定的情况下，（K_e，L_e）组合是最佳生产方法，它决定企业的劳动力需求量为 L_e。

观察其他两条等成本曲线。C_1 不能与 Q_1 曲线相交，虽然其总成本比 C_2 小，但使用 C_1 的成本无法支付产出水平 Q_1 所需要的劳动和资本的投入量。等成本曲线 C_3 与等产量曲线 Q_1 相交于 a，b 两点，说明 a 与 b 劳动和资本的投入组合可以实现 Q_1 的产出，如 K_bL_b 的组合。但由于都在等成本曲线 C_3 上，且 $C_3>C_2$，也没有实现成本最小。由此可见，在产出水平给定的条件下，与给定的等产量曲线相切的那条等成本曲线为最低总成本，其切点所表示的要素投入组合为最佳生产方法，点 e 是生产的均衡点，它决定了企业的均衡劳动力需求为 L_e。

点 e 是等成本曲线 C_2 与等产量曲线 Q_1 的切点，同时也是直线 C_2 和曲线 Q_1 上的点，所以，C_2 的斜率与等产量曲线过该点的切线的斜率相等，即劳动和资本的相对价格比等于资本对劳动的边际技术替代率。

图 1－16（b）中，r 和 w 已知，总成本 C_1 给定；Q_1，Q_2 和 Q_3 对应三种产量水平的等产量曲线，且 $Q_1<Q_2<Q_3$。给定总成本 C_1，如何实现产出最大？很明显，Q_2 的产出水平最高。Q_3 的产出水平虽然高于 Q_2，但在给定成本约束下，无法支付 Q_3 的产出水平所需要的劳动和资本的投入量；等产量曲线 Q_1 与等成本曲线 C_1 相交于 a，b 两点，给定的总成本足够满足 Q_1 的产出水平所需的投入，如 K_bL_b，但产出水平比 Q_2 小，也不是最佳的。唯一可选择的是与 C_1 相切的等产量曲线 Q_2 的产出水平，其切点即均衡点为 e。在点 e 上能使给定的总成本 C_1 达到最高的产出水平。与第一种情况一样，均满足

$$\frac{w}{r}=\frac{MP_L}{MP_K}$$

企业劳动需求的最佳量为 L_e。工资率 w 是劳动投入的价格，按照 w 支付就可获得劳动要素一定时间、一定数量的使用权。假设工资率 w 为一个标准工作日 50 元，舍弃掉其他条件，就是支付 50 元可获得一个劳动力一个工作日的使用权，所以 1/50 可以理解为支付 1 元工资获得 1/50 工作日的劳动力的使用，即 1 元工资成本可使用的劳动量可以表示为 $1/w$。MP_L 为劳动的边际产品，它与 $1/w$ 的乘积的含义是 1 元成本所使用的劳动量投入到生产过程中对产量的影响。

同理，$1/r$ 与 MP_K 的乘积的含义是 1 元成本所使用的资本量投入到生产过程中对产量的影响。w 和 r 一般是不等的，它们的单位也是不同的，但是 1 元钱无论用在劳动投入还是用在资本投入上都是 1 元钱。因此，等式 $1/w\times MP_L=1/r\times MP_K$ 的含义，就是实现定量成本产出最大或定量产出成本最小的条件是，必须保持同量成本的边际产品相等。换言之，决定企业长期劳动需求的原则等价于企业生产的均衡条件：劳动的边际产量与工资率之比等于资本的边际产量与资本价格之比。

三、工资的变化对劳动力需求的影响

工资的变化包括上升与下降两个方面。在现实经济生活中，工资的变化主要表现为工资的上升。下面从工资上升的角度展开分析，工资下降将产生相反的效果。

工资上升对劳动力需求会产生什么影响？可以分解为两种影响效应。一个是与资本的相对价格比上升而产生节约劳动力的替代效应，另一个是因工资上升造成生产成本上升，引起

产品价格上涨，导致产品需求下降，最终形成劳动力需求减少的规模效应。

用图 1－17 来说明替代效应。生产同一数量的产品 X_0，如果工资的上升引起其与资本的相对价格上涨，增加资本、节约劳动力的动力就会出现。在图 1－17 中，工资上升以前的相对价格为直线 AB 的斜率，此时成本最小化的劳动与资本的组合如点 e 所示。但是，在工资上升，相对价格成为直线 CD 时，成本最小化的点从点 e 移至点 f。结果，劳动（L_1—L_2）被资本（K_2—K_1）替代。

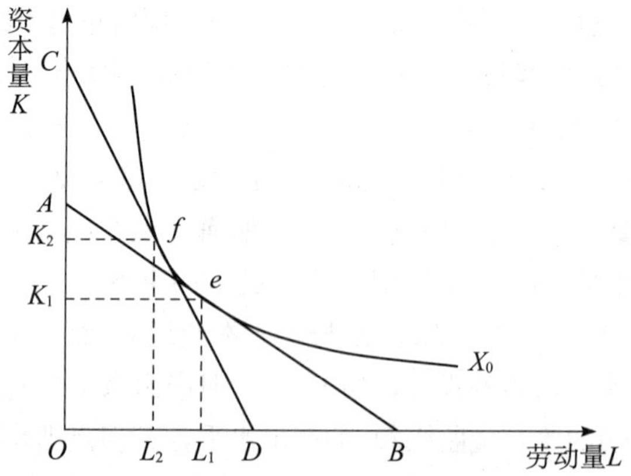

图 1－17　工资的上升与替代效应

劳动减少的数量依赖于等产量曲线形状所决定的资本与劳动的替代可能性。等产量曲线的曲率越小，替代的可能性越大，劳动的减少量可以越多。另一方面，资本需求的增加会造成资本价格的上升，从而使劳动与资本的相对价格的变化减小，替代效应减弱。在资本价格的上升中，资本的供给量取决于其对资本价格的变化如何反应。如果资本价格的轻微上涨就可使供给量大幅增加，那么需求量即使增多，价格的上升也只能是小幅的。在这样的情况下，劳动的需求将大幅减少。

以上是假定产量不变的情况下劳动需求量的变化。下面进一步考察规模效应的问题。工资的上升造成生产成本的上升。如果所有的企业均出现这样的情况，如图 1－18 所示，产品的供给曲线向上方移动，价格沿着需求曲线上涨，均衡产量从 X_0 减少到 X_1，产量的减少引发劳动需求量的减少。随着产量下降到 X_1，X_0 产量的等产量曲线 EF（见图 1－19）成为靠近原点的 GH。即使在劳动与资本的相对价格没有发生变化，即直线 CD 的斜率与曲线 GH 的切线的斜率相同时，由于产量减少，劳动需求量也会进一步从 L_2 减少至 L_3。

减少的程度有多大，基于产品的性质由几个因素决定。第一，如图 1－18 所示，产品的供给曲线向左上方移动的幅度。如果工资的上升令产量的供给曲线大幅移动，产量也会大幅下降。另外，一般情况下，在生产总成本中，工资成本比越高的产品，有移动的幅度越大的倾向。第二，伴随价格的上升产品需求下降的程度。这由图 1－18 中需求曲线的斜率表示。对于价格的轻微上升，需求量就大幅下降的产品，劳动力需求量也会大幅减少。第三，图 1－19 中等产量曲线移动的幅度。这由生产函数表示的生产技术决定。移动幅度越大的产品，其对劳动力的需求量减少越多。

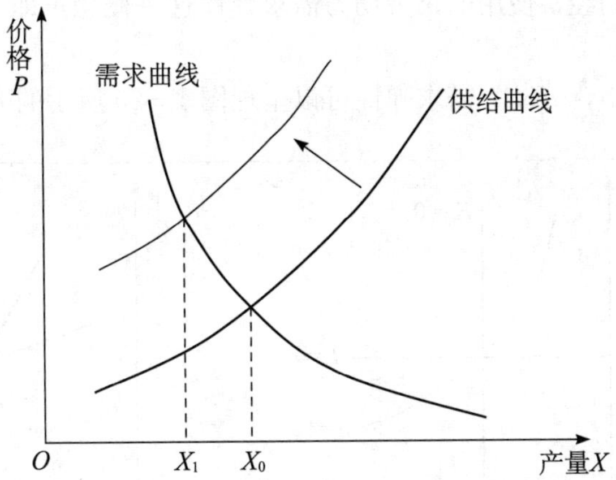

图1-18　工资的上升与产量的减少

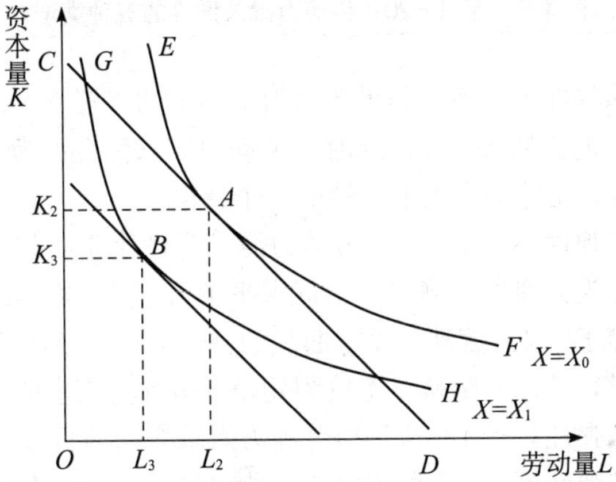

图1-19　工资的上升与规模效应

第4节　劳动力需求弹性

一、概念及类型

在经济学中，弹性表示两个经济变量变化的关系。既包括需求弹性，也包括供给弹性。需求弹性又可分为需求价格弹性、需求交叉弹性，还可以分为需求点弹性和需求弧弹性。劳动力需求弹性是一般需求弹性概念的属概念，也具有一般需求弹性的各种性质。

工资率变化造成的替代效应和规模效应使劳动力需求朝相反的方向变化。对工资率和劳动力需求之间的这种关系进行定量分析可以从两个方面展开：一是从绝对数的角度，即工资率变化一个单位，劳动力需求量会有多大变化，这个关系由劳动力需求曲线的斜率表示。另一个是从相对数的角度把握工资率和劳动力需求量函数关系的敏感度。作为衡量这种函数关系程度的尺度，人们经常使用的是劳动力需求弹性这一概念，即工资率变化1%，劳动力需求量变化百分之几。

按绝对值的大小，劳动力需求弹性可以呈现图1-20所示的五种状态。

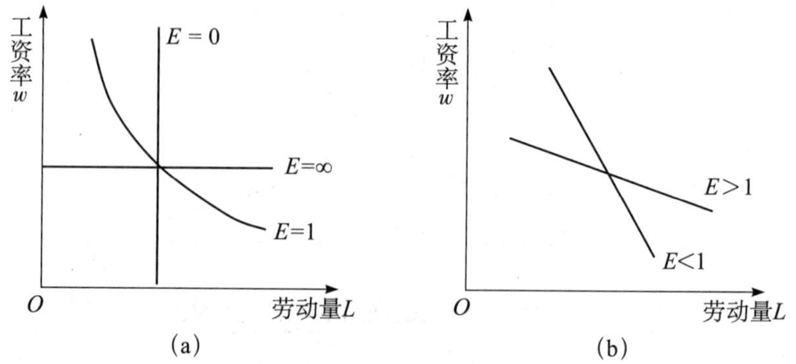

图1-20　劳动力需求弹性的五种类型

（1）劳动力需求弹性等于零。如果劳动力市场上的工资率不论如何变化都不会对劳动力需求产生任何影响，也就是$\Delta L=0$，此时的劳动力需求弹性称为完全无弹性。其几何图是图1-20（a）中的垂线，是劳动力需求弹性的一个特例。

（2）劳动力需求弹性小于1。如果劳动力需求弹性小于1但大于0，此时的劳动力需求弹性较小，有时也称为无弹性。例如，工资水平上升了10%，企业的雇工数量下降了4%，即劳动力需求弹性等于0.4。劳动力需求曲线的弹性较小，意味着企业的雇工数量对工资的升降速率变化不敏感，其几何图是一条较为陡峭的劳动力需求曲线，如图1-20（b）所示。

（3）劳动力需求弹性等于1。这是指劳动力需求变动的百分比刚好等于工资率变动的百分比，即劳动力需求弹性等于1，称为单位弹性。如图1-20（a）所示，呈单位弹性的劳动力需求曲线是一条渐近线夹角为直角的双曲线。

（4）劳动力需求弹性大于1。如果企业雇工水平变动的百分比大于工资的变动速率，劳动力需求弹性大于1，就称为劳动力需求弹性较大，或称劳动力需求有弹性。劳动力需求弹性较大，意味着企业的雇工数量对工资变动的敏感程度较高，其几何图是一条相对扁平的劳动力需求曲线，如图1-20（b）所示。

（5）劳动力需求弹性无穷大。如果在现行的工资水平上，企业乐于雇用市场所能供给的全部劳动力，而当工资略有上涨时却一个也不雇用，此时的劳动力需求称为完全有弹性。如图1-20（a）所示，其几何图是一条水平线，是劳动力需求弹性的一个特例。

劳动力需求有弹性与无弹性的相对性。劳动力需求曲线是一条向右下方倾斜的曲线。任何一条这样的曲线都有斜率，也就是说都会呈现出一定的弹性，只不过程度不同罢了。因此，严格地说，把陡峭的劳动力需求曲线定义为无弹性，把扁平的定义为有弹性，是不正确的。如果把劳动力需求曲线抽象为一条向右下方倾斜的直线，如图1-21所示，那么，这条直线上的有些区域是有弹性的或弹性较大，而另一些区域是无弹性的或弹性较小。

例如，工资从8元降至6元，下降了25%，而企业的雇工数量从20人升至40人，上升了100%，则劳动力需求弹性$E=100\%\div25\%=4$。可见，弹性是比较大的。如果工资的初始水平是3元，并由3元下降到1元，下降了67%，企业的雇工数量相应地由70人增至90人，增

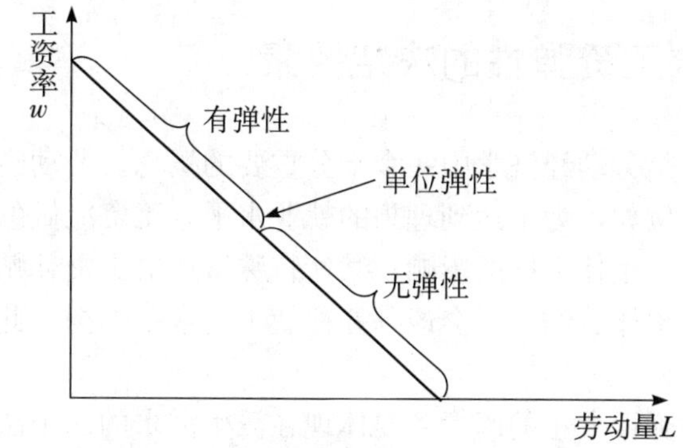

图 1-21 劳动力需求弹性的相对变化

加了 28.6%，则劳动力需求弹性 $E=28.6\%\div 67\% = 0.427$。可见，弹性是比较小的。

工资变动的绝对值都是 2 元，但体现在直线的上端是有弹性的，而体现在下端却是无弹性的。其原因在于，需求弹性是以相对数来计算的。对二者来说，工资变动的绝对值虽然相等，但在直线的上端，工资变动的速率较小，而它所对应的劳动力需求变化速率却比较大，体现在需求弹性的计算公式（1-13）中，即分子大、分母小，需求弹性必然较大；而在直线的下端，情形恰恰相反，因而需求弹性必然较小。体现在中部是单位弹性，在这一点上，工资和劳动力的变化速率相同。

劳动力需求弹性分为劳动力需求工资弹性和劳动力需求的交叉工资弹性。

二、劳动力需求工资弹性

同质的劳动力在工资率变动一定幅度时，将引起劳动力需求量多大程度的变动？这种关系可用下式表示：

$$\frac{\Delta L}{\Delta w} \tag{1-12}$$

用这个尺度去衡量，绝对数相同时，相对数差距可能很大。劳动者从 2 个人减少到 1 个人，相对数减少 50%，1 000人减少到 999 人的相对数仅减少 0.1%，但绝对数与前者却是相同的。再有，过去与现在进行比较的时候，即使是相同的工资变化，因为物价水平不同，相同的工资上升部分的实际购买力可能完全不一样。进而考虑国际比较时，例如，中国与美国、日本比较时，由于相互间的货币比价关系不是 1∶1，以及收入水平的巨大差距，所以 1 美元、1 日元工资的上升对劳动力需求量的变化影响与 1 元人民币工资上升的变化对劳动力需求量的变化影响进行比较，其数值本身就没有什么意义了。

为了消除这些因素的影响，经济学家经常使用弹性这一尺度，即某个变量发生了一定量例如 1%的变化时，受其影响，其他变量将会变化百分之几。在前面的例子中，当工资变化 1%时，劳动力需求量将变化百分之几的衡量工具称为劳动力需求工资弹性，其数学表达式为：

$$E=\frac{\Delta L\%}{\Delta w\%} \tag{1-13}$$

三、劳动力需求工资弹性的决定要素

劳动力需求弹性是劳动经济学中一个十分重要的概念。劳动经济学中的许多基本问题都可以从中找到答案。例如，为了达到理想的就业水平，工资应做怎样的调整；政府制定的最低工资水平对就业会产生什么样的影响；某些特殊行业的工资补贴政策对这些行业的雇工规模有什么样的影响；集体签约、工会谈判往往使工资水平上扬，此类行为对会员的就业有什么样的影响；等等。

影响劳动力需求弹性大小的因素主要体现在派生需求的四个法则之中。派生需求的概念及其法则最早由马歇尔创立，1934 年希克斯对此又做出了重要贡献。因此，人们又将其称为“希克斯-马歇尔派生需求四大法则”。这些法则表明，当其他因素保持不变时：

（1）在生产函数上，劳动投入与其他生产要素之间可替代性越大；

（2）产品的需求弹性越大；

（3）其他生产要素的供给弹性越大；

（4）劳动力成本在生产总成本中所占的比重越大，劳动力需求弹性越大。

上述四个法则的推导主要是围绕替代效应和产出效应来进行的，即工资的变动从两个方面影响就业水平：工资上涨使劳动成本提高，因而企业乐于以其他要素替代劳动，从而使雇工规模有所缩小，这是替代效应在发挥作用；工资上升提高了企业的边际成本，使企业面临提高产品价格和缩小生产规模的压力，从而使雇用水平有所下降，这是产出效应在发挥作用。下面分别具体说明。

（一）要素替代对劳动力需求弹性的影响

如果工资上升，受产出效应的影响，企业在短期内的雇工数量将会减少；从长期看，企业还会以资本或其他投入要素来替代劳动，从而使劳动力需求量进一步减少。因此从长期看，各要素之间相互替代的可能性越大，劳动力需求弹性也会越大。

但是，要素间相互替代的难易程度至少要受两个因素的影响。一个是技术经济方面的因素。例如，为完成某种生产活动或生产某种产品，资本与劳动必须按一定的比例投入，也就是说，等产量曲线呈图 1-15 中的 L 形，在这种情况下，资本和劳动之间的可替代性是零，因而，不管工资水平如何变动，对企业雇工规模都几乎没有影响。另一个是制度方面的因素。如集体谈判、工会参与等，无疑为企业制定雇工规模附加了一些限定条件。再如，政府的法令、法规限制等，也会对企业的用工决策产生一定的影响。

（二）产品需求对劳动力需求弹性的影响

工资水平的上涨会迅速导致产品成本上升，企业无疑会提高产品的价格；产品价格一旦提高，消费者的购买数量将会减少。在这种情况下，如果产品的需求弹性较大，价格的上涨势必使销售额下降、产出量减少，因而，企业对劳动力的需求量下降。这个法则对我们有两点重要启示：

（1）当其他条件保持不变时，产品市场的竞争力度越强，则该市场中单个企业的劳动力需求弹性就越大。原因是，竞争性行业中企业的数目较多，某企业的产品一旦涨价，消费者可以很容易地转而购买其他企业的产品，因而单个企业的劳动力需求弹性要比整个行业或市场的劳动力需求弹性大得多。

（2）整个行业或市场的劳动力需求弹性要比单个企业的小得多。以木制地板行业为例。在其他条件相同的情况下，如果某家企业的地板价格上涨，由于各厂家的地板是无差别的产品，消费者会很快地转向其他企业，从而使涨价企业的产量急剧下降，雇工规模也相应地缩小。但对整个生产地板的行业来说，情况则不然。如果地板行业的总体价格上涨，消费者虽然也能够以某种产品，如纤维板、塑料地板革、地板块、地毯等，来替代木制地板，但二者毕竟不具有完全替代的关系，地板涨价虽然也会影响地板行业的总产量及对劳动力的需求，但其影响作用要比对单个企业小得多。

（三）其他生产要素供给弹性对劳动力需求弹性的影响

现以资本和劳动为例说明这个问题。如前所述，工资水平上涨，企业将乐于以资本替代劳动，从而使企业对劳动力的需求有所减少。但是，当资本的供给量一定时，随着需求量的增加，资本的价格也会相应地上升。因而，以资本替代劳动从而使劳动力需求量趋于降低的程度，就要取决于资本要素供给弹性的大小。一般来说，资本的供给弹性越大，其价格的上升速度就越快，企业以资本替代劳动的变通程度就越低，对劳动力需求量的影响就越小；反之，就越大。

此类替代效应即使在劳动要素之间也可能发生。例如，非技术性工人的工资水平上升，则企业将乐于以技术性工人替代非技术性工人。但如果技术性工人的供给数量既定的话，则随着对技术性工人需求数量的上升，其工资水平也会相应地上涨，从而减小了企业进一步以技术性工人替代非技术性工人的可能性。因而，此类替代就要取决于某类职业或工种供给弹性的大小。但应当指出的是，此类替代效应对总体就业水平的影响较小，对结构性就业水平的影响较大。

（四）劳动力成本占总成本的比重对劳动力需求弹性的影响

劳动力成本占总成本的比重对劳动力需求弹性具有重要影响。例如，在某企业的总成本中，劳动力成本只占 20%，即使工资水平上涨了 20%，该企业的生产总成本也只不过是上升了 4%，因而，该企业所面临的产品提价和产量降低的压力就比较小，裁减员工的数量也不会多。如果在某企业的总成本中，劳动力成本占 80%，即便工资水平上涨 10%，该企业的生产总成本上升速率也会高达 8%。这样，企业面临的产品提价和产量降低的压力就比较大，裁减员工的可能性及数量就会大大提高。

总体结论是：在劳动密集型行业中，由于劳动力在总成本中所占比重较高，工资的变动会对就业水平产生较大影响；在资本密集型行业中，工资变动对就业水平的影响相对较小。

四、劳动力需求的交叉工资弹性

在前面的劳动力需求分析中，关于劳动力的一个基本假设是同质的，劳动力没有质的差别。但企业的生产往往是使用多种类别的劳动力，其中任何一种劳动力的需求都会受到其他类别劳动力的价格的影响。现假设企业劳动力需求为两类工人：A 和 B，那么，可以将 A 类劳动力需求量变动对 B 类劳动力的工资率变动的反应程度，定义为劳动力需求的交叉工资弹性。其计算公式是 A 类劳动力需求量变动的百分比与 B 类劳动力的工资率变动的百分比的比值。设 $E_{A,B}$ 为劳动力需求的交叉工资弹性，$\Delta D_A/D_A$ 表示 A 类劳动力需求量变动的百分比，$\Delta w_B/w_B$ 表示 B 类劳动力的工资率变动的百分比，从而有

$$E_{A,B}=\frac{\Delta D_A/D_A}{\Delta w_B/w_B} \tag{1-14}$$

同理，亦有

$$E_{B,A}=\frac{\Delta D_B/D_B}{\Delta w_A/w_A} \tag{1-15}$$

劳动力需求的交叉工资弹性为正值，表示一类劳动力的工资率上升引起另一类劳动力需求的增加，那么，这两类劳动力称为总替代；劳动力需求的交叉工资弹性为负值，表示一类劳动力的工资率上升引起另一类劳动力需求的减少，那么这两类劳动力称为总互补。

在产品市场中，互替产品与互补产品一目了然，简单明了。例如，作为能源产品的煤炭和石油，它们是互替商品。当煤炭的价格提高时，若石油的价格不变，则石油的需求增加。因此，它们的交叉价格弹性为正值。再例如，汽车和轮胎是互补产品，如果汽车价格提高了，轮胎的价格不变，轮胎的需求也会减少。所以，它们的交叉价格弹性为负值。

劳动力需求既然是产品需求所派生的需求，且劳动力市场的劳动力的类别存在着很强的差异，所以劳动力需求的交叉工资弹性的取值，是总替代还是总互补，还要取决于生产函数的具体特征、产品市场和劳动力市场的需求条件等。

第5节　技术进步与劳动力需求

在长期定义中，除了各要素的相对价格及相互间的可替代程度外，技术进步也是影响劳动力需求量的一个重要因素。长期劳动力需求理论可以为技术进步对劳动力需求的影响提供一个基本分析框架。

技术进步可以使生产同量同质的产品时，比以前投入较少的生产要素。如果用等产量曲线组进行描述，技术进步的结果可以使等产量曲线向原点靠近（见图1-22）。

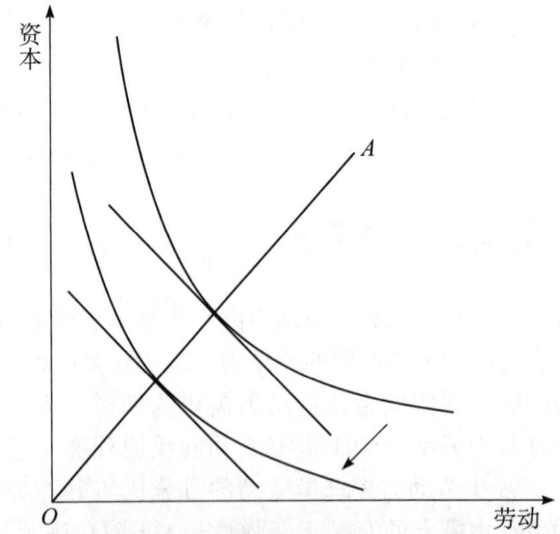

图1-22　希克斯技术进步和等产量曲线的移动

如果只考虑劳动与资本两种生产要素，技术进步可以分成以下三种类型：

（1）希克斯技术进步。在资本与劳动的比率既定的条件下，劳动的边际生产力与资本的边际生产力同比例上升，这样的技术进步称为“希克斯技术进步”，如图 1－22 所示。等产量曲线向原点靠近，但是代表资本与劳动比率的曲线 OA 与代表劳动的横轴和代表资本的纵轴之间各自的 45°夹角不变，即劳动与资本的边际替代率不发生变化。

（2）资本密集型（劳动节约型）技术进步。在资本与劳动比率给定的条件下，资本边际生产力的增加超过劳动边际生产力的增加。如果资本与劳动的相对价格不变，资本装备率上升。

（3）劳动密集型（资本节约型）技术进步。与资本密集型相反，劳动边际生产力的上升超过资本边际生产力的上升。在这种情况下，即使资本与劳动的相对价格不变，也需要相对多地使用劳动。

技术进步在各种各样的经济变量中对劳动力需求量是如何产生影响的，取决于：（1）在生产等量产品时，劳动与资本可以获得何种程度的节约；（2）通过下调产品价格，以及企业利润、劳动者收入的变化，能在多大程度上增加产品需求。也就是说，即使技术进步了，劳动的节约成为可能，但是由于收入的增加，造成产品需求的扩大，对劳动的需求并不会缩小。换言之，技术进步对劳动力需求的影响表现在：一是使企业能以较少的劳动投入生产既定的产品产量，减少劳动力需求量；二是使生产成本降低，产品价格下降，产品销量上升，产出规模扩大，从而使劳动力需求量增加。在单个企业或范围较小的经济体中，技术进步很有可能导致劳动力需求量的减少，但在范围较大的经济体中，技术进步则很有可能通过收入的增加，带来商品和服务消费的增长，从而创造为提供新增消费而产生的劳动力需求。第一产业的技术进步一方面造成单位产量所需劳动力减少，最终导致一部分劳动力从第一产业中游离出来；另一方面仍然在第一产业中的劳动者购买力提高，可以更多地购买第二、第三产业的产品和服务，从而支持了第二、第三产业新增劳动力和第一产业中游离出来的劳动力。第二产业和第三产业之间的上述关系更加显著。第一、二、三产业就业结构的不断变化呈现出序号低的产业就业比重逐渐下降，序号高的产业就业比重逐渐上升的现象，其根本原因就是技术进步的推动。可以看到，人类生活水平的总趋势是上升的，与之相伴，就业人口的总趋势是增加的。

第 6 节　短期劳动力需求与长期劳动力需求

结合图 1－23 和图 1－24，可以推出企业长期劳动力需求曲线，从中可以发现，长期劳动力需求曲线的弹性比短期需求曲线的弹性大，即比较平缓。

在图 1－23（a）中，横轴为劳动量 L，纵轴为资本量 K，在要素价格为 w_0 和 r 时，e_1 为生产的均衡点，产出水平为 Q_1，要素投入组合为 L_{e1} 和 K_{e1}。在图（b）中，横轴为劳动量 L，纵轴为工资率 w，当 $w=w_0$ 时，由生产均衡点 e_1 决定的劳动力需求为 L_{e1}。当工资率由 w_0 提高到 w_1 时，由于规模效应，要素投入组合由 K_{e1} 和 L_{e1} 变为 K_{e1} 和 L_b。图（a）的点 b 相应地为图（b）的点 b，工资率$w=w_1$，劳动力需求由 L_{e1}减少到 L_b。连接 b 和 e_1 形成一条

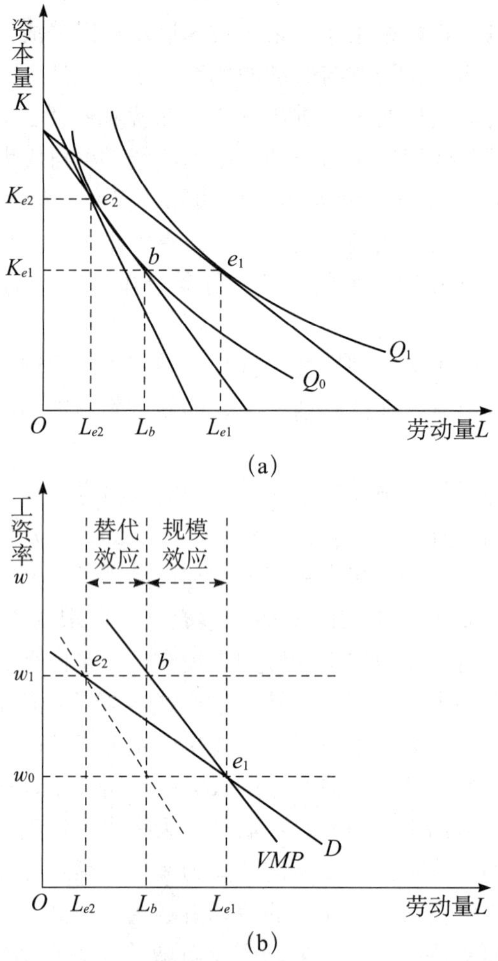

图 1－23 劳动力需求曲线

短期劳动需求曲线。此时资本投入固定不变，仍为 K_{e1}，劳动力需求按照 $VMP=w$ 的要求进行调整，其结果表现为劳动力需求从 L_{e1} 到 L_b 的减少。

在 $w=w_1$ 的条件下，企业根据要素相对价格的变化，做出资本对劳动的替代决定，图 1－23（a）中显示为资本需求由 K_{e1} 增加到 K_{e2}，要素投入组合由 K_{e1} 和 L_b 的点 b 移向 K_{e2} 和 L_{e2} 的组合点 e_2。上述变动在图 1－23（b）中也是点 b 向新的均衡点 e_2 的移动，替代效应使劳动力需求由 L_b 减少到 L_{e2}。连接 e_2 和 e_1 两点的曲线即为企业长期劳动力需求曲线 D。

比较长期需求曲线 D 和由企业劳动的边际产品价值曲线所示的短期需求曲线 VMP，可以清楚地看到短期需求曲线 VMP 从上向下穿过长期需求曲线，并且短期曲线更为陡峭，长期曲线则较为平坦，即长期劳动力需求曲线具有更大的弹性。

如果企业面临的是工资率下降，那么，企业将首先增加劳动力需求，扩大生产规模，并在长期中可以进一步增加劳动投入以替代资本。恰与前例相反，但结论是相同的。事实上，长期劳动力需求曲线就是要素价格发生变化时所有可能的均衡点的连线，这可以从图 1－24 中看得更为清晰。

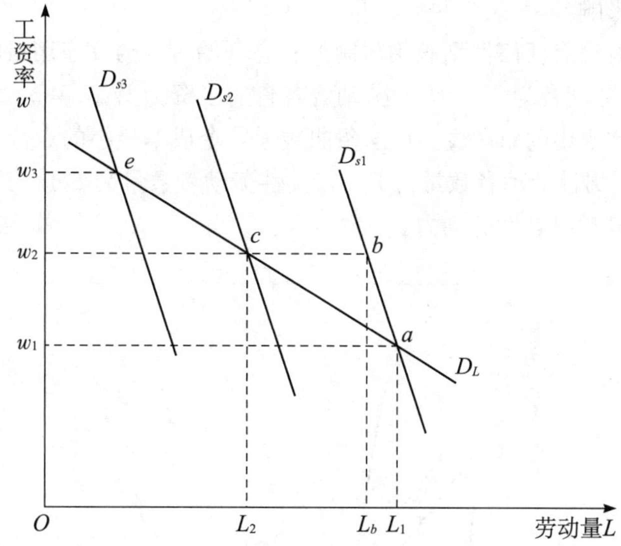

图 1－24　长期劳动力需求曲线

在图 1－24 中，横轴为劳动投入 L，纵轴为工资率 w。设产品价格和资本价格不变，且 $w=w_1$，则企业的生产均衡点为 a，要素的需求结构为 K_1 和 L_1（资本投入在图中不能直接表示）。当工资率提高时，企业劳动力需求的调整分两步进行：首先，企业按照由 K_1 的不变资本要素决定的短期劳动需求曲线 D_{s1} 进行劳动力需求调整，依据 $VMP=w$ 的原则，使劳动力需求由 L_1 减少到 L_b。然后，再用资本替代劳动，依据 $MP_L/MP_K=w/r$ 的原则，形成新的均衡点 c。在均衡点 c 形成 K_2 和 L_2 的要素组合，在 K_2 的基础上存在一条短期劳动力需求曲线 D_{s2}。当工资率 w 继续提高，同理可以形成点 e 的均衡点和 D_{s3} 的短期需求曲线。连接 e，c 和 a 的曲线就是长期劳动力需求曲线 D_L。由此可见，如果工资率连续变动且资本无限可分，那么在 e 和 c 及 c 和 a 之间还有无数个均衡点，在 D_{s1}，D_{s2} 和 D_{s3} 之间也存在无数条短期劳动力需求曲线。所以，长期需求曲线是均衡点的连线，且每一点都与短期需求曲线相交。

由上述分析可见，当工资率提高时，长期与短期相比，劳动力需求下降得更多；反之，工资率下降时，长期与短期相比，劳动力需求增加得更多。

第 7 节　政府的特殊政策与劳动力需求

一、对特定社会群体采取特殊就业促进政策的经济效果

前面讨论劳动力需求的交叉工资弹性问题时提到，任何一种劳动力的需求都会受到其他类别劳动力价格的影响。现在开始讨论，如果政府对某些特定的社会群体采取特别的就业促进政策，将对劳动力的总需求以及其他社会群体产生什么影响。下面仍然假定资本是固定不变的。

假定某国政府为了提高该国妇女的就业水平，要求相关企业必须按政府规定的男女比率雇用劳动者，否则将受到处罚。假定企业完全按照政府的政策行事，在这种情况下，会产生

什么样的经济性影响？

首先，从政府没有任何性别雇用限制的状态开始考察男女雇用量的决定因素。设男性劳动者为 L_m，女性劳动者为 L_w，男女劳动者各自的工资为 W_m，W_w，计划完成产量 X_0 的等产量曲线为图 1-25 中的 AB 线。在这条曲线上，令成本最小的点位于与等成本曲线 CD 相切的点 h，此时，男性劳动者数量为 L_{mh}，女性劳动者数量为 L_{wh}。这样，如图 1-25 所示，男性劳动力的数量超过女性劳动力。

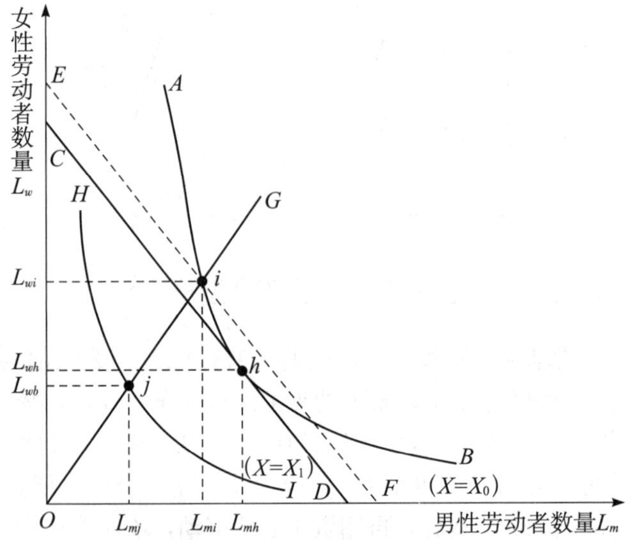

图 1-25　男女劳动者比率的指定对劳动力需求的影响

政府以促进女性劳动者就业为目标，将女性劳动者的雇用比率提升到 OG 线的位置，并要求相关企业加以实行，企业照此比率雇用了男女劳动者。在这种情况下，为了达到产量 X_0，必须雇用等产量曲线 AB 与直线 OG 的交点 i 的男性劳动力 L_{mi} 和女性劳动力 L_{wi}。其结果是男性劳动力从 L_{mh} 减少至 L_{mi}，相反，女性劳动力从 L_{wh} 增加至 L_{wi}。此时，企业的总成本将如何变化呢？通过点 i 的等成本曲线 EF 处于无政府限制时的等成本曲线 CD 的上方，增加的部分就是政府就业政策限制所造成的新的成本。

这种成本的上升并不完全由企业来承担，一部分要通过产品需求的变化，影响到劳动者和消费者。如果相关企业全部受到这样的政策限制，那么，如前节所述，工资的上升对产品需求所造成的影响，将是产品的供给曲线上移，使价格上升。这部分成本由消费者来承担。

但是，如果政府仅限制某些特定企业，只要没有相应的政府补贴，那么与其他企业相比，此类企业所增加的成本部分只能由其自己承担，从而使此类企业竞争力下降。这样，此类企业的产量会随着需求的减少而减少，例如从 X_0 减至 X_1，即等产量曲线从 AB 移至 HI，由于规模效应发挥作用，劳动力的需求量随之减少。在等产量曲线 HI 上，达到指定的男女劳动者的比率的点为 j。结果，男女劳动者数量分别减至 L_{mj} 和 L_{wj}。如果出现图 1-25 所示的产品需求大幅减少的情况，虽然政策目标是促进女性就业，但结果是，不仅女性就业量下降，从 L_{wh} 降至 L_{wj}，还造成男性就业量从 L_{mh} 大幅下降至 L_{mj}。如果这种现象存在，则公平与效率不可兼得。因此，在就业政策的制定和实施上，一定要充分考虑对产品需求的影响。

二、对特定劳动者的工资补贴的经济效果

为了解决某些特殊的问题，一国政府可能会采取对某些特定的劳动者发放工资补贴的政策。例如，日本政府一直对高龄劳动者进行工资补贴。

政府对特定劳动者的工资补贴一方面可使接受者的劳动力成本下降；另一方面也易引起与这些特定劳动者有竞争关系的劳动者的工资上升。其结果，如果各种条件不变，其他劳动者将被得到补贴的劳动者替代。

首先，考虑一下企业支付的工资中的一部分由政府承担的情况。在这种场合，例如，即使工资补贴达到 25％，企业并不是只负担原工资的 75％就行了，因为工资会随补贴而发生变化。企业对受补贴劳动者的工资负担减少，那么对这类劳动力的需求就会增加，他们的市场工资率便会上升。另一方面，市场工资率的上升使劳动力供给扩大，这又会使工资抑制机能起作用。结果，虽然企业的成本没有增加，但是支付的工资比原工资的 75％更多。

如果工资补贴直接发放到接受者手中，情况则有所不同。假定市场工资率依旧是以前的水平，含有补贴金部分。对劳动者来说，这具有与市场工资率上升相同的效果，劳动力供给量因此增加。其结果是，虽然劳动力需求量相同，但由于劳动力供给量增加造成市场工资率下降，企业支付的工资额减少。

其次，受到这种劳动力市场变化的影响，雇用得到工资补贴的劳动者的雇主所负担的工资额降低。如果在该水平上工资固定不变，考虑一下劳动力需求将会怎么样。

如图 1－26 所示，以享受工资补贴的劳动者为横轴 L_a，其他劳动者为纵轴 L_b，获得工资补贴之前的企业的产量为 X_0，与此相对应的等产量曲线为 AB，相对工资（w_a/w_b）以等成本曲线 CD 的斜率表示。此时，点 h 是企业的最低成本，企业雇用着享受工资补贴的劳动者 L_{ah} 和其他劳动者 L_{bh}。

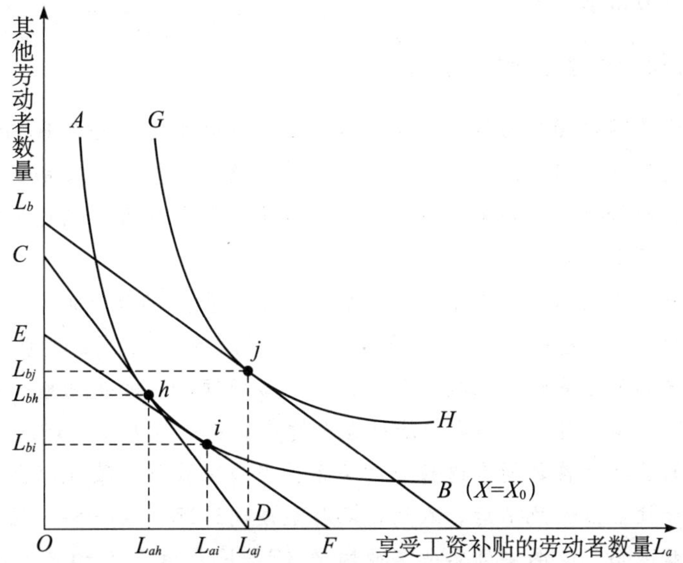

图 1－26 对特定劳动者的工资补贴对劳动力需求的影响

在这里，雇用享受工资补贴的劳动者可以得到政府的工资补贴，企业直接负担的工资额 w_a 减少。由此而产生的变化可以从替代效应和规模效应两个方面分析。替代效应是因等成本曲线所代表的相对工资的变化，均衡点从 h 向 i 移动的结果，享受补贴的劳动者的雇用量增加，其他劳动者的雇用量减少。

不过变化并非仅此而已，另一方面，规模效应发挥着对全部劳动者的劳动力需求扩张的作用。首先，人工成本的降低使产品的供给曲线向右移动。此外，即使市场工资下降，由于享受补贴的劳动者的收入增加，产品的需求也增加，企业的产量随着增加，于是等产量曲线向右上方移动，如图1-26所示，从 AB 移动至 GH。这样，规模效应使两者的雇用量从点 i 增至点 j。

工资补贴通过替代效应和规模效应使雇用量扩大，但是，对有竞争关系的其他劳动者来说，替代效应会产生减少雇用量的效果，而规模效应有增加雇用量的效果。两种效果合并后最终是正效果还是负效果，无法做出先验性的回答。因此，为了尽量克服对特定劳动者的工资补贴而造成对其他劳动者需求的减少，设计与选择能够最大限度地形成规模效应的方法是制定此类政策时需要重点考虑的。

附　录

非利润最大化企业和公共部门的劳动力需求

前面对以利润最大化为经营目标的企业的劳动力需求进行了说明，这样的说明是劳动经济学对劳动力需求的标准说明。但是，除了以利润最大化为经营目标的企业之外，社会中还有其他的用人企业和部门，这些企业和部门的行为目标并非利润最大化，但是，为了完成任务目标也有劳动力需求。下面以利润最大化企业的劳动力需求行为作为参照系，分析这些企业和部门的劳动力需求行为。

一、非营利企业的劳动力需求

非营利企业是不以营利为目的的生产性企业。社会希望这些企业把利润保持在特定的数量（例如零利润甚或负利润）内，用减免税收或财政补贴等办法鼓励企业生产一些商品或劳务。非营利企业的行为可分两类进行分析，一类是潜在利润为正值的企业的行为；另一类是潜在利润为负值的企业的行为。

图1-27是以横坐标为雇用量，纵坐标为工资率和产品收益的生产函数图。MRP 为劳动的边际收益曲线，它也是在完全竞争条件下，利润最大化企业的劳动力需求曲线；ARP 为劳动的人均产品收益曲线。根据边际生产率递减规律，它的走向也是在达到一个最高点 A 之后，便呈下降趋势。这条曲线与 MRP 在人均产品收益最大处，即点 A 相交。因为人均产品收益与劳动的边际收益之间有这样一种关系：当边际收益为某值以上时，人均产品收益呈上升趋势；边际收益低于此值后，人均产品收益便同边际收益一样，呈下降趋势，不过下降速度较边际收益慢而已。图中的第三条曲线 $ARP-F/L$ 线是人均产品收益减去人均资本成本 F/L 得到的人均净收益曲线，净收益等于利润加工资。其中，F 表示资本成本总量；L 表示雇用量。

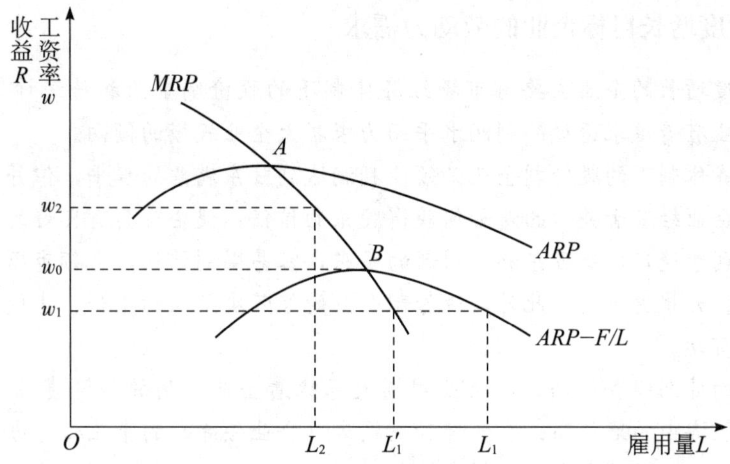

图1-27　非利润最大化企业的劳动力需求

企业潜在利润为正值的含义是，社会不希望企业亏损，也不要求它追求利润最大化，只要求它的利润保持在一个约定的数值上，譬如要求它的利润保持为零。根据社会要求确定的这一目标，首先，企业只能在市场工资率低于图中所示的 w_0，即市场工资率正好与人均产品收益相等的情况下运营。如果市场工资率高于 w_0，企业则亏损无疑。其次，企业可以在低于 w_0 的任何一个工资率水平下雇用劳动力，但根据零利润这一目标的要求，雇用量实际上将以市场工资率正好与人均净收益相等为原则加以确定，即有

$$w=ARP-F/L$$

如果此时工资率为 w_1（$w_1<w_0$），那么如图1-27所示，这类企业的雇用量将确定在 L_1 的规模上。也就是说，以零利润为目标的企业的劳动力需求曲线正好与 $ARP-F/L$ 曲线的下降部分重叠。

与利润最大化企业相比，潜在利润为正值的非营利企业的劳动力需求有两个方面的不同：第一，在市场工资率相同的情况下，非营利企业比利润最大化企业使用更多的劳动力。例如，当工资率为 w_1 时，非营利企业的劳动力数量为 L_1，利润最大化企业则为 L'_1（$w_1=MRP$），而 L_1 大于 L'_1。第二，非营利企业的劳动力需求曲线比利润最大化企业的更平坦。

所谓潜在利润为负值的含义是，社会不仅不要求企业追求最大利润，而且允许它有亏损，只是希望它把亏损压在最低水平上。我国的“政策性亏损企业”即属此类。这类企业在市场工资率高于 w_0 的情况下运营，它的劳动力需求曲线同利润最大化企业一致，都是 MRP 曲线，因为它们的雇用原则是一样的，都必须使劳动的边际成本与劳动的边际收益正好相等。不过，潜在利润为负值的非营利企业的劳动力需求曲线显然是图中点 B 以上的那段 MRP 曲线。因为如果市场工资低于 w_0，企业的利润便为正值，该企业再不是潜在利润为负的非营利企业了。

从以上分析中可以得知，社会兴办潜在利润为正值的非营利企业的主要目的是利用低工资扩大就业，我国以安置待业青年为目的的劳动服务公司和以安置残疾人就业为目的的福利工厂就属于这类企业。而兴办潜在利润为负值的非营利企业的目的是生产一些需把价格控制在低水平上的特殊商品或劳务。

二、适度增长目标企业的劳动力需求

追求适度增长的企业主要有市场经济体制下的股份制企业和传统计划经济体制下的企业。这些企业有着追求适度的利润水平而力求扩大企业规模的倾向。

市场经济体制下的股份制企业必须使利润达到股东满意的水平，但并不需要追求利润最大化，因为企业经营者关心的是如何获得股东的信任，使企业具有良好的声誉。由于企业规模扩大，有利于稳定现有股东和吸引新的股东，容易得到信任，占领市场，增强竞争力，因此企业规模扩大将更重要。此外，股份制企业的经营决策人的年薪、声望等自身效用也与企业规模关系密切。

在传统的计划经济体制下，企业规模大意味着企业占用的经济资源多，从而它的权力大，在国民经济中的地位高；企业经营决策者（企业领导）的事业心、办事“容易”度、政绩、晋升等个人效用也和企业规模密切相关。

市场经济体制下的股份制企业的劳动力需求如图 1－28 所示，*LR* 是企业的劳动投入总收益曲线，*LC* 是劳动总成本曲线，*LP* 是企业的利润（π）曲线（即 *LR*－*LC*）。利润最大化企业将选择雇用 L_m 个工人，而适度增长的股份制企业只追求能使股东满意的利润 π_s（利润最大值为 π_m，π_m 大于 π_s），它将雇用 L_s 名工人（$L_s > L_m$），以便尽可能地扩大企业规模。这说明，在其他条件一定的情况下，适度增长目标下的企业劳动力需求高于利润最大化企业。

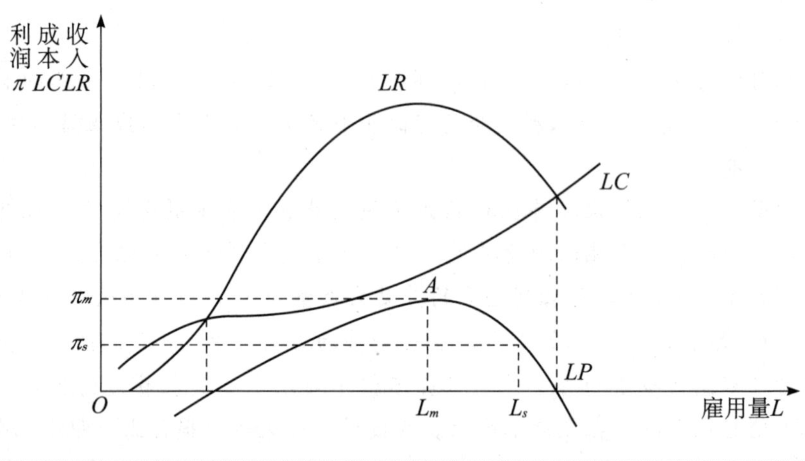

图 1－28　市场经济体制下股份制企业的劳动力需求

计划经济体制下的企业的劳动力需求行为如图 1－29 所示。由于计划经济体制下的企业不受预算约束，企业关心的只是产品的数量而非利润的多少，所以这是一个非货币模型。图 1－29 的横轴是企业的职工人数，纵轴是企业规模增长和企业申请招工指标时花在与上级机关讨价还价上的劳动，经济学家称之为“交易性劳动”。*LP* 是描述职工人数增长与企业规模增长之间函数关系的曲线。因为企业有不断追求规模增长的内在倾向，*LP* 曲线向上延伸，斜率为正，但随职工人数增长而带来的规模增长要受劳动的边际收益递减规律制约，所以曲线向左上方凸起。*CL* 曲线是描述劳动力需求增长与企业向上级争取用人指标时所要付出的交易性劳动增长之间的函数关系的曲线。根据计划经济体制决策机制，企业申请的劳动指标越多，所需的交易性劳动就越多。因此，曲线斜率也为正值。

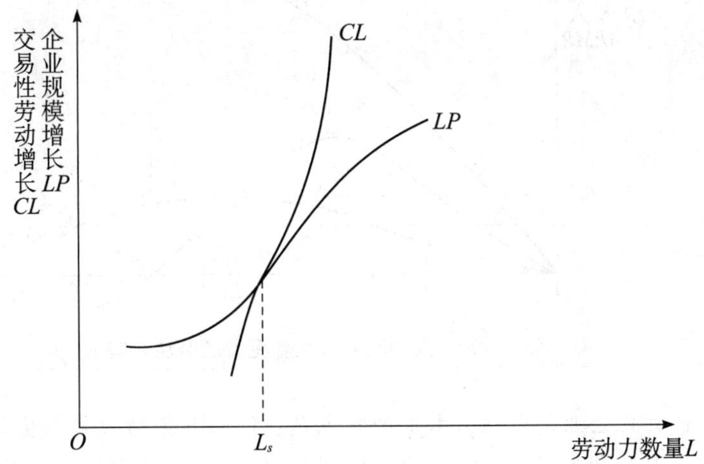

图1-29　计划经济体制下的劳动力需求

计划经济体制下企业劳动力需求量以 CL 等于 LP 为原则决定。如图1-29所示，在 CL 曲线与 LP 曲线相切之点，企业将申请 L_s 个招工指标，企业决策者如为进一步扩大企业规模，在 L_s 以上进一步提出劳动力需求，那么，他花在与上级进行讨价还价上的交易性劳动就增长过快了，不符合决策者自身的效用最大化；企业决策者如把劳动力增长指标定在 L_s 以下，交易性劳动固然减少，但其追求企业规模增长的内在倾向将得不到满足，也会降低效用。

三、人均收入最大化目标企业的劳动力需求

在计划经济体制下，实行企业承包制改变了企业决策者的劳动力需求行为，这种改变表现在：(1) 企业决策者与本企业劳动者目标一致，工资与利润的相互制约作用削弱；(2) 劳动者目标由传统计划经济体制下的追求闲暇最大化转变为货币收入最大化；(3) 本企业职工集体收入最大化与个人收入最大化一致。以上变化产生了人均收入最大化的目标。

以人均收入最大化为目标的企业，其劳动力需求行为如图1-30所示。该图横轴为企业的职工人数，纵轴为总净收入、人均净收入和边际净收入。TR 曲线为总净收入曲线，AR 是人均净收入曲线，MR 是边际净收入曲线。MR 与 AR 的交点是人均净收入最高点，劳动力市场均衡工资率为 w_0，此时，追求人均净收入最大化的企业将雇用 L_0 名职工，相对应的人均净收入为 AR_0。而当现行劳动力市场的均衡工资率为 w_0 时，追求利润最大化的企业将雇用 L_1 名职工。

以人均收入最大化为目标的企业的劳动力需求行为有如下特点：(1) 现行劳动力市场的均衡工资率 w_0 不在目标函数中，在模型中仅为约束条件，即企业的人均净收入 AR_0 必须大于均衡工资率 w_0，如果此条件不满足，承包合同将不能签订，签订后也会要求修改承包基数；(2) 利润也不在目标函数中，它在模型中也仅为约束条件，即实际利润必须超过承包合同要求上缴的利润总额。

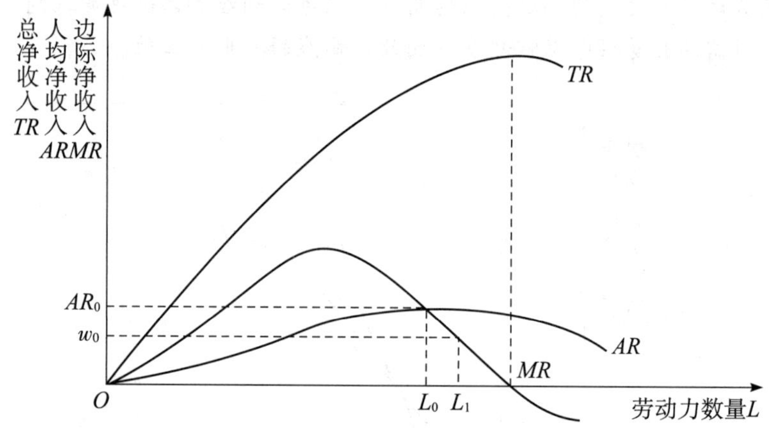

图1-30　人均收入最大化企业的劳动力需求

人均收入最大化企业的劳动力需求的特点是：（1）其劳动力需求量小于利润最大化前提下的劳动力需求量，即如图1-30所示，L_0 小于 L_1。（2）比利润最大化企业使用更多的非劳动力要素，例如资金、原材料等。因为对这类企业来说，劳动力不仅是一种投入要素，而且是参与利润分成的因素，因此，劳动力的实际"价格"不是工资率，而是工资率加人均留利。所以，这类企业更倾向于用非劳动力要素替代劳动力。（3）增添了劳动力进入和退出的壁垒。追求利润最大化企业要求劳动力自由流动，以便形成一个统一的市场均衡工资率和随时按利润最大化要求吞吐劳动力的机制，而人均收入最大化企业不论人均收入高还是低，都存在着不让劳动力流动的倾向：人均收入低的企业如果人数恰为 L_0，便可能因为人数的减少会减少人均收入而不允许劳动力流出；人均收入高的企业也不允许劳动力流入，因为人数增多会降低人均收入。这就自然而然地形成了劳动力进入和退出的壁垒。

四、公共部门的劳动力需求

通过公共部门向社会提供服务是政府参与经济活动的重要方面。公共部门是非营利部门，其自身的行为目标不是利润最大化。

公共部门的行为目标因政治体制不同而不同，因为不同的政治体制会使公共部门的决策者在权力结构中所处的地位发生变化。如果现行政治体制决定了公共部门决策者的前途完全由纳税人亦即选举人决定，也就是说，他们的去留与升迁完全取决于纳税人的选举结果，那么决策人必须在尽可能少的税收基础上尽可能地提高服务水平，我们把这种目标称为"服务最大化"目标。如果现行的政治体制使公共部门决策者的前途在相当大的程度上不受纳税人的制约，甚至在相当大的程度上可以用行政手段"强制"公共产品的消费者接受公共部门确定的交易条件（包括服务质量、服务价格、服务项目等），那么，公共部门决策者必然会考虑如何更多地增加税收，而更少地提供服务，我们把这种行为目标称为"财政收入最大化"目标。当然，完全不受纳税人约束的政府是没有的，在不受选举制约的体制下，政府的决策要受某种观念和群众不满情绪的制约，这种约束比选举的结果相对要软，但最终还是有限制的。

在分析公共部门的劳动力需求之前，首先抽象掉技术条件的影响；其次假设公共产品和非公共产品的价格是既定的，社会可利用资源是既定的。那么，两类公共部门的共同点是无论在服务最大化还是在财政最大化目标下，公共部门的劳动力需求均受纳税人的负担或称群众的承受能力制约，也就是说，公共部门的劳动力需求曲线也是向右下方倾斜的，斜率为负。公共部门雇员工资率上升，劳动力需求下降；反之则相反。不同点是，在服务最大化目标下，公共部门的决策者在确定服务水平时所要考虑的问题是，为了满足选举人的要求，每增加一个单位的服务，需要筹措多少资金，而为筹措这么多资金，又将增加纳税人多少负担。如果提高服务水平所能满足的群众需要小于因提高服务水平而增加的群众负担，那么，以服务最大化为目标的决策者将决定不提高服务水平；如果提高服务水平所能满足的群众需要大于因提高服务水平而增加的群众负担，那么，决策者将决定提高服务水平。由于假设技术条件一定，所以公共部门雇用规模便同服务水平一起确定。

财政收入最大化目标下的公共部门的考虑则不同，如果提高服务水平的决策已确定，那么它考虑的是如何将税收负担增加到群众所能承受的最大限度；如果税收负担一定，那么它将把服务水平降到群众可忍受的最低限度。所以，如果服务水平相同，公共部门雇员工资率相等，那么以财政收入最大化为目标的公共部门将比以服务最大化为目标的公共部门雇用更多的雇员。

◆ 本章小结

本章在抽象掉劳动时间和劳动强度的差别的前提下，考察了劳动力需求的各方面问题。

首先以利润最大化原理作为分析视角探讨企业劳动力需求行为。以资本作为生产要素是否可变为依据，企业对劳动力的需求可以分为短期需求和长期需求。

在短期劳动力需求分析中，考察了单个企业产量、劳动力需求的决定原理，不同市场形态下企业的边际收入，以及处于完全竞争状态的劳动力市场和产品市场的劳动力需求，并从单个企业的劳动力需求曲线推导出整个市场的劳动力需求曲线。

在长期劳动力需求分析中，资本成为可变化的生产要素，企业有两种模式来选择劳动和资本的组合：产量确定后的成本最小化模式和成本确定后的产出最大化模式。工资、资本价格的变动和成本的相对水平会对这两种模式产生影响。本章还讨论了劳动力需求弹性的概念、类型、影响因素，可以看到长期劳动力需求曲线的弹性比短期需求曲线的弹性大。

本章最后讨论了政府的特殊政策对劳动力的总需求以及其他社会群体产生的影响，并在附录中考察了非利润最大化企业和公共部门的劳动力需求。

◆ 关键词

劳动力	劳动力需求
劳动力需求曲线	短期劳动力需求
长期劳动力需求	劳动力需求弹性

◆ 复习与思考

1. 如何理解劳动力需求的含义？
2. 何谓劳动力需求弹性？
3. 工资率和产品需求的变化如何对劳动力需求产生影响？
4. 在考察劳动力需求时通常有哪些假设条件？

5. 试分析完全竞争条件下的企业短期劳动力需求。
6. 企业长期劳动力需求有哪些特点？
7. 非营利企业的劳动力需求有哪些特点？
8. 影响社会劳动力需求的因素有哪些？
9. 试分析技术进步对劳动力需求的影响。

第2章 劳动力供给

在经济学中，供给和需求是两个必须加以讨论的基本问题。作为经济学中的一个主要门类，劳动经济学自然要讨论供给问题，在劳动经济学中，供给问题就是劳动力供给。劳动经济学要阐明劳动力市场的各种现象，就必须对构成劳动力市场的基本要素进行研究。作为劳动力市场的一个基本构成要素和影响劳动力资源配置的基础因素，劳动力供给当然是劳动经济学讨论的重点之一。本章从人口与劳动力供给、劳动力参与率、劳动力供给曲线、劳动力供给弹性、劳动供给时间选择、劳动力的流量测量等几个方面考察劳动力的供给。

第1节 劳动力供给的含义

一、劳动力供给的基本概念

劳动力供给，从性质上说，是指劳动力的供给主体（劳动者个人，在某些情况下可以是家庭）在一定的劳动条件下自愿对存在于主体之中的劳动力使用权的出让；从量的角度说，是指一个经济体（大至一个国家，小至一个企业、一个雇请了保姆的家庭）在一段时期中可以获得的劳动者愿意提供的劳动能力的总和。

深入理解劳动力供给概念，需要把握下面几个要点。

（一）个体决策

无论是全球性的、全国性的、地区性的，还是某个行业的、某个单位的可以获得的劳动力供给，都取决于劳动力供给方在一定条件下的供给决策。这样的决策由劳动力供给主体，即一个个劳动者个人或家庭单独做出。因为在市场经济体制下，劳动者是寄寓于其身上的劳动力的法定的产权所有者，劳动者有充分的自由使用权和处置权，并有凭借直接提供劳务或出租劳动力使用权获得收益（即劳动报酬）的权利。任何限制其自由、克扣其收益的行为，法律上都将视为侵权行为。由此可见，对劳动力供给的基本分析建立在对劳动者个体的经济决策分析基础之上。

（二）主体意愿

劳动力是劳动者的私有财产，在固定的社会经济条件下，劳动者是否愿意提供自己的劳动能力，取决于许多因素，因此劳动力供给的意愿性有下列含义：首先，劳动力供给受到很多因素的影响，比如当时的工资水平高低、工作时间长短、个人和家庭的经济状况、人口规模与结构等，在现行工资水平等条件下，有一部分劳动者可能不愿提供劳动力，使得劳动力供给量不等同于劳动力资源数量，这主要取决于劳动者本人的供给意愿。其次，劳动力供给量不等同于劳动力的实际使用量或称为实际就业人数，也就是说，在现行工资水平等条件下，有一部分劳动者可能愿意提供劳动力，但因找不到工作而失业。这主要取决于劳动力市场的竞争和用人单位的选择意愿。由此可见，劳动力供给的量与质在很大程度上受到劳动力供给者主观意愿的影响。

（三）时间要素

劳动力供给的考察与劳动力需求一样也有时间方面的问题。劳动力供给是劳动者在一定条件下愿意提供的劳动能力的总和，这种劳动能力的总和不仅包括劳动力的数量，还包括劳动者愿意提供的劳动时间和强度（包括积极性等）。但在理论分析中，与劳动力需求的有关讨论相同，一般要进行抽象和简化，劳动经济学家通常假设所有劳动力供给都是满足社会规定的工作时间和工作效率要求的标准供给，即把劳动力供给等同于劳动力数量。

另外，劳动力供给的分析在时间方面也有短期与长期之分。但是，劳动经济学对劳动力供给的短期和长期的划分并没有一个严格、确切的时间概念，二者只是相对而言。一般来说，考察短期劳动力供给，主要关注某天、某月或某年的劳动力供给数量；考察长期劳动力供给，则主要侧重于未来，例如三年、五年或更长时期的劳动力供给趋势分析和预测。在短期劳动力供给分析中，一般假定人口规模是一定的，劳动力资源数量是不变的。在这样的总量约束下，讨论劳动条件给定后，社会能够获得多大量的劳动力供给，各用人单位能够获得什么样的劳动力供给；另一方面，人们为了取得最大的效用如何决定他们的市场性劳动时间。长期劳动力供给则主要从人口的波动和劳动力资源供给的变化这一角度，预测未来某一时期的劳动力供给数量和结构。

二、劳动力供给假设

劳动力供给是一个相当复杂的问题。这是因为劳动力供给决策在很大程度上是一种受经济环境影响的决策。经济环境变了，个人乃至家庭的劳动供给决策也会变。即使在相同的环境下，个人和家庭的劳动供给决策也未必相同。如果不采取恰当的方法加以简化，那么就很难分析劳动力供给问题。简化复杂问题的方式之一是抽象掉某些不重要的因素，为此需要对某些问题做一些假设或假定。在分析劳动力供给时，一般需要做出下列几个方面的假设：

（1）劳动力供给主体的目标假设。该假设认为劳动者在做出有关供给决策时，以追求效用极大化为主要目标。其效用来源于两方面：一是劳动力供给主体在市场性劳动时间内获得的；二是劳动力供给主体从余暇时间中获得的。劳动力供给主体既可以通过参加市场性劳动，也可以通过不参加市场性劳动获得效用。

（2）市场环境的假设。参见第 1 章中“劳动力需求假设”部分。

（3）关于劳动力质量的假设。参见第 1 章中“劳动力需求假设”部分。

第 2 节　人口与劳动力供给

一、人口结构的变化与劳动力

劳动力的供给与人口总量和人口结构有着密切的关系。劳动力供给的总量首先受到人口总量的制约，进而受到有劳动能力的人口总量的制约。劳动力供给量是人口的函数。构成劳动力资源的劳动力人口群体是一定时期、一定地域内人口总量的一部分，该部分人口数量与全部人口的数量关系十分密切。假定人口总体的年龄构成不变，劳动适龄人口中劳动力人口和非劳动力人口构成（见图 2-1）也不变，则劳动力人口与人口总量成正比关系。人口总量是一个不断变化的量。人口变动包括自然变动和机械变动。从人口变动的结果来看，包括人口增加、减少、零增长三种情况。劳动力的变化也如此。但是，人口总量与劳动力人口的变化的速度、方向并不一定相同。人口从出生到成为劳动力之间有一个十几年的时间差，并且出生人口成为劳动力之间还有期间死亡、伤残因素造成的数量差。另外，原有劳动力人口也会由于年龄及死亡、伤残原因退出市场性劳动而发生变化。上述分析是以人口年龄结构不变为基础的，事实上在不断变化的人口出生率和死亡率的影响下，人口的年龄结构也在不断变化，从而从两个方面影响劳动力人口数量：（1）通过劳动适龄人口占总人口比重的变化；（2）通过劳动适龄人口内部年龄构成的变动。

劳动经济学所研究的劳动力是指在一定的年龄之内，具有劳动能力与参加有酬的市场性劳动愿望的全部人口，包括就业者和失业者。没有就业意愿或就业要求的人口不属于劳动力的范畴。

与劳动力有关的统计分类与处理在各国不尽相同，这既涉及各国与劳动相关的法律方面的问题，也是各国劳动领域中存在差异所致。

日本对劳动力的调查是由政府总务厅统计局负责实施的。调查采用派遣调查员对样本家庭进行访问，对每个月最后一周的相关情况加以了解并记录，然后分类汇总的方式。

日本法定劳动年龄为 15 岁以上，其 15 岁以上的人口从劳动就业角度的分类如图 2-1 所示。

- 15岁以上人口（10 661）
  - 劳动力人口（6 787）
    - 就业者（6 557）
      - 自营业主（772）
      - 家庭就业者（376）
      - 受雇者（5 391）
        - 长期受雇者
        - 临时受雇者
        - 零工受雇者
    - 完全失业者（230）
  - 非劳动力人口（3 874）

图 2-1　1997 年日本 15 岁以上人口的劳动就业状况

说明：括号内的数字为 1997 年平均，单位：万人。
资料来源：日本劳动省．劳动白皮书．1998.

通常，劳动力人口是依人的自然数量统计的。劳动力人口由为取得收入进行工作的就业者和在调查周中一个小时也未能就业，但进行了求职活动的完全失业者构成。①

在传统的经济学上，劳动以是否与获得收入相联系为基准而与余暇相区别。例如，家务劳动原本是十分辛苦的活动，但是因与收入的增加没有直接的关联，被当作余暇，而不是劳动。正是从这个角度出发，专职家庭主妇被划分到非劳动力人口之中。不过，保姆虽然与专职家庭主妇干基本相同的活，但由于其工作与收入直接联系在一起，被列为就业者。在受雇者中，临时受雇者是指劳动合同为 1 个月以上 1 年以内的受雇者；零工受雇者指日工与契约为 1 个月以内的受雇者；长期受雇者则是劳动合同为 1 年以上或无期限的受雇者。

在美国，劳动力是指 16 岁及其以上或者在工作，或者在积极地寻找工作，或者暂时失业但寻求重新就业的所有的人。劳动力中那些没有获得有报酬职业的人称为失业者。未参加并且不寻找有酬市场性工作，也不是因暂时失业而等待雇主召回的人不算劳动力。1994 年，美国 16 岁以上的人口从劳动就业角度的分类如图 2-2 所示。

- 16岁以上人口（19 685）
  - 劳动力（13 106）
    - 就业者（12 306）
    - 失业者（800）
  - 非劳动力（6 579）

图 2-2　1994 年美国成年人口的劳动就业状况（万人）

资料来源：伊兰伯格，史密斯．现代劳动经济学——理论与公共政策：第六版．北京：中国人民大学出版社，1999.

在中国，法律规定年龄在 16 岁以上的人口为劳动力人口。1995 年，中国 16 岁以上的人口从劳动就业角度的分类如图 2-3 所示。

---

① 请注意，在各国的统计上，失业者的要件是不同的。这里为日本的要件。

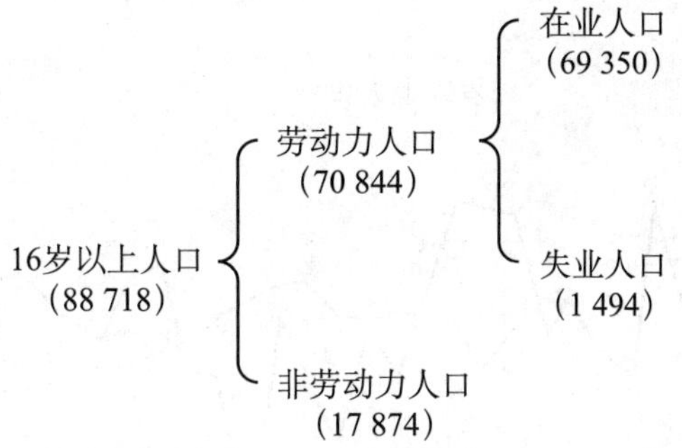

图 2-3　1995 年中国成年人口的劳动就业状况（万人）

资料来源：《中国人口统计年鉴（1998）》的第二部分（1995 年全国 1%人口抽样调查数据）。

二、人口结构的变化与劳动力参与率

劳动力参与率（简称劳参率）是研究劳动就业状态的重要统计指标，反映一定范围内的人口参与市场性劳动的程度。一定范围内的人口可依若干标志进行分类，如总人口、法定劳动年龄人口、不同年龄组人口、不同性别人口等。计算公式分别为：

$$\text{总人口劳动力参与率}=\frac{\text{劳动力人口}}{\text{总人口}}\times 100\%$$

$$\text{法定劳动年龄人口劳动力参与率}=\frac{\text{劳动力人口}}{\text{法定劳动年龄人口}}\times 100\%$$

$$\text{年龄别（性别）劳动力参与率}=\frac{\text{某年龄（性别）劳动力人口}}{\text{与分子同范围人口}}\times 100\%$$

劳动力参与率只是测度和反映人口参与劳动程度的指标，它本身并不是影响人口参与劳动的因素，而是社会的、家庭的经济因素影响劳动力参与的选择和决策，再通过劳动力参与率的变化影响劳动力供给。此外，劳动力参与率指标由于能准确地反映劳动力参与的变动，因此成为分析劳动力供给变动的工具。

人口的变化是由出生率与死亡率的变化引起的。劳动力人口的变化则由一定范围的人口和劳动力参与率的变化加以说明。比较一定范围的人口数量和劳动力参与率变化，可以看到，在较短的时期内劳动力参与率的变化显得更活跃。劳动力参与率更易即时受到政府政策、社会意识、经济状况等的影响而变化。而一般人口数量和结构的变化对劳动力人口的影响则属于非即时、非短期的。如果将总人口、法定劳动年龄人口、劳动力人口的变化状况放在同一个时序平面上进行比较，可以更直观、清晰地了解劳动力参与率的变化与人口变化的不同特征。下面以日本的数据所显示的状况为例（见图 2-4）。

劳动力参与率的时间序列的变化，与各年龄段劳动力参与率的变化相同，受人口结构变化左右。高龄者的劳动力参与率最低。如果社会老龄化，高龄者比例增大，总体劳动力参与率必然下降。各年龄段的劳动参与率的高低受到两方面因素的影响。一个是社会学性质的因素，即结婚、育儿、家庭形态、家务劳动的负担、健康程度、就业观念等；另一个是经济学性质的因素，即工资与资产的状况、税收和社会保障制度以及各种雇佣习惯等。不过，最近经济学家对社会学性质的各种因素开始从经济学观点进行研究，社会学与经济学的界线已经

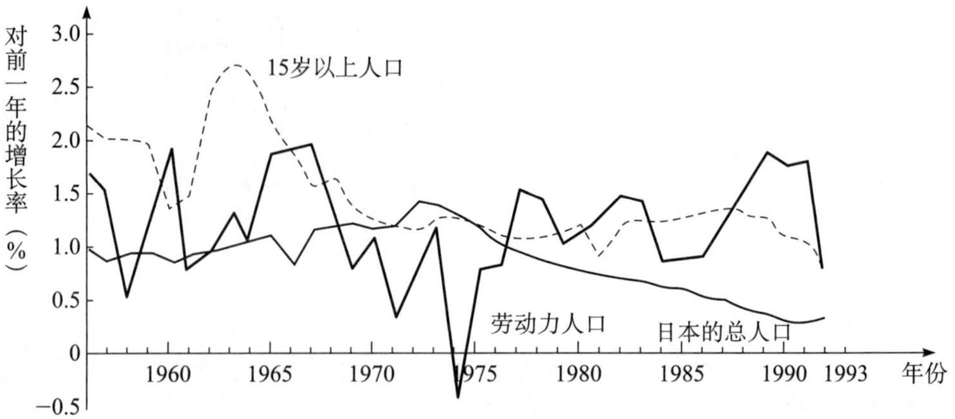

图2-4　日本的总人口、15岁以上人口、劳动力人口对前一年的增长率

资料来源：日本总务厅．劳动力调查年报．1996.

变得模糊起来。

各国因上述社会学的、经济学的因素不同，男女两性及各年龄段的劳动力参与率不尽相同。为了更直观地表示不同劳动力参与率的周期性变化，可用平面直角坐标系进行描绘。图2－5即为分性别的劳动力参与率的周期性变化。

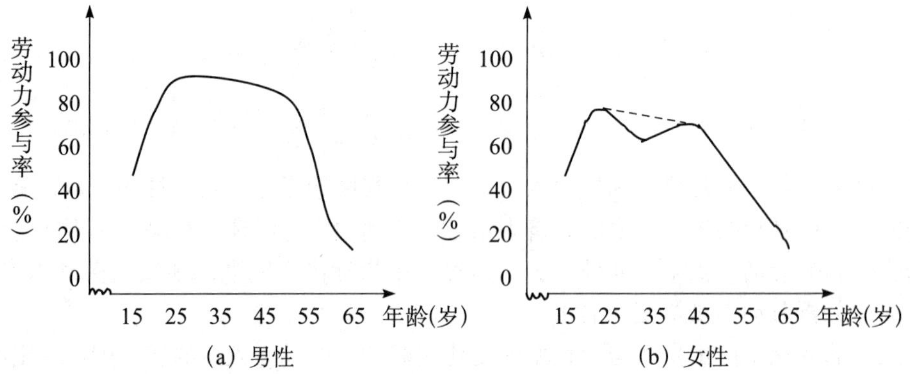

图2-5　劳动力参与率的周期性变化

男性劳动力参与率呈倒U形周期性变化，青年与老年劳动力参与率较低，25～55岁年龄段劳动力参与率持续保持高水平，一般均在90%以上。男性劳动力参与率总体水平比女性高。

女性劳动力参与率的变化形态比较复杂。多数国家和地区女性劳动力参与率的周期呈M形，也有一些国家则呈倒U形（如图2－5（b）的虚线所示）。但无论哪种形状，其总体水平均比男性劳动力参与率低（见图2－6、图2－7、图2－8）。在M形的周期中，15～20岁年龄段，劳动力参与率迅速上升，形成第一个峰头。20岁以后，由于婚育退出劳动力市场，劳动力参与率下降，形成一个低谷。在孩子长大以后，大约在35岁，劳动力参与率再次上升，形成第二个峰头。以后，劳动力参与率一直呈下降态势。

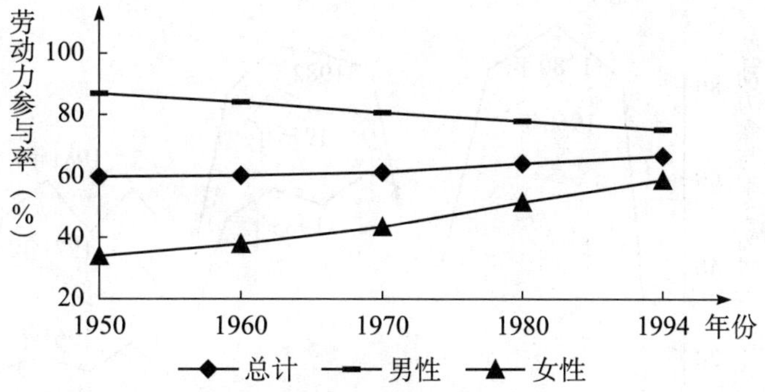

图 2-6　1950—1994 年美国分性别劳动力参与率

资料来源：根据伊兰伯格和史密斯的《现代劳动经济学——理论与公共政策（第六版）》中 24 页的表 2-1 数据制作。

伴随着时代的变迁和社会经济的发展，各国的劳动参与率水平和劳动参与率周期性变化的形态也在变化（见图 2-7、图 2-8）。

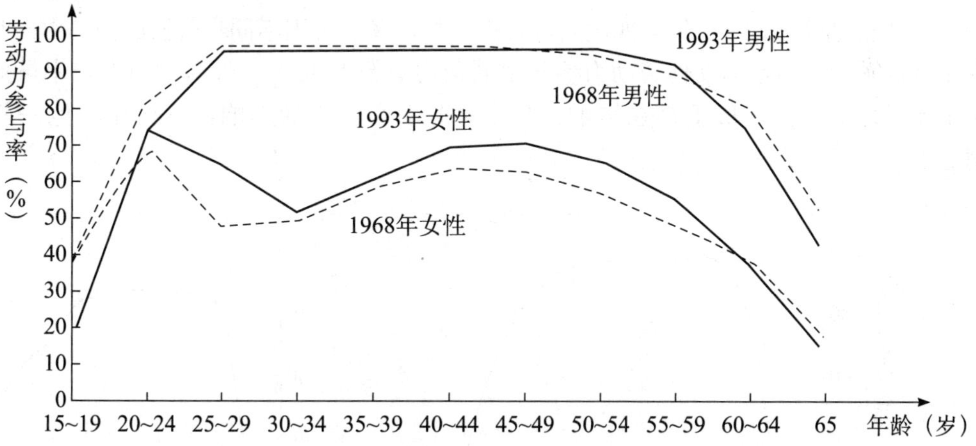

图 2-7　不同年龄段男女别劳动力参与率

资料来源：樋口美雄．劳动经济学．东京：东洋经济新报社，1998.

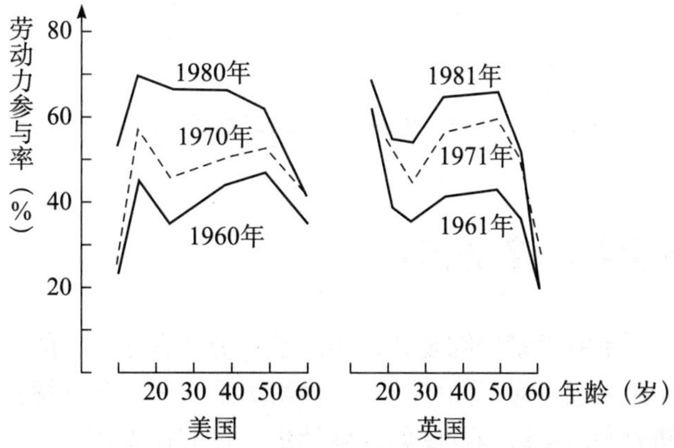

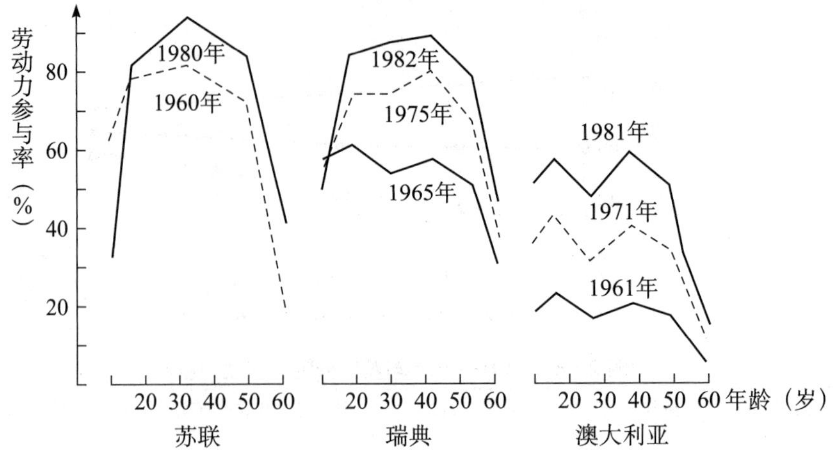

图 2-8 20 世纪中晚期美、英等国女性不同年龄段的劳动力参与率

资料来源：岛田晴雄．劳动经济学．北京：北京经济学院出版社，1989.

图 2-9 是根据 1990 年第四次人口普查资料计算的中国不同年龄段的劳动力参与率。从图中可以看到，男性与女性劳动力参与率周期均呈倒 U 形。女性劳动力参与率虽然在总水平上比男性低，但一般不存在结婚、育儿对劳动力供给的影响，不存在其他一些国家的 M 形。

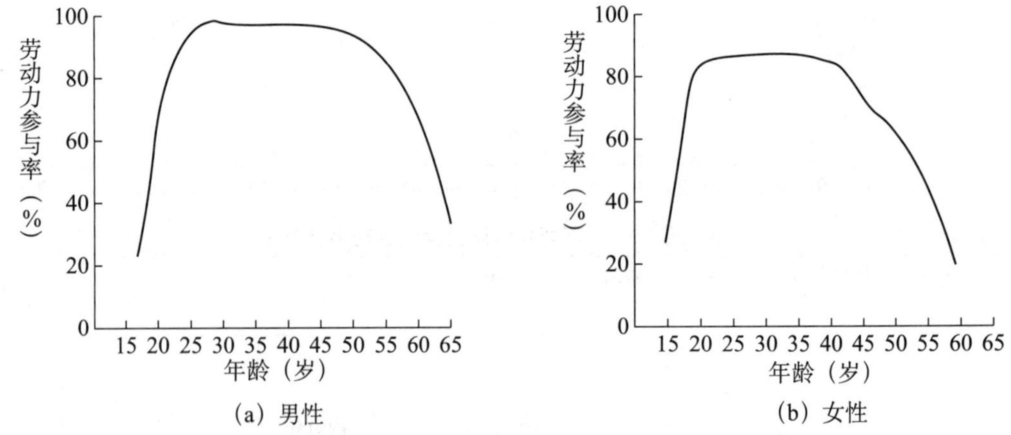

图 2-9 1990 年中国不同年龄段的男女别劳动力参与率

三、影响劳动力参与率的因素

影响劳动力参与率的因素错综复杂，各因素对劳动力参与率的影响程度、影响方向也不一样。即使是同样的因素，对不同的劳动力供给决策主体，其发挥作用的程度和方向也不一致。各因素对劳动力参与率影响程度的准确计量，目前还无法解决。一般来说，影响劳动力参与率的因素如下。

（一） 教育制度与教育供给规模

劳动者受教育时间的长短对劳动力参与率有直接的影响。从动态上看，劳动者受教育时间的不断增加，会相应减少就业的时间，从而降低劳动力参与率。反之，受教育时间缩短，把用于接受教育的时间用于就业，必然提高劳动力参与率。与发达国家相比较，我国劳动者受教育时间偏短。1990 年，我国 15～19 岁的男性劳动力参与率为 61.55%，15～24 岁的从业人口占该年龄段人口总数的 78.29%，这两组数据都高于发达国家。同发展中国家比，仅巴西、泰国和我国接近，其他国家都远远低于我国。这从另一方面反映了国民受教育时间偏短，加上缺乏上岗前的培训，就使一部分人口过早从业，增大了就业人口总量。同时，由于在职教育或继续教育欠缺，经过一次性教育（基础教育）之后就从业的人员接受继续教育的比例较低，绝大多数人都以全部工时在岗，从而提高了劳动力参与率。

（二） 工资政策及工资关系

按劳分配规律的一个重要内容是：以社会劳动为尺度，按照劳动者提供的劳动数量和质量分配个人消费品。简单劳动和复杂劳动在个人消费品分配方面要有差别，复杂劳动应比简单劳动获得更多的劳动收入，在此基础上可形成较为合理的工资分配关系，并能提供劳动者及其家属提高自身素质的内在动力。在这种条件下，青少年将会延长学习年限，从而推迟进入劳动力市场的初始年龄，造成劳动力再生产的现代化，从而使劳动力参与率水平下降或缓慢增长。反之，就会产生相反的效果。我国长期实行低工资制，工资收入脑体倒挂，并且工龄因素对工资影响过大，导致人们教育投入不足、提前就业以及家庭劳动供给规模扩大。近年来工资政策和工资关系虽有所调整，但由于各种教育路径仍然偏窄，供给不足，因此还是有不少人不得已而较早就业。

（三） 工资水平

工资水平是调节劳动力供给与劳动力需求的经济杠杆，在市场经济条件下，工资水平直接影响劳动力的供给。从市场整体来看，工资水平越高，劳动力参与率越高。

（四） 个人非劳动收入

在现阶段，劳动是人们谋生的基本手段，人们谋生对劳动的依赖程度取决于非劳动收入变化。非劳动收入增加，将会降低人们谋生对劳动的依赖程度，从而降低劳动力参与率。

（五） 居民家庭生产率的变化

居民家庭生产率是指居民从事家庭“生产”活动的效率，即居民在单位时间内从家庭生产活动中取得的效用。居民家庭生产率越高，从事家庭生产活动的时间的价值就越高，愿意向市场提供劳动的数量就越少（在本章后面以及第 5 章将做详细的讨论），因而，在市场工资率一定的条件下，劳动力参与率越低。

（六） 社会保障制度

社会保障制度对劳动力参与率有直接的影响作用。普及型社会保障制度会降低劳动力参与率，就业关联式社会保障制度会刺激劳动力参与率的提高。长期以来，我国实行就业、工资、福利三位一体的社会保障政策。在这种政策下，劳动者只有就业才能享受保险、各种福利等诸多待遇，其结果必然会刺激劳动力供给。

（七）宏观经济状况

比如经济周期波动、繁荣与衰退的交替对劳动参与决策的种种影响。例如，当经济处于衰退时期，失业者长期找不到职业，就可能丧失寻找工作的意愿，从而退出劳动力市场，使劳动力参与率降低，等等。

（八）其他因素

社会文化、风俗习惯等对劳动力参与率也会产生影响。例如，新中国建立后，我国政府一直鼓励城市人口、妇女人口积极就业，从而造成这样的观念：只有就业，而且全工时就业，才算是充分实现人生价值。这对我国劳动力参与率是有影响的。

与其他国家相比，我国的劳动力参与率相当高。《2000年世界劳动报告》提供的数据表明，2000年我国的劳动力参与率为84.9％，其中，男性85.6％，女性80.0％。同年，全世界总计劳动力参与率为73.3％，其中，男性为85.5％，女性为60.7％。我国的男性劳动力参与率与世界平均水平差不多，女性则高出近20个百分点。同一资料显示，2000年在世界各国中，从高至低排序，我国的女性劳动力参与率位列第9（前8位国家依次是：布隆迪、卢旺达、柬埔寨、莫桑比克、坦桑尼亚、所罗门群岛、瑞典、加纳）。美国（70％）、日本（61.5％）、德国（62.2％）、法国（62.2％）、英国（67％）、意大利（49.9％）等发达国家一般在60％～70％之间。

四、经济周期与劳动力参与率假说

所谓经济周期，是指经济运行过程中繁荣与衰退的周期性交替。人们观察到在经济总水平上升或下降时期，总劳动力参与率亦发生波动。但是，这种波动的变化方向却有差异，尤其是在经济衰退时期。在有的经济衰退时期，总劳动力参与率上升，而在另一些衰退时期，总劳动力参与率下降。针对这种状况，研究者提出两种劳动力参与率假说：附加性劳动力参与率假说与悲观性劳动力参与率假说。

两种假说的前提观点是相同的，即男性成年人的劳动力参与率与经济周期不存在灵敏的反应性。这个劳动力群体不管短期工资和劳动力市场条件如何发生变化，不管是处在就业状态还是处在非就业状态，总是停留在劳动力市场中。他们的流动表现为就业者和失业者间的流动，而不表现为劳动力与非劳动力间的流动。这个劳动力群体被称为一级劳动力。与此相对的劳动力群体被称作劳动力市场的二级劳动力。二级劳动力主要由中年妇女构成。二级劳动力参与率与经济运行周期存在较灵敏的反应性。

附加性劳动力参与率假说认为，在经济总体水平下降时期，由于衰退，一些一级劳动力处于失业状态。此时，为了保证家庭已有的收入水平，二级劳动力走出家庭，以期寻找工作。因此，二级劳动力参与率与失业率存在正向关系：失业率上升，二级劳动力参与率提高。

悲观性劳动力参与率假说认为，在就业下降、失业上升时期，一些一级劳动力处于失业状态，但仍滞留在劳动力市场，而许多二级劳动力对寻找新的工作机会的前景持悲观态度，因而宁愿退出劳动力市场而不愿作为失业者。因此，二级劳动力参与率与失业率呈反向关系：失业率上升，二级劳动力参与率下降。

统计研究证明，在经济衰退时期，附加性劳动力参与率效应与悲观性劳动力参与率效应同时存在，由于两种效应作用方向相反，所以在经济周期中，劳动力参与率表现为不同的波动状况。当附加性劳动力参与率效应的作用更强时，即进入劳动力市场的人数大于退出劳动力市场的人数时，劳动力参与率与失业率存在正向关系。当悲观性劳动力参与率效应的作用更强时，劳动力参与率与失业率存在反向关系。但总的说来，在经济衰退时期，多数情况下劳动力参与率下降，即悲观性劳动力参与率效应更强一些。

由于上述现象的存在，二级劳动力是经济周期中劳动力参与率变动幅度较大的群体。

第 3 节　劳动力供给与劳动力供给曲线

如果把影响劳动力供给的各种因素作为自变量，把劳动力供给作为因变量，则可以用函数关系来表示影响劳动力供给的因素与劳动力供给之间的关系，这个函数称为劳动力供给函数。以 S 代表劳动力供给，以 X_i 代表影响因素，其中 $i=1$，2，…，n，则劳动力供给函数为：

$$S=f(X_1,\ X_2,\ X_3,\ \cdots,\ X_n)$$

影响劳动力供给的因素 X_i 有很多，且各因素与劳动力供给的关系极为复杂，完全揭示它们之间的联系几乎是不可能的。因此，只能从劳动力市场分析的角度考察几种最主要的关系。

如果只考虑劳动力供给与市场工资率之间的关系，假设其他条件不变，市场工资率作为影响劳动力供给的唯一因素，以 w 代表市场工资率，则可以把劳动力供给函数表示为：

$$S=f(w)$$

同时，还可以用劳动力供给表和供给曲线表述劳动力供给。用来表明市场工资率与劳动力供给量的表格称为劳动力供给表，其形式如表 2－1 所示。进一步假设工资率与劳动力供给量无限可分，则可以把工资率与劳动力供给之间的关系描述为劳动力供给曲线，例如，按表 2－1 的数据可描绘出如图 2－10 所示的形态。劳动力供给表和供给曲线是用表格和图形的形式表述劳动力供给概念。

表 2－1　　**劳动力供给表**

工资率 w（元/小时）	劳动力供给量 S（人）	组合
1.5	150	a
2.0	200	b
2.5	280	c
3.0	380	d
3.5	500	e
4.0	700	f

说明：表中数据是依工资率与劳动力需求量的实际关系虚拟的。

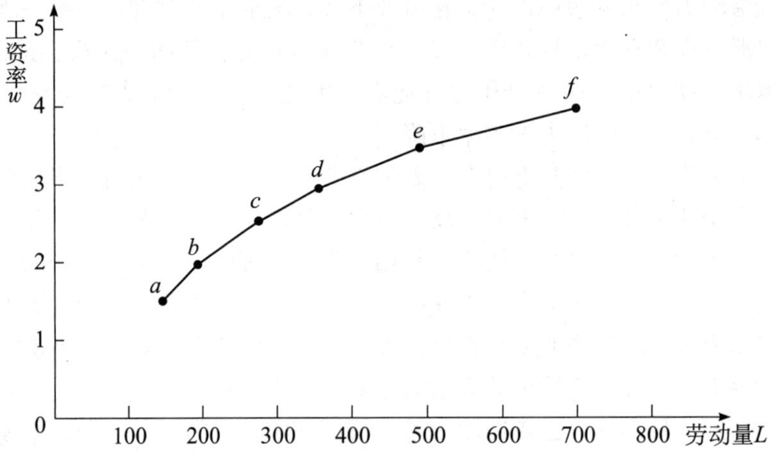

图 2-10　劳动力供给曲线

从表 2-1 和图 2-10 中可以看到，当市场工资率从 1.5 元不断提高到 4 元时，随着工资率的提高，劳动力供给量增加，根据劳动力供给表画出的劳动力供给曲线是从左下向右上倾斜的曲线。应当说明的是，供给曲线是一条平滑的曲线而不是一条折线，原因是假定工资率和供给量无限可分。虽然这种假设不完全符合实际，但为了分析方便（同时它也确实反映供给变化的大致趋势和一般规律），劳动经济学家仍然这样假设。

一、劳动力供给弹性

从劳动力供给与工资率的关系中可以看到，当工资率变化时，劳动力供给量相应地变动。劳动力供给量变动对工资率变动的反应程度定义为劳动力供给的工资弹性，简称劳动力供给弹性。其计算公式是劳动力供给量变动的百分比与工资率变动百分比的比值。设 E_S 为劳动力供给弹性，$\Delta S/S$ 表示供给量变动的百分比，$\Delta w/w$ 表示工资率变动的百分比，则有

$$E_S=\frac{\Delta S/S}{\Delta w/w}$$

通常在考察市场劳动力供给时，劳动力供给弹性值分布在 0～∞之间。根据劳动力供给弹性的不同取值，一般将劳动力供给弹性分为五类，如图 2-11 所示。

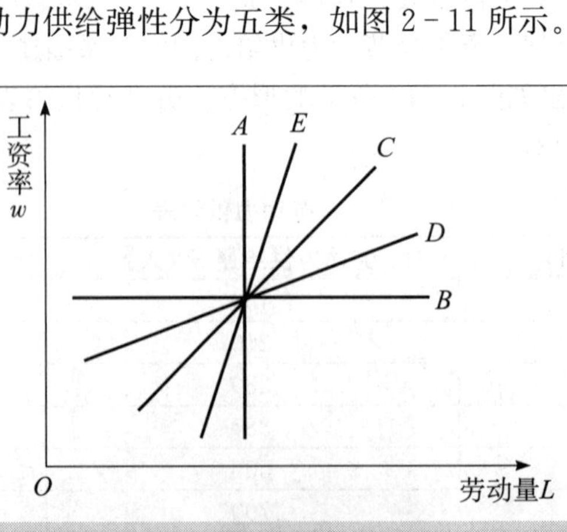

图 2-11　劳动力供给弹性

(1) 供给无弹性，即 $E_S=0$。在这种情况下，无论工资率如何变动（在劳动力市场分析的实际可能范围内），劳动力供给量固定不变。无弹性的劳动力供给曲线是一条与横轴垂直的线，如图 2-11 中的 A。

(2) 供给有无限弹性，即 $E_S\to\infty$。这时工资率固定，而劳动力供给的变动的绝对值大于零。有无限弹性的劳动力供给曲线是与横轴平行的曲线，如图2-11中的 B。

(3) 单位供给弹性，即 $E_S=1$。在这种情况下，工资率变动的百分比与供给量变动的百分比相同。这时劳动力供给曲线与横轴的夹角为 45°并向右上倾斜，如图 2-11 中的 C。

(4) 供给富有弹性，即 $E_S>1$。供给量变动的百分比大于工资率变动的百分比。这时劳动力供给曲线是一条向右上倾斜且较为平坦的曲线，如图 2-11 中的 D。

(5) 供给缺乏弹性，即 $E_S<1$。供给量变动的百分比小于工资率变动的百分比。这时劳动力供给曲线是一条向右上倾斜且较为陡峭的曲线，如图 2-11 中的 E。

在理解和把握劳动力供给弹性时，其定义虽然是用数学语言表述的，但要注意：无论是工资率还是劳动力供给量，都不像数学那样可无限取值，取值对象只能是在劳动力市场中现实的和在实际可能的变动范围内有实际意义的。

二、劳动力供给量的变动与劳动力供给的变动

工资率虽然是影响劳动力供给变动的重要因素，但其他多种经济的、社会的因素也对劳动力供给产生影响。因此，在考察劳动力供给时，需要注意区分劳动力供给量的变动与劳动力供给的变动。

劳动力供给量的变动是指其他条件不变的情况下，仅由工资率变动所引起的劳动力供给量的变动。这种变动表现为在同一条劳动力供给曲线上的移动，如图 2-12 所示。

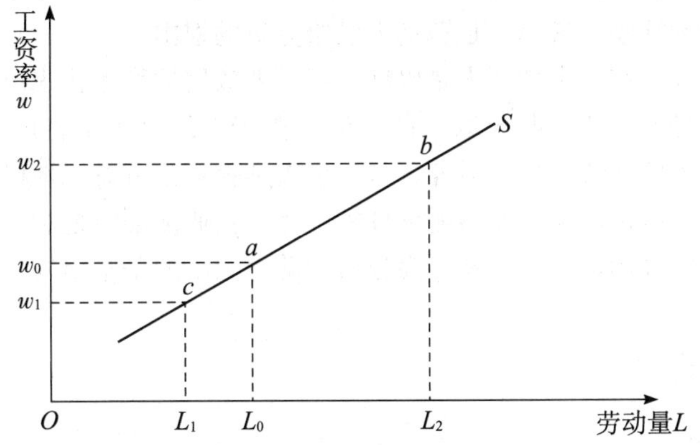

图 2-12 劳动力供给量的变动

在图 2-12 中，纵轴为工资率，横轴为劳动力供给量，S 为劳动力供给曲线。当工资率由 w_0 提高到 w_2 时，劳动供给量由 L_0 增加到 L_2，在供给曲线 S 上则是从点 a 向右上方移动到点 b。工资率由 w_0 下降到 w_1 时，劳动力供给量由 L_0 减少到 L_1，在供给曲线 S 上则是从点 a 向左下方的点 c 移动。

劳动力供给的变动是指工资率不变的情况下，由其他因素的变化所引起的劳动力供给的

变动。劳动力供给的变动表现为劳动力供给曲线的移动。这种现象可以用图 2－13 说明。

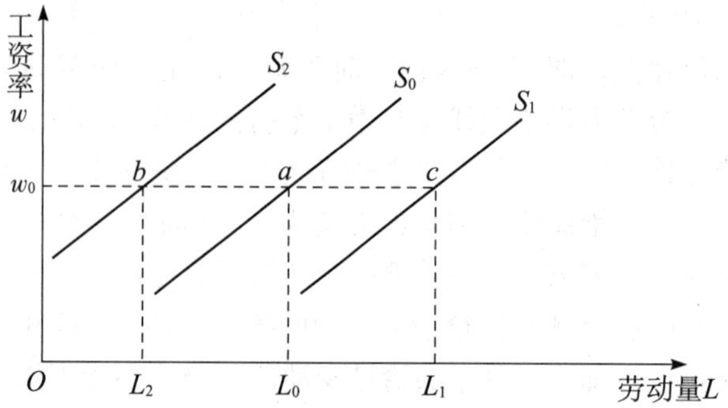

图 2－13 劳动力供给的变动

在图 2－13 中，工资率为 w_0，由于其他因素的变化（教育成本的变化、保障制度的变化等）而引起供给曲线的移动。在同样的工资率 w_0 的情况下，由 S_0 的劳动力供给曲线决定的劳动力供给为 L_0；工资率不变，其他因素变化，劳动力供给曲线由 S_0 移动到 S_2，劳动力供给则由 L_0 减少到 L_2；劳动力供给曲线由 S_0 移动到 S_1，劳动力供给则由 L_0 增加到 L_1。可见，劳动力供给曲线向左移动，劳动力供给减少；向右移动，劳动力供给增加。

第 4 节　最佳劳动供给时间的选择机制

人，无论是谁，都同等地得到一天 24 小时，一周 168 小时的时间。对如何将这些时间分配给市场性劳动活动的考察，是劳动力供给分析的根本。

首先，假定人们在一定期间内是以满意度，即效用的最大化来决定自己的行为的。这个期间取一周，还是取一年，甚至取人的一生，在实际的分析中将成为十分重要的问题。不过，此处不把这个期间特定化。另外，每一个人是否总是有意识地以效用最大化作为行为标准也是有疑问的。但是，与劳动力需求分析中考察企业活动时把利润极大化原理作为基本视点相同，在此，以效用最大化原理作为分析劳动力供给的基本出发点。

一、效用理论

（一）效用

所谓效用，是指商品或劳务存在于消费者心目中的满足欲望或需要的能力，它表示商品或劳务同消费者的愉快或痛苦之间的关系。换句话说，效用就是消费者在消费商品或劳务时的满足程度。一种商品或劳务对消费者是否有效用，取决于消费者对这种商品或劳务是否有欲望以及这种商品或劳务是否有满足消费者欲望的能力。为了衡量效用与满意度之间的关系，经济学家最初提出了基数效用的概念，后来为了避免基数效用概念在具体量化效用水平时所遇到的困难，又提出了序数效用理论。

（二）效用函数

基数效用论假设：每个人都是合乎理性的人，即"经济人"；每个人都具备完全的信息；每一个消费者（包括商品和劳务的消费）都有一定的收入。在如此假设条件之下，作为有理性的人，消费者行为（包括商品和劳务的消费）是用有限的货币收入通过在市场上的购买获得最大满足或最大效用的行为。基数效用论除了上述三个假设条件以外，还需增加两个假设条件。第一个是假设效用和重量、长度等一样，是可以衡量的，比如用基数1，2，3等表示效用的大小。计量效用大小的单位称为效用单位。如果消费者感觉到一个面包给自己带来的满足程度是1个效用单位，一杯酒带来的是25个效用单位，一套衣服带来的是100个效用单位，那么，对这个消费者来说，一个面包、一杯酒、一套衣服的效用量分别为1，25，100个效用单位。

基数效用论认为，效用量随消费者所消费的商品的变化而变化。效用函数表示效用量是商品消费量的函数。如果消费者消费一种商品，消费量为 q，以 U 表示效用量，则效用函数为：

$$U=f(q) \tag{2-1}$$

式（2-1）表示，效用量 U 是消费量 q 的函数，它随消费量的变化而变化。

若消费者消费两种商品，效用函数为：

$$U=f(q_1, q_2) \tag{2-2}$$

若消费者消费 n 种商品，效用函数为：

$$U=f(q_1, q_2, q_3, \cdots, q_n) \tag{2-3}$$

基数效用论的第二个假设条件是，边际效用递减。基数效用论将效用分为总效用和边际效用。

（三）总效用与边际效用

总效用是指消费者在一定时间内消费一定数量的商品或劳务所得到的效用总量或满足总和。边际效用是指在一定时间内消费者增加一个单位商品或劳务的消费所得到的增加效用量或增加的满足，也就是每增加一个单位商品或劳务的消费所得到的总效用增量。所以边际效用是总效用的变化与商品消费量变化的比，即

$$\text{边际效用}=\frac{\text{总效用的改变量}}{\text{商品消费量的改变量}}$$

一般来讲，消费者购买一个单位的商品或劳务时，感到获得了一定程度的满足和一定数量的效用。购买第二个单位的商品或劳务时，感到的满足程度和效用都有所增加。购买第三个单位时，也有类似表现。因此，随着商品或劳务购买量的增加，总效用增加。但是，每增加一个单位的商品或劳务，消费者心理上会感到增加的满足或效用越来越少。也就是说，随着消费量增加，总效用以递减的速度增加，即边际效用递减。

假设消费者能够非常准确地说出他消费某一商品时所获得的效用单位数量，那么就可以用效用表来列出该消费者在增加商品消费量时总效用和边际效用的数值。

在表2-2中，某一商品的消费量从0增加到1时，消费者感到获得的满足或效用为10个效用单位。这时，总效用从0增加到10，总效用增量即边际效用为10。消费量从1增加到2时，总效用增加到18，总效用增量即边际效用为8。以此类推，消费量达到5时，消费

者的消费达到饱和点，之后总效用不再增加，边际效用为0。

表2-2　　消费者效用表

某一商品的消费量	总效用	边际效用	价格 (1元=2个效用单位)
0	0		
		10	5
1	10		
		8	4
2	18		
		6	3
3	24		
		4	2
4	28		
		2	1
5	30		
		0	0
6	30		

根据表2-2中的消费量、总效用和边际效用的数据，可以画出消费者的总效用曲线和边际效用曲线，如图2-14所示。

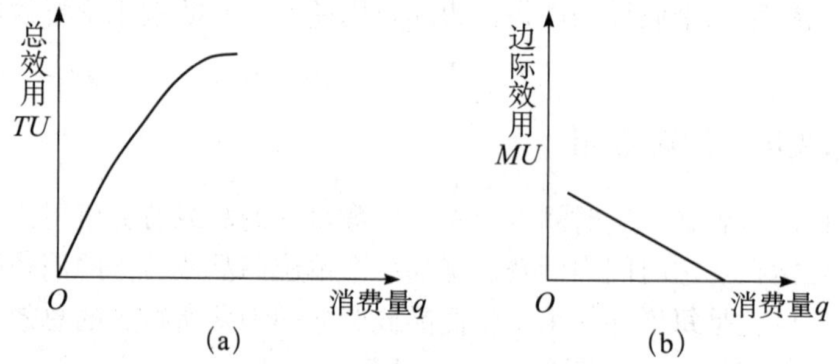

图2-14　总效用曲线和边际效用曲线

图2-14（a）中的纵轴TU表示总效用，横轴q表示消费量，总效用TU随消费量增加而以递减的速度增加，达到消费饱和点时，总效用不再增加，曲线为水平状。

图2-14（b）中的纵轴MU表示边际效用，横轴q表示消费量。边际效用曲线MU随消费量的增加而递减。

效用表2-2和效用曲线图2-14都表示了边际效用递减的趋势。这就是所谓的边际效用递减规律。边际效用递减规律指的是，消费者在一定时间内消费某一商品时，随着消费量的增加，该商品的边际效用或总效用增量趋于递减。

从效用表和效用曲线可以看到边际效用和总效用之间存在这样的关系：边际效用为正时，总效用增加；边际效用为0时，总效用的增加停止。

（四）基数效用论

基数效用论认为，消费者行为是要通过购买时的选择，在货币的边际效用不变的条件下，用既定的货币收入购买到最大效用。当消费者所购买到的各种数量的商品能使他获得最大满足时，此时的最大满足就是消费者的均衡状态。“均衡”即不变。由于消费者已经得到最大满足，所以他不会改变能使他得到最大满足的状态，即他不会改变他所购买的各种商品的数量。

例如，假设一个消费者准备以 10 元钱为代价到食堂吃一顿饭。作为一个有理性的人，他必然准备以 10 元钱在吃一顿饭上换取最大的满足。如果经过选择，他最终购买了两份菜、一份饭和一碗汤，那么，这种购买方式必然是使他得到最大满足的方式，否则，他不会按照这种方式去购买。此例中，10 元钱相当于消费者的收入，购买两份菜、一份饭、一碗汤的状态便是消费者的均衡状态。两份菜、一份饭和一碗汤就是消费者在均衡状态时的购买量。由于他已经处于最大满足状态，所以他不会改变购买的数量，即多买一份菜还是少买一份汤，或者再买一个馒头。

在一定的收入限制下，为什么消费者在买两份菜、一份饭和一碗汤时能得到最大的满足呢？也就是说，消费者的均衡条件是什么？

基数效用论认为，如果社会上只存在两种商品，那么，消费者的均衡条件就是

$$\frac{MU_1}{P_1}=\frac{MU_2}{P_2}=\lambda \tag{2-4}$$

式中，MU_1 和 MU_2 顺次代表第 1 种商品和第 2 种商品的边际效用；λ 代表货币的不变的边际效用。这一均衡条件的经济学含义是，消费者用最后一个单位货币购买的商品 1 和商品 2 必须带来同等的边际效用，都等于一个单位货币的假设为不变的边际效用。

若消费者购买 n 种商品，则消费者的均衡条件是

$$\frac{MU_1}{P_1}=\frac{MU_2}{P_2}=\frac{MU_3}{P_3}=\cdots=\frac{MU_n}{P_n}=\lambda \tag{2-5}$$

式（2-5）表示，消费者购买 n 种商品时，任何一种商品的边际效用和价格的比都等于货币边际效用。或者说，每一单位货币所购买到的任何商品的边际效用都相等，并且都等于这一单位货币的边际效用。

为什么式（2-4）和式（2-5）能保证消费者得到最大的效用呢？这里用式（2-4）进行说明。若$\frac{MU_2}{P_2}>\lambda$，那么，这意味着 10 元货币所能购买到的边际效用大于 10 元货币的效用。因此，增加购买第二种商品会增加消费者的总效用，从而以寻求最大效用为目标的消费者必将继续购买。若$\frac{MU_2}{P_2}<\lambda$，那么，这意味着 10 元货币所能购买到的边际效用小于 10 元货币的效用，因此，以寻求最大效用为目标的消费者必将减少购买。上述两种过程会相互影响，一直到$\frac{MU_2}{P_2}=\lambda$ 时为止。这时，消费者的效用最大，从而处于既不增加也不减少购买商品的状态，即均衡状态。

若$\frac{MU_1}{P_1}>\frac{MU_2}{P_2}$，那么，这意味着每 10 元钱所购买的商品 1 的边际效用大于每 10 元钱所购买到的商品 2 的边际效用。那么，在货币收入的分配上必然倾向于增加商品 1 的购买，

减少商品 2 的购买，从而增加消费者的总效用。追求最大效用量的消费者势必继续进行商品 1 和商品 2 的交换购买，直到二者效用相等。这时，效用量最大，从而消费者处于均衡状态。

反之，若$\frac{MU_1}{P_1}<\frac{MU_2}{P_2}$，那么，与上述情况相反，企图取得最大效用量的消费者必将减少商品 1 的购买而增加商品 2 的购买，直到两者效用相等为止。这时，消费者的效用量最大，从而处于均衡状态。

若商品不止以上两种，比方说有几种商品，其均衡条件式（2－5）的证明与式（2－4）类似。

（五）序数效用论

20 世纪初序数效用理论产生。该理论认为，基数效用论的假设条件过于严格，实际上，不但效用难以量化，而且边际效用也未必递减，即基数效用论的两个假设——效用可以衡量和边际效用递减都很难成立。

序数效用论认为，消费者无从知道效用的数值，而只能说出自己的偏好次序。因此，不应该假设消费者在享用商品和劳务时能够准确地说出自己获得了多少效用量。消费者在选择和购买商品时，知道他对各种商品的偏好是不一样的。例如，某一消费者最喜欢吃鱼，其次是鸡，最后是猪肉。他不知道鱼、鸡和猪肉对他究竟各有多少效用单位，但是，他清楚地知道自己对鱼、鸡、猪肉的喜好次序。据此，序数效用论主张，不能用基数 1，2，3 来表示效用数值的大小，而只能用序数第一、第二、第三等表示消费者的偏好次序和效用水平。其需求曲线不应在基数效用的基础上导出，而应该在序数效用的基础上求得。这样既可以避开基数效用论单独对某一物品的效用量做出计算的难题，又能够比较不同的物品消费所带来的效用的大小。

序数效用论在继承了基数效用论的部分理论的基础之上，为效用理论的实际应用找到了可行的方法。

序数效用论对消费者偏好的性质作了三点假设：

（1）消费者对两种消费品的任意两个组合 A 和 B 能够明确地表达出自己的偏好。

（2）消费者的偏好有明确的单向性。如果消费者对消费品甲的偏好大于乙，对乙的偏好大于丙，那么，其对甲的偏好必然大于丙。或者，如果消费者对甲和乙的偏好相同，对乙和丙的偏好也相同，其对甲和丙的偏好也必然相同。对消费品的组合也是如此。

（3）消费者对品种相同而数量不同的消费品组合，永远偏好数量多的组合。

二、时间的效用

如果劳动已不是一件令人感到满意的事，那么，人们希望减少劳动量、减少劳动时间就是自然而然的。此时，余暇时间可以带来效用。如果不必支出任何补偿，可以实现减少劳动的愿望，大概人们会用更多的时间做自己喜欢做的事。但是，在现实中，减少劳动是要付出收入下降的代价的。对人们来说，收入也是一种效用。这样，人们就面临着是牺牲收入增加余暇时间，还是增加劳动时间以提高收入的选择。

三、收入约束线与无差异曲线

单位时间的工资，即工资率。令工资率为 w，劳动时间为 h，收入为 Y，有公式

$$Y=wh \tag{2-6}$$

该式为收入约束式。

从一天 24 小时中减去劳动时间所余时间称作余暇时间。余暇时间用 l 代表。如图 2-15 所示，横轴的长度 OT 设为个人可支配的全部时间（24 小时），从原点 O 向右方计量的时间为余暇时间 l，从最右侧的点 T 向左方计量的时间为劳动时间 h。劳动时间与余暇时间两者之间是此消彼长的关系。因此，无论个人在劳动与余暇之间做什么样的组合配置的选择，劳动时间与余暇时间的总和都等于 OT。另外，图中最左侧与原点相交的纵轴代表收入，收入约束式用直线 TY 表示。

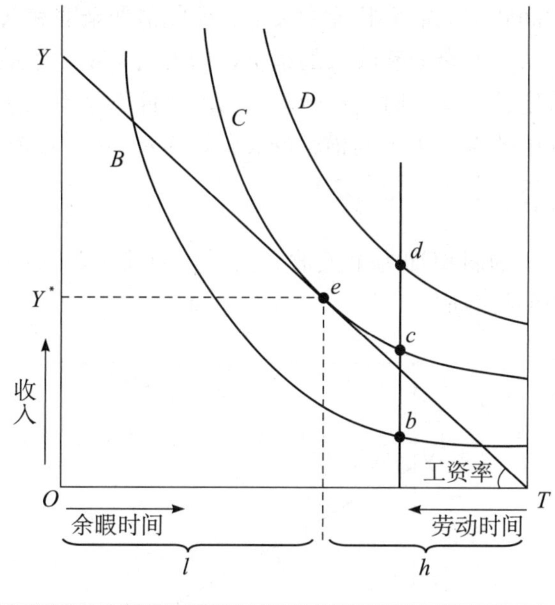

图 2-15　收入约束线与无差异曲线

如果以 A 代表单位时间的全部时间（如果设定单位时间为一天，那么全部时间为 24 小时），由于 $h=A-l$，选择劳动时间 h 与选择余暇时间 l 成为一回事。将 $h=A-l$ 代入式 (2-6)，则 $Y = w(A-l)$，将该式展开，得

$$wA=Y+wl \tag{2-7}$$

式（2-7）的内容可以考虑为，如果人们一天 24 小时全部是劳动时间，可以得到 wA 的收入。但这是不可能的。扣除掉生理需要以及学习、娱乐、家务劳动等构成的余暇时间 l，只能用 h 时间参加有酬的市场性劳动。这样，放弃与余暇时间对应的如果劳动便可得到的 wl，最终收入为 Y。因而，可以把工资率看做余暇时间的价格，看做放弃收入 wl 而获得余暇时间的机会成本。

然而，余暇时间越长，以及收入 Y 越高，人们的效用越可得到提升。若效用水平为 U，

则 U 是 l 与 Y 的函数。

$$U=f(l, Y) \tag{2-8}$$

可以带来一定水平的余暇时间与收入的组合点连接所形成的曲线称为余暇-收入无差异曲线（等效用曲线），劳动供给主体（家庭或个人）的收入、余暇效用可以用该曲线描述。图 2-15 中的 B，C，D 即余暇-收入无差异曲线。

下面分别对收入约束线和余暇-收入无差异曲线做进一步讨论。

（一）收入约束线

从前面的分析中可以看到，在家庭或个人余暇-收入选择的偏好系统中，越在右上方的无差异曲线的效用水平越高，选择顺序越优先。右上方的无差异曲线与左下方的曲线相比较，或者余暇多些，或者收入多些，或者两者都多些。主体为什么不选择最高的无差异曲线上的余暇和收入的组合呢？显然，如果没有任何限制，则在追求效用最大化的驱使之下，人们就会这样去做。但实际并非如此，其根本原因在于人们受到前述收入约束线的约束。收入约束线表示个人在时间和劳动能力状况约束下，所能消费余暇和获得收入的最大组合线。在约束线内的任何一点所示的余暇和收入的组合，均无法实现效用最大化；约束线外的任何一点所示的组合，在既定的可支配时间和劳动能力的条件下是不能达到的。

如果将图 2-16 中的直线 HY 与横轴的夹角设为 α，则可以看到直线的斜率为：

$$\text{tg}\alpha=\frac{OY}{OH}=\frac{\text{劳动收入}}{\text{时间}}$$

由此可见，收入约束线的斜率即为个人放弃余暇从而获得收入的比率，即工资率。另一方面，亦可以看做余暇的机会成本。

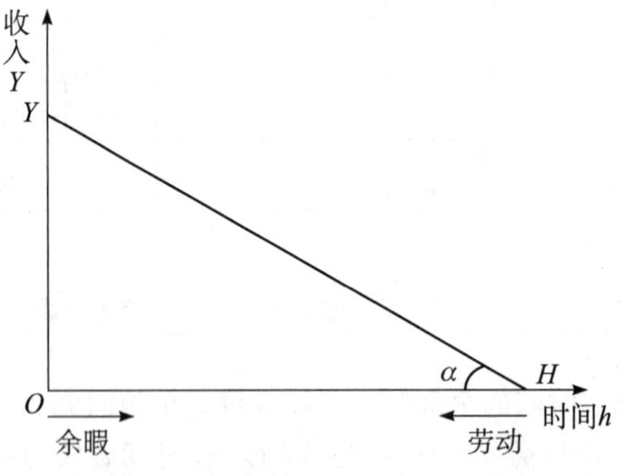

图 2-16 收入约束线

个人可支配的时间不同，劳动能力不同，从而工资率不同，那么个人收入约束线也就不同。

以图 2-17 为例，个人可支配的时间分别为 h_1，h_2，h_3，劳动能力相同，从而工资率相同，则在纵轴的截距分别为 Y_1，Y_2 和 Y_3。显然，三条约束线平行；由于 $h_1<h_2<h_3$，所以收入约束线 h_1Y_1 在横轴与纵轴的截距离原点较近，而 h_3Y_3 则较远。如果个人可支配的时间相同，假设同为 h_1，但劳动能力有差异，因而工资率不同，则工资率低者，收入约束线在

纵轴的截距即收入为 Y_1，工资率高者，收入则为 Y_4，显然 $Y_4>Y_1$。由此可见，收入约束线的形状取决于个人可支配的时间及劳动能力状况，即个人可支配资源的状况。

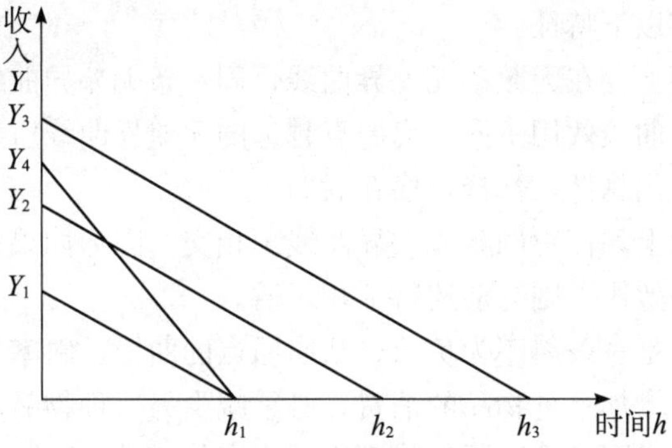

图 2-17　收入约束线

（二）余暇-收入无差异曲线

主体对于劳动收入与余暇的组合的评价或选择，如果出现这样一种情况：A 种组合与 B 种组合对他提供的效用相同，他不能区别何种组合的效用高或何种组合的选择顺序在前，此时，A，B 两种组合对于主体来说是无差异的。那么，将与点 a 所示的劳动收入与余暇的组合具有相同效用的所有组合点连接起来，得到的曲线即为无差异曲线，如图 2-18 所示。

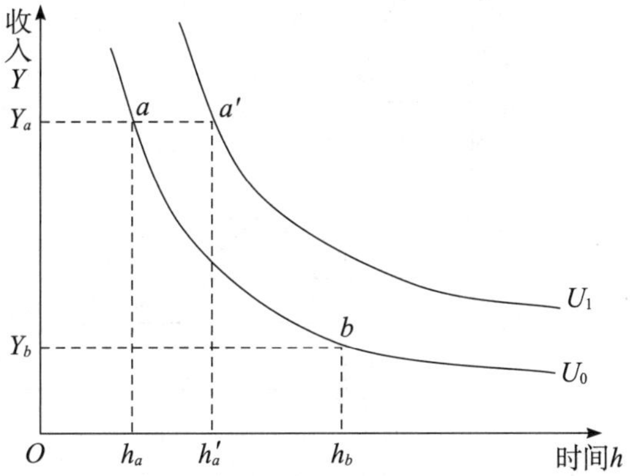

图 2-18　无差异曲线

在图 2-18 中，纵轴为劳动收入 Y，横轴为时间 h，点 a 的组合为（h_a，Y_a），点 b 的组合为（h_b，Y_b）。a 与 b 的组合不同，但对主体的效用相同。把与点 a 效用均相同的所有的组合连接起来，所得到的曲线 U_0 称作无差异曲线。它表明，在 U_0 曲线上的任何一点所示的劳动收入与余暇的组合，带给主体的效用一样，均使其不能区别何种组合的效用高或选择顺序在前。在 U_0 曲线外的任何一点，例如，位于点 a 右侧的点 a'，表示的组合中，收入不变但余暇却为 h'_a，点 a' 的组合与点 a 相比较，效用的评价必定比点 a 高，选择顺序也必定优先于点 a，因而也不可能与点 a 无差异。但从点 a' 同样也可以确定另一条无差异曲线，如

U_1 曲线上所有的点所示的收入与余暇组合的效用，都比 U_0 曲线上的组合的效用高，也就是具有优先的选择顺序。这样的曲线实际上有无数条，每一条曲线对应不同的效用水平，这些曲线的全部称为主体的选择偏好系统。

无差异曲线具有以下特征：

（1）在同一平面上存在无数条无差异曲线，同一条无差异曲线表示曲线上所有点的效用相同，不同的无差异曲线效用不同。离原点越远的无差异曲线所表示的效用越高，即选择顺序在前；反之，则效用越低，选择顺序在后。

（2）在同一平面上，任意两条无差异曲线不相交。因为如果相交，那么在交点上两条无差异曲线表示相同的效用，则与前述特征相矛盾。

（3）无差异曲线是一条斜率为负值、凸向原点的曲线。斜率为负值，表明主体为了保持或得到相同的效用，增加一种物品的消费，必须减少另一种物品的消费，两种物品不能同时增加或减少。凸向原点则是由边际替代率递减决定的。关于边际替代率将在下面讨论。

（4）主体的偏好不同，无差异曲线的形状不同，即不同的人具有劳动收入替代余暇的不同比率。例如，某人放弃 1 小时余暇从事劳动获得 10 元收入感到很满足，而别人则可能对此不屑一顾。

无差异曲线的斜率，即与无差异曲线上任何一点相切的直线的斜率，也是无差异曲线在该点的边际替代率。它的经济含义是，在主体保持相同效用（效用序列数不变）的条件下，增加（减少）一些余暇时间与需要减少（增加）多少劳动收入的比，如图 2－19 所示。

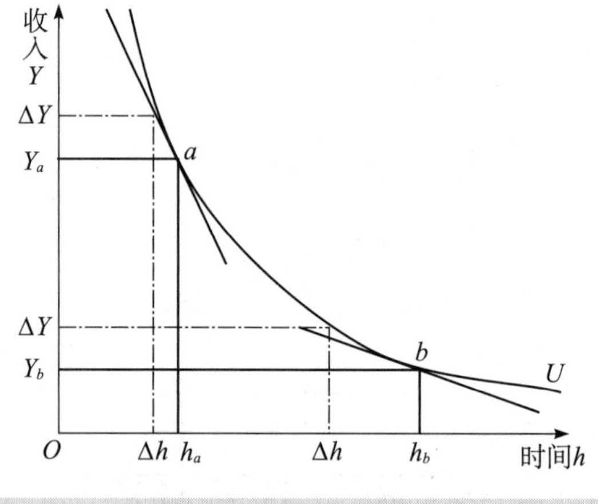

图 2－19　边际替代率

在图 2－19 中，Δh 为余暇时间变动量，ΔY 为收入变动量。设 MRS 为边际替代率，则有

$$MRS=\frac{\Delta Y}{\Delta h}=\frac{\text{收入的边际效用}}{\text{余暇的边际效用}}$$

余暇时间微小单位增加所引起的效用增加（$\partial U/\partial h$）叫做余暇的边际效用；收入增加时的效用的增加（$\partial U/\partial Y$）叫做收入的边际效用。

如果 Δh 无限趋近于零，则边际替代率 MRS 就是与无差异曲线相切于点 a 的切线的斜率。从效用的分析中可知，效用水平即效用序列数是余暇与劳动收入的函数，余暇和劳动收入是自变量，效用水平是因变量，效用水平依余暇和劳动收入的变化而变化。如果设 h 为余暇，Y 为收入，U 为效用水平，则有

$$U=f(h,\ Y)$$

上式即为效用函数。无差异曲线所示的余暇-收入偏好实际上是效用函数的几何表示。

在无差异曲线上，设效用水平不变，即

$$\mathrm{d}U=0$$

根据数学中的全微分公式则有

$$\mathrm{d}U=\frac{\partial U}{\partial h}\mathrm{d}h+\frac{\partial U}{\partial Y}\mathrm{d}Y=0$$

整理得

$$\frac{\mathrm{d}Y}{\mathrm{d}h}=-\frac{\partial U}{\partial h}\Big/\frac{\partial U}{\partial Y}$$

即有

$$MRS=\frac{\mathrm{d}Y}{\mathrm{d}h}=-\frac{\partial U}{\partial h}\Big/\frac{\partial U}{\partial Y}$$

这说明，为了保持效用不变，增加一种物品的消费，就要减少另一种物品的消费，边际替代率恒为负数。无差异曲线向右下方倾斜的原因就在于此。通常，边际替代率取其绝对值。

无差异曲线上有无数个点，每个点都有不同的斜率，也就是有不同的边际替代率。边际替代率有无数个变化的值。无差异曲线上的任意一点都表示余暇和收入的组合，所以在任意一种组合中，余暇替代收入的比率均不相同。通过观察可以得到，从左上向右下移动，无差异曲线的切线由比较陡峭变得比较平缓。说明边际替代率的绝对值越来越小，也就是边际替代率递减。

边际替代率递减相当于基数效用理论的边际效用递减。这里，只不过强调了这样一点，即效用的递减仅是相对而言的。

以图 2-19 为例，在同一条无差异曲线 U 上，任何一点所示的余暇-收入的组合虽然其各自的量均不相同，但都可以实现同样的效用水平。例如在点 a，余暇为 Oh_a，收入为 Y_a，则在余暇-收入组合中，余暇较少而收入较多，为增加一些余暇 Δh，就要减少较多的收入 ΔY；而在点 b，余暇较多而收入较少，为增加一些余暇 Δh，只需减少较少的收入 ΔY。反之，亦是如此。这充分说明，越是相对稀缺的物品，其替代能力越大。边际替代率的绝对值递减，是无差异曲线凸向原点的根本原因。

（三） 主体均衡： 约束条件下的最大效用

余暇-收入无差异曲线说明了个人的主观愿望，收入约束线则反映了个人的现实条件。从主观愿望和个人偏好而言，个人可以做出各种效用水平的选择。不考虑其他因素，任何个人都愿意选择离原点较远的无差异曲线，以获得更大的满足。但是，个人能否做到这一点，还要受现实条件的限制。从现实条件来说，个人效用水平又必须受资源状况的限制，这种限制由收入约束线来表示。较多的可支配时间和较高的劳动能力使收入约束线远离原点，较少的可支配时间和较低的劳动能力使收入约束线靠近原点。

余暇-收入的无差异曲线表示个人这一市场主体的主观愿望，收入约束线表示个人的现

实条件和可能性。如何将主观愿望与现实条件结合起来，使主体获得最大效用，或者说，如何在受到限制的资源条件下，在余暇与劳动时间从而在收入之间作最佳配置，以求最大效用，这就是主体均衡理论所要研究的问题。

所谓主体均衡，就是在资源约束的条件下余暇与收入的组合能使主体获得最大效用的状态。研究主体均衡，主要是利用余暇-收入偏好和收入约束线这两个分析工具，如图 2－20 所示。

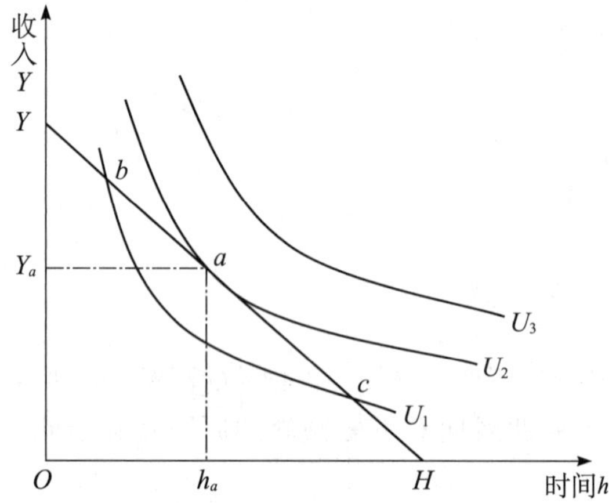

图 2－20 主体均衡

在图 2－20 中，U_i 为选择主体的余暇-收入的无差异曲线，HY 为收入约束线。U_2 与 HY 相切于点 a，U_1 与 HY 相交于 b 和 c 两点，U_i 的效用水平为 $U_1<U_2<U_3$。

前已述及，在平面直角坐标中有无数条无差异曲线，图中只画出了三条。那么在收入约束线 HY 上，选择哪种组合才能使主体得到最大的效用呢？毫无疑问，这种组合必然是在对主体效用最高的一条无差异曲线上。在图 2－20 中，U_3 虽然效用水平最高，但由于它在 HY 的右上方，相对于主体的资源状况而言，它是无法达到的。U_1 与 HY 相交于 b 与 c 两点，虽然这两种组合是在既定资源条件下的最大组合，但是 b 与 c 也都在 U_1 上。显然 U_1 的选择顺序在 U_2 的后面，其效用水平比 U_2 低。而且，如果点 b 沿无差异曲线 U_1 向右下移动，或者点 c 沿无差异曲线向左上移动，那么，在无差异曲线 bc 段，其余暇与收入的组合均在收入约束线 HY 的左下方。显而易见，主体在资源约束下并没有达到最高水平的效用。进一步还可以观察到，既然 U_1 与 HY 相交于 b 和 c 两点，那么，在 U_1 与 U_2 之间的无差异曲线仍和 HY 相交，因为任何一种组合都在 HY 上，所以均满足给定的资源条件；同时，任何一种组合均在效用水平比 U_2 低的无差异曲线上，因此都没有达到最大效用；反之，任何一种组合均在效用水平比 U_1 高的无差异曲线上，因此其效用水平均比 b 和 c 高。

由此看来，无差异曲线 U_i 在 HY 右上方的，主体因资源条件的约束而达不到那么高的效用水平；无差异曲线与 HY 相交的，主体在既定资源条件下又没有达到最大效用。因此，只有在点 a，收入约束线 HY 与无差异曲线的切点，才能实现主体的均衡。点 a 就是主体在既定资源条件下获得最大效用的均衡点。如果点 a 沿无差异曲线 U_2 向左上或右下移动，其余暇-收入的组合因在 HY 的右侧而无法达到。在点 a 上，余暇时间为 Oh_a，劳动时间为 Hh_a，收入为 OY_a。

点 a 是收入约束线与无差异曲线 U_2 的切点。因此，U_2 这条无差异曲线在点 a 的切线也就是收入约束线 HY。无差异曲线在点 a 的斜率与收入约束线的斜率相等。前面已讲过，收入约束线的斜率是个人放弃余暇从事劳动从而获得收入的比率（即工资率）；无差异曲线的斜率是余暇替代劳动收入的边际替代率。所以主体均衡的条件（即主体在资源约束的条件下获得最大效用必须满足的条件）是工资率等于边际替代率，即 $w=MRS$。

（四）约束条件变化与最佳时间结构的调整

在前面的分析中，个人在劳动力供给的决策中，个人的资源约束条件是给定的。现在需要继续讨论约束条件改变时，个人如何分配自己的时间以取得最大效用，如何实现新的均衡。

1. 纯收入效应

在利用图 2－20 的分析中，可得到主体的最佳选择的时间分配结构为点 a。其资源约束条件以收入约束线 HY 来表示。如果个人面临一种新的条件：个人获得与其本人劳动力供给时间量无关的非劳动收入 ΔY，此时如何实现新的均衡。现以图 2－21 为例，进行如下分析。

在图 2－21 中，条件没有改变时，均衡点为 a，由于非劳动收入增加，使预算约束线平行向右方移动，得到一条新的预算限制线 tY'。从图中可以清楚地看到，均衡点由 a 移向 b，余暇时间增加，劳动时间减少，余暇时间的增加量为 h_ah_b。由此可见，在其他条件不变时，由于非劳动收入的增加，个人可达到的效用水平必定提高。纯收入效应是从一条无差异曲线移向更高效用的无差异曲线所引起的。一般情况下，纯收入效应使余暇增加，劳动时间减少。

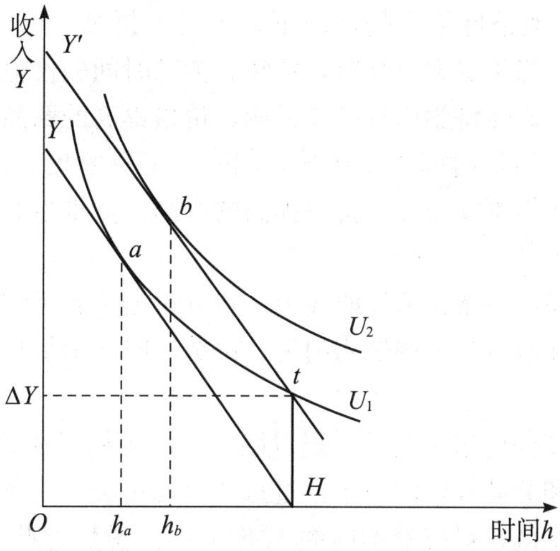

图 2－21　纯收入效应

2. 替代效应

另一个可以改变的限制条件是余暇替代劳动收入的比率，即工资率。通常情况下，当可支配的时间不变，工资率变化时，个人的劳动收入必然随之变化，由此产生个人收入约束线的相应改变。例如，当工资率提高时，收入必定增加，从而也对个人劳动供给决策产生影响。下面来分析其他条件都不变，只有工资率的变化对个人时间分配结构调整产生影响的情况。现在假设：个人可支配的时间不变，收入不变，只有工资率变化，且假设工资率提高。结合图 2-22 进行分析。

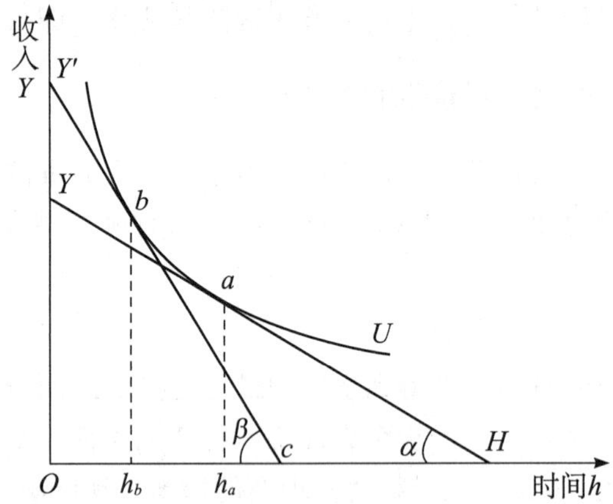

图 2-22　替代效应

在图 2-22 中，余暇-收入的无差异曲线 U，收入约束线 HY，HY 与横轴的夹角为 α，与 U 相切于点 a，此时的工资率为 w_1。显然，余暇为 Oh_a，劳动时间为 h_aH。由于工资率提高，直线 bc 与横轴的夹角设为 β，与无差异曲线相切于点 b，工资率为 w_2。因为 $tg\beta>tg\alpha$，所以有 $w_2>w_1$。在工资率等于 w_2 的情况下，均衡点由 a 移向 b。相应地，余暇时间从 Oh_a 减少到 Oh_b，劳动供给时间则从 Hh_a 增加到 Hh_b，劳动供给时间存在一个正向增量 h_ah_b。由此可见，在其他条件不变的情况下，工资率提高，劳动力供给时间增加，余暇减少。其根本原因在于：当工资率提高时，意味着劳动时间的价值在提高，劳动时间不足，必然导致丧失较多的收入。经济学原理已经说明，价格提高的商品，供给量必然增加，所以在工资率提高时，劳动力供给时间必定增加。同时，工资率提高，意味着余暇的机会成本提高，消费余暇的代价变得更加昂贵。价格提高的商品，需求量必然减少，故在工资率提高的情况下，余暇必定减少。

因为点 a 和点 b 同在一条无差异曲线上，点 a 和点 b 所示的余暇-收入组合实现了相同的效用，所以余暇时间减少带来的效用损失，由劳动时间增加从而收入增加带来效用的增加得到精确的补偿。

现在从另一个角度分析这个问题。仍以图 2-22 为例。在无差异曲线 U 上有无数个点，每个点表示一种余暇和劳动收入的组合，过每个点都可画出一条切线，如 aH 和 bc，它们对应不同切线的斜率，也就是对应着不同的工资率 w_i。虽然这些切线所示的个人可支配的资源状况不相同，但它们都能使主体实现相同的效用水平，其原因在于所有切点都在同一条无差异曲线上。因此可以说，在个人实现相同效用水平的情况下，劳动供给的决策主体改变其时间分配结构，必定是工资率的变化所引起的。相对价格提高的物品必然引起较小的需求，价格提高的物品必然增加其供给，这就是替代效应。

工资率的提高不仅使个人的收入增加，同时也使余暇和劳动时间的效用发生相应的变化。工资率的变化同时带来两种效应：收入效应与替代效应。工资率的变化对劳动供给决策主体的最终影响取决于两种效应的相互关系。下面结合图 2－23 进行分析。

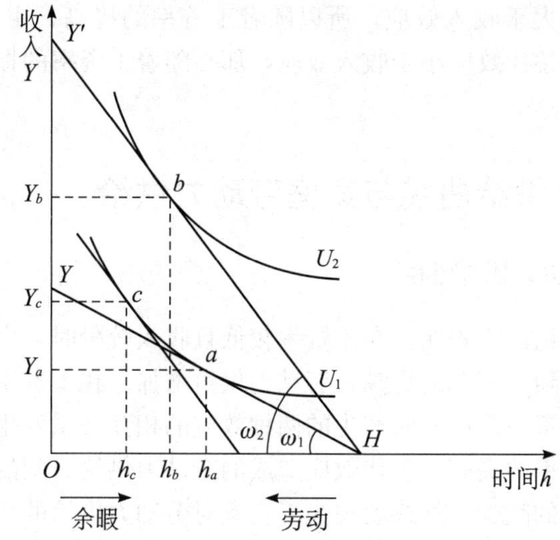

图 2－23 收入效应与替代效应

在图 2－23 中，其符号的含义与图 2－22 相同，收入约束线与横轴的夹角 ω_1 与 ω_2 相当于工资率。在工资率没有改变时，工资率为 w_1，主体的余暇-收入的均衡点为 a。此时，余暇为 Oh_a，收入为 Y_a。假设工资率上升，由 w_1 提高到 w_2，则收入约束线为 HY'。那么在新的约束条件下，主体的最佳选择是在具有更高效用水平的无差异曲线 U_2 上的点 b 实现新的均衡。在均衡点 b，余暇由 Oh_a 减少到 Oh_b，劳动供给时间由 Hh_a 增加到 Hh_b，有一个正向的增量 h_ah_b，劳动收入也由 Y_a 增加到 Y_b，也有一个正向增量 Y_aY_b。显然，在主体余暇-收入偏好和可支配资源既定的情况下，随着工资率的提高，主体的效用达到新的水平，而且工资率对劳动供给时间的变动有正向影响。

在图 2－23 中，点 a 向点 b 的最佳选择的移动，实际上是两种效应共同作用的结果。

首先，观察点 a 向点 c 的移动。它表示最佳选择点的变动不改变效用水平，而只改变工资率，点 c 是由与 HY' 平行的线与无差异曲线 U_1 相切所确定的。这就是前面提到的替代效应。由于替代效应，劳动供给时间增加了 h_ah_c，而余暇则由 Oh_a 减少到 Oh_c。显然，替代效应对劳动供给具有正向影响。

其次，观察点 c 向点 b 的移动。这种移动可以看作工资率不变，但收入却增加了。由于收入增加，为了获得较多的余暇，只能减少劳动供给时间，用增加的收入换取余暇。如图 2－23所示，c 到 b 的变动就是收入效应。收入效应作用的结果使劳动供给时间减少了 h_bh_c。显然，收入效应对劳动供给具有负向影响。

由此可见，由于工资率由 w_1 提高到 w_2，最佳选择由 a 到 b 的变动是替代效应与收入效应共同作用的结果。换言之，工资率由 w_1 提高到 w_2，产生替代效应 a 到 c 的变动和收入效应 c 到 b 的变动，两种效应共同作用的结果实现均衡位置 a 到 b 的移动。

在本例中，由于工资率的提高，对主体劳动供给决策的最终影响是增加劳动供给时间，减少余暇。但这种结论是否具有普遍的适用性呢？对于这一问题不能简单地回答是或不是。由前面的分析可以看到，在工资率提高的条件下，主体劳动供给的决策受到两种效应的影响，劳动供给时间的变动最终取决于替代效应与收入效应的相互关系。而这两者的相互关系实际上取决于主体的余暇-收入偏好，或者说取决于主体的效用函数。本例中，由于工资率提高产生的替代效应大于收入效应，所以随着工资率的提高，主体选择增加劳动力供给时间。由此推论，如果替代效应小于收入效应，那么随着工资率的提高，劳动力供给时间反而会减少。

四、个人劳动力供给曲线与家庭劳动力供给

（一）个人劳动力供给曲线

经验、事实和理论研究表明，在工资率较低且收入较少时，由工资率提高产生的替代效应大于收入效应，故随工资率的提高，劳动力供给增加。在工资率维持较高水平并且收入也在较高水平时，由工资率提高同时产生的两种效应的相互关系发生了变化：替代效应小于收入效应。故随着工资率的提高，替代效应造成的劳动力供给时间的增加，小于收入效应作用下的劳动力供给时间的减少，最终表现为工资率对劳动力供给的负向影响。图 2－24 的个人劳动力供给曲线就是上述分析的几何描述。

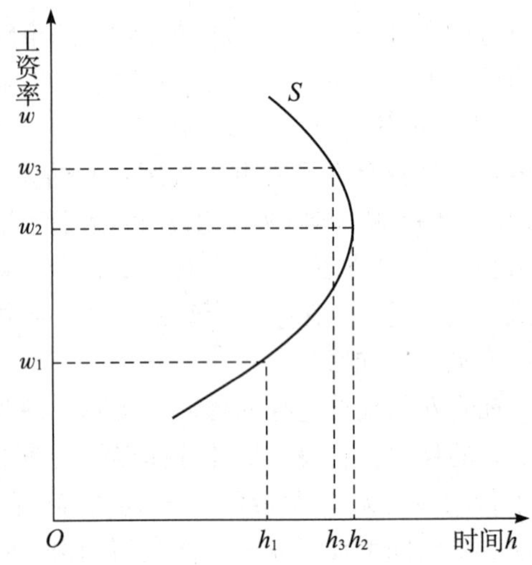

图 2－24 个人劳动力供给曲线

图 2－24 中，横轴为劳动力供给时间，纵轴为工资率，S 为个人劳动力供给曲线。在工资率为 w_1 时，个人劳动力供给为 Oh_1；随着工资率的提高，劳动力供给增加，在工资率为 w_2 时，劳动力供给为 Oh_2；工资率进一步提高，由 w_2 提高到 w_3 时，劳动力供给为 Oh_3，劳动力供给反而减少了。由此产生的个人劳动力供给曲线 S 为向后弯曲的形状：工资率低于 w_2，曲线 S 的斜率为正值；工资率高于 w_2，曲线 S 的斜率为负值，即在工资率大于 w_2 的区间，工资率的提高使劳动力供给减少。

那么，工资率 w_2 是一种什么水平，是 10 元/小时还是 20 元/小时或者其他某种具体水平呢？劳动力供给分析的理论不能给予确定的回答，如果必须回答的话，只能说具体水平取决于个人余暇-收入的偏好，或者说取决于个人效用函数的特征。

在第3节，已描绘出一条从左下向右上倾斜、斜率为正值的劳动力供给曲线（见图2-10），那是一条市场劳动力供给曲线。市场劳动力供给曲线是由众多的个人劳动力供给曲线叠加而成的，其之所以不像个人劳动力供给曲线那样向后弯曲，主要原因在于劳动力市场人数众多，个人偏好千差万别。在某种工资率下，一些个人可能由于收入效应的作用更大，从而减少劳动供给时间，另一些个人反而大幅增加劳动供给时间，还有一些人只是存在替代效应，等等，所以市场劳动力供给曲线向右上方倾斜。

（二）以家庭为单位的劳动力供给

以上分析是在个人决定就业与否的前提下进行的，但是过去的实证分析的结果反而显示就业与否是以家庭为单位进行的。例如，妻子的就业会受到丈夫的收入、家属构成、子女的年龄、家庭成员的健康状况等的影响。所以如图2-25所示，纵轴为家庭收入，运用前面所作的一系列分析，会出现如下情况（也可以把横轴换成全体家庭成员的劳动时间，但是，在此说明时假设其他家庭成员的劳动时间不影响妻子的无差异曲线的形状）。

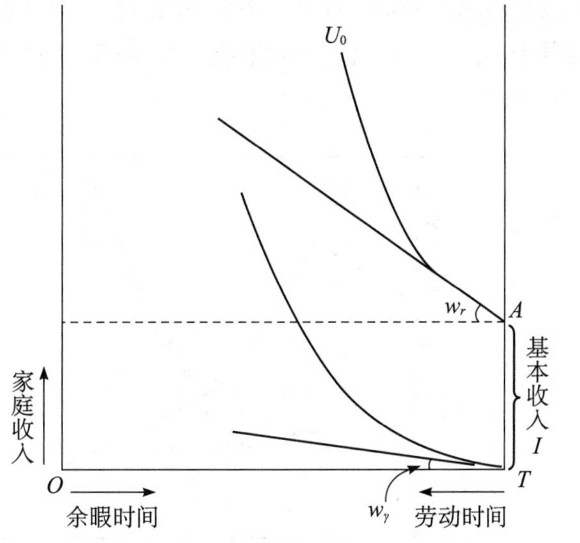

图2-25 家庭的无差异曲线与最低工资率

妻子不就业也能得到的家庭收入（例如丈夫的劳动收入、财产收入）称为基本收入，设为I。而妻子不就业时的状态和前面的点T不同，可以用A来表示。那么最低工资率会发生什么样的变化？如果基本收入多，收入的边际效用会下降，余暇的边际替代率会提高，结果，最低工资率上升，劳动力参与率下降。

这与利用实证分析反复确认的下列观察事实相符合。(1) 丈夫的收入越高，妻子的劳动力参与率越低。(2) 本人能够得到的市场工资率越高，妻子的劳动力参与率越高。这种关系以发现者的名字命名为道格拉斯-有泽法则。

如果劳动力市场疲软，则会由于丈夫失业等原因，基本收入下降，并且同时妻子能够得到的市场工资率也下降。遇到这种状况时，如果(1)的效果强，随着丈夫的收入减少，妻子为弥补收入不足增加劳动力参与率，所以劳动力供给量增加。此时会发生如后面将出现的和图 2-27 所示的市场不稳定时相同的状况。尽管丈夫失业，只要由失业保险能够保证一定收入，仍可以防止最低工资率的下降。相反，如果（2）的效果强，则会随着妻子的工资下降，劳动力参与率下降，劳动力供给量也减少。这和后面的图 2-26 的状况相同，重要的是使市场机制有效地发挥作用。

第 5 节　市场劳动力供给曲线

前面对个人的劳动力供给曲线进行了考察，而市场整体的劳动力供给曲线和劳动力需求相同，能够通过个人供给曲线的总和得出。

所谓市场劳动力供给曲线，实际上是将一个市场中的个人劳动力供给曲线相加。从前面的分析中，我们已经知道个人的劳动力供给曲线一般是向后弯曲的，那么作为个人劳动力供给曲线汇总的市场劳动力供给曲线是否也向后弯曲呢?

如果把一个市场封闭起来考察，这是一个复杂的问题，因为不知道从整个市场来看，收入效应与替代效应哪个占上风。不过，一般来说，市场劳动力供给曲线是从左下方向右上方倾斜的，如图 2-26 所示。

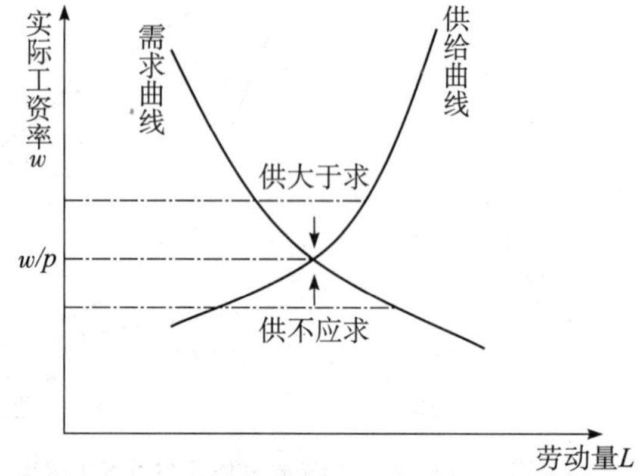

图 2-26　市场劳动力供给曲线（稳定的劳动力市场）

市场劳动力供给曲线不同于个人劳动力供给曲线的原因是：从总体上，工资率变化的收入效应小于替代效应，导致这一事实的主要原因是工资率变化的替代效应在任何人身上都会起作用，而收入效应可能在某些层次的人，例如人均收入较低、家庭负担重的人身上不起作用。对于这些人来说，只要工资率提高，他们就愿意增加工作时间。

如果劳动者可以自由进出，即劳动力市场是开放的，那么市场劳动力供给曲线一定是一条从左下方向右上方倾斜的曲线。这是因为工资率提高可能会使一部分原来就在这个市场上竞争的人减少劳动供给，但同时又会吸引一部分本来不在这个市场上的人进入这一市场，从而使劳动力供给总量最终呈增长趋势。

如图 2-26 所示，市场整体的供给曲线向右上方、需求曲线向右下方发散，如果工资能够随着市场自动调整劳动力的供求而变化，则可以在供需曲线相交之处形成均衡工资、均衡劳动力数量，从而可以达到没有失业的状况。假如市场工资高于均衡工资，会产生过度供给，劳动者为免于失业会竞相降低工资，从而最终能够达到均衡工资。假如市场工资低于均衡工资，相反的力量会发生作用，从而最终也能够达到均衡工资。

在劳动力供大于求或供不应求时，政府的作用是采取对策，使调整尽快完成。假如最低工资定得比均衡工资高，市场本身无法进行供求调整，为了减少失业（过度供给），政府必须重新研究下调最低工资。或者，如果失业保险金的支付使工资调整速度减慢，需要研究对策消除阻碍因素，使市场机制迅速发挥作用，因为这时，存在失业的原因在于市场工资超过了均衡工资。但是此时，如第 1 章所述，即使随着工资下调短时间内消除了过度供给，收入也要下降。结果使产品需求减少，劳动力需求曲线向左下方移动，产生均衡工资和均衡劳动力数量下降的效应。

在供给曲线向右下方移动时，必须重新考虑能够依靠市场自身的需求调整解决问题的理论。如图 2－27 所示，供给曲线的斜率为负，且绝对值大于需求曲线时，即使市场机制正常运行，也无法自动达到均衡点。在存在比均衡工资（w/p）更高的市场工资时，会产生过度需求，企业之间要进行争夺劳动力的竞争，因此市场工资将继续上升。相反，由于某种原因，市场工资低于均衡工资时，因为劳动者一方要进行工资下调竞争，所以工资将继续下降。此时，作为阻止工资下降的对策，需要最低工资制度发挥作用，而不需要可能鼓励劳动者降低劳动力价格的可保障收入的失业保险制度发挥作用，不需要政府推行扩大有效需求的政策。

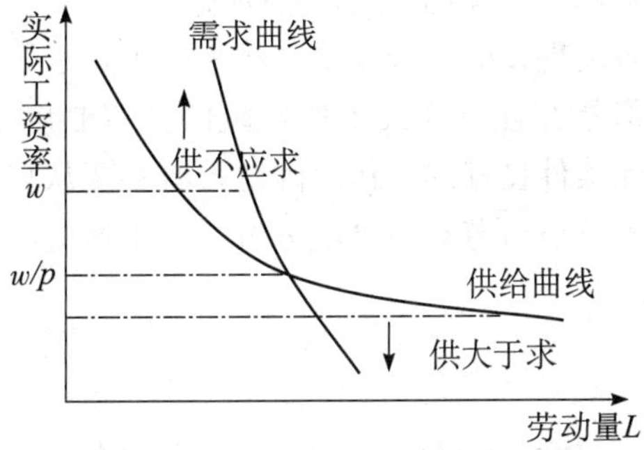

图 2－27　不稳定的劳动力市场

这说明确认劳动力供给曲线的形状，对于研究失业对策是极其重要的课题。

第 6 节　不同时期的劳动力分配

到此为止，本章研究了关于人们现在是否就业，如果就业，劳动时间是多少的选择性问题。另一个重要的选择是，何时工作的时间的选择。不仅现有的雇佣条件，与过去的比较、对未来的预测也对上述选择产生较多的影响。例如，如果预测未来工资会下降，人们可能会选择现在工作，从而增加储蓄，以备未来使用。相反，如果预测未来的雇佣条件会有所改善，则可能选择暂时等待，不急于就业。

对人们的就业行为产生影响的是雇佣条件（现在以及未来）和实际利率（名义利率扣除物价上涨的部分）。假如实际利率高，则现在努力工作进行储蓄，以后它会带着很多利息回到本人手中，因此，可以认为现在就业有利。实际利率高，会增加储蓄的价值，刺激现在的劳动力供给。

在上述思考模式下，现在的劳动力供给可以用下式表示：

$$\text{劳动力供给} = f\left[\frac{(1+\text{实际利率})\times\text{现在的实际工资}}{\text{下一期的实际工资期望值}}\right] \tag{2-9}$$

实际工资率越高，或者现在的实际工资比下一期的实际工资期望值越高，希望现在就业的人就越多。

经济景气的变动和就业的同步问题，带给劳动力的需求与供给很大的影响。两者之间可能存在以下两种关系：一个是就业愿望丧失效应，经济萧条、雇佣条件恶化时，人们就可能认为放弃就业，放弃寻找工作，等待经济复苏较为有利。如果这种效果强烈，会造成劳动力供给减少，这样在劳动力需求停滞或减少的情况下，也会缓解市场供求关系的恶化。

另一种效果称为附加性劳动者效应。经济衰退、收入下降，人们为了保持一定的生活水平，不得不增加劳动供给。如果这种效果强烈，会恶化供求关系。就业愿望丧失效应和附加性劳动者效应之间的关系与收入效应和替代效应之间的关系有相似之处。

前面提到过劳动力参与率有一种趋势，即在经济衰退时期下降，在经济复苏时期上升。也可以说就业愿望丧失效应占优势。但是，这种关系随着人们对经济衰退的预期而变化，即预期经济衰退是短期现象，还是预期今后还将持续。

本节的讨论前提是假设现在的工资水平与将来的工资水平互无影响，人们以就业同步为目标决定自己的行为。但是在注重连续工作年限的工资制度下，如果因为工资低而放弃就业，以后也无法找到雇佣条件良好的工作。因此，有必要从自愿选择雇佣条件变化的、使一生的效用最大化的立场出发进行劳动力供给分析。关于这些问题，在后面的第 4 章和第 5 章进行具体讨论。

第 7 节　劳动力流量表

一、劳动力的变化

前面已经说明，16 岁以上的劳动可能人口是成为就业者和失业者的劳动力人口；此外，还有特别需要观察的非劳动力人口。处理有关的就业者、失业者、非劳动力人口这些数值，能够得出某个观测范围内存在的上述各种劳动力状态的累积人数。

这样一来，可以更清晰地观测到某个时间横断面上各劳动力状态的累积人数，了解某个时间点上的劳动力市场结构。例如，在 2009 年有多少人有就业的意向（劳动力人口），其中失业者的比例（失业率），它们哪个所占比例更大等关于劳动力的结构信息。

与此同时，从政策性观点出发观测时间点之间的变化也是非常重要的。通过观察变化，可以使景气对策、就业政策更加切合实际；可以把握短期性的景气变动中失业者人数的增减，中期性景气变动中具有受雇可能性的劳动力人口的增减，长期性景气变动中基础劳动力人口的增减。

事实上，人们常常利用的劳动力市场统计关注了这些时间点间的变化。定期的失业率统计说明了这点。在关注失业率水平的同时，特别要集中注意力，判断经济景气转变点上的失业的增减。经常使用的指标是环比及同比失业者增减。

更重要的分析变化状况的指标是劳动力的流动。使用这个概念，使劳动力的流动分析成为可能。

二、流量与存量

劳动力的流量和存量可用水的流动类比。流量就是流动的水，存量就是水的另一种状态，如图 2－28 所示。

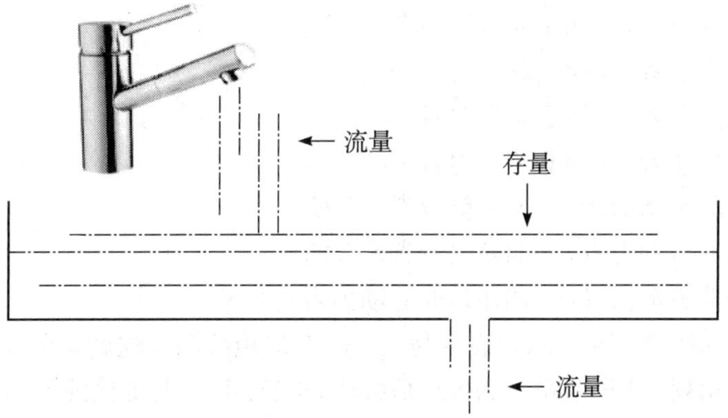

图 2－28　流量和存量的概念

图 2－28 中从水龙头口流出来的水就是流量，在它下面水平保存的状态就是存量。另外，从水的水平底部的小洞中流出的水也是流量。这就意味着，存量是流入水和流出水的瞬间静止时的观察值。

这个概念适用于很多经济现象，如典型的存款和存款余额的关系。存取款是流量，存款余额为存量。

在劳动力方面也能适用同样的观测概念。把就业、失业等各种各样的劳动力状态在某个时间点的劳动力的存量朝某个方向的流入和流出（例如，新产生的失业）的量称为劳动力的流量。例如，从雇用劳动力的存量向失业的存量流动的量。相反的就是从失业的存量向雇用或非劳动力的存量转移的量。各种各样的劳动力状态的存量向其他劳动力状态的流动应该判定为流量。

这样的流量观测在思考应对失业增加的就业对策时，使人们获得了极为有效的信息。环比和同比的失业者的增减量是比单纯的数量变化更重要的信息，可以让人们更深入地分析。

三、劳动力流量表

制作劳动力流量表，劳动力人口是要第一位加以考虑的。依前所述，劳动力人口分为就业、失业、非劳动力三种状态。这几种状态可以用 E，U，N 来表示（E：就业；U：失业；N：非劳动力）。

E，U，N 是存量，$E+U+N$ 是劳动可能人口，$E+U$ 是劳动人口。

所谓劳动力的流量，是以观测存量劳动力状态的时间点（例如每月或每年）的变化来定义的。例如，用 t 来表示时间，在 $t-1$ 期，成为就业者的人中，相当部分将在 t 期继续是就业者，但也有一部分人因失去岗位或自己辞职，转化为失业状态。还有其他一部分人因结婚、生育等离职或者退休转化为非劳动力。此外，$t-1$ 期的失业者、非劳动力者等转化为其他劳动力状态。

这些变化的组合如下所示：

$t-1$ 期是就业者，t 期还是就业者$=EE$。

$t-1$ 期是就业者，t 期是失业者$=EU$。

$t-1$ 期是就业者，t 期是非劳动力者$=EN$。

$t-1$ 期是失业者，t 期是就业者$=UE$。

$t-1$ 期是失业者，t 期还是失业者$=UU$。

$t-1$ 期是失业者，t 期非劳动力者$=UN$。

$t-1$ 期是非劳动力者，t 期是就业者$=NE$。

$t-1$ 期是非劳动力者，t 期是失业者$=NU$。

$t-1$ 期是非劳动力者，t 期还是非劳动力者$=NN$。

这些组合如图 2-29 所示，表示为 3×3=9 的矩阵图，这就是劳动力的流量表。在这个流量表中，对角列（EE，UU，NN）是劳动力状态不发生变化的人们的流量，此外是发生劳动力状态变化的人们的流量。另外，流量表所显示的3×3的组合的外框处是存量。

EE	UE	NE	E_t
EU	UU	NU	U_t
EN	UN	NN	N_t
E_{t-1}	U_{t-1}	N_{t-1}	

图 2-29　劳动力流量表

也就是说，E_{t-1}，U_{t-1}，N_{t-1} 是各种 $t-1$ 期的就业者、失业者、非劳动力；E_t，U_t，N_t 是各期的就业者、失业者、非劳动力。$t-1$ 期的存量是根据流量的变化而变化的，可以看成是 t 期的存量。另外，在这里为了简单起见，劳动可能人口可以看成 $t-1$ 期和 t 期是不变的。如此，会出现以下的情况：

$$E_{t-1}+U_{t-1}+N_{t-1}=E_t+U_t+N_t$$

表示流量和存量的关系如下所示：

$$EE+EU+EN=E_{t-1}$$
$$UE+UU+UN=U_{t-1}$$
$$NE+NU+NN=N_{t-1}$$
$$EE+UE+NE=E_t$$
$$EU+UU+NU=U_t$$
$$EN+UN+NN=N_t$$

总之，满足流量矩阵纵列就是 $t-1$ 期的存量，满足横列就是 t 期的存量。也就是说，在 $t-1$ 期就业的人们（E_{t-1}），作为流量分为继续就业（EE）、失业转化（EU）、非劳动力转化（EN），再加上持续就业（EE）中，从失业向就业的转化（UE）以及从非劳动力向就业的转化（NE）而成为 t 期的就业者（E_t）。在 $t-1$ 期失业的人们（U_{t-1}）作为流量分为就业转化（UE）、持续失业（UU）、非劳动力转化（UN），再加上持续失业（UU）中就业向失业的转化（EU）以及非劳动力向失业的转化（NU）而成为 t 期的失业者（U_t）。$t-1$ 期是非劳动力的人们（N_{t-1}），作为流量可以理解为就业转化（NE）、失业转化（NU）、持续非劳动力（NN），再加上持续非劳动力（NN）中，从就业向非劳动力的转化（NE）以及从失业向非劳动力的转化（UN）而成为 t 期的非劳动力（N_t）。

四、使用流量表做政策分析

下面看看使用劳动力流量表能进行什么样的政策分析。在相关领域中最典型的运用就是关于失业的政策分析。例如，在从 $t-1$ 期到 t 期失业增加的时候，就出现了需要采取什么样的对策的问题。

这时的失业者增加用 ΔU 表示，用存量表示则如下式：

$$\Delta U=U_t-U_{t-1}$$

也就是说，从 $t-1$ 期到 t 期的失业增加部分是 t 期的失业存量减去 $t-1$ 期的失业存量后的差。

将这个存量分解为劳动力流量，如前所述，则有

$$U_t=EU+UU+NU$$
$$U_{t-1}=UE+UU+UN$$
$$\Delta U=(EU+UU+NU)-(UE+UU+UN)$$

用流量表来表示失业的增加有其自身的优势。上式右边的第一项和第二项的 UU 一样，从而可以抵消。更重要的是短期的就业、失业之间流量部分和非劳动力与失业之间的流量部分可以整理如下：

$$\Delta U=(EU-UE)+(NU-UN)$$

也就是说，从 $t-1$ 期到 t 期的失业增加是用就业向失业的流量和失业向就业的流量的差来表示的部分（上式右边第一项）和用非劳动力向失业的流量与失业向非劳动力的流量的差来表示的部分（第二项），被分解为两个部分。

失业增加 ΔU 是根据这里某一项的增加而得来的，事实上失业的性质发生了很大变化。当然，对此采取的对策也应有所差别。

首先，失业增加 ΔU 如果因右边的第一项（$EU-UE$）的增加会怎样呢？例如，因企业倒闭，原就业人群失去岗位成为失业者，这是萧条期的典型现象。

另外一个是 UE 的流量减少。UE 是失业者找到工作而成为就业者的流量。随之而来，这种流量的减少使失业者更难寻找工作，这些也是萧条期的现象。

这种 EU 增加、UE 减少的现象一般都是萧条时发生的，归根结底，使右边第一项增加。因此，如果把失业增加理解为因右边第一项的增加而形成的话，可以称为萧条导致的失业。这时需要采取宏观的繁荣刺激对策，使生产恢复。

如果失业增加 ΔU 是因右边的第二项（$NU-UN$）增加的，那么，造成这部分增加的原因分为两种情况。

一个是 UN 的流量增加。这表明非劳动力人群开始求职，成为失业者的流量。这种流量是经验性的，在景气恢复时，企业招聘增加，可以作出工作岗位有增加趋势的判断。

另一个是 UN 的流量减少。表示失业求职的人们停止求职而成为非劳动力的流量。繁荣消退期，企业招聘减少，可以作出工作岗位减少的判断。在放弃求职进而非劳动力化的时候，增加的流量是可以经验性预测的。这种流量的减少表明失业者中放弃求职的人在减少，可以认为是繁荣恢复期的现象。

NU 增加、UN 减少的经验性情况在繁荣恢复期可见。但是，对于减少摩擦性失业不能采取宏观的景气政策，采取使招聘、求职信息传递更顺畅或减轻区域间、工种间转移成本等政策还是很有必要的。使用流量表政策分析，可以让我们得到这种政策判断的必要信息。

五、转移率

从流动量和储存量，到流动的概率，换言之对原本的存量也可以计算流动的变化概率，这称为转移率（transition probabilities）。某种劳动力状态（例如就业）的$t-1$期的存量，t 期以内的流量变化率是指什么样的指标？例如 $t-1$ 期的就业中，更倾向成为失业者或非劳动力，还是更倾向继续就业？

个人的就业状况用劳动流量表示，在需要观测的情况下是非常重要的指标。例如，假设要使就业到失业的流动量和失业到就业的流动量相同，但是，原本的就业者存量一直比失业者存量大得多。所以失业者变为就业者的概率要比就业者变为失业者的概率大。或者在劳动力流动的国际比较时，流动量的水平因限定的原有的劳动可能人口的规模而异，所以用概率进行比较是比较好的方法。

对这种劳动力的转移率根据先前的劳动力流量表的变量符号作出定义，如下所示：

$t-1$ 期的就业者，在 t 期还是就业者的概率：$PEE=EE/E_{t-1}$

$t-1$ 期的就业者，在 t 期就是失业者的概率：$PEU=EU/E_{t-1}$

$t-1$ 期的就业者，在 t 期是非劳动力的概率：$PEN=EN/E_{t-1}$

$t-1$ 期的失业者，在 t 期就是就业者的概率：$PUE=UE/U_{t-1}$

$t-1$ 期的失业者，在 t 期也是失业者的概率：$PUU=UU/U_{t-1}$

$t-1$ 期的失业者，在 t 期是非劳动力的概率：$PUN=UN/U_{t-1}$

$t-1$ 期的非劳动力，在 t 期是就业者的概率：$PNE=NE/N_{t-1}$

$t-1$ 期的非劳动力，在 t 期是失业者的概率：$PNU=NU/N_{t-1}$

$t-1$ 期的非劳动力，在 t 期也是非劳动力的概率：$PNN=NN/N_{t-1}$

在这里，流量表的符号前面标记的 P 代表概率（probability）。图 2-30 中转移率是用类似于图 2-29 中劳动力流量表的矩阵来表示的。如图 2-30 所示，转移率是相对于 $t-1$ 期存量的比率，因此能使纵列相加为 1。例如，可以参看就业者

$$
\begin{aligned}
PEE+PEU+PEN &= EE/E_{t-1}+EU/E_{t-1}+EN/E_{t-1} \\
&= (EE+EU+EN)/E_{t-1}
\end{aligned}
$$

	PEE	*PUE*	*PNE*
	PEU	*PUU*	*PNU*
	PEN	*PUN*	*PNN*
（计）	1	1	1

图 2-30　劳动力的转移率表

从劳动力流量的定义可得

$$EE+EU+EN=E_{t-1}$$

因此等号右边为 1。另外，失业者、非劳动力人口也可以用同样的方法计算。

下面，思考一下劳动力流量表的完善问题。在图 2-31 中 $t-1$ 期的存量用转移率来表示。这些数值列中作为各种流量和 t 期的存量，求得的就业者、失业者、非劳动力人口是多少呢？流动量和 t 期的存量就取括号内的数字。

(64)	(4)	(6)	(74)
0.8	0.2	0.1	
(8)	(12)	(6)	(26)
0.1	0.6	0.1	
(8)	(4)	(48)	(60)
0.1	0.2	0.8	
80	20	60	

图 2-31　要完成的流量表

六、劳动力的流动实际状态

表 2-3 显示，日本与欧美相比，*PEU* 和 *PUE* 明显要小。也就是说，日本就业者在保持不经常失业的状态的同时，也存在着一旦失业就很难就业的状态。利用劳动力的流量表，可以有效地进行国际比较分析。

表 2-3　　劳动力转移率的国际比较

国家	*PEU*	*PUE*
日本	0.002 7	0.150
美国	0.02	0.254
加拿大	0.015 5	0.240
澳大利亚	0.009 6	0.210
瑞典	0.009 0	0.500
法国	0.017 8	0.502

资料来源：水野朝夫．日本的失业行为．东京：中央大学出版社，1992.

◆ 本章小结

劳动力供给是指劳动者在劳动力市场上表达的、在现行社会经济条件下有多少人愿意提供劳动以及提供多少劳动的意愿。个人劳动力供给取决于多种因素，就经济因素而言，主要有：财富总量、工资率、个人偏好等。由于影响因素的复杂性，个人的劳动力供给是一条向后弯曲的曲线，表明在某一工资率之前，个人的劳动力供给随着工资率的提高而增加，而超过某一数值后，工资率的进一步提高会导致工作时间的减少。对于市场上的单个企业来讲，由于它往往面对的是近乎完全竞争的市场，所以企业所面对的是一条水平的劳动力供给曲线，这意味着企业只能按市场确定的要素价格来购买劳动力。从整个市场来看，劳动力供给曲线则表现为向右上方倾斜。

◆ 关键词

劳动力供给　　劳动力参与率
劳动力供给曲线　　劳动力供给弹性
效用理论　　收入约束线
余暇-收入无差异曲线　　主体均衡
收入效应　　替代效应
个人劳动力供给曲线　　市场劳动力供给曲线
劳动力的流量　　劳动力的流量表
转移率

◆ 复习与思考

1. 如何理解劳动力供给的含义？
2. 分析劳动力供给通常有哪些假设？
3. 影响劳动力个人供给的主要因素有哪些？
4. 何谓收入效应和替代效应？
5. 何谓个人劳动力供给的无差异曲线？
6. 个人劳动力供给受到哪些约束？
7. 描述个人、家庭和市场的劳动力供给曲线。
8. 哪些人口因素对劳动力总供给有影响？
9. 劳动力参与率的含义是什么？哪些因素影响劳动力参与率的变化？
10. $EE=6$，$UE=2$，$NE=3$，$EU=2$，$UU=1$，$NU=2$，$EN=2$，$UN=1$，$NN=2$ 的时候，请计算上年的雇用者人数、失业者人数、非劳动力人口。另请阐述这时失业者人数是增加还是减少。

第3章 劳动力市场的均衡、分割与内部劳动力市场

劳动力供给与劳动力需求作为劳动力市场中两个相互依存和相互作用的方面，始终处于矛盾的运动状态。对于这两者之间的相互作用的形式及其内在规律的分析，具有十分重要的现实意义，它有助于我们准确地掌握劳动力市场中供给方和需求方的发展趋势，以期实现劳动力供给与需求的均衡，保证劳动力供给的个人收益最大化和企业经济效益的最大化。本章主要讨论劳动力市场中劳动力供求之间的均衡与非均衡、劳动力市场的分割，以及内部劳动力市场在调整劳动力供求方面的作用与运行机理。

第1节 均衡的基本含义

一、古典经济学描述的均衡

“均衡”这一概念是从物理学中借用的，它描述的是一个系统的特殊状态，即运动的物体在受到方向各异的外力作用，但这些作用相互抵消，合力等于零时，所处的相对静止的状态，即为均衡。

古典经济学认为，在均衡状态下，相互对立的任何一种力量在各种条件制约下不再具有改变现状的动机或能力。在均衡状态下，对立的行为主体的利益共同达到最大化。

劳动经济学最初研究的均衡是劳动力市场均衡，它具有两方面的含义：(1) 对立的力量即劳动力供给和劳动力需求在量上处于均等状态，即变量均等；(2) 决定供求的任何一种力量这时不具有改变现状的动机或能力，即行为最优。同时具有以上两个方面含义的均衡称为古典意义上的经济均衡。

（一）局部均衡分析和一般均衡分析

按照均衡市场的覆盖范围，古典均衡分析分为局部均衡分析和一般均衡分析。

局部均衡分析是经济学中用来考察单个市场、单个商品价格与供求关系变化的一种分析方法。它假定在其他条件不变时，一种商品的价格只取决于它本身的供求状态，而不受其他商品的价格与供求的影响。即局部均衡是在假定其他市场因素处于静止不变状态的条件下，研究单个市场均衡状态的实现与新旧均衡的变动。局部均衡分析方法的代表人物马歇尔对于局部均衡分析曾有如下阐述："要研究的力量是如此之多，以致最好一次研究几种力量，做出若干局部的解答……单独研究某一特殊商品的供求和价格的关系。用'其他情况不变'这句话，把其他一切力量当作不起作用的，我们并非认为这些力量是无用的。"[①]

一般均衡分析是经济学中用来考察市场上所有市场、所有商品的价格和供求关系变化的一种分析方法。它假定各个市场上各种商品的价格与供求都是相互联系的，所以一种商品价格与供求的均衡只有在所有商品的价格与供求达到均衡时才能确定。即一般均衡考察的对象是在各种市场因素的影响下一个市场的均衡的建立与变动。一般均衡分析方法的代表人物是瑞士洛桑学派的L. 瓦尔拉，其研究经济问题的出发点是，任何一种特定商品的价格和供求关系必然与其他所有的商品的价格和供求关系联系在一起。单个市场的均衡的建立与变动依赖于其他市场均衡的建立和变动。

（二）静态均衡分析与动态均衡分析

根据对均衡的时间特性的不同规定，还可将均衡分析分为静态均衡分析和动态均衡分析。静态均衡分析抽象掉时间因素，设定变量的调整能够在可以忽略的瞬间完成，其调整时间设为零。动态均衡分析则相反，认定经济变量调整中时间的重要性，着重考察经济变量在不同时间的变动情况，分析经济现象的变化过程。

二、现代经济学描述的均衡

现代经济学继承和发展了古典均衡理论。现代经济学所说的均衡状态是指经济中各种对立的、变动的因素处于一种力量相当、相对稳定、不再变动的状态。现代经济学中运用的均衡分析方法与经济的均衡状态之间存在密不可分的联系。均衡分析方法在于揭示经济变量之间因果变量关系，说明实现均衡的条件以及如何实现均衡。

（一）一般意义上的经济均衡

经济学中最初定义的均衡，特指市场均衡。从这个意义上说，如果不存在市场，也就无所谓均衡；在计划经济条件下，只能有"平衡"，而不会有均衡。但是，现代经济学对均衡概念的第一次扩充，就是将这个概念应用于对各种经济形态的分析，将市场均衡条件一般化，用来概括包括非市场经济的各种状态，比如计划经济中的某些情况。因此，现代经济学所说的均衡，已经不仅仅是"市场均衡"，而是一般意义上的"经济均衡"。

（二）凯恩斯失业均衡

现代经济学对均衡概念的另一个方面的发展，是把只满足古典均衡两个条件之一的经济

① A. 马歇尔. 经济学原理：上卷. 北京：商务印书馆，1964：19.

状态，也认定为均衡。

20 世纪 30 年代凯恩斯宏观理论出现以后，形成了“失业均衡 ”的概念。按照古典均衡的定义，失业均衡是一个悖论：失业意味着劳动力市场上供给大于需求，这时，即使在商品市场和资金市场中存在着供求均等，从整个经济体系来看也存在着超额供给，因而是非均衡的，而不是均衡的。

但是，失业均衡的概念的出现说明：（1）瓦尔拉所定义的一般均衡不是唯一的，甚至可以把古典均衡视为一个特例，更一般的均衡则是像失业均衡这样的情况。正因为如此，凯恩斯把自己分析失业问题的理论称为“一般理论”，在其模型中，充分就业机会是诸多均衡点当中的一个，而不是唯一的均衡。（2）更重要的是，失业均衡这种状态虽然不满足“变量均等”这一要求，但同样满足相互对立的任何一种力量这时不具有改变现状的动机和能力，因为虽然失业工人想就业，但由于他们既不能改变现行工资率，又无法迫使企业在现行工资率下增加雇用工人数，所以只能处于被迫失业状态。在给定的“工资刚性”、预期资本效率、利率“陷阱”等一组条件下，一定的失业以及与之相适应的商品市场和资金市场上的较低水平的均衡，就是符合个人行为最优这一要求的，仍然是每个个别行为主体选择的结果。

（三）非均衡概念

现代非均衡学派将凯恩斯的“失业均衡”、社会主义经济中的“被抑制的通货膨胀”等都概括为不同类型的“非均衡”，而不称为“均衡”。在这一点上，他们的均衡概念与古典均衡概念是相同的。但在另一方面，虽然用词相同，现代非均衡理论中的非均衡概念却与古典意义上的非均衡概念有着很大的不同。在古典均衡理论中，非均衡一般来说是一种不稳定的状态，具有暂时性和过渡性，必然要立即向其他状态转化。而在非均衡理论中，非均衡与瓦尔拉均衡一样，具有行为确定的含义，因此具有稳固性，可以持久存在，而不仅仅是一种过渡状态。

非均衡理论认为，在现实中，价格并非像传统理论那样可以随时根据供求关系迅速调整，有时是由于制度的原因被固定或受到限制，有时是由于信息不完全而得不到及时的调整，因此，市场运行的结果通常是非均衡的，变量之间是不均等的，理想的供给不等于有效需求，理想的需求也不总等于有效供给。非均衡的结果是建立在每个人在既定的信息条件、制度条件和市场条件下的最优选择基础之上的，具有稳固性，不改变某些基本的外在条件，如收入分配制度、价格限制、信息完全程度等，就不可能使某种非均衡状态改变，变成均衡。

三、劳动力供求关系类型

根据均衡和非均衡分析，劳动力供给与需求之间的关系可以分为供大于求、供不应求、供求均衡三种类型。

（一）供大于求

供大于求即劳动力供给的数量大于社会对其需求数量的状态。这种类型表现为劳动力过剩，存在相当数量的失业或潜在失业人口。劳动力供过于求，不可避免地要造成社会劳动力资源的浪费。造成劳动力供过于求的原因很多，或者是物质资源的供给数量不足，或者是人口、劳动力资源数量增长过快，还可能是经济运转中的一些问题所造成的。

（二）供不应求

供不应求即劳动力供给的数量小于社会对其需求数量的状态。这种类型表现为一个国家或地区缺乏劳动力，企业和社会扩大生产时难以找到充足的求业人员。在生产持续发展、经济增长率长期保持在高水平的状态下，人口、劳动力资源相对或者绝对减少，可导致这种现象出现。此外，供不应求除了有总量问题之外，还有结构性问题，即有可能出现特定部分劳动力需求难以满足的现象（特别是高质量、专业性人员短缺）。需要注意的是，当劳动力需求增加，而劳动力供给趋紧时，应当分析这种扩大的需求有无虚假的成分，以及这种需求能否由经济单位内部挖掘潜力和社会重新进行资源配置来满足。

（三）供求均衡

供求均衡即劳动力供给的数量与社会对其需求量达到均衡的状态。要达到宏观上的这种均衡，实际上还包括质量、职业类别、地区分布等在内的多方面的均衡。劳动力供求均衡，可以达到良好的就业状态，可以使劳动力得到充分的利用，并有利于劳动力自身的良性再生产。

从理论上说，一个国家或地区劳动力供求均衡的标志是：（1）劳动力供给能够为社会全部吸收；（2）社会对劳动力的需求又能全部得到满足。但是，在现实经济生活中，这种理想状况是罕见的，供求均衡的标志就退而求其次，只要劳动力供给的绝大部分都能得到就业岗位，不存在长期的大量失业人员；与此同时，不存在长期、大量缺乏劳动力的部门、行业，就是劳动力供求的均衡状态。而少量劳动力处于短期失业状态则是正常的，不能认为它是对供求均衡状态的破坏。

同时，对劳动力的供求均衡，还必须在国民经济的动态过程中加以把握。劳动力的供给与需求都会随着时间的变化而发生变动，二者运动的方向、速度往往是不同的，这样对劳动力的供求关系会进一步产生影响：可能扩大原有的不均衡状态；也可能使供求矛盾减轻，趋向于达到均衡；还有可能经过平衡点向新的不均衡状态转化（即由供不应求变为供过于求，或者供过于求变为供不应求）。当然，还可能基本维持原有的均衡或不均衡状态。因此，必须对劳动力供求作静态和动态分析，必须对劳动力供求的短期和长期状况做出科学的估量，准确、合理、适时地进行调节，以缓和供求间的矛盾，求得它们之间的均衡。

第 2 节　劳动力市场的均衡

在劳动力市场上，劳动力供给和劳动力需求相互作用，当供给等于需求时，即实现了劳动力市场的均衡。下面分别对静态均衡和动态均衡进行分析。

一、劳动力市场静态均衡的形成

在完全竞争的劳动力市场上，劳动力的供给者和需求者都是现行市场工资率的接受者，而不是制定者，也就是说，劳动力供给和需求的相互作用是决定实际工资水平和劳动就业数量的唯一因素。在劳动力的供给量与需求量相等时，劳动力市场处于均衡状态，此时的工资率称为均衡工资率，而此时通过市场实现的就业量即为均衡就业量。

劳动力市场静态均衡的形成，也就是均衡工资和均衡就业量的决定。所谓均衡工资，就是在此工资水平上劳动力的供给与需求处于量的相等状态。高于这一工资水平，劳动力的供给欲望会变得十分强烈，市场的劳动力供给量会有明显的增加。但劳动力需求则与之相反，需求极度降低，这样市场的均衡就会被打破，市场会向新的均衡点运动，在均衡工资条件下的就业水平就是均衡就业。劳动力市场静态均衡的形成是通过劳动力供给与劳动力需求双方自发地相互作用形成的。同时，在研究这种均衡的形成时，完全剔除市场经济中其他经济因素对劳动力供求的影响，只考虑工资即劳动力价格对劳动力供求的影响。

根据以上所述可知，市场劳动力供给 S 和劳动力需求 D 与工资率 w 之间的经济关系是一种函数关系。假设其他条件不变，则有

$$S=f(w)$$
$$D=f(w)$$

将劳动力供需曲线在同一图上重叠，可以说明静态均衡的形成。在图 3-1 中，横轴为就业量 L，纵轴为工资率 w，D 为劳动力需求曲线，S 为劳动力供给曲线，对应于纵轴上的每一种工资水平，沿水平方向作出一条直线，该直线会与劳动力供给曲线 S 和劳动力需求曲线 D 相交，由交点向横轴作垂线就会形成与其相对应的劳动力供给量与需求量。劳动力供给曲线与劳动力需求曲线的相交之处即是均衡工资率 w_e 和均衡就业量 L_e。

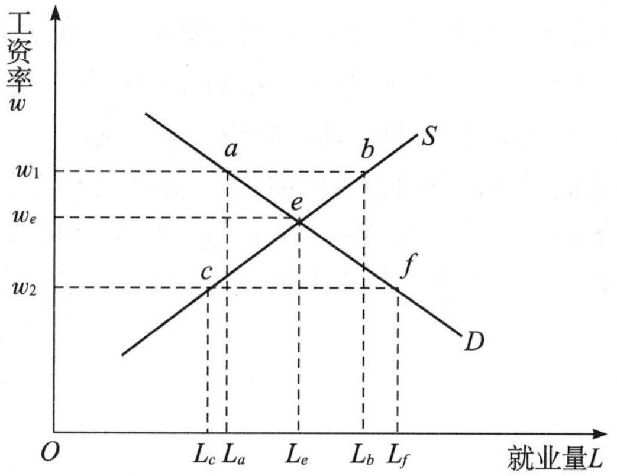

图 3-1 静态均衡的形成

当工资高于均衡工资率时，例如工资率为 w_1，劳动力供给大于劳动力需求，在此种情况下为劳动力的买方市场，劳动力的需求者对市场中劳动力的价格具有支配力量，他们会要求降低现有的工资水平。虽然劳动力供给方不愿工资下降，但由于劳动力供给超量，竞争激烈，所以劳动者不得不接受劳动力需求者的要求。而工资率的下降会使得劳动力的供给量下降，需求量增加，供求之间的差额逐渐缩小，直至达到均衡状态。

当工资率低于均衡工资时，例如工资率为 w_2，劳动力需求超过供给。此时，劳动力供给方对于劳动力价格具有支配力量，他们会要求提高劳动力的价格。劳动力的需求方虽然不愿意，但在需求过量、竞争激烈的压力下，不得不接受劳动力供给方的价格要求，使得工资

率 w_1 上升。而工资率的上升会使劳动力的需求量减少，供给量增加，供求差额逐渐减少，直至达到均衡状态。可见，只要工资率不等于均衡工资率，劳动力供给和需求的相互作用将使得工资率回到均衡点，所以，只有均衡工资率才是市场的普遍工资率。

劳动力供给等于劳动力需求，工资率 $w=w_e$，就业量 $L=L_e$，劳动力市场实现了均衡。也就是说，当工资率 $w=w_e$ 时，而且只有当工资率 $w=w_e$ 时，以 w_e 作为供给价格的劳动力供给的决策主体能够实现就业，以 w_e 作为需求价格的企业能够雇用到所需的劳动力。由于供给是均衡的，在资源限制的条件下，供给的决策主体获得的效用最大；由于需求是均衡的，它满足了劳动的边际产品价值等于工资（$\sum VMP = w$），所以供求双方都没有改变这种状态的动力和要求，也就形成了一种相对静止、稳定的状态，因此可以说，均衡的形成是均衡工资率和均衡就业量的决定。

从另一个角度进行分析，也可以得到同样的结论。例如，当工资率 $w=w_1$ 时，$w_1 \neq w_e$，如图 3－1 中的点 a，企业根据劳动力需求确定的原则（$\sum VMP = w$），可以雇用到 L_a 的劳动，企业此时处于均衡。但是，从劳动力供给方来看却非如此。因此以 w_1 作为供给价格的劳动力供给量为 L_b，减去已经受雇的 L_a 这部分劳动，其余的部分 L_aL_b 存在着改变这种状态（$w=w_1$，$L=L_a$）的动力和要求，所以这种状态是不稳定的，供求的力量并不相等，不能形成均势。在这种条件下必然会使工资率 w 向 w_e 运动，供求向 L_e 运动，最终形成均衡。

再例如当工资率 $w=w_2$ 时，$w_2 \neq w_e$，如图 3－1 中的点 c，以 w_2 作为供给价格的决策主体 L_c 可以实现就业，并同时满足其效用最大化的要求，此时 L_c 这部分劳动力实现了自身的均衡。但是，从劳动力需求方来看也并非如此，其均衡的需求量为 L_f，市场的条件使其不能实现 L_f 的劳动力需求，在追求利润最大化的要求下，他存在着改变这种状态的动力和要求，c 这种状态（$w=w_2$，$L=L_c$）仍然是不稳定的，存在着改变这种状态的变化趋势，即工资率 w 向 w_e，就业量 L 向 L_e 的运动，最终形成均衡。

同理，劳动力供给曲线 S、劳动力需求曲线 D 上除点 e 以外的其他任何点所形成的某种工资水平和就业水平都是非均衡的，都存在着与前例类似的调整。只有点 e，当 $w=w_e$，$L=L_e$ 时，才是均衡的，才能够实现没有基本的变化趋势的均衡状态，即

$$S=f(w)$$
$$D=f(w)$$
$$S=D$$
$$w=w_e$$

二、劳动力供求变化对静态均衡的影响

（一）劳动力供给的变化对均衡的影响

从前面的分析可知，在劳动力市场上，工资和就业均衡水平并不是由劳动力供给或劳动力需求的某一方单独决定的，均衡工资率和均衡就业水平是劳动力供给方和劳动力需求方在追求自身最大利益时，力量对比达到均等状态下形成的。不过，劳动力供给方和劳动力需求方追求的利益目标存在差异，因此劳动力供需双方中的任何一方的变动都会打破原有的均衡状态，但都能在新的条件下重新实现均衡。图 3－2 可以帮助说明劳动力供给的变动对均衡的影响。

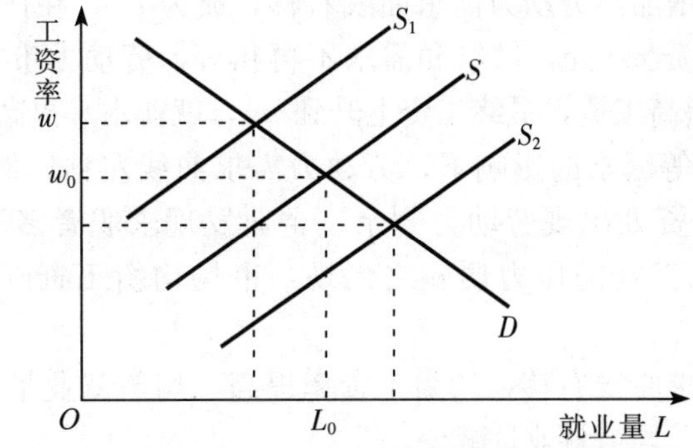

图 3-2　劳动力供给变动对均衡的影响

假设对某职业而言，如果其可替代职业的就业机会增加和工资提高，就可能导致一些人离开该职业市场，去其他市场求职，这样该职业市场的劳动力供给曲线将向左移动，成为 S_1。反之，如果有更多的人希望从事该职业，或者可替代职业的就业机会减少或工资下降，就可能导致有更多的人进入该职业市场，这时该职业市场的劳动力供给曲线向右移动，成为 S_2。

由图 3-2 可知，劳动力供给曲线变化后，w_0 不再是市场均衡工资率。在 w_0 这一点，或者存在劳动力短缺，即劳动力需求大于劳动力供给，这样雇主之间为争夺劳动力而展开竞争，竞争促使工资上涨，重新达到均衡；或者出现劳动力剩余，即劳动力供给大于劳动力需求，竞争在求职者之间展开，迫使均衡工资下降，此时，均衡就业水平上升。

显然，劳动力需求曲线不变，劳动力供给曲线右移，均衡工资率下降，均衡就业量增加；劳动力供给曲线左移，均衡工资率提高，均衡就业量减少。

（二）劳动力需求的变化对均衡的影响

资本供给的变动、产品需求的变动、国家的经济政策以及其他非工资因素的影响，都可能造成劳动力需求的变动，在图 3-3 中就表现为劳动力需求曲线沿水平方向的移动。下面用图 3-3 来帮助说明劳动力需求变动对均衡的影响。

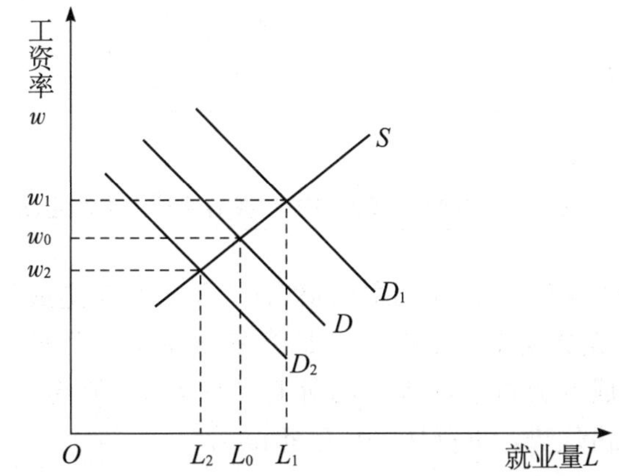

图 3-3　劳动力需求变动对均衡的影响

随着产品需求的增加，劳动力需求曲线右移，成为 D_1，在任何工资水平上，劳动力需求增加。在原均衡工资 w_0 处，供给和需求不再相等，劳动力市场出现短缺（需求大于供给），从而迫使雇主提高工资，最终工资上升到 w_1，就业水平提高至 L_1。

在产品需求减少等因素的影响下，劳动力需求曲线左移，例如移至 D_2，需求曲线左移导致在原有均衡工资处出现劳动力剩余，企业发现求职者多于职位空缺，求职者发现难以找到工作，降低工资的压力便随之出现，市场均衡工资降至 w_2，均衡就业水平降至 L_2。

显然，劳动力需求曲线右移，均衡工资率提高，均衡就业量增加；劳动力需求曲线左移，均衡工资率下降，均衡就业量减少。

（三）劳动力供求双方同时变化对均衡的影响

均衡的破坏也可能是供给和需求同时变化造成的，供求双方的变化可能同向，也可能反向。在同向变化时又有变化幅度相同与相异两种情况，在变化幅度相异时，还有劳动力需求变化的幅度大于劳动力供给变化的幅度，以及与之相反，劳动力供给变化的幅度大于劳动力需求变化的幅度。例如，供求双方同向变化，在图 3－4 中表现为劳动力需求曲线向左下方移动，从 D_1 移动至 D_2，同时劳动力供给曲线向右下方移动，从 S_1 移动至 S_2。如果仅需求曲线向左下方移动，工资率从 $w_{1\text{-}1}$ 降至 $w_{2\text{-}1}$，但由于供给曲线同时向右下方移动，工资率降至 $w_{2\text{-}2}$。

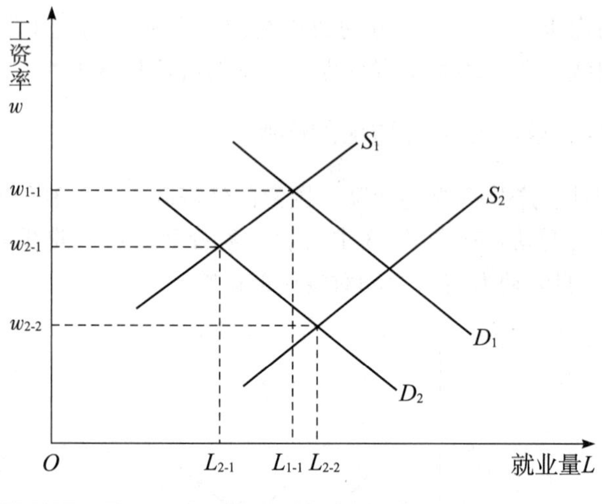

图 3－4　供给右移、需求左移的劳动力市场重新均衡

在供求双方反向变化时，例如，需求曲线向左下方移动造成降低工资的压力，而供给曲线向左上方的移动形成提高工资的推力，最终的结果取决于两种力量的对比。在图 3－5（a）中，需求减少形成的力量占优势，均衡工资率从 $w_{1\text{-}1}$ 降至 $w_{2\text{-}2}$。而在图 3－5（b）中，供给减少形成的力量占优势，工资从 $w_{1\text{-}1}$ 升至 $w_{2\text{-}2}$。

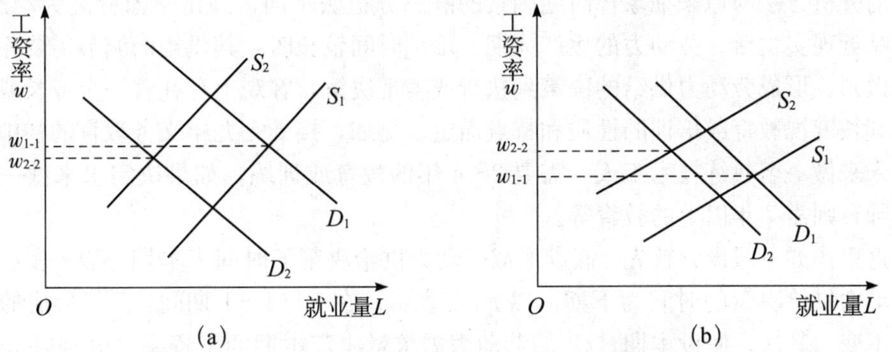

图 3-5　供给、需求左移后劳动力市场重新均衡

三、个别企业工资失衡的调整

（一）工资过高

如果个别企业的工资高于市场均衡工资，即表现为“工资过高”。工资过高的工作存在劳动力剩余，工资超出均衡水平，造成消费品价格高于、产出低于本应有的水平，并造成工资性因素的失业。所以，超出均衡水平的工资有两重影响。(1) 为了生产，雇主正在支付高于必须支付的工资，它们可以削减工资，这并不妨碍职位空缺的填补，企业仍然可以找到足够的合格的工人，事实上，如果削减工资，企业可以获得新的利益；(2) 求职者超过工作岗位数量，如果工资有所下降，许多失业的工人可以找到工作。

（二）工资过低

如果工资低于市场均衡工资，即为“工资过低”。在工资低于均衡工资的情况下，雇主难以雇用到所需要的劳动力，从而劳动投入量不足，导致产出不足。与“工资过低”并存着劳动力短缺。如果提高工资，可以满足企业对劳动力的需求，产出因此可以达到市场需要的水平。因此此时提高工资既有益于劳动者，也有益于企业和消费者。

四、劳动力市场的动态均衡

（一）动态均衡的基本假设

虽然静态均衡分析可以准确地描述劳动力供给与需求在某一时点的状态，但是它不可能描述劳动力供给与需求在一定时期的状态。然而，在现实的经济生活中，任何经济活动都不可能只固定在某一个时点上。例如，根据现在的工资率做出的劳动力供给决策往往需要经过一段时间才能变成实际上的劳动力供给。也就是说，在劳动力供给（或需求）决策到执行和完成决策之间存在着时滞因素。产生时滞的原因是多种多样的，例如劳动者在调动时所要花费的时间，再如在改变职业时，需要花费一定的时间进行培训等。

在考虑时间因素后，可以发现这样一个事实，即下一个时期（$t+1$）的劳动力供给实际上是本期（t）工资率的函数。均衡也随之形成与时间序列相关的流动状态，即动态的均衡。

这时的分析方法与原来抽象掉时间因素的静态分析法不同，经济学家称之为动态均衡分析，它更贴近现实生活。劳动力的生产周期、培训时间较长时，其供给的调节需要相当长的时间才能做到。形成劳动力供给的决策到执行或实现决策，客观上存在着一个或长或短的时间间隔，其长度视教育或培训的性质和特点而定。例如，接受完九年义务教育的初中毕业生如果决定未来做一名熟练技术工人，需要 2～4 年的教育或训练；如果决定未来做一名高等院校的教师，则需 7 年以上的教育等。

这里作如下假设：首先，假设形成劳动力供给决策的时间为本期，以 t 表示；执行或实现劳动力供给决策的时间为下期，以 $t+1$ 表示。在 t 与 $t+1$ 期间，已经形成的劳动力供给决策不变。其次，假设本期（t）的劳动力需求量决定本期的工资率，分别以 w_t 和 D_t 表示本期的工资率和本期的劳动力需求量，两者之间的关系为：

$$w_t=f(D_t) \tag{3-1}$$

最后，假设本期（t）的工资率（w_t）决定下期的劳动力供给量，以 S_{t+1} 表示，即本期的工资率 w_t 为自变量，下期的劳动力供给量 S_{t+1} 为因变量。则两者之间的关系为：

$$S_{t+1}=f(w_t) \tag{3-2}$$

式（3-1）和式（3-2）是动态均衡分析的基础。

（二）劳动力市场动态均衡的三种模型

在前述假设条件下，依据劳动力供给弹性与劳动力需求弹性相互关系的不同情况，存在着三种均衡变动。

为使分析得到简化，设劳动力需求弹性不变，其弹性为 1。

1. 劳动力供给弹性小于劳动力需求弹性

在劳动力供给弹性小于劳动力需求弹性的条件下，工资率与劳动力供给量的波动会越来越小，最后能够恢复均衡。其图形称为“收敛型蛛网”（见图 3-6）。

在图 3-6（a）中，劳动力供给曲线 S 与劳动力需求曲线 D 相交于 e，e 为均衡点，均衡工资率为 w_e，均衡就业量为 L_e。劳动力供给曲线 S 比需求曲线 D 陡峭，表明劳动力供给弹性小于需求弹性。如果工资率低于或高于均衡工资率，必然引起劳动力供给量与需求量的波动，进而又会引起下期工资率的波动，如此就形成工资与就业的变动。其变动过程如下：

第一阶段：就业量为 L_1，L_1 小于均衡就业量 L_e；劳动力需求价格为 $w=w_1$，w_1 高于均衡工资率 w_e。依据 w_1 的工资率决定下期的劳动力供给量 $S_{t+1}=L_2$，即 $w_1=f(L_1)$，$S_{t+1}=L_2=f(w_1)$。

第二阶段：这个阶段就是在第一阶段以 w_1 的工资率决定劳动力供给决策的供给者执行或实现劳动力供给决策的时期。由于劳动力供给远远大于需求，他们只能以 w_2 的工资率实现就业。显然，$w_2<w_e$，$L_2>L_e$。

第三阶段：就业量为 L_2，劳动力的需求价格 $w=w_2$，$w_2<w_e$。依据 w_2 的工资率，决定下期的劳动力供给量为 L_3。

第四阶段：这个阶段是在第三阶段以 w_2 决定劳动力供给量的人们实现其决策的时期。在此种水平的工资率下，劳动力需求大于劳动力供给，他们能以 w_3 的工资率实现就业。显然，$w_3>w_e$，$L_3<L_e$。

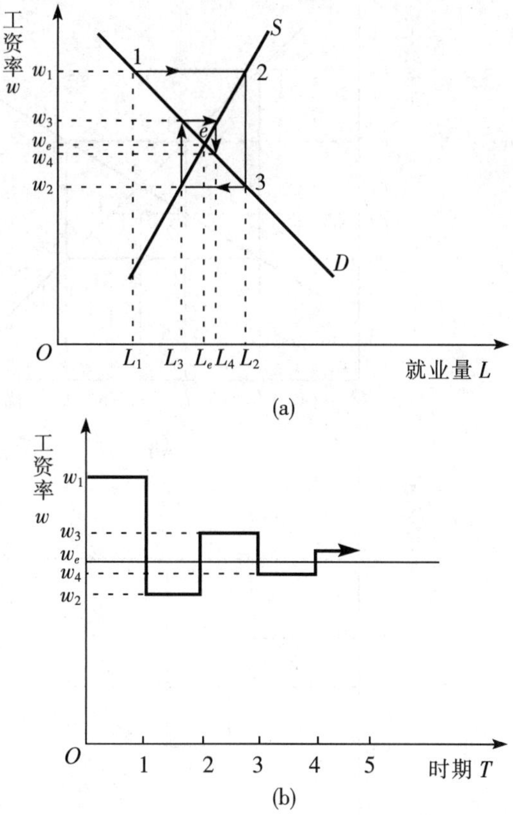

图 3-6　收敛型蛛网

第一阶段和第二阶段构成一个本期和下期的循环周期。由于本期工资水平高于均衡工资率，就业量低于均衡水平，造成下期劳动力供给增加、工资率降低的波动。

第三阶段和第四阶段又构成一个本期和下期的循环周期。由于本期工资水平低于均衡工资率，就业量高于均衡水平，造成下期劳动力供给减少、工资率增加的波动。

如此反复循环下去。在这样的循环变动中，工资率的波动与就业的波动逐渐趋近于均衡点，最终趋向于均衡工资率 w_e 和均衡就业量 L_e。在图 3-6（b）中，横轴代表时间，纵轴为工资率，图中的折线表明工资率的波动趋向于均衡工资率 w_e。随着工资率波动减弱，就业量波动也随之减弱。这种趋向于均衡点的波动是在劳动力供给弹性小于劳动力需求弹性的条件下通过供求自发地调节实现的，因此，劳动力供给弹性小于劳动力需求弹性称为“蛛网稳定条件”。

2. 劳动力供给弹性大于劳动力需求弹性

劳动力供给弹性大于劳动力需求弹性，表明工资率的变动对劳动力供给的影响大于对劳动力需求的影响，也就是说相对于工资率变动，供给变动的反应程度大于需求变动的反应程度。在这种条件下，工资率波动对劳动力供给量的影响越来越大。因此，当劳动力市场失衡时，劳动力供求和工资率的波动距均衡点越来越远，无法恢复均衡。这种波动称为“发散型蛛网”，如图 3-7 所示。

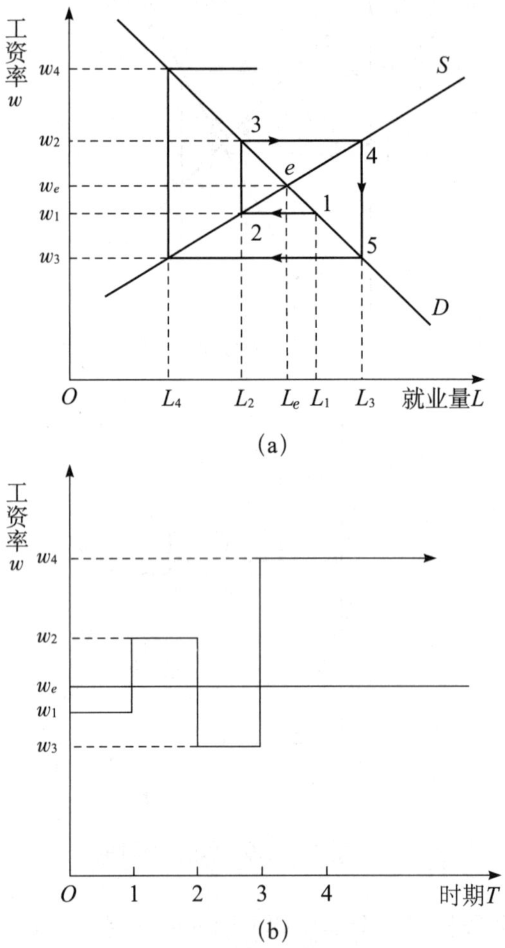

图 3-7 发散型蛛网

图 3-7 中的（a）和（b）与图 3-6 相似。但劳动力供给弹性大于劳动力需求弹性，故曲线 S 比 D 更为平缓，e 为均衡点，w_e 为均衡工资率，L_e 为均衡就业量。在这种条件下，当市场失衡时，工资率和劳动力供给、劳动力需求的波动过程大致与前述情况相同。但是，劳动力供给弹性大于劳动力需求弹性，使得工资和就业的波动幅度越来越大，离均衡点越来越远。这种变动说明，均衡不可能再恢复，因此，劳动力供给弹性大于劳动力需求弹性被看做“蛛网不稳定条件”。

在实践当中，一般很少有发散型波动。其主要原因是劳动力供给的决策者对工资率存有某种预期。如果现实工资率相比均衡工资率过高，他们的预期会下调，所以不会贸然地将本期的高工资率作为依据决策下期的劳动力供给。同样，现实工资率远低于均衡工资率，他们也不会以低工资决策下期的劳动力供给。当然，这并不等于说劳动力供给曲线必定比较陡峭，其弹性必定小于需求弹性，从而满足稳定条件，而是说在劳动力供给决策中，决策是分散进行的，以个人和家庭为决策主体。虽然他们被假设为追求效用最大化，但是他们存在一定的工资预期，而预期的稳定有助于劳动力市场的稳定。

3. 劳动力供给弹性等于劳动力需求弹性

劳动力供给弹性等于劳动力需求弹性，在这种情况下，工资和就业的波动，既不是收敛型的，越来越小，也不是发散型的，越来越大，而是在同一波动程度上变动起点的工资率和终点的工资率在同一点上相交，从而形成一个循环，如图 3-8 所示，称为“封闭型蛛网”。

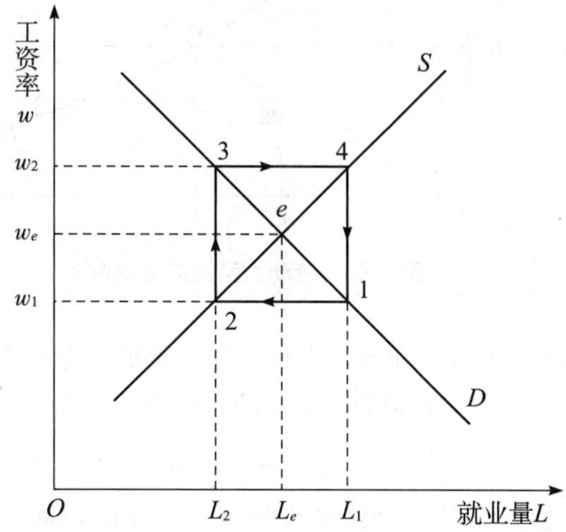

图 3-8　封闭型蛛网

由于工资和就业既不会恢复到均衡位置，也不会远离均衡点，因此，劳动力供给弹性等于需求弹性被看做“蛛网中立条件”。

在“封闭型蛛网”中，蛛网离均衡点的远近取决于工资和就业的波动幅度。而它又具有不确定性，可能较大，也可能较小。劳动力供给的决策者对工资的预期有助于工资和就业波动的减弱。

第 3 节　劳动力市场均衡的意义

一、劳动力资源的最优配置

在完全竞争的市场结构中，劳动力市场实现均衡，劳动力资源就能达到最有效率的分配。在给定资源与总需求水平的前提下，社会产出亦能取得最高水平。这是劳动力市场均衡在理论上所具有的第一个意义。

劳动力市场均衡，工资率等于总的边际产品价值。企业、行业不同，其资本存量也不同，但是所有企业、行业都将劳动力雇用到使其劳动的边际产品价值等于均衡工资率的水平，由此导致所有企业、行业的边际产品价值相等。在生产技术状况不变、资本存量给定的情况下，必可保证一个经济社会的产出水平是最高的，可从图 3-9 得到清楚的说明。

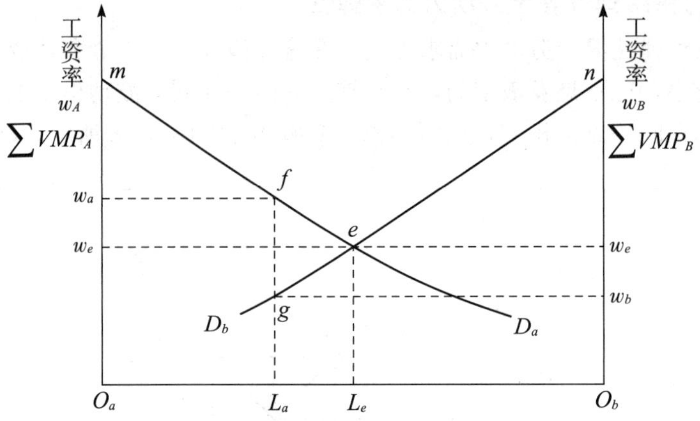

图 3-9　劳动力资源的最优配置

假设一个经济社会由 A 行业和 B 行业两个行业构成，存在着 A 行业劳动力市场和 B 行业劳动力市场。在图 3-9 中，纵轴分别表示两行业的工资率 w_A 和 w_B，以及两行业各自总的劳动的边际产品价值 $\sum VMP_A$ 和 $\sum VMP_B$；原点 O_a 向右量度表示 A 行业就业的劳动力，原点 O_b 向左量度表示在 B 行业就业的劳动力；向右下倾斜的 D_a 曲线与向左下倾斜的 D_b 曲线分别为 A 行业和 B 行业各自的劳动的边际产品价值曲线 $\sum VMP_A$ 和 $\sum VMP_B$，它们也是两行业各自的劳动力需求曲线。

在 A 行业劳动力市场，当工资率 $w_A=w_a$ 时，在 A 行业就业的劳动力为 O_aL_a。在 B 行业劳动力市场，当工资率 $w_B=w_b$ 时，其就业量为 O_bL_a。经过分别考察，在上述条件下两个行业的劳动力市场各自都处于均衡状态，因为它们都满足 $\sum VMP=w$ 的条件。此时经济社会的就业总量为两行业就业量之和 $O_aL_a+O_bL_a$。行业 A 的总产出由曲边梯形 mfL_aO_a 的面积表示；行业 B 的总产出由曲边梯形 ngL_aO_b 的面积表示；经济社会的总产出水平为上述两块面积之和：mO_aO_bngf。

在上述两市场各自均衡的条件下，经济社会统一的劳动力市场却是不均衡的，因为 $w_a \neq w_b$，$\sum VMP_A(L_a) \neq \sum VMP_B(L_a)$。此时两行业各自的均衡工资率存在着 $w_a > w_b$ 的关系。由此决定 B 行业劳动力向 A 行业劳动力市场流动，A 市场由于劳动力的流入，劳动力供给增加，使得 $\sum VMP_A$ 下降，工资率 w_a 随之下降；B 市场由于劳动力的流出，劳动力供给下降，使得 $\sum VMP_B$ 上升，其工资率亦随之提高。劳动力在两市场间流动的结果是，最终实现经济社会统一的劳动力市场均衡，两市场的均衡工资率都等于均衡工资率 w_e，并且有 $\sum VMP_A=\sum VMP_B$。

在上述变动过程的同时，劳动资源实现了优化配置：低生产率的行业 B 由于劳动力 L_eL_a 部分的流出，生产率得到了提高；高生产率的行业 A 由于 L_aL_e 部分劳动力的流入，资本得到了更充分利用。在劳动资源总量 O_aO_b 不变的条件下，经济社会净增加产出为曲边三角形 feg 这块面积所代表的价值部分。进一步推理，只要劳动力市场没有实现均衡，必然使经济社会的产出受到损失，劳动资源没有得到最优配置。如果两个市场实现了均衡，劳动力仍然流动，也会给社会的产出水平产生负向影响。设想在实现均衡后，有一单位的劳动力从行业 B 市场流向 A 市场，其结果必然造成两个行业的 $\sum VMP$ 不等，仍然使社会的产出受到损失。

当然，一个经济社会不可能只由两个行业构成。当经济社会有 n 个行业时，上述分析依然成立。A 和 B 是经济社会中任意两个行业，两行业统一的劳动力市场实现了均衡，两行业的劳动的边际产品价值相等，社会获得最大的产出水平和劳动资源的最优配置。那么，任意两行业劳动力市场实现均衡的条件是所有行业劳动力市场都实现均衡。因此，经济社会所有行业、部门、地区劳动力市场统一地实现均衡，劳动资源就能得到最优配置和产出达到最大化。

二、同质的劳动力获得同样的工资

劳动力市场均衡的意义的第二个表现是同质的劳动力获得同样的工资，不存在任何职业的、行业的和地区的工资差别。

在劳动力市场均衡的条件下，经济社会中任意一种职业、行业，任何一个地区的工资，都不会与其他职业、行业、地区存在差别。由完全竞争的市场结构的基本假设条件可知：劳动者具有完备的信息，各类流动成本为零且不存在任何制度性或其他障碍，劳动力是同质的，即都存在或都不存在对当前特定技能的任何预先投资，其他劳动或工作条件一样，等等。那么，流动和竞争必然导致没有任何工资差别。现以图 3－10 的劳动力地区间流动为例加以分析。

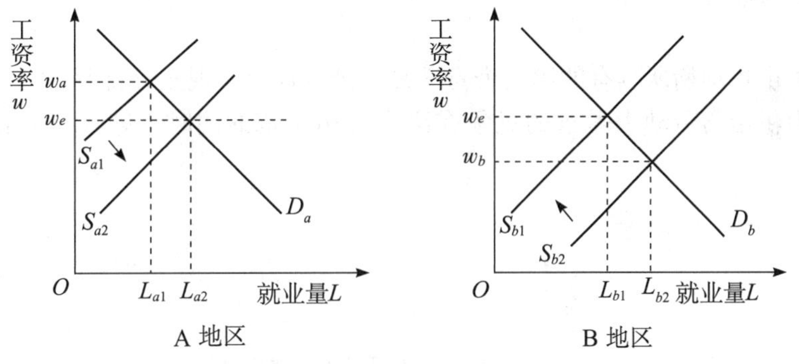

图 3－10　地区工资均衡

假设经济社会由 A 地区和 B 地区构成，劳动和资本在 A，B 两地区有较大差异，A 地区均衡工资 w_a 比 B 地区均衡工资 w_b 高。A 地区的高工资导致 B 地区的工人离开本地区流向 A 地区。B 地区劳动力供给减少，使 B 地区劳动力供给曲线从 S_{b2} 移向 S_{b1}，并使 A 地区的劳动力供给曲线从 S_{a1} 移向 S_{a2}。劳动力的流动造成两地区劳动力供给曲线的移动，最终使地区工资差别趋于消失，A，B 两地区劳动力市场实现均衡，都等于均衡工资 w_e。在两地区市场工资等于 w_e 的情况下，地区间劳动力流动停止。

从资本流动的视角观察地区工资差别的变动，亦可得到同样的结论。A 地区工资比 B 地区高，为了取得 B 地区低劳动成本的利益，A 地区资本向 B 地区转移（资本转移费用假设为零）。B地区资本增加，劳动力需求曲线右移，导致B地区工资率上升。资本总量不变，A地区因资本转移的结果，劳动力需求曲线左移，使该地区工资率下降。资本在地区间的转移同样会使地区间的工资差别消失，而趋向于均衡工资率（见图3-11）。

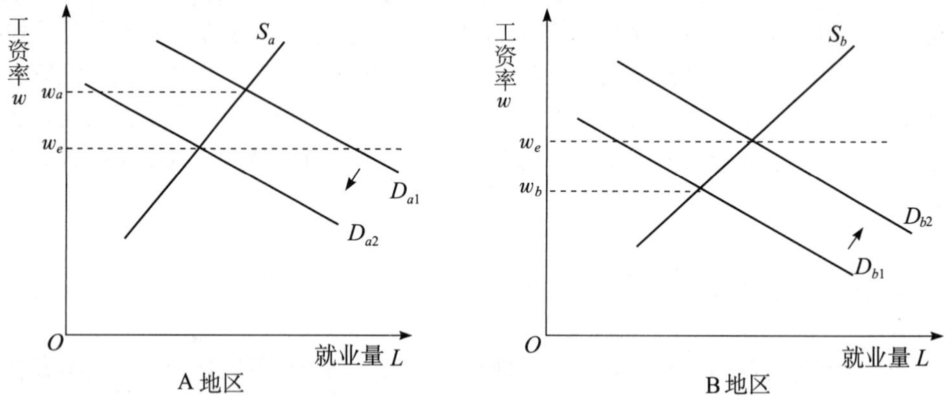

图3-11 地区工资均衡

同样的理由，也可以确信行业、职业的工资差别趋近于零。假设图3-10和图3-11中的A，B两地区，描述的是A，B两行业或A，B两种职业，那么，工人在行业和职业间的流动，也使得他们的工资逐渐接近，最终收敛于均衡工资 w_e。同等的劳动获得同样的工资，不会因职业、行业、地区差异而形成工资差别。

三、充分就业

劳动力市场均衡所具有的第三个意义是使经济社会实现充分就业。

劳动力供给与劳动力需求的竞争在决定均衡工资的同时，导致充分就业，如图3-12所示。

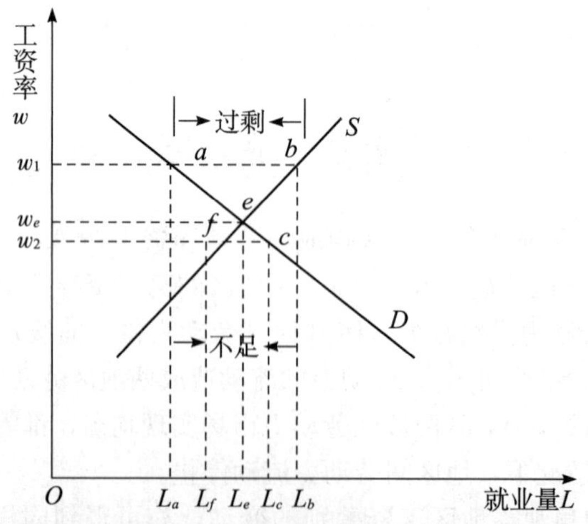

图3-12 充分就业

在图 3－12 中，工资率 w_1 高于均衡工资 w_e，劳动力供给过剩。即在工资率 w_1 的条件下，存在着 L_aL_b 的失业。工资率低于均衡工资 w_e，如在 w_2 的水平上，造成劳动力供给不足。即在工资率 w_2 的条件下，存在着 L_fL_c 的职业空位。但在工资率等于 w_e 的条件下，既不存在供给过剩，亦不存在供给不足，接受工资率 w_e 的工人与企业都能找到就业机会和它们所愿意雇用的劳动力。经济社会在均衡时，实现了充分就业。当然，必须注意的是，在一个经济社会中构成"充分就业"的就业量并不是一成不变的固定量。在劳动力供给曲线与劳动力需求曲线给定的条件下，供求的竞争导致充分就业的实现。当劳动力供给曲线或劳动力需求曲线一方或双方都发生移动时，均衡工资的水平不同，其充分就业的就业量也是不同的。

第 4 节　劳动力市场的非均衡

以上关于劳动力市场状态的分析都假设工资率有弹性，即工资是可变的，它可随时随地随着供求关系的变化而变化；供求双方的劳动力供给和需求都是受到工资率的调节，而不受对方的供给（需求）数量的限制；市场上不会出现违背当事人意愿的劳动力过剩与劳动力短缺现象。但是，在现实经济生活中，以上假设实际上很难实现。劳动力短缺与过剩经常存在。那么，在市场上出现劳动力短缺与过剩，其劳动力需求与供给在数量上不能相等的情况下，劳动力需求与劳动力供给以及市场工资率是怎样决定的？这时市场是怎样趋向和保持一种稳定状态的？这就是劳动力市场非均衡分析要完成的任务。

一、劳动力市场非均衡状态

要弄清非均衡这一概念，首先必须引入以下两组概念：瓦尔拉需求（或供给）和有效需求（或供给）。瓦尔拉是一位在市场均衡研究方面集大成的经济学家，以他的名字命名的"瓦尔拉需求"，是指以效用最大化为目标的经济行为人在市场供求可以相等的状态下，根据市场价格形成的需求；而有效需求则是指经济行为人在其预算可能条件下，考虑了市场价格和他在本市场以及其他市场上遇到的数量限制后，为使其效用函数最大化而形成的需求。所以，两者的最大区别在于，瓦尔拉需求是经济行为人在没有数量限制的情况下形成的需求，而有效需求则是经济行为人在受价格和数量双重限制的情况下形成的需求。

与之对应，瓦尔拉供给是厂商在一定生产技术条件下，考虑到产品价格之后形成的供给；而有效供给是厂商在一定生产技术条件下，考虑到产品价格以及它们在市场上所受到的数量限制后形成的供给，二者的区别也在于是否受数量的限制。利用瓦尔拉需求（供给）和有效需求（供给）的区别，一方面，可以研究数量的限制对经济行为人的影响；另一方面，由于瓦尔拉需求（供给）和有效需求（供给）都是经济行为人在其自身条件下希望实现的量，它与实际的购买（销售）是不同的，因此，通过分析有效需求和成交量的关系，可以考察在需求与供给达不到以数量相等为特征的市场，经济行为人是怎样受到配额限制的，而市场又是如何通过经济行为人的配额而达到与均衡状态不同的另一种稳定状态的。这种稳定状态与以需求与供给正好相等为特征的稳定状态不同，其含义是，需求与供给数量虽不相等，但市场上已没有改变这种不相等的格局的力量。市场价格也因此而稳定下来。这种不稳定状态实际上也是一种均衡状态，但与传统均衡理论的解释不同，所以被称为“非均衡”或“非瓦尔拉均衡”。

劳动力市场是比较典型的非均衡市场，主要原因有三：(1) 工资率（包括名义工资率和实际工资率）作为劳动力的价格，具有相当大的刚性，因为人们的消费已达到一定水平，要退回去习惯一种更低的生活水平是很困难的。工资的刚性使价格机制往往不能在劳动力市场上充分发挥作用。(2) 由于劳动力需求是派生需求，所以劳动力需求的数量除受工资调节外，还要受产品市场需求的调节。(3) 由于劳动是人的谋生手段，劳动力供给的数量除受工资调节外，还要受人的主观偏好、财富总量和社会心理等因素的调节。

此外，在劳动力供求既定的前提下，还有一些原因使得劳动力供求处于非均衡状态，如信息的传递速度、经济体制与劳动体制、经济政策与社会政策等因素。当这些条件充分具备，这些因素良好时，劳动力供给与需求就能较好地结合；当这些条件或因素发生缺陷，就会使劳动力供求的结合发生障碍或扭曲。

(1) 信息不足。从理论上说，要实现劳动力供求的最优结合，必须以供给、需求信息的全面传递为前提，即用人单位必须了解社会上存在的全部劳动力供给情况，劳动力供给者必须了解社会全部的劳动力需求情况。但实际上，这是做不到的，也是不必要的。一般，劳动力的供给与需求都受到职业和地区的限制。这样，与用人单位和劳动者本人无关的职业和地区供求信息，双方都可以抛开，而应该较全面地了解和掌握有关信息。当必要的信息不能及时向对方传递时，势必使对方在进行选择时处于盲目的状态。劳动者缺乏必要的信息，会出现职业选择面过窄、选择不当，甚至不能就业的问题；用人单位缺乏必要信息，则难以把合适的人填补到工作岗位上。

(2) 过度选择。当劳动者对自己的能力估计过高，对社会劳动力需求状况估计过好时，就会制定过高的职业目标。这样，在选择职业时就可能出现挑肥拣瘦、“高不成低不就”的过度选择现象。过度选择的结果使劳动者在可能就业时不去就业，从而造成“选择性失业”问题。这样就会人为地造成劳动力供求不能结合的现象。

(3) 制度和政策因素。一个国家的经济及社会制度与政策，可能对其经济发展产生多方面的影响，其中有些经济政策及社会政策还会对劳动力供求的结合产生影响。例如，西方国家实行高福利政策，除了造成开支庞大、财政负担沉重之外，也使得一部分人依赖高额失业救济为生而不去就业，这等于鼓励人们不就业，造成劳动力供给的扭曲。当劳动力供给大于需求时，从安置就业以求安定的思想出发，不顾及经济效益，将过多的劳动力投放到就业岗位上，必然造成要素生产率大大下降的问题，也造成劳动力供求结合的扭曲状态——劳动力过量性结合。

二、自愿失业与非自愿失业

自愿失业是由于存在工资刚性，市场工资率不能随劳动力供给和劳动力需求的变化而变化，或者由于存在有关工资率方面的法律规定（如最低工资法），使工资率不能下降到法定最低工资率以下，总之是由于实际工资率太高而引起劳动力供给大于劳动力需求，造成劳动者失业的现象。

如图 3－13 所示，在劳动力市场上，如果工资是有弹性的，劳动力市场均衡决定的工资率为 w_0，就业量为 L_0。当法定最低工资率超过均衡工资率等于 w_1 时，有 L_1 个劳动者希望就业，而厂商根据利润最大化目标，只能雇用 L_2 个劳动者，从而有 L_1-L_2 个劳动者处于失业状态。这种失业仍是由供求曲线描述的经济主体的行为，因而是自愿失业。

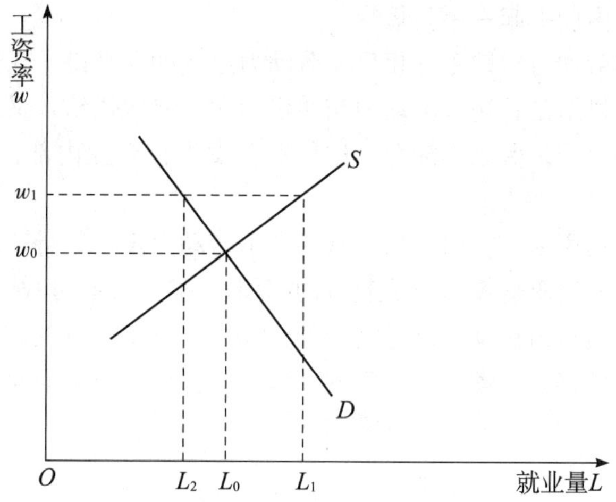

图 3－13 劳动力市场的自愿失业

非自愿失业是一种市场非均衡现象，它不是由实际工资率太高引起的，而是因为产品需求下降时厂商销售发生困难，对劳动力供给形成数量限制情形下发生的失业。

三、劳动力短缺与劳动力过剩

劳动力短缺的含义是，在劳动力市场上劳动力需求处于长边，劳动力供给处于短边，劳动力的初始需求大于有效需求（能够实现的需求）。这种情形也可以称为劳动力过度需求。

在计划经济体制下，劳动力短缺是一种常见的现象，这是因为从劳动力需求方来说，企业作为社会中的一个行政机构，在帕金森定律的支配下，具有内在的不断扩大自身规模的冲动，而这种扩大规模的冲动就引起扩大劳动力需求的冲动，劳动力需求冲动表现在企业向上级单位争取用工指标的行动中，它使劳动力需求在劳动力市场上处于长边的位置。那么，劳动力供给为什么会处于短边的位置呢？以我国 20 世纪七八十年代为例，虽然我国劳动力资源丰富，但是，首先由于我国是二元经济结构，一方面有发达的工业化城市，另一方面是落后的以农业为主的乡村经济。二元经济的存在将劳动力分成基本上不能相互流动的城市和农村劳动力，这样就限制了城市劳动力供给数量。其次，商品粮供应有限也限制了城市劳动力供给。商品粮是政府从乡村征收的，在农村生产力有限的情况下，商品粮的征收和供给数量也就有了限度。在商品粮有限的情况下，商品粮能养活的城市劳动力数量也就有了限制。这正是我国曾实行知识青年上山下乡政策以限制城市劳动力数量的原因之一。

在存在劳动力短缺的情况下，如何保证社会生产的正常进行？主要是利用强制替代。(1) 部分企业因劳动力短缺而停产；(2) 对产品产量和品种进行调整；(3) 改变工艺和相应地改进技术和装备；（4）用“不合格”劳动力来补充，所谓“不合格”劳动力，可能是素质比原来需要的劳动力低的劳动力，即小材大用，也有可能是用素质过高的劳动力来替代，即大材小用。

劳动力短缺还具有累积、溢散的效应。累积效应是指劳动力短缺时劳动力市场成为卖方市场，助长懒惰、工作不负责任、服务态度不好等弊端，于是进一步感到劳动力短缺；劳动力短缺溢散效应是指某一工厂的劳动力短缺引起减产，使以这个工厂的产品为原材料的工厂发生原材料短缺，由此引起一系列短缺。

劳动力过剩与劳动力短缺正好相反。劳动力过剩的含义是，在劳动力市场上，劳动力需求是短边，劳动力供给是长边，劳动力初始供给大于有效供给，又称为过度劳动力供给。

劳动力过剩的表现是劳动力滞存。这种滞存发生在企业内部，就是“隐性失业”；发生在企业外部，就是“显性失业”。

引起隐性失业的原因有：（1）预算软约束下劳动力投入数量冲动引起工资率大于劳动边际生产率；（2）企业追求规模增长引起劳动囤积；（3）劳动力短缺引起互补劳动力的盲目流入；（4）劳动力不能自由流动，已经富余的劳动力存量不能改变；（5）企业目标由规模增长向人均收入最大化转移，劳动力需求急剧下降，不仅低于追求规模增长的企业的需求量，而且低于以利润最大化为目标的企业的需求量。

四、***U-V*** 分析

$U-V$ 分析方法是从失业（unemployment）与职业空位（vacancies）（也就是劳动力过剩和劳动力短缺）的关系出发，认识劳动力市场中资源配置机能的效率的分析方法。

因为在失业 U 的条件下，劳动力市场中供大于求，职业空位 V 则是求大于供的表现，所以 U，V 与劳动力市场中供求均衡的关系可用图表示（见图 3－14）。

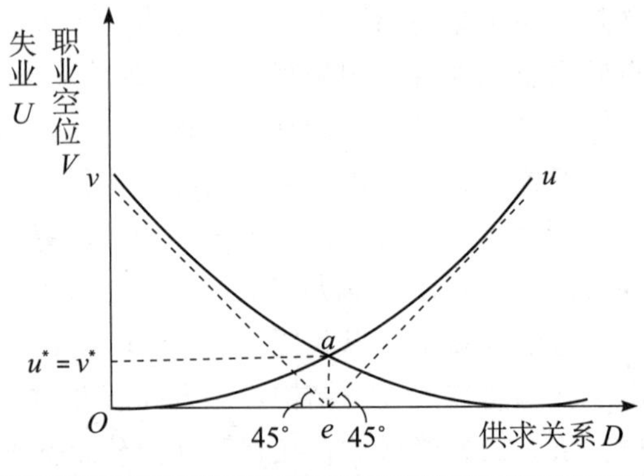

图 3－14　失业、职业空位与供求均衡的关系

图 3－14 中纵轴取 U 与 V，横轴取供求关系。横轴上的点 e 是充分就业点，点 e 左侧区间表示求大于供，右侧的区间表示供大于求。如果劳动力市场资源的配置充分有效地运行，因为劳动力的需求大于供给数量的增加与 V 的增加是完全一致的，所以两者的关系可用向左上倾斜 45°的线 ev 来表示。同理，劳动力的供给大于需求与 U 的关系也可用向右上倾斜

45°的线 eu 表示。

但是，劳动力市场的资源配置的实际情况不完全如此，因为摩擦性失业介于其间，因而既有求大于供失业的存在，也有供大于求职位空缺的存在。换句话说，失业（U）与职业空位（V）通常是并存的。U，V 与劳动力市场的供求均衡的关系表现为图 3-14 中的曲线状态。两曲线的交点 a 对应于供求一致的充分就业点，实际上 ea 表示留存下来的失业与职业空位的程度，对应于充分就业的这种失业称作充分就业下的失业或均衡失业。

从其定义出发，均衡失业并不是由需求不足造成的失业，而是所谓的摩擦性失业。均衡失业率 U^* 的高低反映了劳动力市场资源配置机制的效率，即 U^* 高则摩擦性失业多、效率低；U^* 低则效率高。

这种 V 与 U 的关系分别改用横轴与竖轴来描绘，如图 3-15 所示。

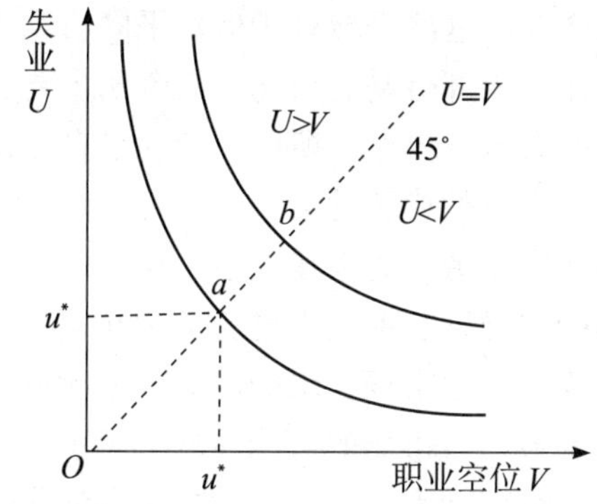

图 3-15　$U-V$ 分析的概念图

U 与 V 之间存在着非线性的负相关关系或交替置换关系。图 3-15 中的 45°线是连接 U 与 V 一致的点即充分就业点形成的。$U-V$ 关系在点 b 那样的均衡位置与在点 a 的情况相比，因为摩擦性失业多，表明劳动力市场资源配置的效率低。

此外，在 45°线的右下方区域 U 小于 V，是供不应求的状态区，而在左上方则是供大于求的状态区。

利用 $U-V$ 分析概念图可以一目了然地观察劳动力市场的效率性，所以非常方便。

第 5 节　劳动力市场分割

一、早期劳动力市场分割理论

20 世纪 60 年代，一些学者开始从不同角度对劳动力市场的分割现象作出解释，劳动力市场分割理论逐步形成。

最早全面阐述劳动力市场分割理论的是多林格等人，他们指出，可根据工资决定、福利和晋升机制等不同特点，将劳动力市场划分为主要劳动力市场和次要劳动力市场。该观点得到了许多学者的支持，如戈登和托宾认为在美国的劳动力市场使用该分析框架是可行的。多林格等还用简单的描述性统计方法，采用年龄、性别、职业、教育等数据，作图分析了英国的劳动力市场，得出的结论是，虽然英国和美国的劳动力市场有许多不同特点，但也存在主要劳动力市场和次要劳动力市场分割的明显特征。由此，劳动力市场分割理论逐步获得承认和传播。

在这一阶段的分割理论中，主要劳动力市场可以在企业、行业或职业等层次上形成，需求方生产的是资本密集型产品，有设立内部劳动力市场的条件和需要，因此建立了专门适应于本企业或行业的培训制度、晋升阶梯和稳定忠诚的劳动力队伍。工资仅由劳动者在内部劳动力市场中所处位置决定，遵循的并非新古典的边际原则。劳动者收入高，公司制度完善，晋升机会较多。从需求的角度看，主要劳动力市场对应于经济中竞争力强的资本和技术密集型的核心产业。而次级劳动力市场的需求方为生产劳动密集型产品的竞争力较弱的小公司或行业，属于经济中的边缘产业。这些企业处于低水平同质竞争激烈的市场，为保生存需不断降低成本，不想亦无能力建立内部劳动力市场，工资比主要劳动力市场的工资低，公司管理缺乏规范的行政制度，很少有晋升机会。所以，劳动者自然都会努力追求主要劳动力市场的职位，但受到制度约束和需求方的挑选约束。

被拒绝的劳动者只能在次要劳动力市场竞争工作，由于主要劳动力市场和次要劳动力市场的工作要求和培训机制的差异，长期在次要劳动力市场工作的人逐渐形成缺乏合作精神、学习动力不足等不符合主要劳动力市场要求的习惯，因此形成恶性循环，不能在主要劳动力市场就业的劳动者进入主要劳动力市场的可能性越来越小。最初由于劳动力市场的歧视、制度性障碍造成的劳动力在次级劳动力市场工作的状况会强化劳动者不良的行为特征，导致这些劳动者根本无法摆脱在社会底层地位的状况。这些观点构成了劳动力市场分割理论的主体框架。

这个阶段，还有学者从阶级或等级的划分对劳动力市场的分割现象作出了解释。例如希克斯在经济史的分析中对自由劳动力市场作了分析，他认为城市的劳动力分为三种类型，较高等级的劳动力拥有安全、稳定和高薪的工作，中间等级的劳动力可通过组织争取到一点安全的保护，而最低等级的城市的无产者则无高薪和安全可言。同时，每个等级都对劳动力的跨级流动设置了障碍，因此对高等级劳动力的需求的增长的大部分都转化为该等级的工资的提高，而教育和培训成为设置障碍的一个重要因素。

这个时期的劳动力市场分割理论虽然对一些新古典劳动力市场理论难以说明的现实问题做出了解释，但是也存在致命的缺陷，缺乏足够的实证检验支持，遭到其他理论的反驳时说服力不足。

二、20 世纪 80 年代的理论

到 20 世纪 80 年代末，劳动力市场分割学派随实证工具和条件的完善，发表了多篇影响深远的实证文章，进一步完善了理论框架，大大增强了对现实问题的解释能力。

在实证检验的支持下，分割学派也从马歇尔等的经典理论中受到启示，提出了一些新的观点，如随主要劳动力市场的工人组织力量的壮大，劳资双方的谈判成为决定工资的重要因素，由此得出的工资水平一般比较高；另外，主要劳动力市场的企业也愿意为激励工人提高效率而提供高于完全竞争工资水平的效率工资。维斯特则从人力资本的角度出发解释分割的原因，认为随着公司结构的变化，劳动力相对于实物资产而言正成为越来越重要的资产，劳动力的特性是随使用的时间的增加不断升值而不是不断折旧，越多使用会使其价值提高越多，因此能力强和升值潜力高的劳动力会作为资产进入市场并通过工作经验和培训不断强化这一过程；相反，能力差和升值潜力低的劳动力则被淘汰，这就形成了分割。

三、近年的理论解释

近年来劳动力市场分割更多的研究是以狄更斯和郎的实证方法为基础拓展，对各国不同部门的劳动力市场分割状况进行实证，或对不同形式的劳动力市场分割进行验证等。希尔伯特同样对加拿大三个最大城市的劳动力市场分割进行了验证。主要考虑的分割因素是种族、性别和移民，结果显示性别因素的分割显著，移民也更明显地从事低薪和不稳定的工作，同时三个城市的劳动力市场分割状况和形势并不相同。瑞得和卢宾对美国 1974—2000 年的劳动力市场分割进行了长期的跟踪研究，对种族、性别等对收入的影响都做了实证研究，结果显示白人男性比女性和非白人在劳动力市场上一直保持着绝对的优势，同时主要和次要劳动力市场在工资的决定上具有显著的作用。

第 6 节　内部劳动力市场

前面的说明与分析都是针对企业之外的劳动力市场，但是，企业中很多岗位的劳动力供求问题，往往可以通过企业内部原有人员之间调剂解决。这就导出了内部劳动力市场概念，并引起相应的思考。内部劳动力市场问题是企业人力资源管理的主要研究对象之一。

一、企业组织与雇用活动

在劳动力市场上，大部分的雇用活动是由企业来进行的。企业中既有管理机构复杂的大企业，又有小型的家庭企业。雇用活动依各自的组织结构的特征而受一定的制约。

到目前为止，我们一直在使用企业是在生产技术和市场的相对价格的制约下，遵循为达到一定的生产目的进行最佳选择这样一种经济学分析模式。在此模式中，企业在可以得到的技术的可能性限度内，以市场上的产品及生产要素的各种价格作为判断标准来决定采取什么行动。

但是，从企业的活动受到其组织结构特性的某些制约这个观点来看，以上的归纳显然是片面的、不充分的。换句话说，就企业的组织行为而言，决定它的要素不仅是各种资源的相对价格，还包括围绕着组织的其他多种重要的因素。

在把生产规模和相对价格都当作企业行动的决定要素的经济分析中，作了这样的假定，即在此条件下选择了生产要素的最佳组合，若条件变化，组合也立即发生变化。换言之，这里的前提条件是，生产要素的结合与分解是可以无阻力地自由进行的。

这个前提具有与组织本身的性质所不能相容的方面，因为组织形成的基本原理是组织的构成者属于它的组织，而不能随着相对价格和生产量的变化而随便进出。显而易见，即使仅取组织的一个特性来观察，要说明作为组织活动的企业活动，也必须注意深入考察与组织有关的要素群。

例如，从经济的汇总资料的水平上看雇用变动，由于其中含有很多性质不同的构成部分而难以搞清情况。但如果将观察的对象按不同产业、不同的企业规模等来细分，企业组织行为的特性就可以更明显地反映出来。为了在细分后的水平上更准确地分析雇用变动的状态，有必要理解作为企业组织行为一环的雇用行为的结构。

下面来说明体现企业组织内部的劳动力分配机制的内部劳动力市场这一概念，并根据这一概念仔细研究反映雇用变动形态的企业雇用调整活动的意义与内容。

二、内部劳动力市场的概念及构成要素

内部劳动力市场（internal labor market）是相对于外部劳动力市场而言的，是指在一个用人机构（主要是企业）范围内，以特定的规则和习惯来调节劳动力供求的资源配置机制。1954 年，克拉克·科尔发表了《劳动力市场分割》一文，首次提出了内部劳动力市场和外部劳动力市场的概念。系统的内部劳动力市场理论产生于 20 世纪 70 年代。1971 年，美国经济学家多林格和皮奥尔共同出版了《内部劳动力市场及人力政策》一书，系统阐述了内部劳动力市场的概念、起源、特征、运行机制以及运行效率等问题。内部劳动力市场如今已成为劳动经济学的一个基本概念。

在内部劳动力市场中，各有关利益主体之间的资源配置是通过合作、竞争以及企业内部计划来实现的，目的是使企业资源达到最优配置。由于人力资源的效率并不是一个定值，它与产权主体的努力程度密切相关，因此，在这一实施过程中，长期的激励制度是直接提高资源配置效率的基础。当然，过度竞争又将造成企业资源的浪费和竞争的无序，因而企业有关规章制度又成了企业激励制度发挥作用的保障。因此，改善管理，促进物质资本和人力资本的积累和有效利用，也就成了提高企业运行效率的基本保证。

内部劳动力市场的概念由几个要素构成。

（一）组织的结构

企业组织有一定的结构，但它在很大程度上是由生产活动的技术所规定的。在组织中有保证企业活动、协调一定的合作关系的横向联系和按照服从决策、指挥、命令系统的责任与权限排列起来的纵向联系。在很多小企业，这些职能不大专门化，也没有什么结构划分。但是，在大型组织中，这些职能的专门化都有比较明确的规定，这一点从组织结构的特性也可以反映出来。

横向联系建立在生产、销售、营业、财务、人力资源计划、总务、研发等不同职能部门的分工与协作的体制之上，但生产和销售活动经常因产品的种类和特性、选址条件等分为不同的工厂和营业部来进行。另外，特定的产品和企业活动也有采用事业部制的。

纵向联系是从工作现场的一般工作人员开始，经过现场监督人员或管理人员、中间管理人员直至最高经营者的层级序列。这个序列对应组织管理上的责任与权限的序列，在很多情

况下因可以证明企业组织内的经验、管理能力以及技能的高低而成为组织内的报酬序列和晋升的梯级。

（二）组织的原理

组织形成的最本质的原理是其成员属于组织。按照这一原理，进入市场的买卖双方形成的只是以市场价格为依据进行交易的互补关系而不是从属关系。卖方在价格高时进入市场，价格低时退出市场。也就是说，可以把市场称为将价格信号作为媒介的经济主体自由进入或退出的社会性系统。

当然，组织成员所属的组织并不一定都是固定的，但却由与按价格自由进出市场的截然不同的原理支配。组织与成员的结合受到价格以外的技术的、组织的以及制度的等各种各样重要因素的影响，它们的关系被或明或暗的契约及规定制约着。所以，那种所属关系并不能按照相对价格的变化直接地产生或消解。

作为市场的“人”，工资如果下降，员工会辞去原有职务去干工资高的工作。但是，作为组织成员的“人”，不能因工资变动和工资差别而立即脱离其所属的组织。人们一旦进入了组织，在很大程度上就不再是市场的“人”，而成为组织的“人”了。（在组织中的时间越长久，工作岗位越重要，组织的“人”的性质越强。）这样，他们与其离开组织，倒不如在组织中表达自己的意见，要求改善劳动条件。

雇佣关系具有归属于企业组织这种性质的倾向，不仅由于经济以外的许多重要原因而得到加强，而且由于经济本身的原因被强化。这就是从信息的共同占有中生成的经济性。通过长时期对组织的所属关系和以这种关系为中心产生的组织成员间的人际关系，以每个人的特点和工作为中心的多种详细的信息随着时间的推移积累起来。这种大量的信息收集在以群体为单位而进行生产作业的场合，有着重要的作用。没有这些信息便存在着在作业计划的设计制定，作业集团的组成，工作的分派、安排、贯彻、变更等作业过程中的摩擦及显著妨碍作业效率的可能性。然而，这类信息不是短期内能得到的，而是在时间的流逝与经验的积累中培植出来的。因此，即使从生产的效率性乃至经济性的观点来看，雇佣关系也必然会成为在所属关系上可以看到的那种本质的、长期的关系。

三、内部劳动力市场存在的原因

现代企业之所以通过内部劳动力市场来进行招聘、工资、晋升等人力资源管理活动，主要有以下几个方面的原因。

（1）存在高昂的替换成本是导致内部劳动力市场产生和稳定的重要因素。随着社会经济的发展以及劳动法、企业法的逐步完善，企业在雇用新劳动力和解雇原有劳动力上都将付出较大的直接与间接成本。首先，从企业来说，为了寻求合适的员工，需要花费招聘、筛选、培训等成本。另一方面，雇员为了寻找理想的工作，也需要不断收集信息、权衡比较，从而需要支付各种工作转换或求职成本。显然，这些成本是与雇用合约签订的次数成正比的。因此，在企业内部形成相对独立的劳动力市场或稳定的就业关系，可以降低频繁利用外部劳动力市场所发生的交易成本。其次，企业原有员工不愿与企业新成员合作而故意破坏与新成员的关系会引起成本。最后，由于劳动力的替换对劳动力的生产效率也会产生较大的负面影响，这在很大程度上也增加了企业的成本。

由于员工的努力程度及其绩效大多是难以度量的，尤其是对于经营者、技术人员等一些核心员工的监督难度更大，为了减少偷懒和机会主义行为的发生，就必然给企业带来巨大的监督成本，即使发现员工偷懒而解雇了，企业也害怕这部分员工流向竞争对手而泄露商业秘密，给企业造成更大的损失，因此，在这种状态下，企业对解雇员工（核心员工）往往是持谨慎态度的。另外，员工一般享有较多的在职培训，导致人力资本投资的增大，这也是企业不轻易解雇员工的一个原因。内部劳动力市场有效地保护了企业的人力资本，对员工的情绪和企业的凝聚力有稳定的作用。

（2）现实经济中，分工进一步深化，企业中各岗位上的人力资本和知识的专用性得以提高，很多岗位对从业人员提出了特殊的要求。按照威廉姆森的观点，人力资本专用性特征是指在企业中部分员工具有某种专门技术、工作技巧或拥有某些特殊的信息。这种专用性容易产生“锁住效应”，因为具有某种专有性人力资本的员工若离开特定的企业，会给离开者和企业均带来损失。一般认为，这种“锁住效应”越强，员工偷懒的动机就越弱。此外，员工的稳定性还有利于其在干中学中积累人力资本，因而，雇佣双方均有在企业内部结成稳定和谐的劳动关系的愿望。

专有性的人力资本在任何短期雇佣关系条件下都难以实现有效的激励和最优积累。我国现在很多企业都有只想招聘有经验的员工，而不愿意对其进行任何培训的短视行为，因为它们担心一旦雇佣关系不能维持，将会导致企业的投资付诸东流。这将会导致一种恶性循环：员工素质低→生产率低、产品质量差→企业效益差→企业减少人力资本投入费用→员工离职率高→企业更加不愿增加人力资本的投资。

因此，具有长期雇佣性质的内部劳动力市场将人力资本（专有性人力资本）投资视为企业的“沉淀成本”。当企业与员工实施这种人力资本投资后，他们就被“捆绑”在了一起，员工与企业的依赖关系变得更强，员工不会轻易离职，企业也不会轻易解雇员工。

另外，在高级职位和重要职位出现空缺时，利用内部劳动力市场，调剂恰当的人选就位，对激励内部人才也有积极的意义。

（3）有关内部劳动力市场的研究难以避开工会和企业内部组织的作用。工会与内部劳动力市场之间的关系非常复杂。尤其是欧美国家和地区的工会力量非常强大，它们主要代表企业内部的正式员工的利益，因此工会即使不是内部劳动力市场形成的决定因素，也至少是一种重要的促进因素。反过来，内部劳动力市场形成又对工会的形成、发展及其作用的充分发挥起促进作用。在内部劳动力市场上，有着较稳定职位的雇员为了维护自身的利益，需要像工会这样的正式群体作为自己的代表，而职工特定的职业技能和知识的专有性也会增强工会会员的谈判能力。

在企业中，除了工会等正式组织外，还有一系列非正式组织也在起着很重要的作用。这一点在日本、韩国和其他东亚国家表现得十分明显。

四、内部劳动力市场的运行机制

（一）内部劳动力市场与外部劳动力市场的关系

内部劳动力市场特别强调企业组织内的劳动力配置要通过企业内的组织惯例、章程或者制度等来进行。在传统经济学的劳动力市场分析中，由于劳动力的配置被认为是通过市场的价格竞争机制进行的，因此，诸如工资差别的状况就被看成是决定劳动力配置的重要因素。内部劳动力市场论并不否定市场的价格机制的作用，但同时强调企业内的劳动力配置机制与企业外的即外部市场的劳动力配置机制之间存在重要的性质差异。这种差异并不是作为个别的异质性可以抽象掉的，而是理解、说明在劳动力市场上观察到的劳动力配置情况的极为重要的因素。

对外部劳动力市场上的雇用与劳动力转移现象，用传统经济学的市场分析能够比较容易地说明。但是，一旦劳动力的分配和转移、工资决定等被纳入企业组织内的雇佣关系中，仅仅简单地用价格机制来说明就不那么恰当了，因为训练、配置、晋升等人力资源管理制度将介入企业的长期规划、用人习惯、工资制度和劳动关系的各种决定中。

对与企业组织内的劳动力配置和工资决定等有关的实际状态迄今已有很多研究成果问世。在日本，围绕雇用惯例、工资制度、劳动关系，所谓的“年功制度”的研究非常深入。在美国，在制度经济学派传统的影响下，研究的领域从雇用惯例中的“先任权制”、工资决定中的职种群到劳动工会对组织结构和经营的影响等，涉及的范围十分广泛。多尔瑞哥、彼得与麦克尔的贡献在于使人们看到根据制度性分析的发展，把围绕企业组织内雇用的制度和习惯的做法与新古典派的市场机能相比较、相区别，并以内部劳动力市场的理论将其概念化。

（二）内部劳动力市场的规则

内部劳动力市场上劳动力的配置和各个组织的结构是以受雇用的劳动者作为其所属组织的成员这一原则为前提而形成的。配置的状况在很多情况下稳定在雇用常规或雇用制度上，制约着雇主与劳动者的行动。我们可以把这种制约条件叫做规则。与劳动力配置有关的规则如下。

(1) 人事、劳务管理上的规则。这是与录用、配置、晋升、退职管理等有关的规则。这些相关活动基本上是按企业生产活动的需要进行的，但具体实施却依稳定的常规、规则或制度方面的手续进行。劳动力的配置和投入量转换、工作人员的管理等是在劳动契约的基础上根据生产活动的变动比较灵活、机动地进行的，而录用、晋升、退职等直接与雇佣关系相关的活动则是受到不明显的长期雇用习惯制约的。例如在无临时解雇习惯的日本企业中，退职管理按退休年龄为原则进行，而晋升和新职工录用的决定则不得不受到长期雇用常规的强力制约。

(2) 工资、劳动报酬管理上的规则。这方面的规则是与工资体系、增资、奖金、退职金、养老金及其他福利联系在一起的。企业内部工资率的结构基本上反映了每个劳动者的生产状况，但其具体的决定要依工资管理上的各种协议和惯例等规则进行。在我国，工资率实际上由每个人的工作成绩的评价决定，然而最终工资率结构却受连续工龄和大的行业、职业区分等要素的影响，反映出工资管理是在企业的用人、员工培训、劳动关系等的制约与整个规则体系下进行的。

(3) 教育、培训的规则。教育、培训活动在很多情况下是由企业直接或间接负担其费用的，它按照企业的人力资源规划和长期的经营目标进行。

(4) 劳动关系的规则。以工资、劳动时间等劳动条件为主，再加上配置转换、工作环境等问题的处理，形成劳动关系的规则。在我国，有关基本的劳动条件一般由劳动法阐明，进一步用劳动合同的形式加以确认。美、日等国的劳动契约要通过团体交涉缔结，与事前磋商和劳资双方广泛关心的事项有关的信息交换要通过劳动契约来进行。另外，在很多场合，一般性的非成文的常规对劳动关系的运行发挥着重要的作用。

以上说明了内部劳动力市场规则的梗概，这对企业雇用活动的分析有以下几个方面的意义。

（1）组织的稳定。由于劳动力的配置以劳动者对企业组织的所属关系为前提，按照多种组织制度的常规来进行，劳动关系对相对价格的短期变化做出反应便不那么灵敏，有利于提高长期性或稳定性。

（2）组织的惰性。组织的结构、机能的运行植根于过去的传统、常规和已明文化的规则、制度之中，它的变化常常需要很多时间和能量，这样就强化了组织原来所具有的惰性。组织的惰性有延缓人力资源管理方式、制度、模式改变的作用。

（3）组织调整的成本。传统及常规的影响越强，制度的劳动关系的规定形成的制约越有力，组织结构和规则以及组织内部的多方面的调整代价就越大。

就雇用调整的成本而言，调整劳动投入与变更雇佣关系可以不同步进行，这种组织调整与同时变更劳动关系的调整所需成本是不同的。前者以劳动时间的调整和人员配备的转换为主，组织调整的成本较小。相反，后者却有可能付出极大的成本，因为它包含着解雇和随之而来的大幅度调整人员的事前协商与调整所需的机会成本及各种补偿所需的直接费用，还包括发生劳资纠纷的情况时所需的各种费用等。

（三）雇用调整

雇用活动实际上是以上述企业组织为前提并将其机能当作媒介来开展的。雇用活动意味着以它对企业内各个部门和环节施加影响来体现其自身和组织的调整。因此，一般可以说企业的雇用活动就是雇用调整。

按照雇用调整函数的分析，雇用调整一般可以说就是如何使现有的雇用量接近最佳目标雇用量 N^* 的调整活动。如果用简单的关系式来表现调整活动，那么可以写成下式：

$$\frac{N_t}{N_{t-1}}=f(\frac{N_t^*}{N_{t-1}}) \qquad (3-3)$$

式中，N_t，N_{t-1} 为用 t，$t-1$ 期各自的实际雇用人数所表示的雇用量；N_t^* 为最佳雇用量。

使现实的雇用量接近最佳目标雇用量的过程中，出现组织调整的某些阻力是常有的事，调整需要时间。调整所花时间如果能用一定的调整系数来表达，那么这个调整系数的数学表达式如下：

$$\frac{N_t}{N_{t-1}}=f(\frac{N_t^*}{N_{t-1}})^a \qquad (3-4)$$

式中，a 为调整系数。调整系数是表现在各个时期中能够把目标雇用量和现实雇用量的差距缩小多少的系数。如果组织调整的阻力小，就能使各期差距缩小很多，调整可以较快地完成；相反，如果阻力大，各期差距的调整幅度受到限制，调整时间就会长。换言之，调整系数与调整速度是一种倒数的关系。

调整速度受组织调整阻力的影响。下面进一步探讨调整滞后的问题。

调整滞后与调整代价有关，代价小调整得快，大则慢。如前述的内部劳动力市场概念所阐明的那样，在雇用调整中有不改变现有雇用人数的调整和变更雇佣关系的调整，不同的调整代价的种类和大小各不相同。前者劳动时间的调整是主要的，而后者则付出与解雇、录用等有关的代价。如果从代价的观点来看，雇用调整的内容不仅包括雇用人数，而且把劳动时间也考虑为已实现的劳动投入量（雇用人数×劳动时间）来进行定义的方法是更常有的事情。

如将以上内容归纳成雇用调整的函数形式，那么，可以列出下式：

$$\Delta \ln L_t = f(\ln N_t^* - \ln N_{t-1},\ \ln H_t^* - \ln H_{t-1},\ \Delta \ln X_t) \tag{3-5}$$

式中，L 为劳动投入量；N 为雇用人数；H 为劳动时间；X 为产出量；Δ 表示变化；* 为最佳目标值；t 为观测时点。

这个函数式的含义是：以劳动投入量表示的雇用调整，是由雇用人数中的目标与现实的偏离、劳动时间中的目标与现实的偏离以及反映生产变动的需求变动所规定的。

因为劳动时间的调整比雇用人数的调整成本小一些，所以，在进行雇用调整时，企业把劳动时间的调整作为首选。可以认为对实际劳动时间来说存在着一定的生产水平和雇用人数之下的最佳时间。如右起第二项（$\ln H_t^* - \ln H_{t-1}$）所示，决定雇用调整的是最佳劳动时间水平与现实劳动时间的差距。然而，劳动时间的调整余地有限。例如，作为劳动时间调整的手段之一，加班的实际可能性充其量不过一天几个小时、一周几十个小时。此外，还因为在实际劳动时间低于契约所规定的劳动时间的情况下必须支付与规定劳动时间相当的薪金。所以，在大幅度的雇用调整成为必要时，仅进行劳动时间的调整不能奏效的企业便不得不对人员做直接的调整。

决定雇用调整在人员方面的调整的要素如函数式右起第一项（$\ln H_t^* - \ln H_{t-1}$）所表明，它是最佳目标雇用人数与现实雇用人数的差距。人员的调整包括解雇和录用新职工。这类行动必须进行与整体有关的调整和劳动关系的调整，因而所谓的组织调整代价当然很高。迄今对劳动力所投入的人力资本会因解雇而失去。相反，必须对新录用人员进行教育、训练等人力投资，在人员调整中企业要承担这种人员的费用。但是，因对产品需求的停滞或减退，在劳动力成本上给经营带来显著的压力，威胁企业生存的情况下，以及用延长劳动时间适应不了需求大幅增长，因而可能失去获取利润的机会的情况下，企业即使付出高额调整代价，一般也要进行直接的人员调整。最佳目标雇用量和现实雇用量的差距扩大到超越一定的临界点时，企业就不得不进行人员调整了。

◆ 本章小结

在劳动力市场上，劳动力供给和劳动力需求相互作用，以此形成劳动力市场的均衡和非均衡状态。当劳动力供给等于需求时，即实现了劳动力市场的均衡。均衡有古典和现代之分，古典均衡是一种“市场均衡”，有两层含义：变量均等和行为最优。现代均衡将“市场均衡”演变为一般意义上的经济均衡，同时承认存在失业均衡和非均衡现象。非均衡理论有助于人们理解现实经济生活中的各种现象，如劳动力短缺和过剩。与一般劳动力市场相对，企业在现实经济活动中还要利用内部劳动力市场。内部劳动力市场既是一般劳动力市场的补充，也是企业人力资源管理操作的主要方式之一。

◆ 关键词

均衡	劳动力市场的均衡
劳动力市场的非均衡	*U*–*V* 分析
内部劳动力市场	雇用调整

◆ 复习与思考

1. 如何理解古典均衡概念?
2. 如何理解现代均衡的含义?
3. 劳动力供求关系有几种类型?
4. 分析劳动力市场静态均衡形成的原因。
5. 劳动力供求变化对静态均衡有哪些影响?
6. 为什么说劳动力市场是比较典型的非均衡市场?
7. 试分析劳动力短缺和劳动力过剩现象。
8. 内部劳动力市场的主要特征是什么?
9. 内部劳动力市场是如何运行的?

第 4 章

劳动时间

在前几章的讨论中，为了简化说明，完全没有涉及劳动时间，所有的说明都是在抽去了劳动时间以及劳动强度之后的只有劳动者人数（质量已假定为同质）为劳动投入量这一假设前提下进行的。

但是，毫无疑问，如果劳动时间不同，为达到一定产量（或工作量）所需要的劳动者人数也会随之变化。按经济学的标准说法，企业为了完成生产而决定的劳动投入量，并不是仅指雇用了多少劳动者，即不是仅指以人员为单位的劳动量，而是指劳动者人数乘以劳动时间，也就是以“人员·时间”为单位的劳动服务量。在此，为生产同一产量，一天只工作 4 小时的劳动者人数要 2 倍于一天工作 8 小时的劳动者人数。资本也是一样，为达到一定的产量，不仅需要若干台机器，重要的问题还有让机器运转多长时间的资本服务量。

本章的讨论以劳动时间为主，并涉及劳动强度。通过本章的讨论，我们将回归到劳动投入量的完整的实际状态，从而可以从整体的量的角度出发，更准确地把握劳动经济现象。

第 1 节　劳动投入量的计量尺度

在经济学中流量和存量是被区别使用的。以蓄水池的水量为例，表示在某一时点蓄水池中有多少水的是存量，表示在某一时间段有多少水流过了蓄水池的是流量。

在劳动投入量中，某一时点受雇劳动者的人数是存量，一定时间内的总劳动时间是流量。换个角度说，产量是在一定时间内发生的流量，与此相对应的劳动投入量则应是以“人员·时间”为单位的流量。（作为计量劳动量的单位，除此之外，有时还会考虑劳动强度。）

一、劳动时间的计量

劳动时间又称工作时间，是指劳动者从事有酬社会劳动所花费的时间。在劳动时间内，劳动者支出劳动力，生产物质和精神产品；在劳动时间以外（非劳动时间内），劳动者通过多种方式恢复和再生产出自己的劳动力。

在考虑劳动时间问题时，另一个重要因素是计量劳动时间的单位时间长度。是以一小时的劳动时间为单位时间长度，还是以一天、一个星期、一个月为单位时间长度，以及从劳动力供给者角度以一生为单位时间长度。随着单位时间长度的不同，其结果也有很大不同。每星期休息两天的制度普及后，缩短了以星期为单位的劳动时间，带薪休假的增加缩短了以年为单位的劳动时间。一般在国际比较中，是以年平均劳动时间为问题点的。虽然还没有把生涯劳动时间的缩短纳入国际比较的研究视野，但是退休年龄的提前与推后，在条件相同时会影响到生涯劳动时间的缩短与延长。

劳动时间的计量单位一般为工日和工时。工日指一个劳动者工作一个轮班的时间；工时指一个劳动者工作一个小时的时间。在某些特定的条件下，例如在制定劳动消耗定额和核算单位产品劳动消耗量时，也用分钟作为劳动时间的计量单位。

工日不仅包括实际从事本职工作的时间，还包括未从事本职工作的时间（如停工待料、停电等停工时间或培训学习等非生产时间）和非全日缺勤的时间。因此，以工时计算的劳动时间要比以工日计算的劳动时间更加精确。

为便于对一线作业者的劳动时间进行分析，可将其劳动时间的构成用表4－1表示。

表4－1　　一线作业者劳动时间构成

<table>
<tr><td colspan="6">日历劳动时间（工日或工时）</td></tr>
<tr><td colspan="2">制度闲暇休息时间</td><td colspan="4">制度劳动时间</td></tr>
<tr><td rowspan="3"></td><td colspan="4">出勤时间</td><td>缺勤时间</td></tr>
<tr><td>加班劳动时间</td><td>制度内实际劳动时间</td><td>停工时间</td><td>非生产时间</td><td rowspan="2"></td></tr>
<tr><td colspan="2">全部实际劳动时间</td><td colspan="2"></td></tr>
</table>

相应的劳动时间利用指标有

$$\text{出勤率}(\%)=\frac{\text{出勤工日（时）数}}{\text{制度工日（时）数}}\times 100\%$$

$$\text{出勤时间利用率}(\%)=\frac{\text{制度内实际劳动工日（时）数}}{\text{出勤工日（时）数}}\times 100\%$$

$$\text{制度劳动时间利用率}(\%)=\frac{\text{制度内实际劳动工日（时）数}}{\text{制度劳动工日（时）数}}\times 100\%$$

$$\text{加班加点比重}(\%)=\frac{\text{加班加点工日（时）数}}{\text{全部实际劳动工日（时）数}}\times 100\%$$

$$\text{平均加班加点长度}(\%)=\frac{\text{加班加点工日（时）数}}{\text{制度内实际劳动工日（时）数}}\times 100\%$$

二、劳动时间的特征和功能

（一）劳动时间的特征

（1）劳动时间是法律规范的工作时间。劳动者每日或每周工作时间的最长限度由法律规定，用人单位安排劳动者每日或每周从事劳动的时间不得超过法律规定的最长限度。

（2）劳动时间是劳动者履行劳动义务和用人单位计发劳动报酬的时间。劳动者按照用人单位依法规定的时间从事劳动；用人单位则按照劳动者在工作时间内提供劳动的数量和质量计算和支付劳动报酬。

(3) 劳动时间是实际劳动时间与从事有关活动所花时间的总和。劳动时间既包括劳动者的实际劳动时间，也包括劳动者从事与生产有关的活动的时间，还包括劳动者依照法律规定或有关行政机关指令参加社会活动的时间。

(二) 劳动时间的功能

正是有了人们在劳动时间创造的财富，才使人们获得了越来越多的消费资料和劳务，丰富了人们的物质、文化生活，使人的个性和自身的潜能都得到了发展。

(1) 计量功能。劳动时间是计量劳动投入量多少的主要尺度。无论过去、现在还是将来，劳动时间在计量劳动投入量方面的作用是其他任何度量工具都难以替代的。

(2) 指示功能。劳动时间的变动还是经济发展的指示器。当经济进入衰退期时，虽然失业尚未增加，劳动时间却已减少了，这是因为产量的减少首先反映在超时工作的取消上。同样，当经济复苏时，在失业人数减少以前，工作小时数就增加了，因为在失业者被重新招回之前，工作时间被迫缩短的工人恢复了正常的工作时间。

(3) 保证个人及社会维持和发展的功能。劳动者在劳动时间里进行劳动，为社会创造物质及精神财富。这些财富对于个人来说，一方面维持了劳动力的简单再生产，另一方面为劳动力素质的提高和劳动力的更新提供了物质保证；对于社会来说，一方面维持了社会的简单运行以保证社会的存在，另一方面为社会的发展提供了物质、文化保证。

(4) 人际交往功能。人是社会中的人，要在社会共同体中生活，不可避免地要与他人发生各种交往，而其中最基本的交往是社会劳动中的交往。在劳动时间内，人们可以实现广泛的人际交往。

企业握有主动权决定劳动时间，但在决定劳动时间时，反映劳动者意向的计量劳动时间的时间单位长度也很重要。如果时间单位很长，即使各个企业劳动时间已定，但就某一个人的劳动时间来说，可用辞职或再就业的方法进行调节。

第 2 节　从劳动供给者的立场看劳动时间

按照经济学传统的标准思考方式，劳动时间是由劳动的供给者作为最佳时间进行选择的。企业基于由市场决定的每小时工资率决定以“人员·时间”为单位的劳动投入量。即 10 个人平均工作 5 个小时和 5 个人平均工作 10 个小时，只要以“人员·时间”为单位的劳动投入量相等，则他们的产量、生产所需要的费用也相等。所以，企业没有必要关心雇用的人数和劳动时间，最关心的应该是以“人员·时间”为单位的劳动投入量。

在这种情况下，决定劳动时间的是劳动的供给者。正如第 2 章第 2 节所述，供给者根据既定的工资率，选择对自己效用最大的最佳劳动时间。其结果被认为是实际观察到的劳动时间。

根据这个前提，劳动时间的变化仅仅由工资率的变化和人们对收入及余暇的偏好的改变引起。既然如此，企业用月、周、日工资捆绑劳动时间不仅会妨碍人们对最佳行为的选择，而且对于劳动者来说也不是一件所希望的事。

用这种观点观察现实生活中的劳动时间，很难看到在很长的一段职业生涯中每天平均只工作短短一两个小时的劳动者，这种现象被解释为是人们的偏好。还有一种说法是，作为最佳时间，劳动者不选择超短时工作，并不是偶然的，而是劳动的供给者一方存在着某种必然的理由。如果人们受雇于某企业工作，他们就必须支付和劳动时间长度无关的准固定成本。例如，为了在单位工作，需要支付上下班费用。在我国，虽然很多单位承担直接的交通费用，但是只要上下班就需要花费一定的时间，不工作一定量以上的时间，效用就会低于闲暇。

由于存在这种准固定成本，人们选择的劳动时间就不会超出一定的范围。如图 4－1 所示，假设某人未参加市场性工作，但有财产收入等一定的基本收入 TI；当他出去工作时，假设他需要承担包括机会成本的准固定成本 IA，则他的收入约束线就是 $IABC$；AB 在横线 IB 之下。说明虽然在工作，但却因准固定成本使收入下降，同时余暇时间减少，效用也在下降。因此，就业人员都不会选择比 h_0 更短的劳动时间，实际选择的劳动时间会比它长。

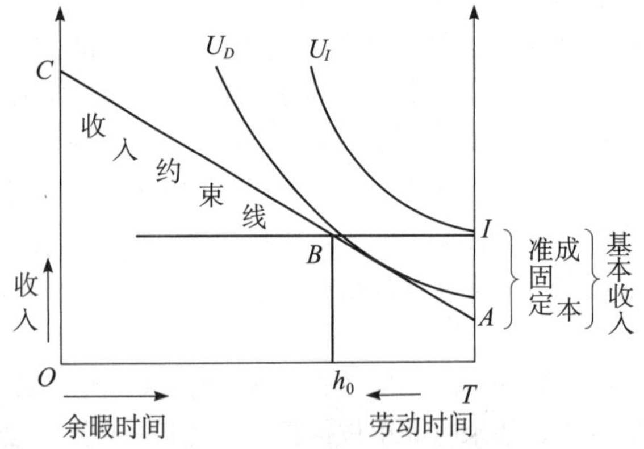

图 4－1　劳动者的准固定成本和劳动时间的最低供给

以上是从劳动供给者的立场说明了劳动时间的下限的存在，而关于它的上限，可以从劳动供给者的生理要求进行解释。人们在工作一定时间后，会感到疲劳，对余暇时间的需求就会急速上升。这样，没有人工作时间超过某种长度。

这是根据劳动供给者方面的理由说明的劳动时间不会超出一定范围。但是企业方面会不会存在规定劳动时间的动机？关于这一点，将在下面进行论述。

第 3 节　从企业的立场看劳动时间

一、规范性的说明

回到第 1 章，复习一下关于劳动力需求量的决定。假设产品市场、劳动力市场是完全竞争市场，则商品价格 P 和工资 w 由市场决定，企业将以这些条件为已知，以生产函数为约束，以自身利润最大化为目标决定劳动投入量。

假设劳动投入量是以“人员·时间”为单位计量的。如果劳动者人数为 L，平均劳动时间为 h，则总劳动时间 H 是 Lh。设产量为 X，资本量为 K，则生产函数是

$$X = f(H, K) = f(Lh, K) \tag{4-1}$$

收入 R 是产量和商品价格 P 的乘积，所以可表示为：

$$R = P \cdot f(Lh, K) \tag{4-2}$$

另外，总成本 C 由劳动力成本和资本成本构成，设对应于总劳动时间的每小时的工资率为 w，资本价格为 r，则可表示为：

$$C = Hw + Kr = Lhw + Kr \tag{4-3}$$

图 4-2 表示在资本不变的情况下，随着劳动投入量的变化，总收入和总成本是如何变化的。就总收入曲线来说，即使 P 不变，由于收益递减规律作用于生产函数，在增加劳动投入量的情况下，虽然产量会增加，其增量却会递减，收入曲线凸向上方。另一方面，总成本等于资本的固定成本加上劳动力成本，但因为 w 不变，所以劳动力成本随 H 的增加而成比例增加，总成本曲线如图 4-2 所示，呈直线。总收入减去总成本就是利润 π，总收入超过总成本的部分最大的点是劳动投入效率最高的量。图 4-2 中，L^* 是效率最佳劳动投入量，有无数个 L，h 的组合能够构成 L^*。图中 L^{**} 是企业劳动投入量的盈亏点，超过该点，继续投入劳动，总成本大于总收入。

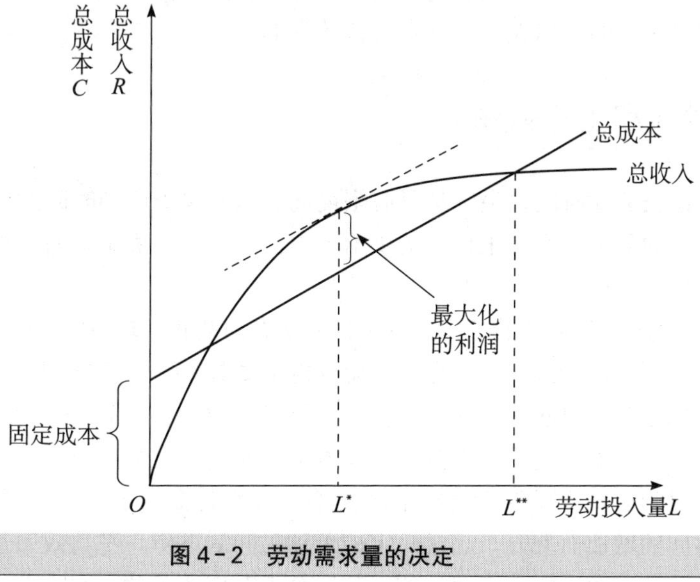

图 4-2　劳动需求量的决定

假如劳动者愿意，企业可以减少劳动时间，增雇新人，在高失业率的情况下，通过这种方式增加雇用人数是增加就业的可选措施之一。

另一方面，企业会特别关心劳动者人数和劳动时间的决定，这是因为生产函数中人数的增加和劳动时间的增加对产量产生不同影响，或者成本函数中两者的增加对总成本产生不同影响。

二、集体作业的影响

现实中，企业的工作方式在很多情况下是集体作业。例如，生产过程中的流水作业，如果只考虑到每个人的具体情况而选择分散的劳动时间，就会给工作带来很大的障碍。为了有效利用分工的优势，提高生产效率，必须统一规定集体作业的时间。

另外，在白领工作中，让劳动者自由地选择劳动时间在很多情况下是不可行的。例如，在会计和计划、人力资源管理工作中，需要和其他部门及他人保持联系。需要收集各种知识和信息，并将它们积累起来才能完成的工作中，每个人都分散地掌握知识和信息是没有意义的。虽然不在一起，只要他们能完全共享信息，即使信息分散在很多人手中，也不会影响效率，但在现实中这是很难做到的。为了交换这些知识和信息，需要在一定时间内一起工作。

在上述情况下，10 个人每天工作 4 个小时和 5 个人每天工作 8 个小时，共同工作的时间不同，总劳动时间相等，产量却不同。更何况每个劳动者根据自己的情况选择分散的工作时间，整体工作效率必然会下降。

考虑到这些实际情况，生产函数需要改变为将劳动者人数和劳动时间当作不同的生产要素的函数，如下所示：

$$X = f(L,h,K) \tag{4-4}$$

费尔德斯腾（Feldstein）和弗莱明（Flemming）把劳动者人数和劳动时间当作不同的生产要素代入生产函数中，研究了它们不同的变化是否对产量有不同的贡献。他们得出结论，劳动时间对生产的影响大于劳动者人数的影响。

三、劳动时间和工作效率

不管怎样延长劳动时间，最终都是有限度的。这不仅由劳动时间的延长所带来的疲劳度增加导致对休息的需求上升等来自劳动供给者方面的理由所决定，而且如果疲劳度增加，工作效率会下降。

正如平时所见，人们从开始工作到完全进入状态的期间，效率比较低。随着工作时间的推移，效率会提高。但效率的提高也有限度，疲劳会导致效率下降。这种情形可以用图 4－3 表示。

劳动时间的增量所引起的产量的增量是边际效率（边际生产率），它由经过曲线上各点的切线斜率表示。最初，边际效率低，但随着劳动时间的增加，边际效率会逐渐上升，而超过一定的劳动时间后，边际效率再次下降。平均效率是曲线上各点与原点的连线的斜率，它随着劳动时间的增加而上升，超过一定的劳动时间后下降。平均效率达到最高的点为图中点 A，此时边际效率和平均效率相一致，与这个点对应的劳动时间为 h。

在不受劳动者人数影响的情况下，存在图 4－3 中劳动时间和人均产量之间的关系。那么应该如何确定使企业利润最大化的劳动时间？假设工资率为 w，则如图 4－4 中的总成本曲线所示，雇用一个人所需要的成本随时间的增加成比例上升。（即使需要支付固定成本，它也只能使成本曲线平行上移，并不影响结果。存在加班补贴率的情况下，在制度劳动时间界限处，向上弯曲。）收入是产量和产品价格的乘积，如果假设产品价格不变，就能得到图 4－4 中的收入曲线。此时，工资率和边际收入相等的点 B 成为利润最大点，与其对应的劳动

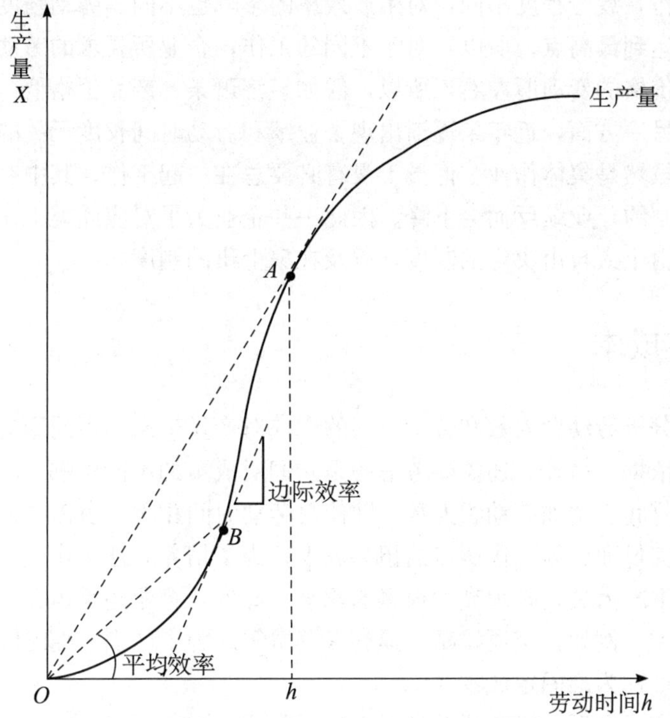

图 4-3　工作效率的变化和平均效率最高的劳动时间

时间是 h^{**}。将该劳动时间和平均效率最高的点 A 相比较（产品价格固定不变，所以平均效率最高的点和平均收入最大的点相一致），可以发现，利润最大时的劳动时间 h^{**} 比平均效率最高时的劳动时间 h 长。（只要工资率低于最大的平均收入，就会存在上述情况。如果工资率高于最大的平均收入，则最终成本曲线高于收入曲线，企业无论怎样增加劳动时间也不能得到利润，由于出现亏损，所以不会增加雇用劳动者数量。）

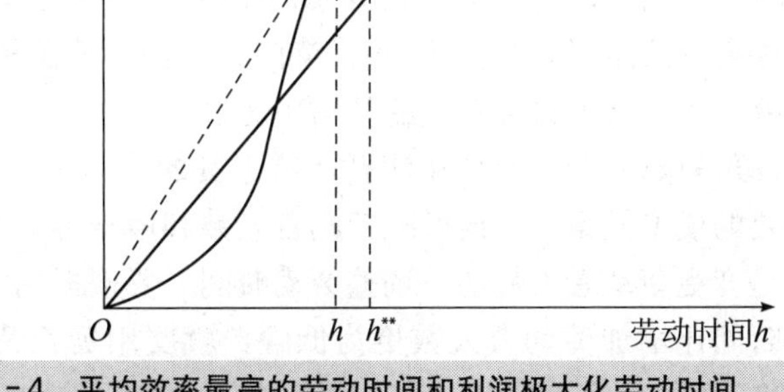

图 4-4　平均效率最高的劳动时间和利润极大化劳动时间

不同的工作，疲劳程度不同，对生产效率的影响也不同。劳动强度高的工作，效率有可能在短时间内达到最高点。所以，对于不同的工作，企业所要求的劳动时间也不同。由于收入曲线为产品价格的变动所左右，所以，假如经济萧条、产品价格低，企业所希望的劳动时间随之变化。另一方面，近年来逐渐出现了业绩和劳动时间长度无关的工作，以及随着信息设备的发达，虽然是集体作业，但员工没有必要总在一起工作。其中有些工作如果硬性地受制度劳动时间制约，业绩反而会下降。因此一些企业为了对应此类工作，提高业绩，引入了劳动时间管理由个人自由决定的制度，以及在家上班的制度。

四、准固定成本

以上是从分析劳动者人数和劳动时间的增加对产量带来的不同影响的角度，寻找企业选择劳动时间的依据。另外，还需要考虑的是它们对成本的不同影响。

延长劳动时间、增加劳动者人数，即使总劳动时间相等，所需要的成本也不同。为增加劳动者，就要支付面试等工作所需的招聘成本；为了培养胜任工作的人才，也需要教育培训费。相反，为削减人员，必须支付很多退职金。此外，企业还承担着与劳动时间的长度没有直接关系的成本。例如，交通津贴、福利保健费等。为了区别于随时间变化而变化的可变成本，这些成本被称为准固定成本。

加入准固定成本后，成本函数变成下列函数式：

$$C=f[Nw_1,(N-N_{-1})w_2,N(h_s+h_0\rho)w_3,Kr] \tag{4-5}$$

式中，N 为雇用劳动者数；N_{-1} 为上一期的雇用劳动者数；w_1 为增加一个雇用劳动者所增加的准固定成本（交通津贴、福利保健费等）；w_2 为对一个雇用劳动者进行调整而引起的准固定成本（招聘成本和教育培训费，或者是退职费）；如果增加和减少雇用人数时的成本不同，就要根据增减条件改写上式；h_s 为固定劳动时间；h_0 为加班时间；w_3 为制度劳动时间内的工资率；ρ 为加班补贴率。在此，可以认为工资不是小时工资，而是月工资制的制度劳动时间内的固定工资（w_3，h_s）；Kr 为资本成本。

企业以延长劳动时间来满足产量的增加，劳动成本将如何变化？如果延长加班时间，每延长 1 小时，企业就要支付以高补贴率计算的计时工资。下面以日本为例进行说明。日本的法定补贴率在实际劳动时间超过 8 个小时但不到深夜时是 25％，到深夜和节假日时是 50％，所以企业必须支付这些比例以上的补贴率。根据中央劳动（纠纷调停）委员会的《工资情况调查》（平成三年），在加班未到深夜时，补贴率为 25％的企业占 37.6％，补贴率在 25.1％～29.9％之间的企业占 13.5％，30％的企业占 44.6％，而补贴率超过 30％的企业仅占 4.3％，平均值是 27.9％。由此可见，大多数企业的加班补贴率仅仅比法定补贴率略高。与日本相对照，美国最低法定补贴率是 50％。英国、法国、德国依据产业不同，分别适用 25％～50％的补贴率，而实际上很多企业的补贴率超过 50％。

在日本，不仅加班补贴率低，而且在计算补贴工资的基本工资中并不包含准固定成本，所以延长时间所需要的成本低廉。假设增减劳动者人数和增减劳动时间同样影响产量，为了满足产量的变化，是变更劳动者人数还是调整劳动时间，要根据相对成本的大小决定。

如果延长劳动时间比增加劳动者人数更为低廉，就要用延长劳动时间来满足产量的增加。事实上早在 1985 年的《劳动白皮书》中就指出，如果不把加班补贴率从 25％提高到

62.9%，延长劳动时间的成本比增加劳动者人数的成本低。在日本，准固定成本如此之高，相反延长劳动时间的成本低。正是由于这个原因，日本企业才会形成减少劳动者人数、增加劳动时间的成本结构。

此外，人数在 500 人以上的日本大企业中，不仅加班的基本工资高，准固定成本更高。据日本劳动省计算，延长劳动时间的成本和增加劳动者人数的成本相等时的加班补贴率达到 74.4%。它明显高于人数在 100～499 人规模的企业的 61.0%和人数在 30～99 人规模的企业的 47.4%。正因为如此，使大企业延长加班时间的诱惑力很强。

另一方面，企业对缩短制度劳动时间感到为难的是按月工资制支付工资。如很多计时制工作，工资如果是按计时工资支付，则企业的工资支付就如图 4-5 的 *OAB* 部分，如果缩短了制度劳动时间，支付的金额就会减少，也可以减轻企业的负担。

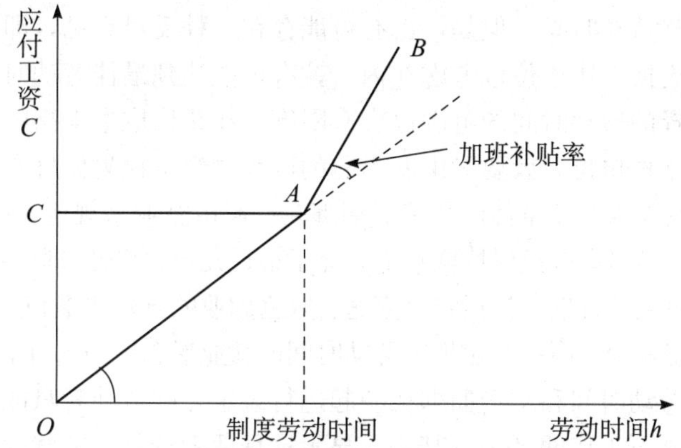

图 4-5　劳动时间的增加和应付工资

但是，如果工资和制度劳动时间的长度无关，企业需要支付的金额就是 *CAB*，此时企业就认为制度劳动时间的缩短会提高工资率。

在经营者层的年薪制和股票期权制度下，相应人员的工资主要由业绩决定，与劳动时间的长度无关。但是对于一般员工，即使工作量相同，只要加班，企业就要按法律规定支付加班津贴。因此，如果缩短制度劳动时间，就不得不增加加班时间，即使工作量不变，企业的人工成本也会增加。这些事实会使企业反对缩短制度劳动时间。

第 4 节　制度劳动时间、不规则劳动时间与有效劳动时间供给

虽然人们的时间资源总量一定，法定劳动时间一致，但有的人乐于超时工作，有的人乐于身兼多职，还有人乐于从事零星的工作。总之，人们的实际劳动时间并不像上述假定的那样规则。另外，即使在人们的劳动时间供给量确定以后，由于人们在劳动时间内努力、勤奋程度不同，事实上每个人在劳动时间内所提供的有效劳动时间也是不同的。凡此种种都必将对劳动力供给产生一定的影响。

一、制度劳动时间

在前面的说明中，假设每个劳动者可以根据自己的最佳时间来选择劳动时间。但是，在企业工作的劳动者真能如前面假设的那样自由地选择劳动时间吗？

企业的工作或多或少需要共同工作。所以，企业是不可能任由每个劳动者根据自己的情况调整劳动时间的。或者如在第3节谈到的那样，企业存在招聘费用、人才培养费用等与劳动时间的长度没有关系的准固定成本时，企业会尽量不录用只工作极短的劳动时间的劳动者（可以看到平均每天的劳动时间很短，如仅为2～3小时的劳动者不多，这是因为有上下班时间存在，所以耗费较长的通勤时间而只工作短短的两三个小时，对劳动者来说也不合算，因此有一种观点认为这也是劳动者对最佳劳动时间进行选择的结果）。这说明在企业中劳动者并不能轻易地调整劳动时间。但是，也有可能存在一种反对意见，即因为每个企业的劳动时间不同，如果连更换工作单位也考虑在内，就有可能达到最佳劳动时间。但是，即使更换工作单位，能够选择的劳动时间的范围也会有限度。在跳槽成本很高的经济体中，每次都根据自己的情况更换工作单位，就要对由此引起的巨大的经济损失做好心理准备。

如果劳动时间作为劳动条件，和工资捆绑在一起由企业来规定，前面的说明会怎样变化？日本女性的劳动力参与率曾经保持低水平。除了最近几年，男性高龄者的劳动力参与率也长期保持着低水平。研究其背景，包括农村家庭、家庭副业的自营业主和家属劳动者等容易调整劳动时间的就业形态减少，而由企业规定劳动时间的就业形态增加，可能是一个重要原因。

如果企业将劳动时间和工资捆绑在一起进行规定，则劳动者只能从接受劳动条件在该企业工作或拒绝条件不工作两者中选其一。显示这种两者选其一的状况的就是图4-6。点b表示无职业状态，点c表示接受企业所规定的劳动时间h_0和工资率w_0的雇用条件的状态。图中通过点b的无差异曲线U_b在通过点c的无差异曲线U_c的上方，劳动者选择不就业。点d的小时工资率和点c相同，但是它表示劳动时间短的雇用条件。通过点d的无差异曲线在无职业时的无差异曲线的上方，所以，如果存在这种职业，劳动者就会选择就业。

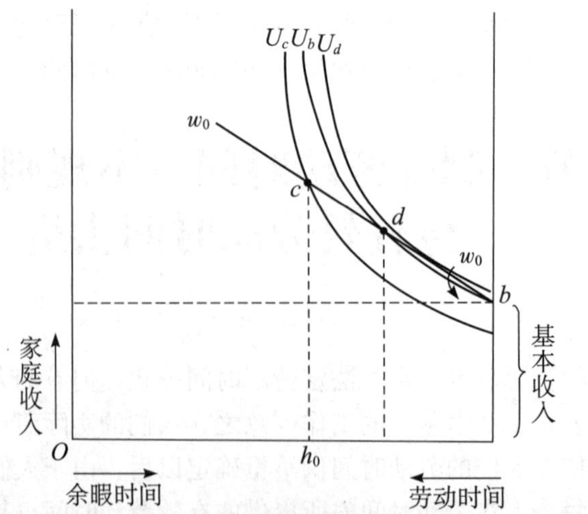

图4-6　制度劳动时间下的就业选择

如前所述，如果劳动时间由企业规定，即使工资率相同，随着劳动时间的不同，劳动力参与率也会变化，而且缩短劳动时间会使劳动力参与率上升的可能性增大。如此看来，可以认定增加零工的雇用机会对于提高女性劳动力参与率有很大的促进作用。

二、超时工作

超时工作在世界各国是一种很普遍的现象。这里所说的超时劳动是指在法定劳动时间以外继续劳动，通俗地说就是“加班加点”。超时工作与制度劳动时间内的工作相比，要支付较高的劳动报酬，而且各国的法律对此都有相应的规定。这点在前面已经做了说明。在超时工作问题上，超时工作时间已经开始向人类的生理极限领域发展，因此，其长度不仅受到人类脑力、体力等生理因素和道德因素的制约，在近代以后，还受到法律制度的制约。纯粹从经济的角度来说，超时劳动需求（超时劳动力的需求）方企业对超时工作，即延长劳动时间的追求完全建立在该劳动时间内能否为企业带来利益的基础之上，这方面的内容前面已经做了分析，不再赘述。下面讨论超时工作的劳动供给（超时劳动力供给）方是如何在超时工作报酬（加班费等）和超时工作时间等劳动条件下进行劳动供给决策的。

图 4-7 包含两点假定：(1) 超时工资率是定时工资率的 1.5 倍；(2) 人们对是否接受超时劳动具有自由选择权。假设定时工资率为 w_1，由此得到收入约束线 AB。在不存在超时工作的条件下，人们可在收入约束线 AB 与无差异曲线 U_1 的切点 V 实现个人效用最大化；在点 V 上人们每周的工作时间是 40 小时。当每周的工作时间超过 40 小时，则超时工资率便是定时工资率的 1.5 倍，即

$$w_2 = 1.5w_1$$

这使得收入约束线在点 V 发生扭转，从而形成新的收入约束线 AVC。

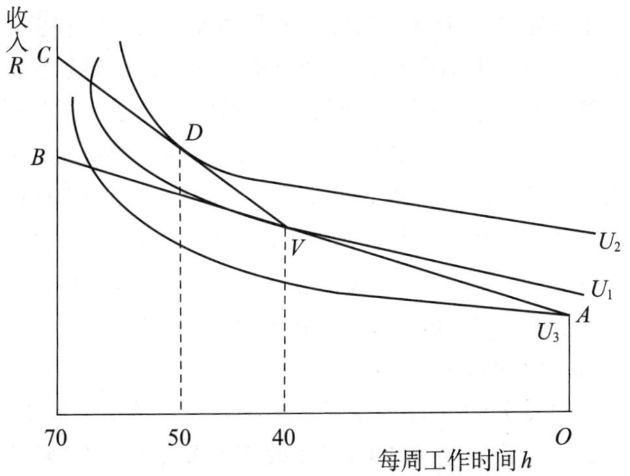

图 4-7　超时工作条件下的劳动供给时间

在定时工作的条件下，人们均衡工作时间的前提条件是边际替代率等于工资率，即

$$MRS_1 = w_1$$

由于在超时工作的条件下市场所支付的工资水平是 $1.5w_1$，人们均衡工作时间的前提条

件便转化为$MRS_2=w_2=1.5w_1$。显然，$MRS_1<MRS_2$，原来的均衡点V已经不是劳动者实现效用最大化的均衡水平。这样，一个理性的劳动者将沿着线段VC向右上方移动，直至在新的条件下再度实现均衡，即

$$MRS_2 = 1.5w_1$$

点D是收入约束线AVC与无差异曲线U_2的切点，满足在超时工作条件下的前提条件$MRS_2=1.5w_1$。无差异曲线U_2位于无差异曲线U_1的右上方，代表的效用水平高于无差异曲线U_1。点D所对应的工作时间是50小时，比原来的均衡点V增加了10小时。据此分析可见，人们对超时工作往往是欣然接受的。当超时工作并不经常发生时，收入对劳动时间长短的效应几乎等于零，替代效应发挥着绝对的支配作用。因此可以说，作为诱使增加劳动时间供给量的一个手段，超时工资率不宜定得过高。

三、超时工作与过度劳动

在劳动时间中，涉及适度劳动与过度劳动问题。超时工作导致过度劳动。在图4-8中，纵轴是劳动产出，用Q表示，横轴是劳动投入量，用L表示。劳动投入量是劳动时间、劳动强度、劳动者数量的乘积。如果为了便于观察、分析，只考察劳动者个体，那么此时劳动投入量只含劳动时间、劳动强度两项。横轴最左侧，即$t=t_0=0$时，劳动投入量为零，代表劳动者处于休息，或者失业，或者无业状态。最右侧可视为劳动的投入量过大，造成了过劳死的极端状态。图中的t_1和t_3之间的区域可以定义为适度劳动区间，即从劳动者身心与工作对象的匹配程度，以及生产效率的水平两个方面都处于最佳阶段。图中t_0和t_1之间的区域可定义为劳动投入不足区间，而t_3往右的区域是过度劳动区间，其中为便于分析，还可以区分出轻度过劳和严重过劳两个部分。“过劳”是过度劳动的简称，是指劳动者在其工作过程中存在超时、超强度的劳动行为，并由此导致疲劳蓄积，经过少量休息无法恢复的状态。

根据本教材第1章第2节中讨论的边际生产力递减规律，在劳动投入的初始阶段，生产效率不会即时达到高水平，此时劳动投入处于不足的状态。随着劳动的持续投入，边际生产力逐渐提高。边际产量和总产量增大，但劳动的持续投入造成的边际生产力提高达到一定的程度时，进一步的劳动投入不再有边际生产力递增效应，相反会出现递减效应。递减效应出现后的一定时间内，总产量还在增加，直至边际生产力低于0，总产量也下降。

理论上，在一个工作日中，适度劳动区间应有一个最适点，即$t=t_2$时所对应的点。但是目前尚无这个点的测量方法，也无适度劳动区间的具体时间估计标准。从历史的、经济的、社会的、法律的、社会心理的，乃至劳动者生理、心理的，甚至政治的、文化的因素等综合考量，按照日劳动时间来进行定义，在我国日8小时工作制下，第8个小时结束时点应可认定为适度劳动与过度劳动的时间界限。图中，8小时工作制下的工资率为w_1。当劳动时间超过最适劳动点t_2之后，劳动者的工作效率开始下降。在超过适度劳动区间后下降加快，尤其是在加班时间内，劳动者的工作效率往往会出现快速下滑。

随着劳动时间推移，劳动者会出现疲劳，如果不能休息，继续劳动下去，将步入“过劳”阶段。但轻度过劳并不会对个体身心健康造成影响。图中的t_3至t_4属于轻度过劳区。如果表现为加班，此时的法定工资率不再是w_1。我国《劳动法》第四十四条规定，“安排劳动者延长工作时间的，支付不低于工资的百分之一百五十的工资报酬”。也就是在$t_3=8\text{h}$以后，

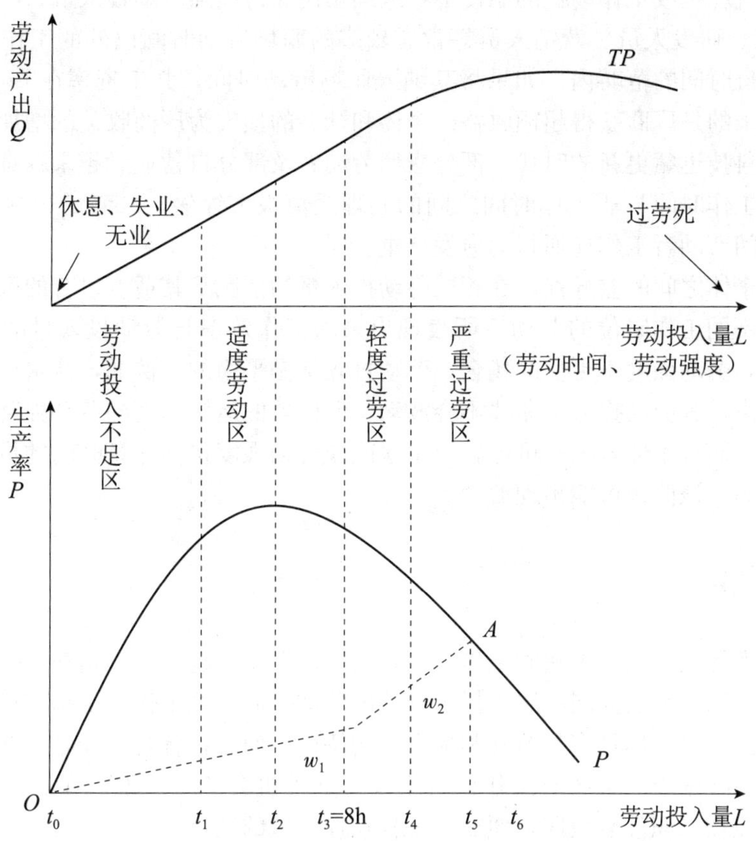

图 4－8　劳动投入量与劳动产出、生产率、工资率的关系

劳动者的工资率在法律保护下提高到了 w_2。同时，从 $t=t_4$ 开始的一段区间，虽然工作效率加速下滑，但劳动产出依旧呈增长趋势，只是增速已经很缓慢。从这一时刻起，只要经营有需要，厂商还会让员工继续加班。可以看到，从 t_4 开始已经处于严重过劳区，劳动者长期在严重过劳状态下，身体会受到很大的损害，有些人还会出现抑郁、精神障碍等症状，严重的甚至会导致“过劳死”。

t_4 至 t_5 阶段，厂商虽然要增加加班的人工成本，导致收益大大下降，但是依旧可以从中得到收益。这种收益是通过将成本转嫁给劳动者和社会获得的。厂商在支付了医疗保险和工伤保险费用之后（这些已是固有的），劳动者因过劳致病、致残所支付的医疗医药费用、购买保健产品及服务的费用、进行心理咨询所产生的服务费用等与厂商没有关系。厂商除了支付一定的加班工资以外，不需要承担其他成本。当厂商的盈亏点 A 出现后，即加班成本大于效益时，厂商已完全无利可图，厂商便不再有安排加班的动机。当然，为了履行合同，赶任务等特殊情况除外。

另外，主动“过劳”易发群体，即具有很强的成就动机或者工作动机的人员，往往自愿牺牲个人的闲暇时间进行工作。部分经营者、高层管理者、创业者、自营业者、IT 员工、研发人员、营销人员等工作与非工作的时间界限模糊。这部分人员通常表现出健康自觉认知程度较低。自己已经踏入了严重过劳区，甚至临近“过劳死”的边缘线，但并不自知或者不在意，在强成就动机或工作动机的驱使下，继续长期保持高强劳动投入量。经营者、高层管理者、IT员工、研发人员、营销人员等常有较多的职场劳动时间以外的工作时间，并且不会被计算在加班时间的范畴内。如果将其纳入职场劳动时间，其工资率在 w_2 之下。部分人员的过劳所换来的是厂商获得超额收益。个体和社会的损失为厂商收益的增加买了单。在经济快速发展和科技迅猛更新的时代，部分雇佣劳动者及部分自营业者越来越难以从工作中真正脱离出来，工作时间与非工作时间之间的心理距离极大缩短，二者的边界也变得异常模糊，非工作时间劳动者工作连通行为愈发严重。

由于不同个体之间的差异性，在相同劳动投入量的情况下其适度过劳的区间会向左偏移或向右偏移。不同工作岗位的劳动者所表现出来的工作效率与劳动投入量的曲线也是不同的。一般来说，劳动强度不可变的场合，劳动投入量是平稳的。例如，流水线上的员工因受机器设备的约束，其劳动投入量曲线不会波动，但机器的运转速度即劳动强度直接决定着他们的疲劳程度。而自主性较强、可比较自由地改变劳动强度包括休息时间的员工，如企业高管、研发人员等，该曲线可能出现波动。

四、兼职工作

兼职工作实际上也是一种超时工作。二者的区别在于，超时工作是在第一职业的制度工作时间之外，在同一地点为同一雇主提供额外的劳动；而兼职工作则是指在第一职业之外寻找其他的工作。超时工作具有季节性和随机性的特征，而且在各行业和各企业的分布很不均衡。因此，对一些乐于从事超时工作但苦于没有这种机会的人来说，在工作之余开辟第二“战场”，一身兼任二职甚至数职，便成为一种顺理成章的选择。

无差异曲线是由个人偏好决定的。乐于从事兼职工作的人对余暇的主观价值判断较低，因而乐于提供更多劳动时间以取代余暇。这就决定了他的无差异曲线以及他所认定的效用标准与其他人存在着一定区别。这些人的劳动力供给行为如图4-9所示。

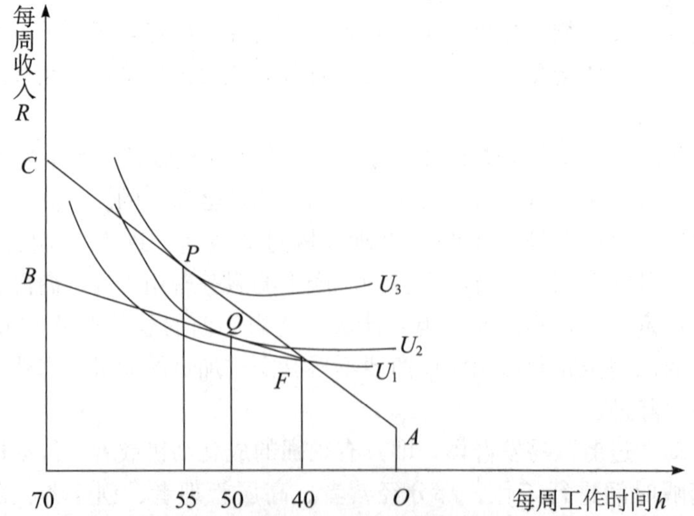

图4-9 兼职者的劳动供给时间

在图 4-9 中，假定乐于兼职的人能够在本单位、本职工作范围内随意地决定自己的劳动供给时间。当他的偏好以及无差异曲线如图 4-9 事先给定时，无差别曲线 U_3 上的点 P 则代表着他所乐于实现的最大效用，也就是说，每周乐于工作 55 小时。但是，当雇主每周需求的劳动时间限定为 40 小时时，他在本单位别无选择，每周必须工作 40 小时。这样，他的收入约束线 AC 与无差异曲线 U_1 相交于点 F。设收入约束线 AC 的斜率即该人的工资率为 w_2（抽象掉负号），显然，无差异曲线 U_1 上点 F 处的边际替代率 $MRS < w_2$。所以，他为了提高自己的效用，则一定乐于放弃更多的余暇而从事更多的工作。

现在进一步假定，除第一职业之外该人可以获得第二职业，不过工资率 w_1 低于原来的水平 w_2，即当工资率为 w_1 时，其收入约束线以 F 为扭转点变成 $OAFB$。线段 FB 的斜率小于收入约束线 AC 的斜率，是 $w_1 < w_2$ 的几何表现形式。从图 4-9 可知，与线段 FB 相切的无差异曲线是 U_2，切点 Q 代表从事兼职活动可获得的效用满足程度，该人乐于提供的工作时间是每周 50 小时。从效用的满足程度来看，以兼职方式实现超时工作所实现的效用虽不如在本单位加班加点高，但不管怎么说，与不从事兼职活动相比，毕竟是获得了一定程度的提高。但由于 $w_1 < w_2$，使余暇的成本比工资率为 w_2 时低，因而，他所情愿提供的劳动时间将比工资率为 w_2 有所减少，即由每周 55 小时减少到 50 小时。

所以，一般性的结论是，当其他条件保持不变时，从事第二职业的工资率越低，第一职业的工资率越高——劳动收入越高，人们乐于提供的劳动力供给数量就越少。

五、倒班与非全日制工作

工作时间供给不仅取决于每周法定工作时间的长短，是否存在超时工作，还与劳动时间的分布方式有很大关系。资本密集型和技术含量高的企业，为提高生产设备利用率，大多实行倒班制。有些企业，如钢铁冶炼单位、石油加工单位、电力部门等，生产过程连续程度高，每周需实行 168 小时全负荷工作制。但人们往往讨厌夜班，也迫切希望周末能摆脱工作而与家人共享天伦之乐。

倒班工作制在工业化国家和工业化过程中的国家都是极为普遍的现象。资料表明，在工业化国家的制造行业，上白班的劳动者约为 2/3，上中班（16 点至 24 点）的约为 1/5，上夜班的约占 1/10。当然，对某些劳动者而言，倒班制也并不完全是一件坏事。对谋求兼职的人来说，中班就是一个很好的选择；另外，由于中班和夜班比较辛苦，企业大多为劳动者提供稍高的工资或各种补贴，但总的来说，补贴工资的支付量较低，并不足以诱使人们提供更多的劳动时间。

非全日制工作指每周的工作时间低于法定劳动时间。从事非全日制工作的劳动者大致分为两类。一类是由于各方面原因，从业者自愿从事非全日制工作；一类是从业者被迫从事非全日制工作，如难以找到全日制工作等（见表 4-2）。

表 4-2　　1997 年部分发达国家劳动力选择非全日制工作的理由（%）

国家	喜好非全日制工作	找不到全日制工作	其他原因（如求学、残疾等）
美国	32.2	12.1	55.6
德国	66.3	5.5	28.3

续前表

国家	喜好非全日制工作	找不到全日制工作	其他原因（如求学、残疾等）
法国	58.5	41.3	0.2
英国	71.3	12.3	16.4
荷兰	72.9	5.5	21.5

资料来源：日本劳动省．海外劳动白皮书．1998.

欧洲很多国家的企业按经营需要为员工提供了宽幅度的非全日制工作安排。根据此类安排，工作时间最少的缩减至正常全日制工作时间的10%。例如，法国巴黎银行为其职员提供了7种为周正常全日制工作时间38.45小时的40%，50%，60%，70%，75%，80%以及90%的非全日制工作。1991年有221名职员选择了不同种类的非全日制工作。①

纵观各国的劳动力市场，非全日制就业模式主要有以下几方面特征。

（1）经济性因素在决定非全日制就业态势方面起主导作用。劳动时间供给弹性较大。资料表明，在非全日制劳动力市场上，工资率每上升1%，劳动力供给量将随之上升5%。工资上升对工作时间供给的总效应也比较大，数据表明，工资上升对非全日制已婚妇女的总效应大约是全日制已婚妇女的2倍。这说明，非全日制劳动者对工作报酬的敏感程度要比全日制劳动者高得多。另外，其中也隐含着深层次的原因，如非全日制劳动者的工作技能欠佳，雇主支付的工资水平较低，从而导致劳动者的家庭收入水平较低，使他们对工资的变化比较敏感。此外，由于劳动力供给弹性较大，雇主解雇劳动者的成本较低，因而非全日制劳动力市场上劳动力的流动速率比较高。

（2）市场经济国家非全日制就业者较多，非市场经济国家非全日制就业者较少。这主要是由两点原因造成的：一是非市场经济国家实行计划经济体制，对劳动者实行终身雇佣制；二是由于经济体制方面的原因，排斥要素市场尤其是排斥劳动力市场的存在。自20世纪80年代以来，原计划经济体制国家大多进行了不同程度的经济体制改革，要素市场正在缓慢地发育成长，劳动力的流动性日益加强，因而非全日制就业者的数量与日俱增。

此外，非全日制的就业群体多为青少年、养育未成年子女的妇女、老年人；在正在工业化的国家，随着农村城市化进程的加速和农村人口流动性的提高，农村劳动力中非全日制就业者的比重呈日益提高的趋势。

第5节　经济状况对劳动时间的影响

在经济衰退，产品需求下降时，企业是缩短劳动时间，还是削减劳动者人数呢？削减劳动者人数的方式包括不续签合同、不补充退休以及辞职人员的空缺。要减少更多的劳动者，就需要支付如式（4－5）中第二项的超额的调整成本。

人员调整所需要的成本越高，或调整时间所需要的成本越小，企业越倾向于依靠时间进行调整。选择调整人员还是调整劳动时间时，对该时点的调整成本的预测和对将来产品需求

① 国际劳工与信息研究所．国外多种灵活就业方式研究．2001.

的预测都会产生很大影响。准固定成本中包括人才开发费等只要投入一次对将来也能产生效果的投资性项目。如果在短期产品需求不足时削减了人员，迄今投入的投资成本就会被浪费。这种时候，企业不减少劳动者人数，缩短劳动时间才是上策。换句话说，企业的人力资本投资越大，越难判断是否应该削减人员。同时，在以后的长时间内，产品需求回升的可能性越小，削减人员的必要性就越高。

在经济复苏时期也是同样的道理。要雇用新人，就需要招聘费、人才开发费等巨额的投资成本。如果判断经济的复苏只是短期的，对企业来说，延长劳动时间比增雇新人更能节省成本。所以越是需要巨额的招聘费和人才培养费的工作，这种倾向越强。增减人员的决策，并不是以短期利润最大化为依据，而是以长期目标为依据。

经济景气与否不仅影响加班时间，也影响制度劳动时间。但是，制度劳动时间不同于加班时间，在经济繁荣时期有缩短的倾向。经济复苏、产品需求增加，则劳动力需求也增加。但是在强大的劳动力需求的压力下，企业为留住紧缺的劳动力，不得不改善劳动条件。提高工资是有效的方式，引入每周休息两天的制度、采取缩短劳动时间等措施也是吸引员工的好方法。劳动时间由企业规定的时候，有的劳动者会因为它太长或缺乏弹性而放弃就业。为了吸引这些人，企业往往采取缩短劳动时间以及提供灵活就业方式以加大弹性工作时间等方法。例如，*European Labour Force Survey 1998* 刊载的数据显示，1998 年欧盟 15 国非全日制就业占就业总量的 17%，短期就业占 13.7%。又如，日本的短期就业者比例在 1997 年达到 21.1%。[①] 另外，据我国劳动和社会保障部国际劳工与信息研究所《国外多种灵活就业方式研究》(2001) 称，1999 年远程就业劳动者在欧盟 15 国、美国、日本分别达到劳动力总数的 4.5%，12.9%，7.9%。

从以上的讨论可知，短期性经济复苏会使企业为适应产品需求的增加而延长加班时间，而长期性经济增长则会使企业在供不应求的劳动力市场中，为确保一定人数的劳动力，加紧缩短以制度劳动时间为中心的劳动时间，并且积极发展弹性劳动时间制度。

第 6 节　劳动时间的变化趋势及其对经济的影响

一、劳动时间的变化趋势

从人类发展的历史来看，劳动时间不断缩短，非劳动时间不断延长，是生产力发展的必然趋势，也是人类劳动力扩大再生产水平极大提高的体现。一切社会的进步和发展都取决于劳动的节约，而由于时间是劳动的天然尺度，因此“一切节约归根到底都归结为时间的节约”[②]。每个历史发展阶段劳动时间的节约都为下一阶段劳动时间的节约奠定了基础。

在原始社会，生产力水平低下，人们以采集野果和捕鱼打猎为生。为了满足最基本的生存需要，人们终日劳动，过着“日出而作，日落而息”的生活，劳动时间极长。

---

① 日本劳动省．劳动白皮书．1999.

② 马克思，恩格斯．马克思恩格斯全集：第 30 卷．北京：人民出版社，1995：121.

随着生产力的发展，人们逐渐用较少的时间生产较多的产品，这样便产生了余暇时间。但起初，它只对少数人有意义，因为不仅劳动者创造的物质财富被剥削阶级占有，而且他们的余暇时间也被攫取了。

人类进入工业社会之后，集约化的工业大生产使劳动时间的缩短和余暇时间的延长成为可能。经过工人阶级的长期斗争和其他社会因素的促成，可能终于变为现实。资本主义发展最早的英国在 1750 年终于把家庭手工业工场手工艺人的工作时间从“日光工时”改为一天工作 10 小时；1848 年，又把 10 小时工作日制以法律形式固定下来。1886 年 5 月美国芝加哥工人为争取 8 小时工作日制举行罢工，并取得最后胜利，这使缩短工时的斗争有了根本性突破。1919 年，国际劳工大会通过的第一号公约中规定，工业企业的工作时间，一天不得超过 8 小时，一周不得超过 48 小时。此后，8 小时工作日制得到资本主义国家的普遍认同。随着工人运动的发展、现代科学技术的进步和管理水平的提高，许多工业发达国家进一步缩短了工作时间，余暇时间随之增多。1935 年，国际劳工大会通过了《关于一周工作时间缩短为 40 小时的公约》。据统计，在非农业部门中，平均每周工作时间 1910 年下降到 50.3 小时，1920 年下降到 45.5 小时，1930 年为 42.2 小时。到 20 世纪 30 年代，8 小时工作日制已成为标准工作日。据国际劳工局 1985 年统计，在 150 个国际劳工组织成员国中，有 80 个国家的周工时不到 48 小时，其中大多数国家为 40 小时。近年来，一些发达国家的周工时已缩短为 35 小时左右，最短的为 30 小时。另外，一些发达国家大部分行业的全年带薪休假、带薪节假日和休息时间的总天数已达 150 天左右。劳动时间的变化趋势一方面表现为工作周和工作日的缩短；另一方面表现为因一年中带薪休假日、带薪节日和休息时间的增加，而使工人年度平均工时缩短。

劳动时间的变化呈现出一定的规律，即增加劳动时间可能不会增加工作量，也不会提高工作效率；减少工作时间可能不会减少工作量，也不会降低工作效率。换言之，劳动时间的增加和产量的增加并不总是成正比，而呈现单峰形曲线，增加劳动时间有一个限度，超过这个限度，产量反而会下降。这一规律也被称为“帕金森定律”。

二、缩短劳动时间对经济可能产生的积极影响

在现实的结果和理论的说明上，与经济发展水平相适应、一定范围内劳动时间的缩短大致有下述几个方面的积极意义。

（一）劳动时间的缩短使劳动的各个要素得到充分的利用

劳动时间的缩短是活劳动和物化劳动节约的总和，它使人、财、物得到充分利用。在社会经济活动中，劳动时间的缩短表现为劳动生产率的提高。正如马克思所说，“从社会的角度来看，劳动生产率还随同劳动的节约而增长”[①]。一般来说，劳动生产率提高是原因，劳动时间缩短是结果。劳动生产率是决定工时水平的首要因素。但是，劳动生产率与劳动时间缩短并不永远是正向因果关系，有时也呈现出逆向因果关系。也就是说，在一定条件下，劳动时间缩短也可以是原因，劳动生产率提高又会成为结果。这是因为“节约劳动时间等于增

---

① 马克思，恩格斯．马克思恩格斯全集：第 44 卷．北京：人民出版社，2001：605.

加自由时间，即增加使个人得到充分发展的时间，而个人的充分发展又作为最大的生产力反作用于劳动生产力”①。

劳动时间缩短后，制度工时虽有所减少，有效工时却提高了。这样，在不减少工作量的前提下，单位时间的工作量增加，劳动生产率随之提高。例如，北京精密机床研究所从 1983 年起先后将周工时 48 小时减为 42.5 小时、40 小时，而且从 1984 年开始，全所科技人员和工人每年享受半个月带薪休假。3 年中，工作时间虽然减少了 1/5，但产值却翻了两番，人均劳动生产率提高近 5 倍。

日本劳动省编纂的《劳动白皮书》② 披露，日本在 1975—1996 年间，伴随劳动时间每减少 1%，劳动生产率上升了 0.29%。此外，劳动时间缩短对劳动生产率的影响在不同行业和企业也会有所区别。意大利曾做过一项研究，结果表明，工作周在 40 小时以下时，工时每减少 5%，煤气、供水、电力行业的劳动生产率提高 0.5%，建筑业提高 3.5%，整个工业部门劳动生产率提高 2.2%。

应当指出的是，劳动时间的缩短并不总是立即引起劳动生产率的提高。在缩短工时后，企业还要加强管理才能提高劳动生产率。

（二） 劳动时间的缩短使劳动产品增多

在一定社会生产方式条件下，总劳动时间通常是既定的，只是相对缩短了单个劳动产品所耗费的劳动时间。这必将使人们在既定的社会总劳动时间内创造出更多的产品，包括在数量和品种方面的增多。如重庆机床厂从 1993 年起实行 5 天工作制，1993 年头两个月，产量、产值、利税分别比上年同期增长了 55.7%，68.6%，115.64%。

（三） 劳动时间的缩短有利于节约能源

我国的能源等基础工业一直落后于国民经济的发展。以电力为例，据统计，新中国建立以来我国约有 2/3 的年份电力供应不足。近年来，虽然政府不断增加电力投资，但因用户急剧增加，电力供应仍很紧张，“开五停二”“开四停三”的现象时有发生，造成了大量能源浪费和不合理消耗。缩短劳动时间有利于提高企业的能源利用率。例如，北京雪花集团缩短工时后，设备停机率下降了 3 个百分点。北京医用设备厂缩短工时后，1991 年与 1990 年相比，节电 1 万度，节水 3 万立方米。重庆机床厂实行 5 天工作制后，仅 1993 年头两个月，能源消耗就节支 20.64 万元。

（四） 劳动时间的缩短有利于扩大就业

例如，从 19 世纪中叶起，美国工会就认为不仅缩短工时会消除短期失业，而且增加职工的余暇时间会刺激其消费需求，从而扩大就业岗位。资料显示，1959—1975 年的 16 年间，奥地利的工作周从 48 小时减至 40 小时，年休假从 3 周延长到 4 周，因而国内就业机会增加了 60%；法国 1967—1976 年，其工作周每减少半小时，就业机会就会增加 50 000 个（事实上，短期内劳动生产率的提高抵消了部分就业机会）。

对我国来说，缩短劳动时间对解决就业的积极影响可能具有更为特殊的意义。我国劳动

---

① 马克思，恩格斯．马克思恩格斯全集：第 31 卷．北京：人民出版社，1998：107－108.

② 日本劳动省．劳动白皮书．1999：484.

力市场的一大特征是供大于求。20 世纪 80 年代末，国内新的就业高峰出现。城镇每年大量新增劳动力、农村众多剩余劳动力及企业诸多冗员使得我国显性和隐性失业问题都很突出。产生失业的原因不是单一的，因而解决问题的措施也是多方面的。缩短劳动时间不失为一种对策，可以富余出一些就业岗位。这些岗位不仅可以解决企业内部冗员问题，还可以安置一批社会上的失业人员。

缩短劳动时间的积极意义还在于，它可以在不增加固定资产的条件下增加就业岗位，因为它只是缩短了每个职工的劳动时间，而工作班次的增加可以延长机器运转的时间。

当然，缩短劳动时间对于解决就业问题的成效在不同行业和企业是不同的。在那些冗员比较严重的企业，缩短劳动时间所产生的新的就业岗位将首先消化企业内部的富余人员。只有那些生产过程较先进合理、生产任务较饱满的企业缩短工时后产生的新的岗位空缺，才能吸收社会上的失业人员。从长远看，缩短劳动时间在客观上对缓解全社会的就业压力将起到一定的积极作用。

（五） 劳动时间的缩短有利于提高劳动者素质

随着生产日益自动化，生产劳动过程的节奏加快，劳动者的身体和精神处于高度紧张状态，造成脑力和体力的透支，为了劳动者的身心健康，缩减劳动时间是很有必要的。

科学技术的进步对劳动者的知识水平提出了越来越高的要求。目前，我国劳动者的整体文化素质较低。例如，我国企业技术工人队伍中高级技工的比例较低，这种现状很难满足现代经济发展的需要。缩短劳动时间可以为劳动者创造更多的学习、进修机会，使其获得全面的发展。

（六） 劳动时间的缩短有利于促进第三产业的发展

缩短劳动时间对于促进第三产业的发展具有直接的积极意义。劳动时间缩短后，因休息时间增加，劳动者的生活方式趋于多样化，他们将有更多的时间进行家庭活动、文化活动、体育活动、娱乐活动及其他社会活动。这种由余暇时间增多而引起的生活方式的改变会大大促进消费，从而刺激第三产业的发展，使全社会的经济运行良性发展。

三、缩短劳动时间对经济造成影响的重要因素

研究缩短劳动时间的经济效果时，需要深入了解哪些方面呢？下面考虑几个重要的因素。

(1) 随着加班补贴率的提高，劳动时间和劳动者人数的替代程度。考虑到缩短劳动时间所引起的劳动效率的变化，即使产量不变，劳动时间缩短 10%也不能使劳动者人数增加 10%。不同的生产函数式（4－1）及成本函数式（4－5）会产生不同的结果。

(2) 劳动时间的缩短使劳动力需求增加，这会给工资带来什么样的影响？缩短劳动时间不仅使劳动力需求增加，劳动力供给也有可能增加。这是由于一直因劳动时间过长而放弃就业的人们也开始选择就业。劳动力的供需双方发生变化后，工资会受到什么影响？

(3) 如果工资率一定，缩短劳动时间会使单个劳动者的收入减少，但如果劳动者人数增加，则整体受雇者的收入有可能增加。哪一方的影响力更大？影响力大的一方在消费

需求的增减比例中占重要地位。此外，消费需求的变化对中间产品等的需求会产生什么影响？

（4）即使受雇者收入一定，缩短劳动时间也会影响到消费需求的扩大吗？有人说由于缩短劳动时间而余暇时间增加，总体来说支出会增加，这种说法正确吗？它对扩大内需有多大的作用？

（5）劳动力成本的增加，对企业的投资活动产生什么样的影响？是因为工资提高而加大节约劳动力的投资，还是因为企业利润下降，投资被抑制呢？

（6）投资的变化会影响到市场利率，其影响程度如何？如果加大节约劳动力的投资，则会因为投资需求的扩大，国内市场利率上升，在外汇市场对本币的需求上升。这样会使本币汇率上升，进而抑制出口，削减经常收支的盈余。结果，这种影响会有多大的效果？

（7）加班补贴率的提高使产品的供给曲线向上移动，通过消费、投资、出口的变化，改变需求曲线的位置。这种供需双方的变化对商品价格和交易量产生什么样的影响？物价和国民收入会如何变化？

在考虑政策的变化给我们的生活带来的影响的时候，我们往往只从与其直接相关的局部出发谈论政策的是与非。其实即使是微小的变化，这些变化集中起来也可成为改变市场的力量。

在研究加班补贴率对整体经济带来的影响时，也必须充分注意到上述复杂问题，考虑各种相互依存的关系。为此，在分析企业和家庭的主体行为的同时，必须研究以它们作为各个要素加以组织的相互依存关系的模型。

第 7 节　劳动时间的国际比较

世界各国的劳动时间可以分为法定劳动时间、集体合同劳动时间和实际劳动时间。法定劳动时间是国家法律规定的一种统一的最低标准；集体合同劳动时间是某行业或企业的劳资双方通过集体谈判签订集体合同加以确定的行业或企业执行的劳动时间；实际劳动时间是对某一国家或具体行业的实际劳动时间的长短进行统计的结果。一般，后两者往往比政府法定的劳动时间短，但在一些国家和地区，因加班加点时间较多，也有实际劳动时间高于集体合同规定的劳动时间，甚至高于法定劳动时间的情况。

一、美国的劳动时间

1884 年，美国劳工联合会决定，从 1886 年 5 月起，8 小时工作日为正式的工作时间。为了实现这一决定，美国劳工联合会请求劳动骑士会的支持，但遭拒绝，该决定也未得到实施。1890 年，美国劳工联合会首先在有关行业全力推行 8 小时工作日制。到第一次世界大战时，8 小时工作日运动全面展开。在以后的年代里，劳动时间的发展趋势是在 8 小时的基础上逐渐缩短。

20 世纪 20 年代后期，每周工作 5 天半的做法已比较普遍，每周工作 5 天的制度也日益受到社会各界的重视。据美国工业协商委员会对 390 万工人所作的调查，到 1930 年，大约有 43.3%的汽车工人、34.8%的无线电工人和大约 1/4 的飞机工人每周工作 5 天。在被调查的 390 万工人中，有 5.6%的工人每周工作 5 天。但炼钢业当时的情况还比较滞后，1930 年，高炉工人半数以上仍然每周工作 7 天，全部炼钢工人有 11%以上每周工作 72～84 小时。

1933 年，《全国工业复兴法》的制定为美国工业界缩短劳动时间打下了基础。它规定，在政府的监督下，各行业制定其工时标准，如果某一行业的大多数人同意缩短工时，则在该行业中施行缩短工作周。

1938 年《公平劳动标准法》第七条第一款第一项规定："除了本条另行规定外，雇主不得使经商和从事商品生产或受雇于经商和从事商品生产的企业雇员在一个工作周内工作时间超过 40 小时，除非该雇员在超过上述规定的时间受雇得到的报酬不低于基本工资一倍半。"自此，40 小时成为美国的标准工作周时间。从实行情况看，40 小时工作周的贯彻也有不彻底的方面。例如，1949 年之前，铁路业的非操作工人并未普遍实行。乡村小城镇的零售业和服务业的工人直到 1970 年还经常实行超过 40 小时的工作周。这是由于乡村小城镇受农场传统的较长工时的影响很深，且《公平劳动标准法》的适用范围不包括乡村小城镇的零售业和服务业。1990 年，美国的实际周工时数为 34.5 小时。

《公平劳动标准法》实施后，美国的劳动时间呈现出以下特点：

（1）周期性波动。例如，制造业在第二次世界大战期间和朝鲜战争期间，平均工时每周超过 40 小时。在第二次世界大战结束之后的衰退时期，平均工时缩减至略低于 40 小时的水平。1965—1969 年，越南战争以及为刺激充分就业而制定的货币政策和财政政策再次将平均工时提高到每周 40 小时以上。

近几十年来，劳动时间的周期性波动不明显。美国虽然在 20 世纪 70 年代中期经历了严重的经济衰退，20 世纪 90 年代又进入长期的繁荣，但其实际工作时间几乎没有变化。例如，20 世纪 70 年代以后，美国制造业生产劳动者年总实际劳动时间基本上在 1 880～1 990 小时（见表 4－5）。

（2）不同行业的实际劳动时间有所不同。根据美国劳动部的调查，1962 年后期至 1964 年中期，以下行业的部分工人已实行少于 40 小时的工作周：98%的印刷业工人、97%的女性服装工人、64%的酿酒工人、15%的橡胶工人、13%的建筑工人和 12%的零售业工人。总计约有 800 万人（即全部工薪职工的 15%）每周工作时间少于 40 小时。其中，纽约市电气工人每周工作时间最短，只有 25 小时。

（3）劳动时间缩短的两种方式，即直接方式和间接方式并用。前者是对每天或每周的劳动时间本身予以削减；后者是通过全薪休假、节假日、工间休息等方式缩短劳动时间。

1890—1930 年间，美国缩短劳动时间的速度相对较快。1938 年以后，缩短劳动时间的速度有所减慢。这是由于 30 年代之前缩短劳动时间以直接方式为主，而 30 年代以后则以间接方式居多。

二、德国的劳动时间

德国的劳动时间是通过立法及劳资双方签订的集体合同加以规定的。其关于劳动时间的基本法律是《工作时间法》(1938 年 4 月 30 日颁布)。此外，还有一些法律对劳动时间做了专门规定，如《职业法》(1869 年 6 月 21 日颁布)、《联邦休假法》(1963 年 1 月 8 日颁布)、《商店停业时间法》(1969 年 7 月 23 日生效)、《青少年劳动保护法》(1976 年 4 月 12 日颁布) 等。这些法律主要包括以下内容：(1) 每日工作时间不得超过 8 小时。经企业委员会同意后，全年可有 30 天时间延长工作时间，但每天延时不得超过 2 小时。(2) 除特殊情况外，节假日一般不得工作。(3) 禁止青少年从事夜间及节假日工作。(4) 成年雇员每年享受不少于 18 天的带薪休假，青少年享受不少于 24 天的带薪休假。

德国劳动时间的变化表现出以下特点：

(1) 劳动时间逐渐缩短。这源自社会各界的努力，特别是工会的争取。1825—1990 年，德国的周工作时间变化如表 4-3 所示。

表 4-3　　1825—1990 年德国周工作时间变化表

年份	1825	1875	1900	1913	1932	1941	1950	1960	1970	1980	1990
周工作时间 (小时)	82	72	60	57	42①	50	48	45	41	40	38.5②

①1932 年周工作时间为 42 小时是因为当时正处于经济危机时期。

②自 1990 年起，在五金业和印刷业逐步实行 35 小时工作周。

资料来源：星期天报，1990-04-25.

另外，1850—1983 年，德国劳动时间与非劳动时间的变化如表 4-4 所示。

表 4-4　　1850—1983 年德国劳动时间与非劳动时间的变化表

年份	1850	1875	1900	1925	1950	1975	1983
全年劳动时间 (小时)[a]	3 920	3 780	3 485	2 910	2 640	1 830	1 769
除睡眠时间外的全年非劳动时间 (小时)[b]	1 920	2 060	2 355	2 930	3 200	4 010	4 071

说明：a 项与 b 项之和为 5 840 小时，即从年全部时间 8 760 小时 (24 小时/天×365 天) 中减去全年睡眠时间 2 920 小时 (8 小时/天×365 天)。

资料来源：时间周刊，1984-04-27.

从表 4-3 和表 4-4 可以看出，除了 1932 年受世界性经济危机的影响外，德国的工作时间并没有随经济发展的周期而上下波动。这与美国不同。

(2) 集体合同的规定高于国家的法律规定。在德国的历史上，工会运动不仅直接影响国家有关工作时间的立法，而且某些势力较大的行业工会有时与雇主谈判签订集体合同，以规定本行业雇员实行优于国家法律规定的工作时间制度。在 19 世纪工业化初期，工人每周工作 6 天、82 小时，平均每天工作 14 小时。1900 年，经过工会斗争，每日工作时间缩短至 10 小时。1918 年，法律规定每周工作 48 小时。直到 1953 年，劳资签订的集体合同规定每周工时仍是 48 小时，但同年，工会联合会已开始提出 40 小时 5 天工作周的要求。1956 年，五金行业将每周工作时间从 48 小时缩短至 45 小时。同时，五金工会系统在一个区签订了第一个 40 小时工作周的合同。1979 年初，五金工会组织钢铁工人大罢工时的要求之一就是实行 35 小时工作周，结果劳资双方以延长休假作为妥协。1982 年，工会联合会提出 35 小时工作周的要求。1985 年，五金工会又提出实行 35 小时工作周，并于 1995 年在印刷和五金行业实行。

(3) 年休假是缩短工作时间的另一种主要手段。德国职工在实行 40 小时工作周的同时，还通过签订集体合同使每年的带薪休假时间不断延长，以达到使实际工作时间逐渐缩短的目的。1933 年以前，五金工人每年只有 3 天带薪休假，1933 年以后延长到 6 天。1945—1962

年，根据工龄的长短，五金工人每年可享有15～21天的带薪休假，1980年延长为20～29天，1982年起为30天。职工在休假期间除工资照发外，还能领取一定的休假补贴，1965年休假补贴为本人月收入的30%，1974年增加到50%。

三、日本的劳动时间

日本劳动者的年工作时间在发达国家中一直是最长的。据《劳动白皮书》披露，1960年是2 432小时，1970年是2 252小时，以后年份的数据见表4-5。

表4-5　部分发达国家制造业生产劳动者年总实际劳动时间的比较　单位：小时

年份	日本	美国	英国	德国	法国
1972	2 221	1 960	1 986	1 775	1 938
1975	2 043	1 888	1 923	1 675	1 830
1980	2 162	1 893	1 883	1 719	1 750
1985	2 168	1 929	1 910	1 663	1 644
1988	2 189	1 962	1 948	1 618	1 682
1990	2 124	1 948	1 953	1 598	1 683
1993	1 966	1 976	1 902	1 542	1 679
1995	1 975	1 985	1 943	1 550	1 680
1996	1 993	1 986	1 929	1 517	1 679

说明：1990年以前为前联邦德国的数据。

资料来源：日本劳动省．劳动白皮书．1998.

实际休假率低和加班加点较多是造成日本劳动者劳动时间较长的直接原因。对此，其他发达国家颇有微词。日本缩短劳动时间的主要阻力来自企业和雇员自身，许多雇员都自愿延长劳动时间。经多年努力，情况有所改观。日本1987年修订的《劳动标准法》规定，劳动者的工作时间每周不得超过40小时，每天不得超过8小时（特殊情况例外）（第32和33条）。同时，该法第131条又解释说，周40小时工作时间的规定指的是在40～48小时幅度内由国家命令专门规定的时间。政府应考虑劳动者的福利、劳动时间的动向及相关情况，通过国家命令的形式分阶段缩短工作时间，以迅速实现周40小时的目标。根据1992年8月劳动省修改的《关于劳动时间的暂行措施和政令》的规定，从1992年9月1日起，法定工作时间为周44小时，少数特殊单位从1993年4月1日起实行周44小时工作制。公务员从1992年5月1日起实行5天工作制。1990年，日本包括渔业的实际周工时为39.1小时，不包括渔业的成年雇员的周工时为39.5小时。

日本的工作时间表现出以下特点：

（1）传统文化对实际工时影响很大。日本人一向以勤劳、刻苦、进取而闻名。激烈的竞争又使人们养成了上进心强、不甘落后的性格，因此许多人主动放弃休假，且乐于加班。

（2）工作时间的长短因企业的大小而不同。日本大企业的工时在20世纪90年代初已经缩短到每年2 000小时。但是，中小企业的工时则要长一些。这是因为中小企业的许多业务是承揽大企业的加工订货，需灵活应对市场的结构性变化或周期性变化，其管理人员和工人不得不随时处于临战状态。此外，政府机关和一些大银行根据劳资双方的协议，以倒休的方式实现了个人的每周休息两日制。

(3) 工作时间参与劳动力市场的调节，与经济周期同步变动，呈现出周期性。这一特点主要表现在加班加点的变动上。日本每周的工作时间比欧美等国灵活得多。由于日本企业多实行实际上的终身雇佣制，因此日本的失业率受经济周期波动的影响不大。为了适应经济变动的状况，日本的企业总体上把调整劳动时间作为调整劳动投入量的主要工具。因此，日本的劳动时间同其他发达国家相比还有一个显著特点，即波动比较大。

1975 年，日本制造业工人平均年工作时间为 2 043 小时，相比之下，同年英国同行为 1 923 小时，美国为 1 888 小时，法国为 1 830 小时，联邦德国为1 678小时。日本比工作时间最长的英国多 120 个小时。到了泡沫期，许多公司因工作性质或出于管理等方面的考虑，并不愿意过多地使用女性短时间受雇者及其他非正式雇员。在难以招募到合适的雇员时，这些公司不得不利用延长工作时间的办法弥补空缺。1988 年，日本制造业工人的年工作时间增加到 2 189 小时；同期英国和美国略有增长，英国为 1 962 小时，美国为 1 961 小时；法国则大幅缩短至 1 647 小时；联邦德国略有缩短，为 1 624 小时。日本比工作时间最长的英国多 227 个小时。这个数字比 1975 年提高了 107 个小时，是 1975 年的 1.89 倍，增幅非常大。

泡沫破灭后，经济长期萧条，在失业率上升的同时劳动时间大幅缩减。1996 年制造业工人的年工作时间已降至 1 993 小时，比 1998 年减少了 196 小时，减幅达 9%。

四、中国的劳动时间

新中国建立后，我国绝大部分行业实行 48 小时工作制。20 世纪 50 年代，我国发布了一系列规定，对从事特别繁重或有害健康的工作的职工，实行缩短工作日的制度。缩短工作日的工作时间应为 7 小时或 6 小时，如矿山、井下、化工等行业的有毒有害工种。在化工行业曾部分实行了年休假制或每周两天休息制（有的实行一段时间后被取消）。

纺织行业在 1979—1980 年间逐步实行了“四班三运转”工时制，这样工人每周工时从 48 小时下降到 42 小时。这不仅提高了设备利用率，而且有利于劳动者的全面发展。

1993 年我国工人的年平均工时为 2 448 小时。

我国国务院于 1994 年 2 月发布《关于职工工作时间的规定》，将我国已实行 40 余年的 48 小时工作周缩短为 44 小时。《中华人民共和国劳动法》制定时确认了此项工时改革的成果，规定“劳动者每日工作时间不超过 8 小时，平均每周工作时间不超过 44 小时”。此后，国务院又于 1995 年 3 月作出决定，进一步缩短工时，实行 5 天工作制（40 小时工作周），于同年 5 月 1 日起施行，施行有困难的企业可延期至 1997 年 5 月 1 日起施行。《中华人民共和国劳动法》在工作时间制度上的另一重要规定是，限制加班加点以保护职工的身体健康。法律规定，企业因生产经营需要进行加班加点时，在程序上要与工会和职工协商，在数量上要有所限制（即每日不得超过 1 小时，特殊情况下不得超过 3 小时，总计每月不超过 36 小时）。同时，企业加班加点须向劳动者支付不低于工资的 150%～300%的劳动报酬。

◆ 本章小结

本章把劳动时间作为分析经济活动的一个重要的支点，从劳动时间的计量入手，围绕劳动力市场和劳动力的供求，分别从劳动力供给者和劳动力需求者的立场，介绍不同类型的劳动时间及其相应的劳动时间供给效果等方面，以及劳动时间在劳动投入量和劳动投入过程中的作用、劳动时间与经济状态的关系，并且简要地介绍、分析了包括中国在内的几个有特点的国家与劳动时间有关的情况。

◆ 关键词

劳动时间　　劳动投入量
准固定成本　　集体作业
制度劳动时间　　余暇时间

◆ 复习与思考

1. 劳动时间有哪些类型？不同的劳动时间分别对劳动力的供需有什么影响？
2. 讲述劳动时间的主要功能与特点。
3. 分析劳动时间与劳动投入量的关系。
4. 分析在劳动力供需双方眼中，劳动时间的主要差异。
5. 分析弹性劳动时间发展的社会经济原因。

第5章 生命周期与劳动参与决策

在人生中的一些重要阶段，人们必须对其未来进行某种与就业相联系的重要选择。首先，在义务教育终结时，必须决定是继续上高中还是就业。一些贫困家庭的孩子甚至在未能接受全部义务教育之前的某个时候，就为生活所迫而以某种形式参加了有酬劳动。继而，在高中毕业时，必须决定是上大学或专科学校，还是选择就业。此后，随着年龄的增长，人们要结婚、生育。特别是在生育之时，更要面临与工作有关的个人决策。一旦在某处就业，是长期甚至一生在那里工作，还是中途转换工作单位（跳槽），或者暂时辞去工作，或者干脆彻底离开劳动力市场。人们在多次进行类似的选择中，渐渐地上了年纪，在老迈之后，又必须决定什么时候退出劳动力市场。在这方面，既有在达到制度退休年龄时按期退休者，也有在此前就提前退休者，还有到了制度退休年龄后利用其他相关制度，在原单位继续工作或者转换到别的单位再就业者。

上述情况表明，人生与就业相关的选择是不可避免的。在人生的不同阶段，人们想些什么，如何进行选择？在经济发展的带动下，这些问题是如何变化的？结婚、育儿、养老决策等命题，过去是专门由社会学、人口学等学科来研究、考察的，但是近年来，经济上的考虑对这些领域的决策的影响越来越大。因此，在经济学领域，对这方面的问题也展开了研究。家庭经济学就是在这一研究的过程中发展起来的一门学问，劳动经济学则是重点参与研究、考察的经济学学科之一。

结婚、生育，乃至上学、就业、转换工作单位等行为，都会受到人们价值观变化的影响，也就是说，行为的变化是思维方式变化的结果。人们在预测未来时的思维方式是怎么变化的？未来将会怎样变化？为了理解这些问题，必须了解变化的机制。就一般情况而言，经济因素在人们思考问题、做出决策时的影响力是巨大的。经济的变化、景气的状况改变着将人们卷入其中的制约条件，进而制度与政策的变更改变着人们的行为。

本章将从经济学角度说明人生各阶段与就业相关的选择决策，政策与制度会给这些选择决策带来什么影响等。

第1节　生命周期的变化

首先，需要明确，本书所说的生命周期系指与就业密切相关的人生各重要阶段，因此也可以称为劳动力供给的生命周期。在人生的不同时期，人们参与社会劳动的生产率，即市场生产率（工资）与家务劳动生产率是不同的。为了获得比较收益的最大化，如果条件允许（例如，假定劳动力市场随时可以容纳愿意就业的人），人们在其生活的不同时期提供给劳动力市场的劳动时间的数量是不同的。

其次，可以看到，包括中国在内的很多国家与过去相比，人们的生命周期发生了很大的变化，在结婚年龄后移、生育率下降的同时，平均寿命大大延长，如表5-1、图5-1所示。

表5-1　　**人口平均预期寿命变化表**　　单位：年

时期	世界	日本	中国	美国
1970—1975年	58.0	73.3	63.2	71.3
1980—1985年	61.3	76.9	66.6	74.5
1990—1995年	64.1	79.5	68.4	75.7
2000年	66.8①	81.1	71.4	77

① 该数据为2003年数据。

资料来源：1995年以前的数据来自日本总务厅统计局：《世界统计（2000）》；2000年以后的数据来自《国际统计年鉴（2005）》（北京：中国统计出版社，2005：128）。

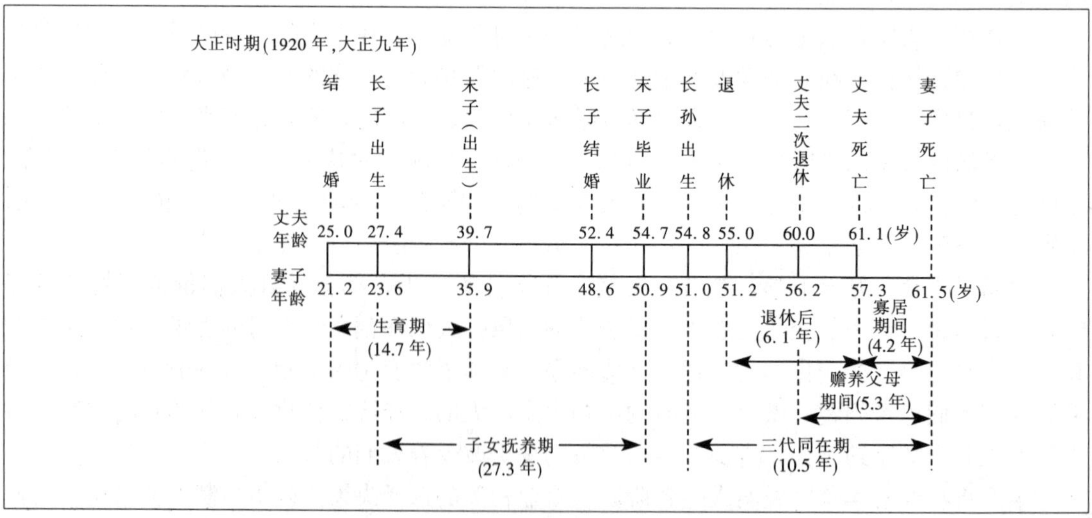

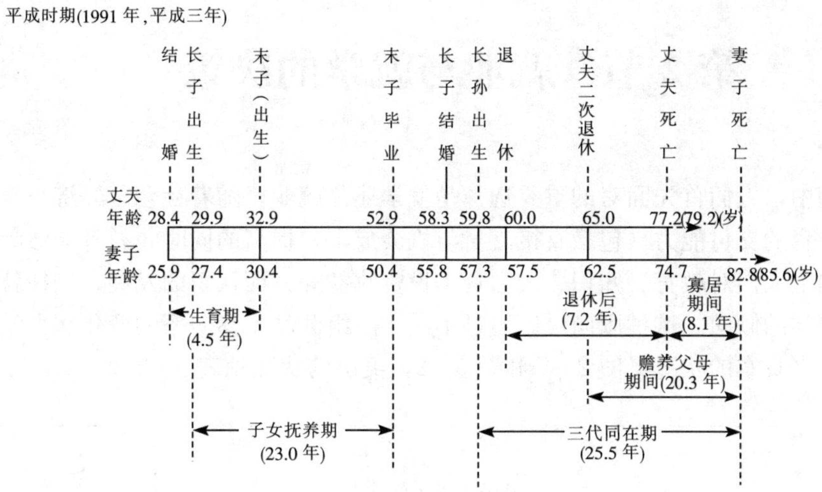

(a) 日本人的生命周期

说明：a.日本大正时期的资料来自大正九年前后的数据。

b.出生间隔是组群数据，其他均为时点数据。

c.夫妻的死亡年龄是各自的平均初婚年龄加上结婚时的平均寿命算出的。所以，要注意本模型中如寡居期间等和实际情况不完全吻合。

d.平成三年的模型中，丈夫和妻子死亡年龄的括号内的数字，是夫妻两人在平成三十七年 (2025 年) 的期望寿命。

资料来源：日本厚生省：《厚生白皮书 (1992)》。

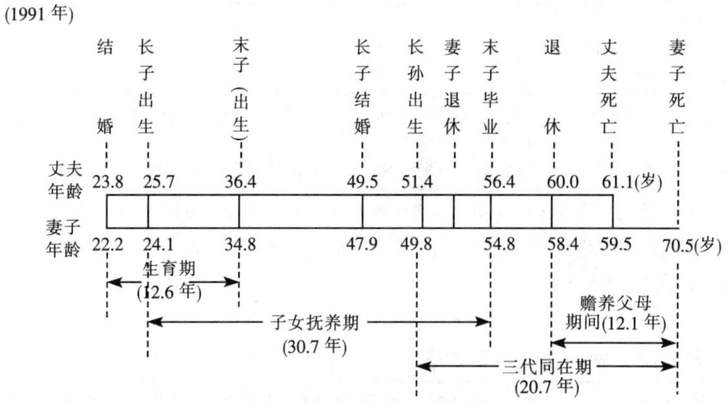

(b) 中国人的生命周期

说明：在中国，制度规定的女性退休年龄为干部 55 岁，工人 50 岁，但现在实际上有很多人由于各种原因提前退休 (男性也有很多人提前退休)。

资料来源：初婚年龄、生育时间数据来自蒋正华、张二力、陈胜利：《1992 年中国生育率抽样调查报数据集》 (北京：中国人口出版社，1993)；平均寿命 1991 年的数字取自日本总务厅统计局：《世界统计 (2000)》。

图 5－1　中国人和日本人的生命周期

图 5－1 和表 5－1 的数据表明，人们的平均结婚年龄、生育年龄在延后，平均寿命在延长，生命周期也在发生变化。这些因素的变化对人口的劳动参与决策产生了重大的影响。平均寿命的延长增加了人们的可支配时间，也延长了许多人参与市场性劳动的时间。

第 2 节　就业与就学的决策

在生命周期中，人们首先面对的重要选择是就学还是就业。随着社会、经济与教育的发展，在人们对教育的支付能力（包括直接支付与机会成本）提高的同时，教育能够吸纳更多的求学者，再加上人们对教育、知识、人力资本投资收益等方面认识的发展，选择就业的年龄出现了向后推移的倾向。这种倾向可以通过不同年龄组劳动力参与率的变化和大学入学率的变化显示出来（日本的状况见图 2-7 和图 5-2，美国的状况见表 5-2）。

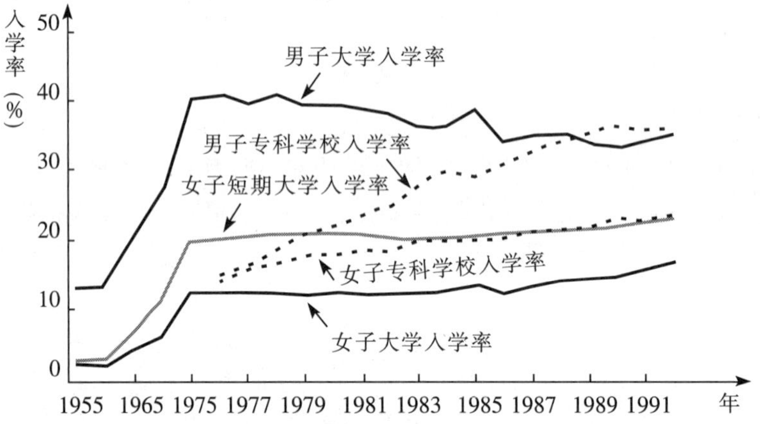

图 5-2　日本大学、短期大学、专科学校等入学率

说明：大学入学率及短期大学入学率由 3 年前初中毕业生数除以四年制大学、短期大学本科入学人数求得。专科学校的入学率用当年高中毕业生数除以专科学校、各种公共职业培训学校入学人数求得。

资料来源：日本文部省．学校基本调查报告．

表 5-2　1970—1993 年美国大学毕业生与高中毕业生之间的工资报酬差距与大学入学率的变化

年份	大学入学率（%）	大学毕业生与高中毕业生（男性）的平均工资报酬比率*（%）
1970	55.2	1.38
1975	49.0	1.16
1980	46.7	1.19
1985	58.6	1.27
1990	57.8	1.48
1993	59.7	1.54

*年龄段为 24～34 岁，所截取数据为各自毕业后的早期年份。

资料来源：伊兰伯格，史密斯．现代劳动经济学——理论与公共政策：第六版．北京：中国人民大学出版社，1999.

但是，就业年龄向后推移是有条件的。(1) 这种推移是有极限的。人们接受教育活动最终要与参加有酬的社会劳动联系在一起，接受学历教育的活动总有终结之日，接下来便是就业。(2) 如前所述，学历教育的发展要受到社会、经济发展的制约，大学入学率的提高在经济与高等教育大发展的时期可能更快，但并不是在任何时期都能保持提高的态势。在经济和高等教育调整期，大学入学率还有可能下降，这意味着就业年龄前移。美国、日本等国的例子可以说明这一点。

从图5-2中可以看到，四年制大学的入学率在日本经济高速增长时期（1955—1973年）大幅上升。但是到20世纪70年代后半期，这种趋势发生了变化，出现了男子入学率逐渐下降、女子入学率停滞不变的现象。另外，专科的入学率却在男子四年制大学入学率逐渐下降时一直处于上升之中，特别是男子的专科入学率上升速度很快。

入学率为什么会出现上述变化呢？这可以从教育服务的需要者——学生的立场来分析。对于为什么要上大学，从经济学的角度考察有两种观点：一个是把大学教育看做人力资本投资，另一个是把大学教育看做消费。前者是通过受教育（支付费用）对未来能够获得更大收益的预期，为此有必要放弃现在的收入机会（就业）；与此相对，后者则是与未来无关的，它是为了提高现在的效用（例如，某些人上大学是因为大学的氛围能给他们带来快乐）而支出教育费用，推迟就业。把上大学作为投资加以考虑时，如果因大学教育所能带来的预期内部收益率高于市场利率，希望升入大学的人数便会增加。显然，在经济繁荣时期，人们对内部收益率的预期会大大提高，图5-2中日本的大学入学率的高速增长时期与日本经济高速增长时期（1953—1973年）基本重叠的事实就说明了这一点。另外，如果预期市场上的大学毕业生的职业生涯累计收入高于高中毕业生（当然，这种预期很难做到十分精确），这种收入差距也有支持大学入学率上升的作用。例如，美国男性高中毕业生的大学入学率在1970年是55.2%，到1980年时下降至46.7%，1993年时又反升到59.7%。与这些数据相对应，大学毕业生与高中毕业生（24～34岁）的平均工资报酬比率呈正向变化。

把大学教育当做消费看待时，与其他消费需要相同，家庭收入和相对价格的变化会对人们参与大学教育的愿望造成影响。近年来中国大学入学率的提高正是在中国家庭实际收入不断增加的支持下实现的。值得注意的是，入学率的提高是在大学教育从免费到收费，并且收费逐渐达到较高水平的环境下形成的。这意味着，相对价格（学费等支出）的上升对大学入学率下降的压力弱于中国家庭实际收入增加、中国人对人力资本投资认识的迅速提高以及家长对子女成才的期望不断提升等非经济因素对大学入学率上升的推力。

日本家庭实际收入的上升在20世纪70年代后期趋缓。如果相对价格可以由作为消费者物价的学费等的比率求得，那么，奖学金的减少，特别是国立大学学费大幅上升必然导致大学教育需求的萎缩。另外，高中毕业后为取得某种职业技能资格，在专科学校接受职业教育的人在不断增加。日本与一些欧洲国家一样，为了消除因技能不足而失业的发生，政府提供培训费支持年轻人在专科学校接受教育，这也是专科学校入学率上升的原因之一。

第3节　结婚生育决策

一、结婚与生育年龄的变化

中国育龄妇女的初婚和生育年龄有一种逐渐后推的趋势（见表5-3）。结婚和生育年龄的变化对女性劳动参与决策的影响远大于它对男性劳动参与决策的影响程度，尤其总和生育率大幅下降对中国女性劳动时间的增加起到了很大的推动作用（见表5-4）。

表5-3　中国育龄妇女平均初婚年龄和生育年龄

年份	初婚年龄（岁）	生育年龄（岁）
1983	21.8	—
1984	21.7	—
1985	21.7	—
1986	21.8	23.8
1987	21.9	23.9
1988	21.9	23.9
1989	22.0	24.0
1990	22.0	23.9
1991	22.2	24.1
1992	22.6	24.6
1993	22.7	—
1994	22.7	—
1995	22.9	—
1996	23.2	—
1997	23.4	—
1998	23.6	—

资料来源：1983—1992年的平均初婚年龄和生育年龄数据来自蒋正华、张二力、陈胜利：《1992年中国生育率抽样调查数据集》（北京：中国人口出版社，1995）；1993—1998年的平均初婚年龄数据来自国家统计局社会科技统计司：《中国人口（1998）》（北京：中国统计出版社，1999）。

表5-4　中国育龄妇女总和生育率变化状况（%）

年份	1970	1975	1980	1985	1990	1995	2000	2005
总和生育率	5.81	3.57	2.24	2.2	2.31	1.86	1.68	1.33

资料来源：1990年以前的数据来自李建新：《转型期中国人口问题》（北京：中国社会科学文献出版社，2005：117）；1990年以后的数据来自翟振武、陈卫：《1990年代生育水平研究》（载《人口研究》，2007（1））。

二、家庭生产函数

下面讨论婚姻、养育子女的经济性决策问题。进行这些讨论之前，首先需要了解对理解家庭经济行为有益的概念——家庭生产函数。

与企业生产财富、提供服务一样，在家庭中也存在着供自家消费的财富和服务的创造以提高效用的考虑。以家庭炊事为例，购入蔬菜、肉蛋、米面、油盐等，使用灶具、炊具在家做饭，其产品——做出的饭菜是供自己食用的消费品。从投入劳动（家务劳动）与资金（购买蔬菜、肉蛋、炊具等的费用），生产出产品（饭菜）的活动的角度去考虑，这与企业的生产活动相似，这种活动可以用生产函数去把握。

家庭经济（此处指以家庭内部消费为目的的家庭生产活动）有很多生产方法可供选择。假定条件许可的话，可以有完全自给自足的方式，也可以有完全利用外部服务的方式。在这两种极端的方式中间，人们可以选择更多的自制还是更多的购买，从而形成多种组合。在这些组合中，一般来说，越接近完全自给自足的方式，所需要的家务劳动越多，而支出的货币越少；相反，越接近完全利用外部服务的方式，所需要的家务劳动越少，但货币支出越多。雇用保姆等家政服务人员承担家庭成员的家务劳动，可以看做购入市场的服务换取自己家务劳动时间的减少。

总之，人们具有自己长时间进行家务劳动和从市场上购买更多的物品与服务以减少家务劳动的相当广阔的选择空间。如果家务劳动时间不变，同时购入更多的物品与服务，便可以获得更多的消费品，从而提高效用水平。如果物品与服务的购入量不变，增加家务劳动时间也可以获得更多的消费品，效用水平也可以得到提高，但此时余暇时间减少，伴随余暇时间而来的效用会下降。

过去，经济学家只把人们所拥有的时间划分为市场性劳动时间和除此之外的时间——余暇时间。如果把市场性劳动时间之外的时间再进一步分解，划分为家务劳动时间和余暇时间，其中余暇时间的增加与效用的提高相关联，但家务劳动时间的增加本身则与效用的提高无关，在这样的前提下，余暇时间如果也同时作为可选择的因素，利用家庭生产函数就可以同时说明劳动力供给、家务劳动时间、消费结构三个问题。在这里，设市场性劳动时间为 h，家务劳动时间为 n，余暇时间为 l，总时间为 t，从市场购入的物品与服务为 q，其价格为 p，工资率为 w，那么，家庭生产量 x 作为家庭生产函数可以用下式表示：

$$x=f(q,\ n) \tag{5-1}$$

式中，q 的增加表明在家做饭时更多地依赖加工食品的方法；n 的增加则表明朝相反的方向变化的方法。可以消费的家庭生产量 x 越大，余暇时间 l 越长，效用水平越高。于是，可以导出下面的效用函数：

$$u=g(x,\ l) \tag{5-2}$$

用时间约束式（5-3）、收支平衡式（5-4）进行制约，为使效用最大化求解 h，n，l，q，便可导出最佳市场性劳动时间、家务劳动时间、余暇时间以及消费结构。

$$t=h+n+l \tag{5-3}$$

$$hw=pq \tag{5-4}$$

另外，家用电器性能的提高和功能的拓展，可以提高家务劳动生产率，节约家务劳动时间，这意味着式（5-1）中的 n 的缩短。食品、服装、家具等家庭生活用品的市场生产成本如果能够在企业的经营过程中下降，则意味着 p 的下降，并造成 q 的增加。家庭生产函数能够说明由于技术创新和工资率的变化，家务劳动与市场性劳动的分工是如何变化的，即该函数能够说明劳动力供给、家务劳动时间、消费结构的变化。

三、婚姻的经济性决策

经济学是一门关于收益与成本的学问，考察婚姻的经济意义在于比较婚姻所带来的收益与成本。当然，这里的收益与成本并不应仅指能够用金钱衡量的东西，还应包括一切能够影响效用水平的内容。

在自然经济的大家族主义时代，家族的继承与发展是社会问题的重要内容。总体上说，婚姻是不能依当事人个人意愿来决定的。随着经济的发展和产业结构的变化，自然经济的比重不断下降，大家族主义的观念逐渐淡化，婚姻的决策逐渐成为当事人个人的事情。

对个人而言，婚姻的经济意义究竟是什么呢？

首先，由于婚姻所形成的夫妻共同生活，两人的平均生活费用与独身一人时期相比可能有所下降。这种下降源于分工的收益和规模经济带来的好处。例如，准备两个人的晚餐，制作时间并不需要加倍。

其次，长期以来由于多方面原因，造成两性在家庭内外的生产率上存在着很大差距。在婚姻所形成的共同生活中，夫妻双方很容易取长补短，发挥各自的比较优势。例如，丈夫更多地在外工作以获得更多的收入，妻子承担主要的家务以实现家庭生产率的提高，正是历史上大多数家庭经济所采取的普遍模式。甚至是现在，很多地方仍然以这种模式为主。

与过去相比，如今女性的受雇机会大大增加，在经济上不再依赖丈夫已成为可能。伴随着家庭收入的提高、家用电器性能的扩展、家务劳动社会化的发展，家务劳动可选择的方法组合大大增加。结果，男女两性工资性收入的差距和家庭生产率的差距缩小，婚姻所带来的比较优势逐渐减少。

从另一个角度来看，可以认为，女性工资收入的上升、可替代家务劳动的商品（包括各种服务）价格的下降等是将过去仅限于夫妻之间的那种分工、规模、比较优势的经济性，通过市场向社会、向更多的人扩展的结果。这与家庭内外分工的进展、未婚率的上升、参与市场性劳动的女性增多等现象是同时产生的。

在婚姻活动中，存在着掌握对方信息不完全，或者是判断错误的情况。因此，婚姻并不一定都是成功的，这意味着结婚与参加市场性劳动的状态十分相似。人们用各种方法收集信息，但结婚仍然是一种高风险的行为。婚后生活一旦出现问题，就必须在心理和财产上支付很大的成本。这个成本越大，规避婚姻风险的人就越多。

如果是在不结婚就难以生活的时代，即使结婚是高风险的行为，人们也只能硬着头皮去做。但是，如果不结婚也可以生活得很好，那么，在向结婚对象索求条件提高的同时，推迟这种高风险决策的情绪的蔓延就是不难理解的现象了。

四、养育子女的经济性决策

在 18 世纪，人口的增减对于经济学来说曾经是一个很大的研究课题。伴随着经济的发展，制约人类活动的条件逐渐减弱，人口问题不再作为经济学的重要课题而备受瞩目。但是近年来，受到发达国家生育率下降和平均寿命延长，特别是低收入国家人口爆炸性增长的影响，经济学再次关注起人口问题。

西方经济学家使用现代分析工具解释人口经济问题。人口在决定一个国家粮食消费总量的同时，只不过是生产这些粮食的劳动力的供给源而已。在经济并不宽裕的时代，必须动员尽可能多的劳动力投入经济活动，因此可以说，劳动力参与率几乎达到 100%。

随着人口的增加，人类生存所需的最低限的粮食等生活必需品的需求量和由人类生产出来的供给量是如何变化的呢？

如图 5－3 所示，需求量是由人均最低生存需求量和人口数量决定的，并随着人口增加而成比例增加；供给量是在一定的生产技术条件下按收益递减规律变化的，与人口增加的比例无关，如图中的 OB 线所显示的那样，其增加量逐渐下降。在点 A 左侧，供给量超过需求量，人口出生率高于死亡率，人口增加，最终导致人口数量超过 P。但是，人口的数量不能长期处于 P 的右侧，因为超过 P 的人口增长将使人均供给量降至生存最低需求量之下，这会引起营养不良、死亡率上升、出生率下降，导致人口数量减少。静态（以劳动生产率不变以及总体营养状况不下降为特征）人口极限数量由 P 决定，能够产生合理的超越点 P 的人口数量的因素只能是如图中 OC 线所显示的供给量的增加，这种增加是由科技进步和资本积累所形成的劳动生产率的提高促成的。

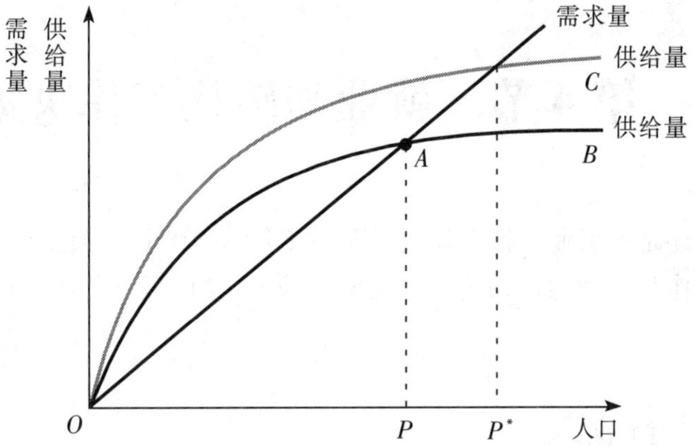

图 5-3　人口数量的决定

在经济不发达时期，孩子作为消费主体的同时，更易被当做未来承担生产活动的主体而受到强调，被当做增加家庭收入的一种投资的对象而被认同，或者被期望为家业的继承和发展的人才。但是，考察现在的发达国家可以看到，双亲既不寄很大希望于从子女那里获得收入，重视子女的继承者功能的人也不多。

西方学者注意到，存在着一种把子女看做提高父母的效用的耐久消费品，与其他消费品相同，要对拥有子女所能获得的收益和支付的成本进行比较，并导出对子女的需求函数的思考方式。

拥有子女能够得到什么？如果把子女作为投资品加以考虑，那么应该期望将来能够从子女处得到满意的收入（当然，不仅是货币形态的收入）；而作为消费品去认识，拥有子女能够提高父母的满足度。拥有子女的费用则是养育子女所需费用和养育子女耗费时间的机会成本之和。

养育子女需要多少开支、花费多少时间，并不能精确地进行计算。不过，人们可以感觉到，子女养育费用的增加已成为少生孩子的一个重要原因。教育的价格和与育儿消耗的时间相对应的工资率是社会制造的约束条件。但是，实际上消耗多少时间、支出多少费用则是由各个家庭自行选择决定的。

人们之所以要在养育子女方面耗费大量的时间和金钱，是因为父母都希望提高子女的素质。双亲根据自己的条件，在决定拥有子女数量的同时，还要尽量提高他们的质量。如果只能支付一定的费用、时间，人们就面临着是增加子女的数量，还是提高子女质量的抉择。子女的养育与母亲就业不是因果关系，而是通过时间与费用的分配，必须同时做出决定的问题。

如果是母亲负责育儿，那么父亲在工资率上升时使家庭收入增加，通过收入效应导致对孩子的数量与质量两个方面需求的扩大。但是，必须育儿的母亲在工资率上升时，因不能参加工作加大了机会成本，此时通过替代效应使人们选择少生育。这种相互抵消的收入效应与替代效应差额的大小，在其他条件不变时，决定着孩子的数量。实证分析的结果显示，在工资率高的高学历女性那里替代效应发挥着比收入效应更大的作用，因此她们的生育率低；而可以缩短母亲育儿时间的托儿园所、外部教育等服务越发达，且参加市场性劳动的工资率越高，则收入效应越强烈，导致对子女的需求量增加。

第4节　就业与转换工作决策

在做出就业还是不就业、换工作还是不换工作（本节把转换工作界定为脱离原单位的工作变换，转换工作是劳动力流动的一种现象）的决定时，是什么样的经济性动机左右着当事者呢？

一、期望总工资收入

人们在选择就业单位时，除了考虑自己的工作兴趣之外，就是工资、劳动时间、劳保福利等雇用（劳动）条件。此时考虑的劳动条件不仅是当时的状态，还包括未来的前景，即准备去就业的企业将来会怎么样，自己升职、加薪的可能性等。

那么，人们会考虑未来某一时点的状态吗？显然，这不是最重要的问题。即使有人会考虑，所考虑时点与现在的远近也会因人而异。如果是打算在某企业工作到退休的人，也许他会考虑该企业所规定的退休年龄和退休待遇。而那些不打算长期在某企业工作的人对远期雇用条件肯定不感兴趣，只打算临时工作半年的人，只有相应的半年期间的雇用条件是他所要考虑的内容。

未来各期期望工资收入除以现在的贴现率后得到的数值之和称为期望工资收入现值。对考虑遥远的未来的人来说，由于他们认为将来的钱与现在的钱在实际价值上没有差别，所以现在的贴现率是低的；而对只考虑当前的人来说，由于他们认为现在的钱比未来的钱实际价值高，所以现在的贴现率高。在选择就业单位时，用现在的贴现率除期望工资收入总额的现值与劳动时间同时起着重要的作用。决定是否转换工作与选择就业是相同的。人们经常在预测从现在到退休这一期间在现工作单位继续工作将获得多少收入和转换工作单位将会怎么样之间进行比较。当然，在决定是否转换工作时，人们还要考虑诸如企业文化、人际关系等情况。不过，似乎很多人即使对其他状况不那么满意，但只要工资足够高，也愿意做出继续工作下去的选择。一般情况下，工资较高的单位，员工的流动率比较低。

期望工资总额与企业的未来发展共同受到企业薪酬体系的影响。如果某企业的薪酬体系显示，虽然该企业员工现在的工资水平与其他企业相同，但随着本人工龄的增长，将来工资会有比在其他企业更大幅度的上升，员工就可以做出自己将来也能够获得比其他企业中相同员工更高工资的判断。这种工资与企业工龄有密切关系的工资体系必然会与工资水平共同对工作转换率形成很大的影响，特别是对那些已经长期以及准备长期在一个企业工作的人的转换工作决策影响更大。

辞去工作以后，是马上寻找新的工作，还是暂时退出劳动力市场在家赋闲一段时间？期望工资总额是影响人们选择的重要因素。下面以不同学历的女性就业行为为例加以说明。

看一下女性的劳动力参与率。在美国，高学历女性的劳动力参与率明显高于低学历的女性。如果她们是为了提高将来职业上的能力而上大学，那么她们的高劳动力参与率是当然的结果。在日本，从已婚女性的情况来看，因学历而形成的劳动力参与率的差别并不明显，但这并不表示不同学历者在就业行为上没有差别。日本女性中的很多人在结婚、生育后要中断就业，回家做一段时间专职家庭主妇，孩子大了以后再出来工作。而高学历的女性中断就业者很少，她们一旦辞去工作，一般就安心地做专职家庭主妇，与低学历的女性相比，再度走上社会重新就业的人并不多。也就是说，日本的高学历女性在就业问题上分为两种类型，一种是在一个企业中长期工作，另一种是一旦辞职基本上就不再出来工作。这两种类型的出现既有丈夫收入状态的影响，也有因学历而形成的工作结构的影响。

低学历的年轻女性原本工资不高，因结婚、生育而辞掉工作，以后再就业时的工资也不会有所下降。但是，高学历的女性再就业时的工资却往往有很大的下降。所以，对高学历女性而言，暂时性的辞职回家与永久不再就业两种选择都和一生的收入大幅下降相关。这样，一方面促使那些想在育儿阶段过后仍然出来工作的高学历女性，因担心再就业的雇用条件与原雇用条件相比下降太多，而对辞职只好采取比低学历女性保守的态度；另一方面造成很多高学历女性辞职后不再重新出来工作，从而降低了高学历女性的劳动力参与率。

中国的劳动统计中，尚无分性别、按学历划分的劳动力参与率指标。根据《中国人口统计年鉴》，我们计算得到了1995年中国女性按学历划分的劳动力参与率的比较精确的数据，即大专以上为78.6%，大专以下为52.2%。① 显然，中国学历较高的女性劳动力参与率大大高于学历较低的群体，其原因大致与美国相同。

劳动时间的长短以及在多大程度上能够根据个人的需要取得休假，与工资一样对女性的离职率有很大的影响。如果继续就业，能否顺利地找到合适的保姆来帮助料理家务也是重要的问题。在日本，与父母同居的三代家庭或是与父母居住较近的核心家庭中的30多岁的女性劳动力参与率是相当高的。

二、信息的影响

在劳动力市场非均质，异质劳动力与异质雇用机会并存的情况下，调节供需的信息有很大的作用。从雇主方面来看，劳动力质量差距越大，劳动力质量的不确定性就越大，雇用机会越多；从劳动者的立场来看，与劳动力的质量和雇用机会有关的信息越丰富，劳动条件的不确定性越小。因此，为了减少不确定性，取得更大的收益，雇主和劳动者都要努力收集信息。

收集信息需要成本。成本可分为直接成本和间接成本。直接成本是求职活动所直接消耗

---

① 根据《中国人口统计年鉴》中1995年全国1%人口抽样调查数据计算得到。参见《中国人口统计年鉴（1997）》（北京：中国统计出版社，1997：82）；《中国人口统计年鉴（1999）》（北京：中国统计出版社，1999：75）；《中国人口统计年鉴（2000）》（北京：中国统计出版社，2000：80，90）。

的费用；间接成本则主要是为进行求职活动而牺牲的收入即机会成本。依据信息收集活动的次数或耗费的时间，能够测算信息收集活动的量。收集信息的期望边际成本作为直接成本，大小是一定的；作为间接成本，投入活动的时间越多，成本越高。

对于每一个寻找工作的人来说，从信息收集活动中所能得到的期望边际收入取决于他们如何认识市场工资率的分布。伴随求职活动的展开，求职者获得的信息不断增多，在主观判断的工资率分布下，通过新的求职活动发现高工资工作的可能性逐步减少。因此，期望边际收入随信息的增多而递减。

图 5-4 描绘了信息收集活动与期望边际收入之间的关系。它表明，随着信息收集活动的进行，期望边际收入 MR 递减，边际成本 MC 不变或递增。在此条件下，理性的行为主体在期望边际收入与边际成本达到一致之前，要不断地收集信息。

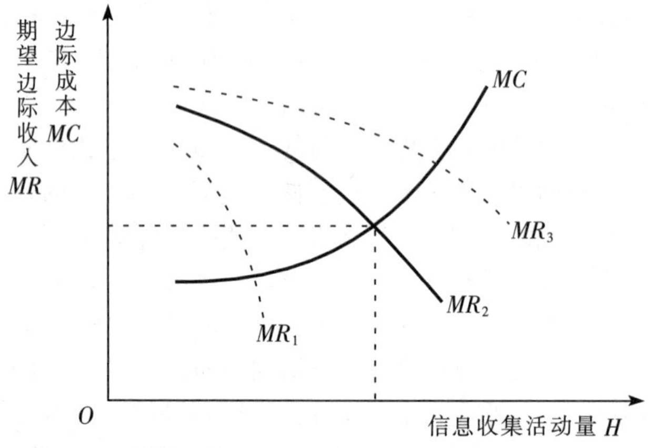

图 5-4　求职的边际成本、期望边际收入曲线

期望边际收入曲线依存于个人对市场工资率分布的主观判断，如果主观性工资率分布判断是获得高工资率的可能性很大，期望边际收入曲线就会处于 MR_3 这种高水平之上。此时，如果其他条件不发生变化，就会有比 MR_2 多的求职活动。可以预期，在市场信息比较多、主观性工资率分布的分散性不大的场合下，由求职决定的期望边际收入将像 MR_1 所示的那样急速下降。期望边际收入是求职活动的重要决定因素，但必须注意，其位置与形态是受市场上信息活动以及如何得到信息之类的技术与制度方面的条件制约的。

另一个重要因素是劳动者的最低供给价格。以求职活动取得的信息为根据来决定是否就业，依赖于劳动者具有怎样的最低供给价格。最低供给价格的高低不仅是就业与否的决定因素，而且影响求职活动。如果最低供给价格很高，通过求职活动找到工资更高的工作的可能性就不大了，求职活动因此减少。

最低供给价格的主要决定因素是每个劳动者固有的收入-余暇偏好。换言之，在主体均衡分析的结构中，劳动者的最低供给价格最终取决于劳动力市场上需求方面的变化和独立的供给主体的偏好。求职意味着不均衡的调整过程，因为在面对同等劳动的工资中具有主观性分布，其本质上就是不均衡的。在这种不均衡的状态中，劳动者的最低供给价格当然要受求职过程中得到的信息的影响。例如，随着信息的积累，当劳动者知道只有比最初希望的工资低得多的工作时，或者相反，存在着很多高工资的工作时，最低供给价格便有了变动的可能性。

如果劳动力供给行为是在伴随找工作而来的这种能动的修正或调整的条件下进行的，会给工资差带来什么影响呢？这可以用图 5－5 来解释。

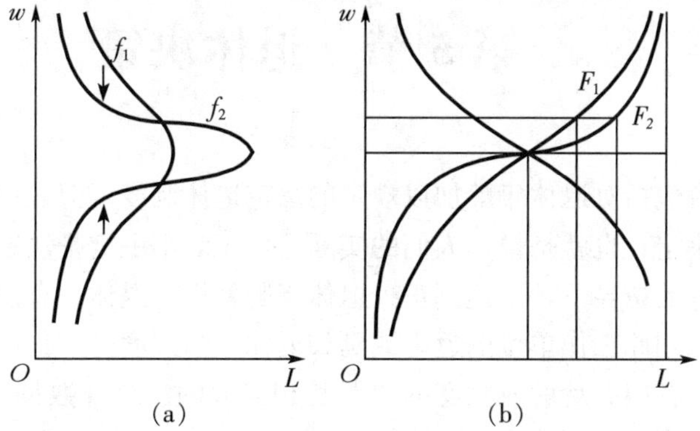

图 5－5　求职活动对工资差的影响

图 5－5（a）显示了劳动者的最低供给价格的频度分布。假定 f_1 为求职活动进行前的分布状态。由于劳动力是异质的，雇用机会是多样的，因此需求方面面对比较大的不确定性。

通过求职，有关劳动条件的信息逐渐增多，主观上过高评价自己的市场价格的劳动者随着更多信息的掌握不得不向下修正这一评价，而过低评价自己的人将向上方进行修正。通过这种修正，最低供给价格的频度分布便形如 f_2。

图 5－5（b）以累积频度分布形式表现了最低供给价格的分布。通过求职收集的信息频度分布使累积频度分布的形状从 F_1 变成 F_2。由于累积频度分布表明了劳动力市场上劳动力供给曲线的形态，因此这一变化意味着劳动力供给对于工资来说变得更有弹性。也就是说，通过寻找工作，劳动者若占有了更多的劳动力市场信息，可以预料劳动力市场将更具有竞争性，垄断性的企业利润将受到遏制，劳动力市场上资源分配的效率将得到提高。

信息的不完整性是影响工作转换决策的另一个重要因素。信息的不完整性对工作转换与参加工作的决策起着不同的作用。新毕业的求职者对任何企业的内部情况和将来的发展前景都很不了解。对于这些求职者来说，他们一般所能获得的只有十分抽象、零散的信息。因此，他们为了求得高工资，以及尽量减少企业未来发展的不确定性带来的风险，比较倾向于选择那些业绩好的、有名的大企业。

但是，转换工作时的情况就不一样了。考虑转换工作的人至少已经掌握了自己正在工作的企业的比较多的信息。即使对想进入企业的发展前景、自己的工作环境和晋升的可能性会有很多不透明的部分，也总是应该比对其他企业有更多的了解，因为他们为了转换工作，一般会尽量收集有关企业的信息。

在考虑转换工作时，必然要开展求职活动。不论是仍在原企业工作的同时进行求职活动，还是先辞掉原工作再去求职，都要支付求职成本。先辞后求型的方式需要投入比较多的无薪时间，如果把收入减少的部分作为机会成本加以考虑，显然成本会上升。即使找到具体的备选求职单位，为了估算期望工资总额，在掌握企业雇用条件的同时，还必须收集与企业内部信息和发展前景有关的尽可能真实、详细的信息。不论支付多少费用去收集信息，只要有偏差、遗漏，偏差和遗漏之处就要增加不确定性和增加不确定性带来的风险。如果不能指望对象单位所提供的纯利益超过原单位的纯利益加费用支出和风险溢价，人们是不会自主地做出转换工作决定的。

第5节　退休决策

很多国家都有包括对退休年龄加以规定的法定退休制度，但人们的实际退休之日并不都由法定退休制度决定，也就是说，人们的实际退休年龄不一定是法定退休年龄。有的人在提前退休优惠制度等的诱导下，未达到正式退休年龄就提前退休；有的人在正式退休后还要设法再就业，包括利用原工作单位的返聘或延长退休年龄制度。

从国际上看，各国高龄就业状态的差距是相当大的。统计数据表明，1993年60～64岁的男性劳动力参与率，法国为18.0%；德国为35.0%；新加坡为49.2%；英国为54.2%；美国为55.1%；韩国为71.0%；日本最高，达到75.0%。[①]

那么，真正意义的退休年龄（实际退休年龄）是由什么因素决定的呢？影响实际退休时间决策的因素除了个人或家庭的财富积累程度和工作兴趣之外，主要有养老金制度、社会经济环境、个人生理条件等三个方面。

（1）养老金的影响。这方面的影响以日本为例加以说明。在日本，对于60～64岁的人，有对应其收入年金数额减少的在职养老金制度。过去的养老金制度规定，养老金的减少率与劳动收入对应逐级变化。即把达到法定退休年龄后的劳动收入分成几个收入段，按不同的收入段，从低至高提高养老金的减少率。这与累进所得税有异曲同工之效，可以产生抑制老年劳动力供给的效果。为了减轻上述抑制效果，日本在养老金制度改革时，对收入进一步细分，使养老金减少率的变化趋缓。

（2）再就业机会多寡的影响。市场上总体就业机会的增减一般来说会对各个年龄层的就业产生影响。就业制度、雇用习惯、就业习惯等也会影响不同群体的就业水平。例如，我国劳动用工制度市场化以后，企事业单位获得了比较充分的用人自主权，企事业单位大量雇用了已经按退休制度规定退休了的人员。1993年日本的男性高龄劳动力参与率在世界上处于最高水平，这与日本当时失业率很低及日本男性有偏好工作的习惯有关。

（3）健康程度的影响。老年人的健康状况是影响老年人实际退休年龄的生理因素，也是影响老年人劳动力参与率最基本的约束条件。实际上，日本男性高龄劳动力参与率在世界上处于最高水平与日本男性的平均寿命比其他国家长（在世界上位列第二）有关。

上述各影响因素的作用机制和相互关系可以用微观经济学的理论加以分析。该理论认为，人们是以自己的效用最大化来决定实际退休时机的。

如果身体状况、就业形势及制度规定等条件许可，按照日本的养老金制度，选择晚退休一年，收入会发生什么变化呢？

首先，通过一年的工作，工资收入增加。一方面，养老金由养老金的定额部分、年平均

---

① ILO. Yearbook of Labor Statistics. 1993.

工资收入（调整了物价因素后的工作期间的年工资收入的平均值）、实际工作年限等因素决定。如果推迟实际退休年龄，上述实际工作年限增加，将增加养老金。另一方面，推迟实际退休年龄，如果工资降低，从而使年平均工资收入下降，又会减少养老金。上述增减效果哪一方更强，因不同的状况而异。另外，养老金还与工资收入挂钩减额给付。如果工资收入超过在职养老金的给付最高标准，养老金将减至零。

从法定退休年龄（例如 60 岁）到去世为止的预期余生收入（此处指工资收入加养老金收入）在法定退休年龄时点的现值，如图 5－6 所示，用曲线 *AB* 表示。曲线 *OI* 表示劳动收入。随着年龄的增长，工资率下降，用现在的贴现率除未来工资收入总值得到的各年工资收入也下降。因此，*OI* 曲线呈逐渐趋向平缓的态势。在工资收入之上加上养老金收入即为曲线 *AB*，可以将曲线 *AB* 看做约束线。

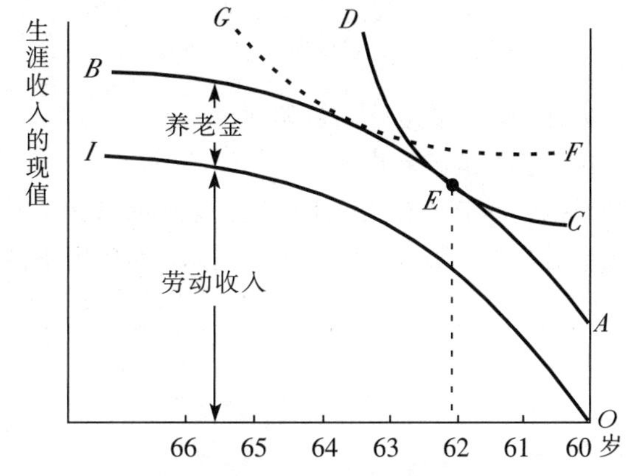

图 5－6　实际退休年龄的决定机制

如果实际退休年龄早，则延长了退休后的闲暇时间，效用提高。如果实际退休年龄推后，余生工资收入上升，也可以提高效用。可以用无差异曲线表示实际退休年龄和余生工资收入之间效用的相互替代。在图中，无差异曲线 *CD* 与约束线 *AB* 的切点 *E* 可创造最大的效用，点 *E* 的垂线与横轴的交点所表示的年龄可以认为是最佳退休年龄。如果养老金增加，约束线向右上方移动。由于收入效应的变化，人们将做出实际退休年龄提前的选择。如果工资收入上升，将如前面的劳动力供给分析所示，退休时间的决定会依从于收入效应造成的实际退休年龄下降和替代效应造成的实际退休年龄提高这两个正负效应冲突中作用力更强的那一方。

如果身体健康，不必在家休养，那么，推迟实际退休年龄所造成的效用下降的程度不大。因此，无差异曲线的斜率将如曲线 *FG* 那样变缓。结果，在相同的约束线上，健康人的实际退休年龄可以推迟。

我国在计划经济时期，退休制度在年龄的规定上除了工作身份（干部、工人）以及性别方面有所区别外，其他方面均是统一的。除个别因伤病等特殊情况经批准可以提前退休以及一些特别规定的人员可以推迟退休外，绝大多数工薪劳动者都必须遵照国家统一规定按时退休，退休人员也不可能重新就业。现在我国劳动者的实际退休年龄已有很大弹性，上面所讨论的几个方面逐渐成为人们选择退休时间的决定因素。

◆ 本章小结

在生命周期的各个阶段，人们不得不做出各种与就业相关的决策，包括就学、结婚生育、转换工作、退休等。随着生命周期的变化，人们的决策也会出现一些变化。对上述决策影响最大的是经济因素。经济繁荣程度与高学历者和低学历者劳动报酬的差距对大学入学率的影响，就充分说明了这一点。影响就业决策的因素还包括健康状况等。

◆ 关键词

生命周期	劳动参与决策
就业与就学决策	结婚生育决策
家庭生产函数	就业与转换工作决策
期望工资总收入	求职
退休决策	

◆ 复习与思考

1. 何谓生命周期？近几十年来其变化趋势如何？
2. 影响就业与就学选择决策的因素是什么？
3. 家庭生产函数与婚姻、养育子女的经济性决策之间有什么关系？
4. 左右当事者做出就业与否、转换工作与否、退休与否的经济性动机是什么？

第6章 劳动力市场中的工资生成理论

工资作为劳动力的价格，与普通商品的价格不同，它不仅受到劳动力市场中供给和需求关系的制约，还受到许多非市场因素的影响，特别是政府的规制。从古典政治经济学到现代经济学，工资一直是研究的重点和难点。工资生成理论是理解工资形成和工资差异的基本理论。

本章首先介绍马克思主义的工资理论和西方经济学中工资生成的基本理论，然后介绍补偿性工资差异理论的基本内容，最后简要说明工资设计的模式及对员工激励的作用。

第1节 马克思主义工资理论的主要思想

一、关于工资本质的理论

马克思认为，工资在本质上是劳动力的价值或价格的转化形式。他通过区分劳动和劳动力，科学地指出在资本家同工人的买卖关系中，工人出卖的是劳动力，而不是劳动。劳动力商品以其特殊的使用价值使得资本家在购买劳动力之后，获得超过劳动力价值的价值，占有工人的无酬劳动。资本主义社会现实经济关系中工资形式的虚幻外观，使工人得到的似乎是他的全部劳动所创造的价值，从而掩盖了有酬劳动和无酬劳动的区别，掩盖了资本增值的秘密。正如马克思所说："**工资**不是它表面上呈现的那种东西，不是**劳动的价值**或**价格**，而只是**劳动力的价值**或**价格**的隐蔽形式。"① 这种歪曲的表现形式对于资本主义生产方式"具有决定性的重要意义"，掩盖了真实的资本主义生产关系，造成了工人的自由幻觉及其与资本家相互平等的法的观念，成为庸俗经济学的遁词。

① 马克思，恩格斯．马克思恩格斯全集：第19卷．北京：人民出版社，1963：27.

二、关于工资标准的确定

在《资本论》中，马克思指出劳动力价值包括三个部分：维持劳动力所有者所必需的生活资料的价值、维持劳动力繁育后代所需的生活资料的费用以及劳动力的教育和训练费用。根据社会条件的变化，劳动力及其家庭成员所需生活资料在范围、质量和层次上都要作相应调整，使之分享技术进步和生产力发展带来的成果。工资作为必不可少的需要，不仅要满足工人作为劳动力生存的需要，而且要越来越多地满足工人作为一个“人”的需要，包括精神文化需要、社会交往需要、履行社会职能需要、自我发展需要等。如果工资只是达到了生理要素所要求的生活必需品的水平，那么劳动力就没有实现它的全部价值。工资在数量上由劳动力价值决定，同时还受劳动力市场的供求关系以及无产阶级和资产阶级斗争状况的影响。首先，马克思认为，劳动报酬的上升或下降是以劳动力商品的供求关系为转移的，当市场上劳动力供过于求时，工资水平下降，反之，则工资水平上升。无论工资怎样变化，都是以劳动力价值为中心波动的，劳动力价值是在这种波动中才得到实现的。其次，工人与资本家之间的斗争会影响工资水平的波动。工人和资本家共同分享雇佣劳动创造的新价值，一方分得的越多，另一方分得的就越少。无产阶级与资产阶级之间在经济利益上的根本对立，使得无产阶级为了维护自己生存的权利，必然要加强团结，为争取提高工资而进行斗争。但是雇佣劳动本身就是资本主义的产物，由资本积累决定的劳资之间阶级力量的对比构成了工资斗争的资本主义界限。

三、工资与资本主义再生产的关系

在资本主义社会中，工人用出卖自身劳动力所得到的工资购买生活资料，从而转变为劳动能力，而这种劳动能力又是资本增值过程所需要的。因此，无论在生产过程以内乃至生产过程之外的工人个人消费，都是资本的附属物，都是资本主义再生产的一个条件。从社会生产过程来看，工资在资本家手中是作为可变资本存在的，是商品价值的组成部分。工资在社会再生产过程中不单单作为收入分配的一个因素在起作用，而是成为连接生产与消费、价值补偿与实物替换的关键环节。工人通过个人消费，实现了社会各生产部门的价值补偿和实物替换，保障社会再生产的总体运行。

四、工资变动与资本积累的一般规律

资本积累的一般规律是劳动力工资水平受到限制的制度基础。资本的增长对工人阶级命运的影响，其“最重要的因素就是资本的构成和它在积累过程进行中所起的变化”①。劳动价格永远只能在资本主义制度的基础不受侵犯、规模扩大的再生产得到保证的界限内提高。随着资本主义生产的发展，资本的逐利本性逐渐暴露。“一旦资本主义制度的一般基础奠定下来，在积累过程中就一定会出现一个时刻，那时社会劳动生产率的发展成为积累的最强有力的杠杆。”② 技术的发展和进步促使资本的有机构成不断提高，资本家为了提高劳动生产

---

① 马克思，恩格斯．马克思恩格斯全集：第23卷．北京：人民出版社，1972：672.

② 同①：682.

率，总是力求提高劳动的技术装备，而用于购买劳动力的可变资本相对减少，造成资本对劳动的相对需求以及这种需求的增长和预付资本量的增长比起来，以递增的速度减少。另一方面，劳动力的供给却日益增多，大批工人找不到工作，形成相对过剩人口。相对过剩人口作为资本主义积累的一般规律发生作用的必然产物，反过来又成为资本主义生产方式存在的一个条件，伴随着资本主义生产的萧条与繁荣而相应膨胀或收缩。由于大量失业人口的存在，资本家借此压低在业工人的工资，加重对在业工人的剥削。

马克思主义工资理论以劳动价值论为基础，认为劳动是创造价值的唯一源泉，资本、土地和其他生产要素虽然都是创造财富的要素，但不是创造商品价值的因素。在生产过程中，这些生产要素的价值只是转移到新的商品当中，并没有创造新的价值。西方经济学的工资理论则认为，价值是包括劳动在内的所有生产要素共同创造的，因此每种生产要素都有权根据对价值的边际贡献的大小获得相应的收入。我们的基本原则是，应坚持马克思主义指导地位，汲取现代西方经济学工资理论的有利因素，为我国社会主义市场经济条件下工资制度提供理论指导。

第 2 节　西方经济学中的工资生成理论

工资生成理论是西方经济学的一个重要组成部分。这是由于工资是市场经济中最重要、最有挑战性的问题之一，也是十分复杂的经济现象。西方经济学家试图对工资形成进行理论上的解释，形成了各种工资生成理论。

一、古典经济学派的工资生成理论

工资作为社会产品分配方式之一，是与以就业作为主要的社会劳动方式相联系的。即随着现代化工业和自由劳动力市场的出现、雇佣关系的存在，才出现工资。将工资作为一门科学来研究是从古典经济学派开始的，因为古典经济学派第一次把理论考察从流通领域转入生产领域。古典经济学是产业资本运作的基本要求的反映。产业资本是资本主义雇佣劳动制度的特殊历史条件下的新范畴。它既不同于古代或中古时期的高利贷资本和商业资本，也不同于作为它的直接前提的封建社会末期的商业资本。古典经济学派所考察的是资本主义生产方式和经济规律。这样，古典经济学派的研究必然涉及工资。

（一）威廉·配第的最低生活维持费工资理论

配第是英国古典经济学的创始人。在他那个时代英国工人的工资是由法律规定的，国家规定了工资的最高限，如果违反它就要受处罚，领取工资的人受处罚更重。配第就是根据其价值论，从理论上来论证这种工资制度。他认为工资和商品一样，有一个自然的水平，这个水平就是最低生活资料的价值，工资就是维持工人生活所必需的生活资料的价值。如果低于这个水平就会使工人不能维持最低限度的生活水平，就不能为资本所有者继续生产财富；如果高于这个水平，就会使资本所有者受到损失。

配第的工资理论实际上是将工人的每日劳动划分为必要时间和剩余时间，这一工资理论后来成为古典经济学派关于一般工资理论的基础。

（二）亚当·斯密的工资理论

18世纪初，以分工为基础的工场手工业广泛发展，18世纪中叶达到鼎盛时期。亚当·斯密时代的英国已成为资本主义的工业化国家，这就给亚当·斯密的工资理论研究提供了条件。亚当·斯密认为，工人、资本所有者和土地所有者这三个阶级构成文明社会的三大主要和基本阶级，与这三个阶级相适应的有三种收入，即劳动的收入——工资；资本的收入——利润；土地的收入——地租。他在具体论述三个阶级和三种收入理论时，是从分析劳动工资开始的。他认为，在资本主义社会里工人劳动创造的价值，在扣除劳动者的工资后才提供利润和地租。对于什么是工资，亚当·斯密有两种理论解释：

（1）亚当·斯密认为在没有资本积累和土地私有制的原始社会状态下，全部劳动产品归劳动者所有，没有谁来同他分享。这时劳动者生产出来的全部产品都是他的自然工资。当存在资本积累和土地私有制之后，工资就只是劳动产品的一部分了。

（2）亚当·斯密的第二种工资理论认为工资是劳动的价格。斯密说社会的原始状态不可能长期保持下去，一旦有了资本积累和土地私有制之后，劳动产品便不能全部归劳动者所有，他只得到其中的一部分作为工资，其余部分要分作雇主的利润和土地所有者的地租。工资是如何确定的呢？工资是劳动的价格。他认为劳动也是一种商品，同其他商品一样也有价格，即“劳动价格”。他还认为劳动价格也有“自然价格”和“市场价格”之分。劳动的自然价格应当等于工人为维持自己及其家庭成员所必需的生活资料的价值，即工资至少必须足够维持劳动者的生活。斯密认为，劳动的市场价格是通过工人和资本所有者双方竞争而订立的契约来规定的。因此，劳动的市场价格也称劳动的货币价格或货币工资，它围绕着劳动的自然价格而变动。这种变动取决于对劳动的需求。

工资增长的决定因素是什么？亚当·斯密认为工资增长取决于对劳动的需求，而对劳动的需求又决定于财富生产的状况。斯密认为，财富生产的增长必然引起工资的提高，因为财富增长越快，对劳动的需求就越多，从而对工资的提高也就越有利（工人数量相对稳定的情况下）。他把国民财富分为两大部分：一部分是现有的国民财富；另一部分是增加的国民财富。他认为导致劳动需求增长的不是已有的国民财富，而是增长的国民财富。最高的劳动工资不是在最富裕的国家出现，而是在最繁荣、最快变得富裕的国家出现。

工资差别是怎样形成的？斯密认为，工资水平在同一地区应该完全相等或趋于相等。这是因为在各事物听任其自然发展的社会，即一切听其自由，每个人都能自由选择自己认为适当的职业，并能随时改变职业的社会，如果某人的工资水平低于其他人的工资水平，他就会离开原来所从事的职业，而挤进比较有利的职业。工资水平就在这种流动中得到了均衡。

但是，事实上工资是有差别的。斯密认为原因有两个：一是“职业本身的性质不同”；二是“政策不让事物完全自由地发展”。职业本身的性质在五个方面影响工资差别：第一，职业本身有愉快和不愉快之分；第二，职业学习有难易，费用也不同；第三，工作有安全和不安全之分；第四，职业所需承担的责任有重有轻；第五，工作的前途，即成功的可能性有大有小。社会必须对那些令人不愉快的、学费高的、不安全的、承担责任重的以及成功可能性较小的职业支付较高的工资，以对这些职业的“微薄金钱报酬给予补偿”。政策方面的原因导致工资差别主要表现在以下三方面：第一，某些政策限制了某些职业中的竞争人数，使其少于原来愿意加入这些职业的人数；第二，增加另一些职业的竞争，使其超越自然的限度；第三，不让资本和劳动自由流动，使它们不能由某一职业转移到其他职业，不能由一个地方转移到其他地方。

亚当·斯密关于工资差别成因的分析在劳动力市场的条件下是正确的，这一点已为历史的发展所证明。

（三） 大卫·李嘉图的工资理论

李嘉图在研究分配问题时，首先研究工资。这是因为他意识到工资是影响利润的首要因素，对利润和地租的研究应以对工资的分析为前提。

（1）工资的决定。李嘉图认为劳动也是一种商品，像其他一切可以买卖并且可以在数量上增加或减少的物品一样，具有自然价格和市场价格。劳动的自然价格是让劳动者大体上能够生活下去并能延续其后裔所必需的价格，取决于劳动者维持其自身与其家庭所必需的食物、必需品和享用品的价格；劳动的市场价格是根据供求比例的自然作用实际支付的价格。

（2）工资变动规律。李嘉图从劳动的供求两方面来分析对工资变动的影响并企图从中找出工资变动的规律。李嘉图认为工资的高低同工人人口的自然增长率成反比。为什么呢？他认为劳动的供给影响工资高低，当劳动的市场价格超过其自然价格时，劳动者的境况是繁荣而幸福的，能够得到更多生活必需品和享受品，从而可以供应更多的人口。但是随着工人人口增加又会引起劳动的供给超过需求，于是劳动的市场价格又会降低到其自然价格以下。当市场价格低于自然价格时，工人的生活状况就会急剧恶化。于是劳动的市场价格又会再提高到自然价格。因此，李嘉图把工人人口的自然增长率的变化看成会自动调节工资的水平，使工资必然只等于工人维持最低限度生活资料的价格。从劳动的需求方面来看，李嘉图知道工人人数只能决定劳动的供给一面，而劳动的需求则取决于资本数量的增减。他认为，如果资本积累的速度快于工人人口增长的速度，则对劳动的需求便会大于供给，从而工资就会上涨。但是，按照李嘉图的看法，资本积累的速度赶不上工人人数的增长速度，加之人口的增长必然使粮食等生活资料的价格上涨，即使货币工资随之增加，其速度也比不上生活必需品涨价的速度，因此工资有下降的趋势。

上述李嘉图的“工资规律”是以马尔萨斯的“人口论”为基础的。马尔萨斯人口论与李嘉图学说相结合而成的劳动理论，其核心是设法降低一国过高的人口增长率，以求实现其长远福利。

（3）相对工资。李嘉图从劳动价值出发论证了工资和利润的相互关系，说明劳动创造的价值在工人和资本所有者之间进行分配，前者得到工资，后者得到利润，工资的升高或降低只会引起利润的减少或增加，而不影响商品的价值。

综上所述，从配第到李嘉图，虽然他们对工资有不同的论述，对揭示工资的本质也都有不同程度的表达，但是基本上均认为工资水平取决于维持工人自身及其家庭成员生存所必需的生活资料的总价值或价格。所以，后人把古典经济学派的工资理论称作“维持生存工资理论”。

维持生存工资理论并未解释为什么在某一时期某些地区工人的工资趋向于高过维持生存

的水平并继续维持这种水平，不能正确地说明工资水平变化的趋势，也未能深刻地揭示工资本质。所以，它是一种初级的工资理论，后来被其他经济学家的工资理论替代。但是，工资必须保证劳动者生存所必需的生活资料这一见解却给我们提供了有益的启示，为确立最低工资保障制度提供了理论框架。它的从劳动力市场供求关系揭示工资升降现象的原理对我们也有一定的启示。不过，应该明确的是，“维持生存”和“劳动力供求关系”虽然会影响工资水平，但起决定作用的应该是生产和劳动生产率以及经济效益。

（四）约翰·穆勒的工资基金理论

19 世纪上半叶，约翰·斯图亚特·穆勒和其他学者提出工资基金理论，认为如果雇用劳动者的就业总基金没有增加，或者，如果竞相就业的人数不减少，工资总金额是不可能增加的；同理，如果用作支付劳动力的资金不减少，或者，如果领取工资的劳动力人数不增加，工资是不会下降的。因此，工资取决于劳动力人数和用于购买劳动力的资本或其他资金之间的比例，简言之，工资取决于资本。穆勒的理论说明两个观点：一是工资不是由生存资料决定的，而是由资本决定的。工资是资本所有者的全部资本的一部分，是资本所有者的资本用于补偿机器设备的消耗、购买原材料等生产资料耗费以后的剩余部分。资本的这一部分在一般情况下是固定不变的。这一部分构成了一个社会的工资基金（也叫劳动基金），工资高低首先取决于工资基金的高低。二是在工资基金确定后，工人的工资水平就取决于工人人数的多少。工资总量已确定，如果工人人数多，每个工人的工资就少；反之，工人人数少，每个工人的工资就高。工资实际上取决于工人和资本的比例。

工资基金理论强调，一个国家在一定时期内的资本总额是一个固定的量。其中，用于支付工资的部分（即工资基金或劳动基金），也是一个固定的量。而工资是资本的函数，即 $w=F(c)$。穆勒认为每年的产品收入中，必须先扣除用于补偿和追加生产资料的资本和利润后，剩余部分才用于劳动者的工资。如果用于劳动者的部分多了，工资的增长影响了资本的增长，就必然影响生产的发展，用于下一个生产周期的资本和工资就会减少。所以，工资的增长不能影响资本的增长。

二、现代西方经济学工资理论

西方经济学中关于分配理论的核心是，社会各阶层之间收入的分配与生产要素价格有关。社会各阶层居民提供了生产要素，这是他们收入的来源。所以，分配就是指居民提供生产要素后所得到的收入及其在总收入中所占的份额。

19 世纪早期经济学家把生产要素分为土地、劳动和资本三种，其所有者是地主、工资劳动者和资本家三个阶级，他们的收入分别是地租、工资和利润（包括利息）。到了 19 世纪晚期，资本主义市场经济日趋成熟，市场竞争加剧，随着公司、企业所有权与管理权的分离，出现了一个具备管理知识与才能的企业家和经理阶层负责创建和经营企业。西方经济学在原有的三要素外增加了第四个要素，即企业家才能。因此，利润成为企业家才能的报酬，利息成为资本所有者的报酬，工资是工资劳动者的报酬，地租是地主的报酬。现代西方经济学的工资理论主要有边际生产力工资理论、均衡价格工资理论、集体谈判工资理论等。此外，还有与工资分配有关的人力资本理论、分享经济理论等。

（一）边际生产力工资理论

边际生产力工资理论是由约翰·贝茨·克拉克提出的。他把旧庸俗经济学的资本生产力论和19世纪70年代的边际效用论结合起来构成了“边际生产力论”，作为他分析工资的理论基础。他把边际生产力论分为劳动边际生产力递减和资本边际生产力递减两方面。用劳动边际生产力递减来解释工资的决定（他称之为决定工资的自然标准和工资规律）；用资本边际生产力递减解释利息的决定（他称之为决定利息的自然标准和利息规律）。按克拉克的观点，工资取决于劳动边际生产力。

什么是劳动边际生产力递减？克拉克在分析这个问题时首先提出四个假设前提。第一，在整个经济中，不论在产品市场还是要素市场均是完全的自由竞争，价格和工资不受串通的协议或者政府的规定所操纵。第二，每种生产资源的数量假定都是已知的，而且顾客的爱好或者工艺的状态都没有发生变化。因此，年复一年地用相同的方法生产出同等数量的同样产品。第三，资本设备的数量被看做是固定的，但是这些设备的形式假定可以改变，并与可能得到的任何劳动力数量做最有效的配合。第四，假定工人可以互相调配并且具有同等效率，这意味着完全没有专业分工，所以对不同行业只有一个单一的而没有许多标准的工资率。在这样的“静态社会”的条件下，克拉克提出的劳动边际生产力递减的意思就是，如果工人的人数不断增加，起先产量会递增，但增加到一定数量后，则每增加一个单位的工人，就使每个工人平均分摊到的工具设备减少，从而使每一单位劳动力的产品要比原来减少，因而，追加的新工人的劳动生产力依次递减，最后增加的那一单位工人的劳动生产力最低。克拉克把最后增加的那一单位工人的劳动生产力叫做边际生产力。根据边际生产力理论，克拉克认为工资取决于劳动的边际生产力，或者说，工资是由投入的最后一个劳动单位所产生的边际产量决定的。雇主雇用的最后那个工人所增加的产量等于付给该工人的工资。如果工人所增加的产量小于付给他的工资，雇主就不会雇用他；如果工人所增加的产量大于付给他的工资，雇主就会增雇工人。只有在工人所增加的产量等于付给他的工资时，雇主才既不增雇也不减少工人（在决定工资时，不仅最后一个单位工人的工资取决于劳动边际生产力，而且其他每一个单位工人的工资都由它决定）。

从图6-1中可以看出，边际生产力曲线是先上升而后逐渐下降。其中，AW'为劳动边

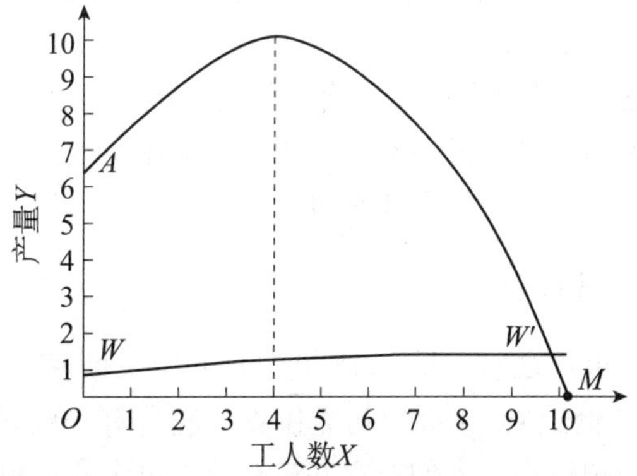

图6-1　劳动边际生产力曲线

际生产力曲线，在其他条件一定的情况下，雇 4 个工人边际产量最大，产量为 10 个单位，在这之前产量递增；雇工超过 4 人时则呈递减状，当雇用第 10 个工人时，其产量最小，为 1 个单位。此时，雇主付给的工资是 1 个单位，他不再雇人也不减人。在雇用 10 个工人时，全部产量为 $OAW'M$，工资总额为 $OWW'M$，其余的 WAW'则用于分配给其他生产要素。

（二） 均衡价格工资理论

马歇尔在其均衡价格论的基础上建立起均衡价格工资理论，从劳动力供给和需求两方面来阐明工资的决定，工资水平由劳动要素的均衡价格决定。从劳动的需求看，工资取决于劳动的边际生产力，厂商愿意支付的工资水平是由劳动的边际生产力决定的。从劳动的供给看，工资取决于两个因素：第一，劳动力的生产成本，即工人及家属养活自己与全家的生活费用以及工人所需的培训和教育费用；第二，劳动的负效用，或闲暇效用。

均衡价格工资理论认为，工资水平的决定是生产要素需求和供给两种力量作用的结果（见图 6－2）。

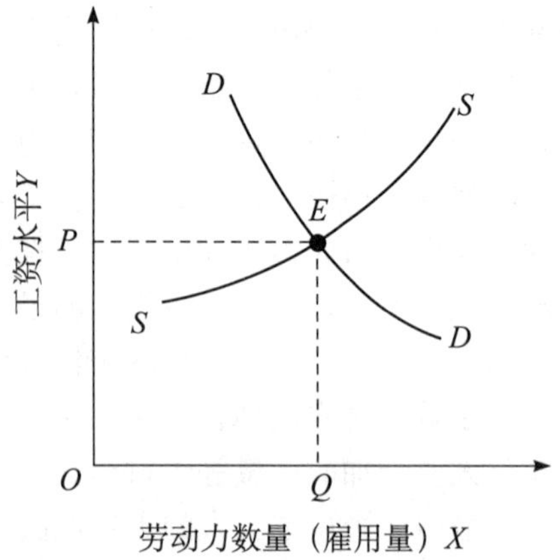

图 6－2 由需求和供给决定的均衡价格工资

图中，DD 表示劳动力需求曲线；SS 表示劳动力供给曲线；E 是均衡点；OP 是均衡工资率；OQ 是均衡条件下的雇用量。

在劳动供给价格逐渐上升的初期，供给量会逐渐增加。但劳动价格提高到一定程度后，尽管价格继续提高，劳动的供给量却不再增加，甚至还会减少供给。这是因为工资高到一定程度后，工人对货币工资的需求就不那么迫切了。

（三） 集体谈判工资理论

集体谈判工资理论出现之前，早在 18 世纪，亚当·斯密等经济学家就注意到集体谈判对工资决定的影响，19 世纪末 20 世纪初克拉克、庇古等经济学家对此也作过研究。但是，由于当时工会规模与影响较小，人们对它并没有给予更多的重视。第二次世界大战以后，工会势力在发达资本主义国家迅速增长，会员人数也大大增加，工会在工资决定中的作用引起高度关注，集体谈判工资理论也就应运而生。对这一理论作出重要贡献的经济学家有多布、邓洛普、张伯伦、厄尔曼、里斯等人。

集体谈判工资理论认为，工资的决定取决于劳资双方在工资谈判中的交涉力量的抗衡结果。起先是单个个体之间的谈判，后来由于工会力量的发展壮大，劳资双方的谈判也就趋向于集体方式，即资本家组织与工会组织之间的集体交涉。在现代西方经济学中，工会被看成是劳动供给的垄断者（卖方垄断），因而能够控制劳动者供给量和工资率。所以，集体谈判工资理论又被说成是工会起作用条件下的工资决定论。但是，一些西方经济学家认为，这与均衡价格论并不矛盾，它只是说明在不完全竞争的劳动力市场上，用均衡价格论来决定工资，如图 6－3 所示。

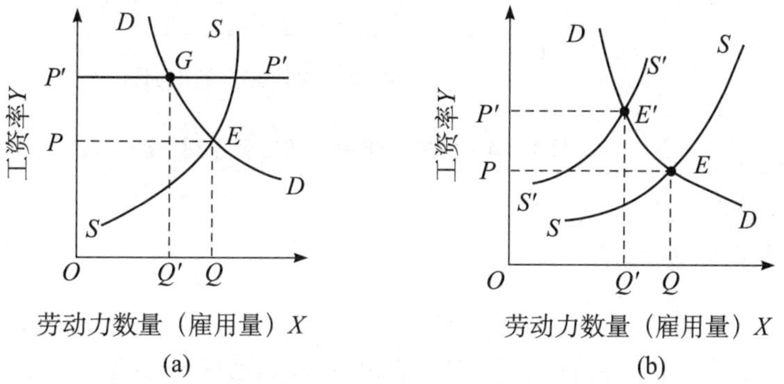

图 6－3　集体谈判对均衡价格工资的影响

工会人为地提高工资率，即 OP 上升到 OP'，或促使政府规定最低工资率，使工资不得低于 $P'P'$。原来，劳动供给和需求的均衡点为 E，OP 为均衡工资率，OQ 为均衡条件下的雇用量。现在，雇主受到劳动边际生产力规律的支配，将会自行把雇用量从 OQ 减少到 OQ'（工资率为 PP' 的条件下，劳动需求曲线由 DD 与 $P'P'$ 相交于 G）。所以提高工资率达到的效果和工会直接限制劳动供给的效果是一样的（见图 6－3（a））。

工会通过限制劳动供给，使劳动供给曲线由 SS 移到 $S'S'$。这样，供需曲线的交点由 E 移到 E'，工资从 OP 上升到 OP'，雇用量由 OQ 下降到 OQ'（见图 6－3（b））。

但是，需要指出的是，事实上工会对工资的决定并没有绝对的垄断权。因为雇主不会接受工会最初提出的高工资要求，否则就会提高生产成本，不利于竞争。在谈判过程中，双方都有既定的策略，在讨价还价的过程中，工会最大的压力武器是罢工，雇主的压力武器是关厂，最终双方让步，达成协议。约翰·海克斯在分析了谈判中双方调整策略的过程后，提出集体谈判的海克斯模式，如图 6－4 所示。雇主与工会在谈判中都不愿意为长期停产付出代价；双方让步，找出妥协方案。谈判开始，工会提出新的工资要求为 OP'，而雇主只同意 OP。后来，雇主的让步曲线呈正倾斜，工会的抵制曲线为负倾斜，即雇主愿意接受高于 OP 的工资率，工会愿意接受低于 OP' 的工资率。最后在 OP 与 OP' 之间达成工资率协议。

集体谈判决定工资，表面上看似乎是谈判结果取决于双方力量对比，实际上其背后仍是经济因素在起作用，各方都要受到经济因素的制约。

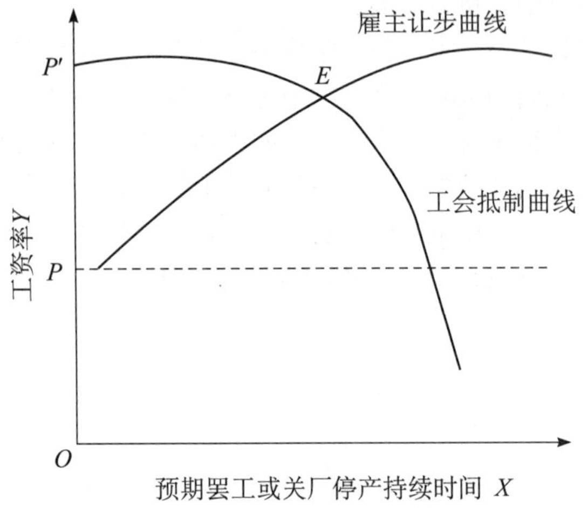

图 6-4　雇主让步曲线和工会抵制曲线

（四） 人力资本理论

人们在进行投资时，总是想在未来得到一定的高于投资额的回报，否则，是不愿投资的。人力资本理论主要就是研究人力资本的内容及其形成，以及人力资本投资的收入效应。人力资本理论不是工资决定理论，但它对工资的决定有影响。

（五） 其他有关工资生成的理论

1. 购买力工资理论

购买力工资理论认为，企业兴旺的条件是市场存在大量需求，以使企业能以适当价格出售产品，从而获得足够的合理利润。雇员及其家属也是企业产品的消费者。如果雇员工资和购买力高，需求就强烈，生产规模的高水平就可以持续；反之，如果工资和购买力低，生产规模将相应地萎缩，失业就会出现。

这一工资理论在实际运用中所面临的问题是，只有提高工资后能带来生产的增长才是理想状态；否则，增加购买力就会带来物价上涨，除非购买力的增加部分都用于储蓄。需求不足导致失业（如有一些企业不景气是因为职工工资过低无力购买），如果他们有钱则愿意购买企业产品，在这种情况下，购买力理论可以发挥作用。但如果失业是由于资本财力缺乏（如在工业生产薄弱的发展中国家），这种理论则不适用。在那些本国经济主要依赖于国际贸易的国家，采用这一理论要慎重。因为增加工资会强化对进口商品的需求，同时也抬高了出口商品的价格，如果不通过提高劳动生产率补偿这种影响，增加工资就会降低这些国家在国外市场的竞争地位。在那些已经面临巨大国际收支逆差的国家，工资水平迅速提高可能会导致严重后果。

2. 分享经济理论

分享经济理论是一种将工人与雇主的利润联系起来的理论，主张以“分享基金”作为工人工资的来源，它与利润挂钩，工人与雇主在劳动力市场上达成协议规定双方在利润中的分享比例。利润增加，分享基金增加；反之，减少。这一理论改变了传统的工资制度，工资不再是刚性的，而是随利润增减而变动的。

分享经济理论是经济学家马丁·魏茨曼在 1984 年提出的。他认为传统的资本主义经济的根本弊端不在于生产，而在于分配，特别是在雇员报酬制度方面。传统的雇员报酬制度（工资制度）中，工资同厂商的经济活动无关，只同厂商自己无能为力的一些要素如货币发行量、生活费用指数等有关。由于工资固定、劳动成本固定，厂商按照利润最大化原则，对市场总需求的变化作出的反应总是在产品数量方面，而不是在价格方面，成本不能动，价格也就不能动，一旦市场需求收缩，厂商只能减少生产，不能降价，因为在成本不能动时降价就会赔本。因此，市场收缩、产量减少时，必然出现工人失业。魏茨曼说西方社会一方面必须为失业者付出广泛的高额保险；另一方面必须采取凯恩斯式的扩张性财政政策和货币政策来消灭失业，这样又必然导致通货膨胀。基于上述原因，他提出了将工资制度改为分享制度，工资经济改为分享经济。他把工资制度改为分享制度的要点就是：把固定的工资改为和某种反映厂商经营状况的指标相联系。这样，工人和雇主在劳动力市场上达成的就不是规定每小时多少工资的合同，而是工人与雇主在企业收入中各占多少分享比率的协议。

从理论上分析，通过建立分享基金作为工人工资的来源，与利润挂钩，当利润下降，分享基金减少，雇用水平不变时，工人工资就会继续下降，而且随着工人的增加，工人工资还会继续下降，即单位劳动成本随就业增加而下降，边际劳动成本低于平均劳动成本。因此，实行利润分享的企业倾向于多雇用工人，从而稳定就业、减少失业。问题在于分享制度虽然可鼓励雇主增加工人，减少失业，但是随着雇用量的增加，平均工资就会下降。企业为了吸引工人和留住工人，工资就必须等于或高于其他企业同等级工人的工资。因此，一些相关问题值得研究。首先，分享制度是否会限制企业追加雇用量或保留住现有工人的能力。其次，在分散型竞争经济下雇主未必愿意承担分享制度所带来的风险。分享经济理论本身隐含着雇主决定就业水平的观念，必然会受到工会的抵制。再有当经济回升、利润增长时，劳动成本随之上升，社会需求也相应增加，由此是否会导致成本推动和需求拉动的混合型通货膨胀。诸如此类问题都有待进一步的研究论证。

3. 工资刚性与效率工资理论

（1）工资刚性理论。

工资刚性是指劳动力市场上的货币工资水平向下浮动的可能性或工资向下变动的弹性非常低。求职过程的理论分析表明，产生失业的根本原因并不在于劳动力需求不足，而是市场信息不完善。但由工资刚性引致的失业，原因并不在于信息不完善，而恰恰是在于劳动力需求不足。由工资刚性引发的失业现象可以用图 6-5 说明。

图中的纵轴代表实际工资水平，它等于货币工资除以物价水平。其潜在含义是，物价水平是事先给定的。这样，只有当实际工资与货币工资按相同的比率变动时，才能以货币工资为基点来分析劳动力市场的供求对比状态。但应当指出的是，在分析宏观经济的问题时，必须在模型中一并考虑工资和物价的作用力度。

图 6-5 中，劳动力需求曲线 D_1 和供给曲线 S_1，二者都是实际工资的函数。两曲线的交点 A，即当工资水平为 w_1，就业水平为 L_1 时，市场处于均衡状态。当就业水平为 L_1 时，劳动力市场供求量相等，L_1 是理论上的充分就业水平。

假设由于消费者购买力下降，产品市场上需求滑坡，企业产量减少、产出萎缩，随之便缩小用工规模。表现在图 6-5 中，即劳动力需求曲线由 D_1 向左下方移动至 D_2。当工资水

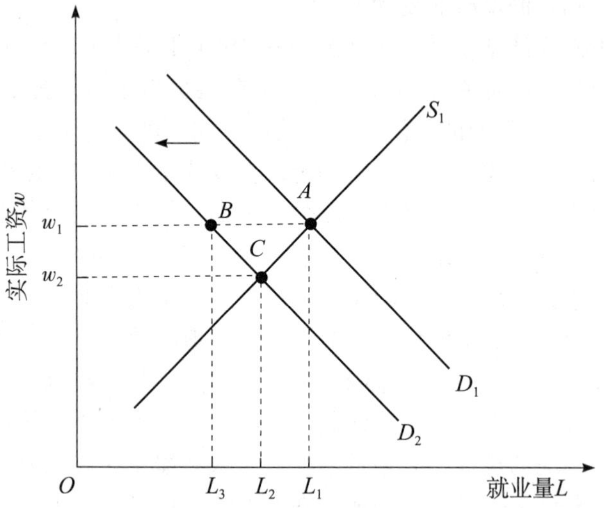

图 6-5　由工资刚性引发的失业现象

平保持不变为 w_1 时，就业水平将下降到 L_3，从而引起劳动力供给出超，其出超量为 L_1-L_3。如果货币工资能够向下浮动，则供给过剩必将引致工资水平下降，直至下降到 w_2，市场实现新的均衡为止。

但是在现实国民经济中，货币工资水平很难下降。因而，当产品市场需求不足时，必然发生失业现象。退一步说，假设产品市场和劳动力市场都满足完全竞争的假设条件，即当劳动力供给量大于需求量时，货币工资水平将随之下降，但由于产品市场的价格也会相应地下降甚至下降的幅度更大，这必将使劳动力市场的实际工资水平或是保持不变或是有所升高。

（2）效率工资理论。

效率工资理论是劳动经济学一个比较新的研究成果，它开辟了工资理论研究的新视野，从此工资不再是一种被动的东西，而是作为促进生产率增长的一个重要因素成为研究的对象。这一理论中最主要的一个假设条件是，员工的有效劳动供给量，或者说工作努力程度、工作绩效与工资水平的高低成正比，也就是说，企业支付的工资越高，员工的工作效率就越高。这一假设与常识相符，但却对新古典经济学中完全竞争模型提出了两个始料不及的挑战。一个是即使企业给付的工资水平高于供求均衡时的工资水平，企业也可以获利甚至是获得较多的利润。另一个是由第一个派生而来，就是说，尽管工资水平可以浮动，但完全竞争的劳动力市场仍然面临着非自愿失业的问题。当然，这两个挑战主要是制度经济学派的代表提出的。

效率工资与失业之间的联系比较直接。员工的产出量既取决于工作时间投入量，也取决于有效劳动投入量。计时工资是检测人们工作时间投入量的标尺，其优点是便于实施，缺点是不能反映员工有效劳动投入量，或者说，不能反映人们工作的努力程度，由此便会产生偷懒、怠工等问题。为了解决这些问题，企业必须增加管理人员，但增加管理人员又会提高组织的监督成本，况且诸如偷懒和怠工等劳动行为是难以有效监督的。事实上由于监督成本过于高昂，许多监督措施终因得不偿失而搁浅。

解决这些问题的另一种选择，是把员工的工资水平直接与产出量或销售额挂钩，即实行按劳付酬、计件工资、定额和佣金制度等。但问题是此类计件工资或佣金制度对有些企业来说事实上是难以实施的，或者说即便实施监督成本也过于高昂。鉴于此，有些经济学家认为，蓄意提高员工的工资，使之高于劳动力市场的均衡水平，可以从两方面提高员工的有效劳动投入量。一是高工资提高了员工对所从事工作的价值判断标准，有助于提高士气；二是提高了员工因偷懒或怠工而被解雇的成本。

如果效率工资的内在机理确实发挥作用的话，则所有的企业都将产生提高工资水平的动机并付诸行动，这样，每一个企业支付的工资都将高于市场上的均衡水平，从而导致劳动力供给过剩，失业现象便会愈发严重。

从效率工资理论中可以得出以下几点启示：

一是保持适度的失业率是必要的，因为它可以刺激人们努力、勤奋地工作，有利于提高有效劳动供给量。

二是市场上出现了真正的“待业者”。效率工资理论中所说的失业，显然是非自愿失业的一种表现形式。这些非自愿失业者在市场上处于等待状态，一旦出现合适的工作机会，他们就会欣然接受。这是待业者与主动寻找工作者之间的主要区别。

三是效率工资理论可以为工资刚性提供另一个理论解释。原因是工资水平与人们工作的努力程度成正比，如果企业向员工支付较低的工资，虽然劳动成本会降低，但工作绩效或生产效率也同时降低，因此，给付低工资并不是明智之举。

三、古典经济学与现代经济学工资决定理论的比较

古典经济学与现代经济学关于工资决定的理论各有优点与不足。尽管两种理论内部及之间在内容上有交叉，在理论渊源上有继承、修正及发展的关系，但两种理论在对工资本质的认识、与现实的贴近程度等方面还是有明显的差异。

1. 对工资本质的认识

关于工资本质的认识是古典经济学的工资决定理论与现代经济学的工资决定理论最大的差异。在古典经济学中，工资被认为取决于维持生计的水平。杜尔阁认为，工资之所以处于维持生存的水平，是因为工资一旦高于这一水平，就会出现人口增长和劳动力供给的增长，从而造成工资下降到维持生存的水平；反之，如果工资低于维持生存的水平，则会造成人口减少和劳动力供给下降，从而使工资上升到维持生存的水平。而现代经济学的工资决定理论则突破了生存工资理论的限制，不再认为工资取决于维持生存的水平。比如，谈判工资理论认为，工资取决于劳资双方力量及其对比；效率工资理论认为，工资取决于工人的边际劳动生产率及失业率状况和其他企业支付的工资水平；分享工资理论认为，工资取决于分享基金的多少，进而取决于企业的利润水平及工人与雇主的谈判情况；制度学派的工资理论则认为，工资取决于工会等制度因素。古典经济学和现代经济学关于工资本质认识的这种差异，也是有其客观原因的：关于工资作用的认识，古典经济学认为在企业中雇主与雇员是对抗的，工资仅仅是成本；而现代经济学则认为雇主与雇员是相互信赖的，工资是投资，是一种激励因素。古典经济学关于工资本质的认识主要运用的是逻辑归纳法，即用逻辑推理的方式主观地推导出工资的决定因素；而现代经济学则更多地运用量化的分析方法，并建立在一系列科学概念基础之上。

2. 与现实的贴近程度

在古典经济学的工资决定理论中，通常是把人看成是同机器一样的生产要素，实际上隐

含着工人的劳动生产率及人力资本价值完全相同，并且完全忽略了人的主观能动性，从配第的“工资是维持工人生活所必需的生活资料的价值”到杜尔阁的“最低限度工资”无不如此，他们均没有考虑到工人的不匀质性及其劳动生产率的差异问题。虽然斯密和李嘉图在有关工资决定的理论阐述中注意到了劳动力供求关系的影响，并提出了工资水平随劳动力的自然价格波动，但斯密并没有从现实的劳动供求关系状况深入阐述工资决定，工资基金学说同样如此。因此，虽然斯密、李嘉图的工资理论及工资基金学说在一定程度上拉近了与现实的距离，但由于论述不深入及忽视劳动力需求因素的影响，又使其理论在完全走向现实的道路上止步不前。

现代经济学的工资决定理论则完全回到了现实或从现实出发来研究工资决定问题。谈判工资理论主要强调工资决定中劳资双方的因素及劳资双方的力量对比；效率工资理论则特别强调工资的激励作用；分享经济论也完全从现实出发研究工资决定及工资水平问题，也被一些企业成功实践过；制度学派的工资决定理论则与现实更贴近，特别是其分割主义学派不仅否定了劳动力市场是一元的、劳动力是同质的、劳动力可以充分流动的假设，而且较好地解释了制度壁垒所造成的不同劳动力群体的工资差异。不过需要指出的是，尽管现代经济学的工资决定理论相比古典经济学的工资决定理论更贴近现实，但就现代经济学的工资决定理论本身而言，人们通常所说的新古典学派如谈判工资理论、分享经济理论、效率工资理论与制度学派的工资决定理论还是有差异的，前者更注重从理论上进行分析，而后者则完全从现实角度研究工资决定问题，如强调工会等制度因素在工资决定中的作用，反映了这两种流派在强调工资决定机制方面观点的差异。

第 3 节　补偿性工资差异理论

劳动力市场的主要功能之一，是为追求效用最大化的劳动者和追求利润最大化的雇主提供一种在双方之间达成良好匹配的信号和机制。

劳动者力图实现自己的效用最大化这一假设意味着，他们既重视从事工作所能获得的货币收入，同时也重视工作中的非货币方面。如果劳动力市场上的所有工作都是完全一样的，那么劳动者只需选择薪酬水平最高的工作便可。不同的雇主所提供的薪酬之间存在任何差别，都会导致劳动者从低薪企业向高薪企业流动。如果这种劳动力流动没有任何障碍，那么市场最终会促使所有的雇主支付相同的薪酬。

然而，事实上并非所有的工作都完全一样。有些工作是在清洁的、现代化的环境里完成的，有些工作则是在有噪声、粉尘甚至危险的环境里完成的；有些工作使得员工在工作的时间和空间上有一定的自由度，有些工作赋予员工的灵活性却很少；有些雇主比其他雇主提供更慷慨的员工福利。工作特征的差异影响劳动者个人的选择和最后的工资水平。

一、个人的选择及其后果

假设有几位非技术劳动者得到了两位不同的雇主提供的工作机会。雇主 X 所提供的工作每小时工资是 8 美元，工作条件清洁、安全；雇主 Y 所提供的工作每小时工资也是 8 美元，但是工作环境不仅肮脏而且噪声大。在这种情况下，劳动者会选择到哪一位雇主那里去工作呢？毫无疑问，大多数人会选择雇主 X，这是因为虽然两位雇主所提供的工资水平相同，但是雇主 X 所提供的工作条件更好一些。

企业 X 会发现，提供 8 美元的工资很容易吸引求职者，于是，它就不会再考虑在未来涨工资。但是，企业 Y 如果想填补它的全部职位空缺，就必须使工厂变得更加清洁，或是支付更高水平的工资，或是两者同时进行。假设它决定不改变自己所提供的工作条件，那么，为了在劳动力市场上保持竞争力，它就必须支付高于 8 美元的工资。这种为了吸引劳动者而必须支付的额外工资，就称为补偿性工资。如果在工资方面不存在这种差别，那么，企业 Y 就不能像企业 X 那样吸引到劳动者。

1. 均衡工资差别

假设企业 Y 将其工资率提高到每小时 8.5 美元，而企业 X 的工资水平仍为 8 美元。那么，这种每小时 50 美分的工资差别足以将所有的非技术劳动者都吸引到 Y 企业中来吗？如果企业 Y 真的吸引了所有的劳动者，企业 X 就会主动提高其工资水平，而企业 Y 则可能希望将自己的工资水平稍微降低一点。于是，在这种情况下，50 美分的工资差别就不是一种均衡的工资差别。

更有可能出现的一种情况却是，企业 Y 所提供的较高的工资只能吸引来一部分劳动者。有些人对肮脏和噪声并不是那么讨厌，因而他们为了挣更高的工资，宁愿忍受较差的工作条件。然而，另外一些对噪声或者肮脏的环境非常敏感的人却宁愿接受低一点的工资，也不愿意在令人不愉快的工作条件下工作。如果这两家企业最终都得到了它们所期望的数量和质量的劳动者，那么，这 50 美分的工资差别就将会是一种均衡工资差别，即此时不再存在推动这一工资差别改变的力量。

因此，劳动者希望避开令人不愉快的或者危险的工作环境的愿望，会促使提供这种工作条件的雇主支付比正常工作条件下更高的工资。这种工资差别会使两方面都得到满足：第一，它通过刺激人们自愿承担肮脏的、危险的或令人不愉快的工作而满足了社会的需要；第二，在个人层面上，它通过向接受令人不愉快工作的劳动者支付比从事令人愉快工作的同类劳动者更高的工资，向他们提供了一种回报。

2. 劳动力配置

有许多工作不可避免地要在肮脏的环境中完成，或是要付出极高的成本才能使其变得安全和令人愉快（如采煤、深海潜水、警察等）。为这些工作招募必需的劳动力时，主要有两种方法：一种是强迫人们从事这些工作，比如军队征兵；另一种是诱导人们自愿从事这些工作。

大多数现代社会都主要依靠补偿性的工资差别这样一种激励手段，来招收自愿从事不愉快工作的劳动者。劳动者之所以愿意从事采煤工作或在离地面 50 层楼高的地方焊接钢梁或从事夜间工作，原因在于与从事他们能够选择的其他工作相比，这些工作所支付的工资更高。

3. 对劳动者的补偿

补偿性工资差别还向那些接受了较差的或者艰苦工作条件的劳动者个人提供一种奖励，即支付给他们的工资高于其从事其他工作时可能得到的工资。换言之，只愿意接受更加令人愉快的工作条件的劳动者，不得不以接受较低工资的方式来“购买”他们喜欢的工作条件。例如，如果一个人接受了企业 X 提供的每小时 8 美元的工作，那么他就放弃了从事工作条件较差的 Y 企业所提供的每小时 8.5 美元的工作的机会。实际上，他是用每小时 50 美分的价格购买了较好的工作条件。

因此，补偿性工资差别就变成了一种劳动者可以购买好的工作条件的价格，或将较差的工作条件出售给劳动者的价格。补偿性工资差别就可以作为评估就业中的非货币方面价值的重要方法。

例如，对能够使其在正常的时间里享受闲暇活动以及睡眠的工作时间安排，劳动者会给予多高的价值评价呢？假设从事夜班工作的劳动者所得到的工资比从事白班工作高 4%，即比一位典型的劳动者每年多挣 1 000 美元。白天难以入睡的人或喜欢与家人和朋友一同享受闲暇的人不愿意为每年多挣 1 000 美元而从事夜班工作，其宁愿放弃 1 000 美元的额外收入，而选择从事时间安排属于常规性的工作。然而，另外一些人对在非常规时间里睡眠以及无法从事闲暇活动并不感到那么无法忍受，他们愿意为多挣 1 000 美元而从事夜班工作。尽管在这些人中，有一部分人甚至可以在额外收入低于 1 000 美元的情况下也愿意从事夜班工作，但是另外一些人却会拒绝继续从事夜班工作；如果工资差别稍微高于 1 000 美元，就会有更多的人愿意从事夜班工作。因此，每年 1 000 美元的工资差别就是那些处于边际状态的人（几乎要改变想法的人）愿意为正常的工作时间安排而支付的价格。

二、假设和推论

可以看出，补偿性工资差别是与各种不同的工作特征联系在一起的。正的工资差别（较高的工资水平）与“差的”工作特征联系在一起，而负的工资差别（较低的工资水平）则与“好的”工作特征联系在一起。值得注意的是，只有在假定其他条件相同时才能得出这样的结论。

补偿性工资差别的存在建立在这样一个合理的假设之上：如果一位劳动者可以选择接受具有“良好的”工作条件的工作，还可以接受尽管工资水平相同但是具有“较差的”工作条件的工作，他将会选择具有“良好的”工作条件的工作。例如，一位非技术劳动者可以在一个铺设热沥青的不令人愉快的工作和一个空调仓库的较舒服的工作之间作出选择，在其他条件不变的情况下，他会选择后者。我们的理论预测，从事沥青铺设工作的劳动者比从事仓库工作的劳动者获得的工资更高。

因此，我们的工作选择理论所推断出来的结果并不是简单地认为，在“差的”工作条件下工作的劳动者，一定比在“好的”工作条件下工作的劳动者的工资水平更高。相反，假定劳动者的个人特征保持不变，在较差的工作条件下从事工作的劳动者比在比较舒适的工作条件下工作的劳动者获得的工资更高。我们假设必须保持不变的特征包括所有会对工资构成影响的其他因素：技术水平、年龄、工作经验、种族、性别、是否加入工会以及所在地区等。事实上，我们的这个推论是建立在下面三个假设基础上的。

1. 效用最大化

第一个假设是，劳动者所追求的是自己的效用最大化而不是收入最大化。只有当一些劳动者不选择工资水平最高的工作，而是宁愿从事工资水平更低但更令人愉快的工作时，才会产生补偿性工资差别。劳动者的这种行为使得提供较低工资但是更令人愉快的工作岗位的雇主同样具有竞争力。在这种情况下，不同雇主之间的工资水平是不会相等的。但是，对边际劳动者来说，净收益（即从工资和工作的心理方面获得的总效用）却趋于均等。

2. 劳动者的信息获得

第二个假设是，劳动者已经了解那些对他们来说非常重要的工作特征，无论是在工作前还是工作后了解。如果一家公司所提供的工作较“差”，同时又没有提供补偿性工资差别，那么这家公司在招募或保留员工方面就会受挫，最终会被迫提高工资。

劳动者很可能很快就了解到危险、噪声、严格的纪律管制和工作的保障性差以及其他一些明显很差的工作条件，但劳动者并不知道自己被解雇或者受工伤的准确概率是多大。即使这样，劳动者也可以通过自己的直接观察以及从其他员工那里获得足够的信息，从而对工作特征作出具有一定准确性的估计。例如，认为自己所从事的工作是危险工作的员工在某一行业中所占的比例与政府公布的该行业的实际工伤率是密切相关的。这说明，尽管劳动者可能无法说出遭遇工伤的准确概率，但是对几种不同工作的相对风险大小，他们还是可以作出比较准确的判断。

然而，劳动者难以对那些非常模糊的工作特征进行准确的预测。例如，我们现在知道石棉粉尘对劳动者的健康危害极大，然而，大约 50 年前，这个事实还并不为人所知。因此，针对这种危险性提供的补偿性工资差别就不可能在那个时候出现。所以，我们关于补偿性工资差别的推论仅仅适用于劳动者已经了解的工作特征。

3. 劳动者的流动性

第三个假设是：劳动者获得了一系列可以从中作出选择的工作机会。如果没有选择的余地，劳动者就无法选择他们所喜欢的工作特征组合，或是避开他们不喜欢的工作特征组合。如果劳动者只能得到比较危险的工作，那么针对工伤危险提供的补偿性工资差别就不会出现。只有当劳动者可能选择比较安全而不是危险的工作时，才能迫使提供危险工作的雇主增加工资。

劳动者的这种行为能够发生的方式之一是：每一位求职者都可以得到好几个可能从中作出选择的工作机会。而另一种使劳动者可以作出选择的方式则是：劳动者具有（至少是潜在地具有）高度流动性。因此，即使在某一个时点上，劳动者所能获得的工作机会很少，在一段时间里，劳动者也可以扩大自己的选择范围，从而最终找到能够使自己的效用最大化的工作。

三、补偿性工资差别的实证检验

关于雇主需要针对令人厌烦的工作特征支付补偿性工资差别的论断，在 200 多年以前就出现了。亚当·斯密在 1776 年出版的《国民财富的性质和原因的研究》一书中，就指出了“五种主要情况……一方面要对某些职业的微薄金钱报酬给予补偿，另一方面又要对另一些职业的优厚金钱报酬加以抵消”。亚当·斯密列出的情况有：工作本身的愉快程度、雇佣的持久性、学习新工作的难易度、成功的可能性和员工承担的责任。亚当·斯密认为：“劳动工资因业务有难易、有污洁、有尊卑而不相同。”

在实际预测补偿性工资差别时会遇到两个问题。首先，我们必须创建一整套数据资料，从而使我们能够在劳动者个人的层面上，将他们的相关工作特征和会对工资水平构成影响的个人特征（年龄、受教育程度、是否加入工会等）匹配起来。其次，我们必须预先对令人不愉快的工作特征加以明确界定。

对于这一预测验证主要集中在工作中的工伤风险或死亡风险方面，这是因为这些方面所存在的较高风险毫无疑问是“差”的。这些研究通常认为当这些方面的风险较高时，工资水平通常也较高。

尽管针对补偿性工资性差别的研究已经有很多，但是由于这种差别广泛分布于各种工作特征间，因而要判断它们对理论的支持程度是非常困难的。但无论如何，假定其他影响因素保持不变的情况下，高工资确实是与以下一些不好的工作特征联系在一起的：夜间工作，不灵活的工作时间安排，需要长时间站立，需要在嘈杂的环境中工作，等等。

第4节　工资设计和员工激励

一些企业也许会选择计件工资制来激发工作者的努力工作，另一些企业可能会选择计时工作制。在计件工资制下，工作者的薪酬严格地取决于生产的产量，工作者会“为了钱而努力工作”，而在计时工资制下，工作者的薪酬基本上与当前的努力程度不相关，并且监督困难，工作者在工作中会偷懒。

事实上，在劳动力市场中存在着范围广泛、可供选择的各种薪酬体系，而计件工资制和计时工资制不过是冰山一角。

一、工资设计

（一）计件工资与计时工资

计件工资制根据工作者的产量对工作者进行补偿。例如，服装厂的工人也许是根据他们生产多少条裤子得到报酬的；销售人员往往是根据销售的数量得到佣金。相比之下，计时工资制下的工作者所获得的薪酬补偿则取决于工作者工作的小时数，而与工作者生产的单位数量无关，至少在短期内如此。当然，在长期中企业会根据工作者的绩效记录作出职位保留和晋升方面的决策。为了简单起见，假设在计时工资制下，工作者每周的收入仅取决于工作的小时数，而不取决于工作者的绩效。

（二）工资支付与员工努力程度

按计件工资计酬的工作者可以选择在企业生产多少产量。假定该工作者会选择可以使得他的效用达到最大化的努力水平（或产量）。他生产的产量越多，获得的收入就越多，从而他的效用也就越大。但是，与此同时，要努力工作就需要付出极大的努力，并且努力工作会产生负效用和“痛苦”。

图6-6描述了该工作者的努力决策（当他领取计件工资时）。按计件工资计酬的工作者

每生产 1 单位产量，就被支付不变的 r 美元。也就是说，来自生产新增 1 单位产量的边际收益为 r 美元。努力的边际收益曲线（即 MR）是水平的。然而，生产出的每一新增单位的产量会引发“痛苦”，而且该痛苦会随着工作者向工作岗位投入更多的努力而增加。其结果是，努力的边际成本曲线（即 MC）是向上倾斜的。一位想使自己的效用达到最大化的工作者会一直生产，直到边际收益等于边际成本（或图中的 q^*）时为止。

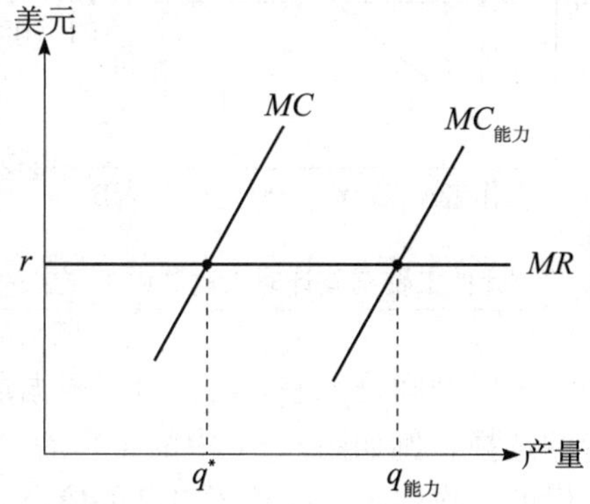

图 6-6　计件工资制下工作者的努力程度

由于工作者能力存在差异，因此不同工作者的行为有所不同。假设能力更强的工作者面临着较低的努力的边际成本曲线（如图 6-6 中的 $MC_{能力}$）。因此，与能力欠佳的工作者相比，能力较高的工作者生产出的产量更多。

该分析表明，按计件工资制计酬的工作者会一直努力工作，直到新增 1 单位努力的边际收益等于努力的边际成本。能力更强的工作者发现，生产更多的产量很容易，于是他们向实行计件工资制的工作岗位投入更多的努力。

按计时工资制计酬的工作者会在其工作岗位投入多少努力？假设存在一个较低产量水平 $\bar{q}$，它可以很容易受到企业的监督，也就是说，该企业不仅知道该工作者是否确实到了工作场所工作，而且知道他是坐在办公桌旁，还是在装配线上承担他自己的工作。如果该工作者没有达到这一最低产量水平，他就会被解雇。于是按计时工资制计酬的工作者就只会生产 $\bar{q}$ 单位的产量，不会生产更多。毕竟，增加生产产量会产生痛苦，按计时工资制计酬的工作者在生产了这一最低产量后就可以离开工作岗位。若企业提供的是计时工资体系，该工作者会生产 $\bar{q}$ 单位产量，其报酬是 $r\times\bar{q}$。

（三）工资支付与员工能力

图 6-7 描述了某一工作者的效用与其能力之间的关系。在实行计时工资制的工作岗位上，该工作者的效用等于他在该工作岗位上的收入（即 $r\times\bar{q}$ 美元）。所有工作者（无论其能力如何）在实行计时工资制的工作岗位上获得的效用都相同（因为所有的工作者向计时工资的工作岗位投入的努力水平都最低）。如果按照计件工资制计酬，那么他的效用就取决于他的能力。正如之前论述过的，能力更强的工作者能够生产出更多单位的产量，因此获得更高的收入和更大的效用。

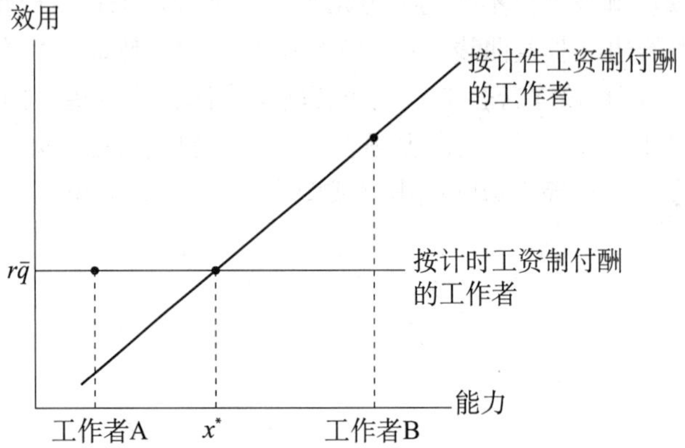

图 6-7　计件工资制与计时工资制中工作者的努力与能力

工作者在这两种类型的工资制间是无差异的，可以根据最适合自己的标准进行选择。考虑一位能力欠佳的工作者的选择，例如图 6－7 中的工作者 A，该工作者通过接受一家按计时工资制付酬的企业所提供的工作岗位，改善了自己的境况。相比之下，一位能力非常强的工作者（例如工作者 B）通过为一家按计件工资制付酬的企业工作，改善了自己的境况。图 6－7表明，能力小于 x^*单位的所有工作者，会选择按计时工资制付酬的企业，而能力大于 x^*单位的工作者，会选择按计件工资制付酬的企业。

因此，工作者会根据自己的能力选择实行不同工资制的企业。生产效率较低的工作者会选择实行计时工资制的企业，在这些企业中，可以保持其低生产率不被辨析；而生产效率较高的工作者想使自己脱颖而出，会选择实行计件工资制的企业，在这些企业中，他会向其工作岗位投入更大的努力。其结果是，接受计件工资付酬的工作者，每周的收入高于接受计时工资付酬的工作者。

实际中也是如此。尤其是接受计件工资制的工作者的生产效率更高，并且比接受计时工资制的工作者挣到的收入更多。例如，在鞋类产业，接受计件工资制的工作者比接受计时工资制的工作者挣到更多的收入，一方面是因为能力方面的差异，另一方面是因为接受计件工资制的工作者工作更加努力。由于某一工作者的先天能力是不可观察的，所以工资差距是源于能力方面的差异，还是源于计件工资制的激励效应，往往难以判断。

二、员工激励

如果劳动者试图通过增加自己所消费的有价值物品的数量来实现自己的效用最大化，那么，在制定自己的工资政策时，雇主只要重点考虑如何将每位劳动者的工资与其绩效联系起来就可以了。然而，劳动者对自己在一个群体中所处的相对位置的关注，常常也是影响劳动者效用的一个重要因素。

1. 公平问题

人们都非常关心这样一件事情，即相对群体中的其他人，自己的待遇如何。公平在雇佣关系中是普遍存在的一个重要问题。如果某一年的物价和平均工资增长水平为 4%，而一位劳动者在这一年中获得了 7%的工资增长，那么他肯定十分高兴。但是，如果他后来发现，与自己受雇于同一个雇主且从事相同工作的一位同事所获得的工资增长水平为10%的话，他就不再那么高兴了。如果员工感到自己受到了不公平对待，他们可能会采取的行动有：辞职、降低努力程度、偷窃雇主财物，甚至破坏雇主的产品。从雇主角度来说，对于作出的同一工资、福利等政策决策，员工对政策的公平性所持的看法往往会因为各自所处的情况不同而大相径庭。

例如，在一项研究中，研究者要求一组人来考虑这样一种情况：两家小公司由于没有达到预计的增长水平，因而都不得不削减成本。两家公司都按照每小时10美元的标准向自己的员工支付工资，不同之处在于，A公司完全是以固定薪金的形式来向员工支付工资的，而B公司则将工资分为两个部分，一部分是以9美元的固定薪金的方式支付的，另一部分则是以1美元奖金的方式支付的。研究发现，大部分被调查者都认为A公司将工资削减10%的做法是不公平的，而B公司取消奖金的做法是公平的。很显然，与以奖金形式支付的工资相比，以薪金形式支付的工资含有更大的既得权利的意味。

假如一个成功的油漆商发现，自己现在可以用更低的工资雇用到同样质量的劳动者，于是，他把支付给劳动者的工资从原来的每小时9美元降低到每小时7美元。大多数被调查者都认为，这位雇主的做法是不公平的。然而，如果该雇主决定退出油漆业，转而经营园林风景美化行业（该行业的薪酬水平通常很低），那么，在这种情况下，被调查者就认为，这位雇主支付每小时7美元的工资是公平的。很显然，劳动者在判断自己所得到的待遇是否公平时，会将雇主也列入参照群体中。一位雇主所作出的决策是否被员工视为公平的，决策的背景与决策的内容同样重要。

2. 群体忠诚性

员工除了关注自己的消费水平以及自己在群体中的相对位置以外，通常还会关注整个群体的处境。尽管在一个群体中，员工总是会受到“搭便车”的诱惑，即自己偷懒而享受别人的努力工作带来的利益，但多数人还是会为自己所在的群体，如学校、部门、社区或国家作出部分牺牲。拥有高生产率员工的雇主都会制定有助于培养员工的组织忠诚感的政策，并在制定薪酬计划时将员工的工资与群体绩效联系在一起。

附　录

控制工资水平的主要政策

从宏观经济管理的角度对工资水平进行的控制，包括三个方面的主要内容：一是通过建立最低工资制度等方式，对最低工资水平进行控制；二是通过个人或企业累进税制，对最高工资水平进行控制；三是通过个人收入政策对社会工资总水平进行控制。这三方面内容尽管都是工资水平控制的重要措施，也是社会宏观工资管理的重要内容，但是，它们的功能和作用完全不同，在不同的社会经济条件和社会发展程度下，它们的实施方法、反应和效果差别也很大。

一、工资总水平控制与收入政策

收入政策就是政府通过强制性或非强制性手段控制工资总水平的政策。尽管收入政策的具体内容还可能包括政府对物价的干预和控制等，但是，总的说来，收入政策主要是一项针对工资的政府宏观经济政策。

早期宏观经济理论认为在传统的市场经济条件下，市场会自动控制工资总水平。但是，现代社会经济条件的变动，特别是由工资推动的成本型通货膨胀的出现，使得国家管理机构和经济学家不得不提出专门用于工资控制的政府政策。

按照以往的经济学观点，控制通货膨胀的主要经济手段是财政政策和货币政策。然而，采取紧缩财政和货币的方法虽然能够有效地抑制需求，但同时也会引起失业。尽管失业和通货膨胀的相互制约和交替出现是凯恩斯理论的基础，但是，现在由于“滞胀”的出现，经济学家希望找到既能抑制通货膨胀又不引起失业的新药方，收入政策就是其中的一个。美国经济学家加尔布雷思认为，对工资不实行管制，就无法截断工资物价螺旋式上升；没有管制，就要用大量悲惨的失业与极其严重的经济衰退去战胜通货膨胀。

有些经济学家还证明，货币供应增长率与货币工资之间存在着密切联系。如果政府要降低通货膨胀率，降低货币供应增长量与降低工资增长量具有相同的效果。但是，如果只降低其中的一个因素，那么对降低通货膨胀的作用将要小于对两者都进行控制。因此，在反通货膨胀中收入政策与财政政策和货币政策同样重要，应当同时使用。

收入政策的具体形式有以下四类，由于强硬程度不同，适用的范围和条件也有差别：

(1) 权威性劝说政策。即针对某种具体的物价与工资形势，由政府出面进行权威性的劝说，或施加压力来扭转局势。多数国家的政府总是希望通过争取社会各界的自愿合作来推行收入政策，常采取的方式是在全国定期举行最高级的政府、雇主和工会三方联席座谈，就经济形势、政府经济政策和社会政策方向等问题交换看法。这些座谈并不一定要求就工资和物价问题做出决定，甚至连指导性意见也不提出，其目的只是希望通过相互交换看法，达到互相了解，并影响各自的行业。有时通过这种形式也可能达成一些口头或书面的“共同行动”协议。

(2) 工资-物价指导线政策。即由政府根据长期劳动生产率增长趋势来确定工资与物价的增长标准，并要求把工资-物价增长率限制在全社会劳动生产率平均增长的幅度以内。对政府确定的指导线的实施贯彻，原则上不采取法律强制执行的方法，也不直接干涉，而是进行权威性的劝说或者施加压力。

(3) 补偿或税收性收入政策。即以政府税收作为奖罚手段来限制工资增长。如果工资增长率保持在政府规定的界限以下，则以减少个人和公司所得税作为奖励；如果工资增长率超出了政府规定的界限，则以增加公司所得税作为惩罚。

(4) 工资-物价管制或冻结政策。在上述限制工资总水平增长的各种自愿方式失效后，则由政府颁布法令对工资和物价实行管制，甚至暂时加以冻结。此时任何超过规定界限的工资增长都将受到法律制裁。强制范围可以针对一切部门和职工，也可以只针对一些重要经济部门。控制条款可以是控制工资增幅、增量或者冻结工资。条款的制定可以是由政府单独做出，也可以是由政府和各力量协商确定。

1978年以前，我国在计划经济体制下实施的是强硬而全面的收入政策，国家对工资和物价实行全国统一的直接控制和全面管理，任何方面工资的任何变动增长都需要直接听从中央的号令指挥。改革开放以后，国家工资管理体制发生重大变革，分配机制的多元化也日益影响计划控制的硬度和范围。近年来，我国经济生活中出现多次严重通货膨胀，一些学者认为，工资成本推动是其主要原因。在这种情况下，对西方收入政策理论的引进和研究，对我们在新形势下处理工资与物价的关系，处理国家与企业的关系，以及处理其他各方面的关系，对社会工资和收入总水平进行全面管理和控制，将是不无裨益的。

二、低端工资水平调控——最低工资制度

（一）最低工资制度的社会经济作用

最低工资制度是市场经济发展到一定阶段的产物，19 世纪末 20 世纪初始建于新西兰等国，到 20 世纪 20 年代，英国、法国、美国、加拿大、瑞士等发达国家也先后建立了最低工资制度。最初的目的旨在消灭"血汗工资制"和保护妇女、童工利益。第二次世界大战结束以后，西欧和日本等也陆续建立了此项制度。目前，最低工资制度已在包括众多发展中国家的世界大多数国家普遍推行。从实施范围上看，该制度已从最初仅限于苦、脏、累、险行业，扩展到几乎所有国民经济部门与行业。

一般而言，最低工资制度的重要作用表现在以下几个方面：

（1）对于低收入阶层或收入不稳定的劳动者，能够起到一定的保护作用。特别是对一些国家中的非熟练工人以及没有工会组织保护的工人，可以提供必要的生活保障。

（2）通过对每一个劳动者提供一份有保障的收入，体现社会公平的原则，维持社会政治与经济秩序的稳定。

（3）减少社会贫困现象，削弱通货膨胀的消极影响，维持一定的社会购买力，使生产正常发展获得必需的市场条件。

（4）制约平均工资的变化。一方面，由于最低工资率是依法强制推行的企业工资最低标准，对总体工资水平有一个基础性的作用；另一方面，企业平均工资的提高又必然引起最低工资的变动。特别是在实行工资谈判的情况下，政府颁布的最低工资率都是一个重要的依据。

在国际上，早在 1928 年的国际劳工组织第十一届大会上就通过了关于确定最低工资办法的第二十六号公约和第三十号建议书，核心内容是规定工人的最低工资率，保障劳工的基本权益和基本生活需要。我国政府在 1984 年 5 月正式决定予以承认并接受该公约的相关条款。

在我国，劳动部经国务院批准，于 1993 年 11 月颁布实施了《企业最低工资规定》，适用于我国境内的各种经济类型的企业，以及在其中领取报酬的劳动者。2003 年 11 月，劳动和社会保障部颁布《最低工资规定》，自 2004 年 3 月 1 日起施行。这些规定适应了社会主义市场经济发展的需要，对于保障劳动者个人及其家庭成员的基本生活，促进劳动者素质的提高和企业公平竞争，都将起到重要的作用。

（二）最低工资率的测算方法

国际上确定最低工资率时，考虑的主要因素有城镇居民生活费支出、平均工资水平、劳动生产率、城镇就业率、经济发展水平等，用公式表示为：

$$M=F(C, W, L, U, E, A)$$

式中，M 为最低工资率；C 为城镇居民人均生活费用；W 为平均工资；L 为劳动生产率；U 为城镇就业率；E 为经济发展水平；A 为调整因素。

最低工资率的具体测算方法有多种，如恩格尔系数法、比重法、实算法、超必需品剔除法、平均数法、经济计量分析法等。这里主要介绍恩格尔系数法和比重法。

1. 恩格尔系数法

恩格尔系数法，即根据国家营养学会提供的年度标准食谱及摄取量标准，结合标准食物的市场价格，计算出最低食物支出需求，再除以恩格尔系数，得出最低生活费用的个人标准，再乘以就业者的平均赡养系数，最后加（或减）一个调整额。用公式表示为：

$$M=\frac{Z}{N}\cdot S\pm T \tag{6-1}$$

式中，M 为最低工资率；Z 为最低食物支出费用；N 为恩格尔系数；S 为人均赡养系数；T 为调整额。

例如，某地区食物最低支出需求为每月 120 元，恩格尔系数为 0.6，赡养系数为 1.5，平均工资为 600 元。那么最低工资率应为：

$$\begin{aligned} M&=\frac{Z}{N}\cdot S\pm T\\ &=200\times 1.5\pm T\\ &=300\pm T \end{aligned}$$

其中，T 值是按最低工资相当于平均工资的 40%～60%确定，应为 60 元。

2. 比重法

根据城镇居民家计调查资料，确定其中一定比例的最低人均收入户为贫困户，计算出贫困户的人均生活费用支出额，乘以赡养系数，最后再加（或减）一个调整数而定。用公式表示为：

$$M=P\cdot S\pm T \tag{6-2}$$

式中，M 为最低工资率；P 为贫困户家庭人均生活费支出额；S 为人均赡养系数；T 为调整额。

例如，某地区贫困户人均生活费用支出额为每月 100 元，赡养系数为 1.5，平均工资为每月 300 元，则最低工资率为：

$$\begin{aligned} M&=100\times 1.5\pm T\\ &=150\pm T \end{aligned}$$

其中，T 值的确定与前述相同，约为 30 元。

应该说明的是，最低工资率测算的结果必须在进行可行性的验证后再发布实施。

（三）最低工资的动态调整

最低工资在不同时期其标准是不相同的，因此，国家还要对最低工资标准进行动态调整。调整的方式一般有三种：一是定期经常性调整，如每年调整一次；二是适时调整，即根据不同的经济情况选择最佳调整时间；三是指数联动法，即最低工资随物价指数和一般工资水平的变动而变动。

三、高端工资水平控制

高端工资水平的控制有两种含义：一是对社会集团的最高工资水平的控制；另一是对个人最高工资水平的控制。

对于前者，通常认为在市场调节条件下，最高工资不超过劳动的边际生产率；在计划调节条件下，不超过积累的最低限额。对于后者，在以计划手段调节条件下，是通过等级工资制度中的最高工资标准来控制的。等级工资标准中最高工资的确定考虑了劳动复杂程度、精细程度和责任大小程度的区别。在市场经济国家，通行的原则是放开分配，控制收入。因此，从宏观分配政策上没有对个人最高工资收入的限制，但是通过累进的工资税、遗产税和其他个人所得税，对于高额收入者征收高比例的税收。公共财政政策的基本原则是根据负担能力决定税率，谁多挣钱，谁就多纳税。通常收入最高的劳动者是一些具有特殊劳动能力和劳动条件的人，这一部分劳动力供给基本上没有弹性，高税负不会影响其劳动积极性，不会导致其劳动投入量的减少。

四、平均工资水平调控——工资指导线制度

在市场经济体制下，政府对平均工资水平进行宏观调控，是其总体经济政策中的一个重要组成部分。政府对工资宏观调控的目的，是使工资随着经济的发展，经济效益、劳动力素质的提高以及物价的变化，实现均衡、有序、合理的增长。下面将利用工资指导线制度来分析。

（一）工资指导线的基本概念与意义

所谓工资指导线，是在市场经济条件下政府为保证宏观经济目标的实现，根据社会经济发展相关经济指标的现状与变动提出的关于年度工资水平增长标准的权威性建议。这种建议一般是采用政府报告的形式，告知工会组织、企业主组织及社会各界。工资指导线多采用年度报告的周期形式，提出短期的工资指导方针和工资水平提高百分比。从实施范围上看，则有全国工资指导线、地区工资指导线和行业工资指导线之分。

在市场经济条件下，企业的短期工资水平主要通过劳动者与企业的工资谈判确定。由于各行业、部门、企业以及不同的劳动者群体，有着各自的经济活动特点，对于当前经济发展的现状及今后发展趋势有不同的分析判断，加之企业工资有较充分的自主权，就决定了工资谈判本身有一种使工资决策分散化的倾向。短期工资目标与长期工资目标、局部工资决策与全局工资决策之间，不可避免会出现相互矛盾的地方。由于经济、政治体制和政府职能的限制，在正常情况下，中央或地方政府对企业工资分配不能采取直接干预的手段，而应采取提供信息、预测和建议的办法，辅之以金融、税收等手段，指导企业工资谈判与工资分配，为其提供客观的依据和参考标准，促使工资的宏观与微观决策、长期与短期决策相互协调和统一。工资指导线制度正是实现上述目标的一种行之有效的具体手段，在世界各国普遍推行。

（二）工资指导线的主要内容

工资指导线作为指导、影响企业自主分配和集体工资谈判确定工资水平的重要标准，其主要内容包括：

1. 基期年度宏观经济形势分析

根据统计资料，对上一年度全国或地区经济状况进行分析，主要内容是：

（1）经济状况，有国内生产总值、经济综合增长率、劳动生产率、物价指数、失业率等。

（2）工资结算状况，有工资总额、平均工资、工资结构等。

（3）利润及人工成本状况，有总资本收益率、营业成本、单位人工成本、实现利润等。

2. 本年度宏观经济形势预测

根据上一年度经济发展状况及本年度相关经济指标可能的变化，对本年度经济前景做出预测，主要内容是：

（1）国内生产总值及其人均值的增长；

（2）劳动生产率的增长；

（3）物价指数（或居民消费品价格指数）；

（4）社会劳动者人数增长及失业率变动；

（5）出口产值增长；

（6）政府在工资、财政、税收、金融等相关领域中的政策变化。

3. 本年度工资增长建议

根据以上分析与预测，按照工资增长低于经济增长率的原则，给出对本年度工资增长的建议，其内容是：

（1）年度工资增长指导方针，对本年度工资增长提出原则性的指导意见，阐明政府将要出台的工资政策及相关的宏观经济调控措施，使企业和劳动者双方对本年度的工资增长环境有较深刻的了解。

（2）年度工资增长指导标准。主要有：

1）年度工资增长基准线。指根据经济增长预测所得出的工资增长理想百分比，既有利于实际工资提高，又有利于降低人工成本，提高经济效益。

2）年度工资增长上限，或“预警线”。指年度工资增长的最高标准，超过此限度，可能违反工资规律并引发消费基金过度膨胀。

3）年度工资增长下限。即零增长或负增长可作为理论下限。但考虑到物价上涨因素和政府最低工资率的要求，实际上应将货币工资增长等于物价指数，或不低于最低工资率，作为确定工资增长下限的依据。

4. 实现工资指导线的相关措施

这些相关措施包括：

（1）限制劳动力供给，有效利用现有劳动力；

（2）发展生产，增加企业劳动力需求；

（3）提高员工素质和劳动生产率，降低人工成本；

（4）稳定物价；

（5）调整工资结构，体现激励职能；

（6）鼓励工资储备，保持实际工资水平稳定；

（7）采取相关的税收政策。

（三）工资指导线的制定与发布

（1）工资指导线制定的组织机构。一般是由政府劳动行政部门、工会、雇主协会三方代表组成全国或地方工资委员会，负责指导线的制定与审核。也有的国家是由政府聘请专家组成咨询组，提出指导线方案，由政府劳动行政部门会同行业工会及雇主协会磋商后，予以公布。

（2）工资指导线制定机构的主要工作。包括确定相关的经济指标体系、建立信息库、确定具体的工作程序，以及运用计算机技术计算出各种相关数据。

（3）工资指导线标准的计算与确定。指导线标准的计算一般分五步进行：第一步是计算年度工资最低增长率；第二步计算年度工资最高增长率；第三步计算工资增长区间和平均增长率；第四步是对年度最低工资增长率进行修订调整；第五步是对年度最高工资增长率进行修订调整。

工资指导线一经确定，即可由政府批准，按照制度规定的日期，在全国及地方主要报纸上予以公布；同时，将报告文本送达有关的工会组织和雇主协会组织。

五、通货膨胀条件下实际工资水平的调控

（一）实际工资水平与物价水平

工资从收入分配角度看，是以货币量表示的个人消费品数量。我们在研究工资水平的时候，不仅要研究货币工资水平问题，更重要的是研究一定量的货币工资能够代表的消费品和劳务的数量。因此，实际工资水平的保证就成为工资分配领域中的一个重要的问题，受到政府和经济学界的广泛重视。

实际工资水平的增减变化主要取决于两个基本因素，即货币工资水平与物价指数的变化。三者之间的关系如表 6－1 所示。

表 6－1　　货币工资、物价水平对实际工资的影响

货币工资	物价	实际工资
不变	上涨 不变 下降	下降 不变 增加
增加	同幅度上涨 上涨幅度大 上涨幅度小 不变	不变 下降 增加 增加
减少	同幅度下降 下降幅度大 下降幅度小 不变	不变 增加 下降 下降

为了更确切地反映实际工资水平，在研究货币工资水平与实际工资水平的关系时，可以采用劳动者生活费用价格指数代替物价指数，即

$$\text{实际工资水平}=\frac{\text{货币工资水平}}{\text{劳动者生活费用价格指数}} \tag{6-3}$$

（二）保证实际工资水平的主要手段

物价上涨是社会经济发展中的一种带有规律性的现象，但是当物价上涨超过一定的限度时，就会威胁到劳动者的实际工资水平，使之得不到提高，甚至会下降。因此，在物价上涨时，有必要采取相应的收入补偿手段，使劳动者的收入损失控制在尽可能小的程度。对实际工资的保证，通常可以采取工资指数化或工资非指数化两类方法。

1. 工资指数化

即通过立法将工资增长指数与生活费价格指数直接挂钩，定期按照规定的比例自动增加工资。工资指数化是一种制度化手段，从挂钩的工资结构上看，有两种具体形式：

（1）全挂，即劳动者的全部工资收入均实行指数化，与物价挂钩浮动。

（2）半挂，即劳动者的一部分工资收入与物价挂钩浮动，一般可采用标准工资挂钩、基本生活费用挂钩等方法。

其中，全挂方式透明度大，保障力度强，不冲击原有工资结构，容易被劳动者接受。但对低收入者不利，如果调控不利，有可能引发工资与物价的轮番上涨。

半挂方式有利于保证基本生活水平，对低收入者相对较为有利。但由于挂钩的只是工资收入的一部分，其工资保值作用不如全挂。如果基本生活费用大体一致的话，半挂方式又会导致工资的均等化，破坏原有的工资结构。

从挂钩的比例上看，有四种具体方法：

（1）完全指数化，即工资与物价同步增长，如物价上涨10%，工资亦增长10%。

（2）部分指数化，即工资增长低于物价增长，如物价上涨10%，工资增长5%。

（3）极限指数化，即物价上涨到一定幅度以上时工资才与物价同步增长，如物价上涨超过10%时，从11%开始，工资与物价同步增长。

（4）超物价指数化，即工资增长超过物价增长，如物价上涨1%，工资增加3%。

以上四种方法中，第一、第三种属于常见方法，第二种比较少见，第四种则仅有少数国家在特殊时期采用过。

2. 工资非指数化

即工资增长与物价上涨间接挂钩，由政府根据有关条件，人为地、不定期地决定工资增长。

工资的非指数化不是法定的制度，而是一种原则性的要求，具体操作由政府有关主管部门掌握。主要方法有以下三种：

（1）明补。即当物价上涨时，针对一种或几种消费品的价格上涨差额，以平均消费量为基数，向劳动者发放等额的货币补贴。这种方法虽然用途明确、简便易行，但会破坏合理的工资结构比例，长期使用会导致工资均等化。

（2）暗补。即当物价出现上涨趋势时，将物价补贴支付给商品生产者或经营者，用以弥补由于原材料价格上涨等因素造成的企业亏损，将涨价因素消化在企业内而非转嫁给消费者。暗补在客观上可起到稳定物价的作用，且不会破坏原有的工资关系。但它会带来价格信号扭曲、宏观失调和政府财政上的沉重包袱，并可能在一定程度上掩盖企业的经营性亏损。

（3）提高工资标准。即根据物价的变动，考虑其他相关经济因素，定期或不定期调整工资标准，从而提高货币工资水平，并使工资的增幅不低于物价的上涨幅度。这种方法实际上是在每年的工资调升中适当地考虑物价的因素，但又不与之直接挂钩。它可以使政府主管部门在处理实际工资水平与物价的关系时处在比较灵活有利的位置，又可以对不同的收入阶层区别对待。但它的透明度较低，目的性不够明确。

◆ 本章小结

马克思主义工资理论认为，工资在本质上是劳动力的价值或价格的转化形式。西方经济学工资理论主要包括边际生产力工资理论、均衡价格工资理论、集体谈判工资理论和分享经济理论等，其基本思想是，工资是劳动力市场上由供求关系决定的劳动力价格，但还受到很多非市场因素的影响。我们应坚持马克思主义工资理论的指导地位，汲取现代西方经济学工资理论的有利因素，为我国社会主义市场经济条件下工资制度提供理论指导。此外，还介绍了补偿性工资差异理论、在企业层面制定工资的基本原则和政府对工资管制的主要做法等。

◆ 关键词

维持生存工资理论　　效率工资理论
边际生产力工资理论　　均衡价格工资理论
集体谈判工资理论　　人力资本理论
补偿性工资差异理论　　计件工资
计时工资　　员工激励

◆ 复习与思考

1. 马克思主义工资理论的主要思想是什么?
2. 边际生产力工资理论和均衡价格工资理论的联系和区别何在?
3. 集体谈判是怎样影响工资生成与变动的?
4. 补偿性工资差异理论的主要内容有哪些?
5. 试论述计时工资和计件工资的异同及各自对员工努力程度的影响。

第7章
工资差别与收入分配

工资差距过大和收入分配不均一直是我国理论界和社会各界关注的焦点和热点问题。本章主要介绍工资差别的几种类型，着重考察不同工资差距的成因，重点研究收入分配不平等的测量方法和内在原因，并分析目前我国的收入分配现状和趋势。

第1节 工资差别

一、工资差别的类型

所谓工资差别，是指劳动要素供给者之间在要素服务收入数量方面的差异和相互关系。

时间概念在分析工资差别中是一个相当重要的条件。一般将时间分为短期和长期。短期是这样一种时期，在这个时期中，决定劳动力需求的要素是可以改变的，但形成现实劳动力供给的构成要素是不能适时调整、不能改变的。不能改变的要素包括：(1) 劳动力的素质结构，如知识结构、技能结构、职业能力等；(2) 劳动力市场信息获取状况，如没有足够的时间获得完备的市场信息，没有足够长的时间对市场信息做出反应；(3) 成本障碍，在获得市场信息、地区流动方面存在成本障碍。

长期则是指这样一种时期，即有足够的时间调整所有决定现实劳动力供求的要素，劳动力需求与劳动力供给的数量、结构均是可变的，不存在素质结构障碍、信息障碍和流动成本障碍。

工资差别按照标志的不同，可分为以下几种类型：

(1) 依据时间分类，可分为短期工资差别和长期工资差别两类。前者亦称为过渡性工资差别，后者又称为长期均衡工资差别。

(2) 以劳动力供给者个人特征为依据划分的工资差别，如年龄工资差别、性别工资差别等。

(3) 以劳动者劳动性质为依据划分的工资差别，如职业工资差别。

（4）以劳动者所处的群体和地区为依据划分的工资差别，如行业、产业工资差别，地区工资差别等。

二、工资差别的形成及运动规律

各类劳动者的工资差别是通过等级工资来反映和安排的。人们所从事的各种工作对劳动技能与知识的要求不同，在生产操作中的顺序与作用不同，从事不同难度的工作所需学习时间与费用以及知识顺序也不一样。因此，在决定工资的过程中，劳动者与企业（雇主、经营者或管理者）在实践中直觉地认为这种工作的工资（劳动力价值）应比另一种工作的工资高一些，以此类推。这种认识一旦形成并被大家认同，不同工作的工资差别就成为习惯保留下来。但是，由习惯而形成的工资差别并不能完全令人信服和令人满意。于是，随着经验的累积和管理科学的进步，逐渐使工作等级的划分和评定制度化，由一整套科学的方法来确定工资差别。

工资差别就整个社会来讲，随着工业化的进展，其变化规律大致遵循以下轨迹运动：当一个国家开始工业化时，工资差别呈扩大趋势，因为此时需要大量技术、业务水平高的劳动者，这类人才稀缺并且增加这些劳动者需要长期培训。当工业化发展起来后，工资差别呈缩小趋势，这是因为已建立起了庞大的技术队伍，扩大了教育和培训的机会，能够更高水平地利用科技而削弱手艺的重要性，此时许多非技术工作逐渐由机械化代替，使得农业和非耐久性制造业的就业减少，耐久性制造业的就业增加，外来移民受限并建立和发展了工会等。缩小过程进行到一定阶段后可能会达到一个高水平的平稳时期，此后由于经济和制度要素的发展，可能又会呈扩大趋势（因为从制度上说手艺工人工会要求扩大差别，从经济上说只要是技艺性的工作比非技艺性和半技艺性的工作需要更多的训练或更高的能力，工资差别就不能继续缩小下去）。当文化科技高度发展、技术差距消除、劳动差别消失时，工资差别也就不存在了。

三、工资差别的成因

在劳动力市场中，如果所有劳动者的素质一样，岗位（职务、工种，下同）的劳动要求及劳动环境等也一样，那么工资最终会均等化。但事实上这是不可能的。劳动者的素质和劳动态度不同，岗位的劳动要求和环境也不相同，工资就会有差别。那么工资差别的原因和种类有哪些呢？

工资差别的根本原因是经济状况，经济效益好的地区、产业、企业的工资水平会比经济效益差的地区、产业、企业高。此外，劳动者的个人因素和职业的劳动特点等，也会对工资差别产生重大影响。

（一）产业（企业）间工资差别

产业之间的工资差别除了本书关于工资水平所论述的一些原因外，主要还有下列影响因素：

（1）从理论上讲，在各产业部门的劳动力中，熟练劳动力所占的比例大小是影响产业之间工资差别的重要因素。例如，建筑行业中熟练技工，如电工、木工、泥瓦工等占的比例较大，因此工资水平应较高；而零售贸易行业的多数员工属于非熟练技工，其工资水平应较低。

（2）产业所处的地理位置。自然条件、经济条件、产业结构、文化结构、性别比例、民族结构、人口状况的不同，会影响到不同地区的产业工资差别。各地区工资传统的历史原因也会造成工资差别。

（3）产业的技术经济特点影响工资水平。资本密集型产业工资较高，反之较低。这是因为资本密集型产业对资本投资的要求高，限制了新企业加入这一产业，这就会造成垄断性的收益和利润；资本与劳动的比例高，意味着劳动报酬占总营业支出的比例相对较小，资本的利润较高，从而有能力支付较高的工资（如石化炼油、汽车制造、钢铁业等工资高，而纺织、服装业工资较低）；人均资本占有量高，从而劳动生产率高。

（4）工会化的程度以及劳资力量对比。在市场经济条件下，企业员工的工资水平（工资标准）及其增长率是通过劳动关系双方谈判确定的。实践证明工会代表员工来与雇主进行工资集体谈判比员工单个谈判更有助于维护员工的利益。但是，工会的作用不能过于夸大，使之绝对化，因为工资最终取决于经济状况与市场工资率。

（5）劳动力供求状况。有的产业所需的劳动力资源丰富，有的则短缺，在市场机制的作用下，前者工资比后者要低一些。

上述产业间工资差别的影响因素只是从产业本身的特点来分析的。此外，政府的经济政策、职业特点以及劳动者个人素质的差异等也是影响产业间工资差别的重要因素。

（二）职业间工资差别

现代经济学一般用职业的非货币（或职业的非金钱）特征来解释为什么相同素质的劳动者之间工资会有差别。也就是说，对某些职业必须支付较高的工资以补偿不同职业的非金钱差异，从而形成职业间工资差别。

（1）劳动负效用补偿性工资差别。劳动者的能力相同，贡献也一样，工资应无差别，但事实上往往是存在差别的。这是因为有些职业的劳动环境恶劣（危险、不愉快、紧张、枯燥、劳累、肮脏等），会给劳动者带来精神损失、健康损失，这种由于“劳动负效用”造成的“非货币损失”需要在工资中给予补偿；否则，就雇用不到劳动者。罗纳德·伊兰伯格在《现代劳动经济学》里写道，如果劳动环境差的企业Y将工资提高到比劳动环境好的企业X所支付的工资多0.5美元，便能吸引到所有的工人（找工作者），Y企业便会将工资稍降一些（原来它与X企业是支付同样工资，但招不到工人）。这时，此0.5美元的差别不是均衡差别。如果Y企业增加0.5美元，只能招收到这些找工作的工人中的一部分人，另外一些人宁可仍到X企业工作（虽然工资少一些），在这种情况下，Y和X企业均招收到自己所需要的一定数量与质量的工人，这时，此0.5美元的工资差别是均衡差别。为了招收到工人，Y企业必须支付的这部分额外工资就称为补偿性工资差别。

某些职业的社会地位（即对职业的社会评价）低下，不被人尊重，工资就要高一些；而某些人为了在名声大、地位高的单位中工作，宁可工资低些。这类情况下出现的工资差别也属于补偿性工资差别。

但是，产生上述补偿性工资差别还需有一定的必要条件：第一，劳动者必须关心工作条件（劳动环境）。理想的工作条件下，劳动效率就高；否则，就低。第二，需要付出很大的代价才能改造设备，创造（或改善）良好的工作条件；否则，企业宁可改造设备而不愿支付补偿级差工资。第三，劳动者追求效用最大化，而不是收入最大化，否则，就会导致最终工资均等化而不是均衡差别。第四，劳动力自由流动，并且有一系列可供选择的工作机会，而且在劳动力市场中存在竞争和有较充分的劳动工资信息。第五，补偿性工资差别的存在及其方向还取决于劳动供求条件。

（2）风险补偿性工资差别（亦称职业收入的变动性差别、稳定性差别）。有些职业的工资较稳定，有的则变动大（例如舞蹈演员、运动员等的工资）；有的职业较稳定，有的则不稳定甚至有失业风险（例如，建筑行业冬季施工工程少，工人处于停业状态；又如，制盐业、制糖业都是季节性生产等）。因此，虽然其他条件相同，工资却会有差别。这种差别称为风险性补偿工资差别。

（3）人力资本补偿性工资差别。人力资本理论指出人们对人力资本进行投资是要取得回报的，劳动者进行了教育费用等的投资后，在工资上就应有所回报。因此，不同职业之间工资就会有差别，甚至在同一职业中的不同劳动者，其工资也可能会有差别（有的部门、有的国家在决定劳动者的初始工资时，不同学历者工资不同）。

在图 7－1 中，纵轴为职业 B 的工资率 w_B 与职业 A 的工资率 w_A 之比 w_B/w_A，横轴为劳动力数量，D 为技术性职业 B 的劳动力需求曲线，S 为职业 B 相对于职业 A 的劳动力供给曲线。当两职业工资率之比 $w_B/w_A=\omega_e$ 时，职业 B 的相对供给曲线 S 与需求曲线 D 处于均衡状态。此时，ω_e 必须大于 1，其差异程度等于人力资本投资收益率。如果职业工资差异水平大于人力资本投资收益率，即两职业工资率之比 $w_B/w_A>\omega_e$，此时，相对于 A 职业的 B 职业的劳动力供给曲线为 S_1，人们将离开职业 A，通过人力资本投资行为获得进入职业 B 的人力资本条件，职业 A 劳动力供给的减少和职业 B 劳动力供给的增加，必然导致职业 A 的工资率 w_A 的上涨和职业 B 的工资率 w_B 的下降。劳动力供求相对关系的变化，直到工资率之比 $w_B/w_A=\omega_e$ 时，即直到 S_1 移向 S 为止，人们向职业 B 的流动才会停止。根据同样的原因，相对工资率之比 $w_B/w_A<\omega_e$ 时，将使人们离开职业 B 进入职业 A，劳动力供求的变化最终又使相对工资率上升到 ω_e。

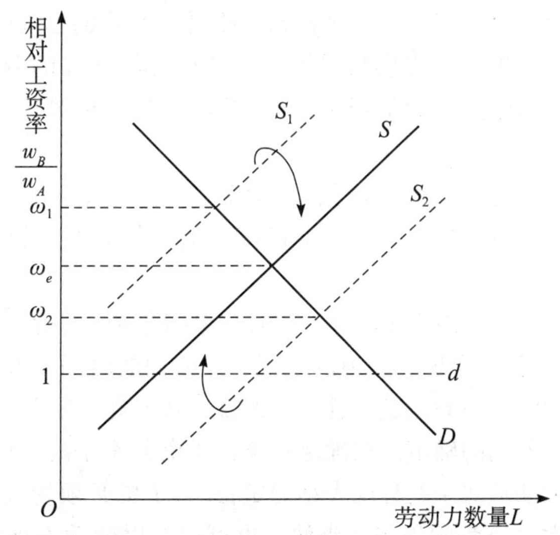

图 7－1　补偿性工资差别

进一步分析，如果两职业相对工资率 $\omega_e<1$，职业 B 在长期中将得不到必要的劳动力供给，而对职业 B 劳动力的需求的客观存在必将使 $\omega_e>1$。实际上，在长期中职业 B 相对于职业 A 的劳动力供给曲线是有充分弹性的。当相对工资率 $w_B/w_A=\omega_e$时，对职业 B 的劳动力供给曲线为一条平行于横轴的曲线，如图 7－2 所示。任何相对工资率之比 w_B/w_A与 ω_e的背离，都将导致工人的流动。这种流动将持续到相对均衡工资率得到恢复为止。

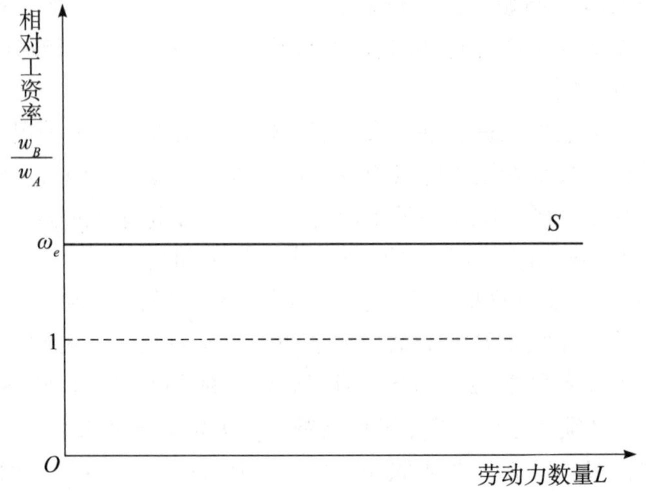

图 7－2　人力资本投资补偿性工资差别

在图 7－2 中，职业 B 相对于职业 A 的劳动力供给曲线在相对工资率之比 $w_B/w_A=\omega_e$的条件下，为一条平行于横轴的曲线。假设在劳动力供给者关于货币时间价值偏好相同的情况下，（ω_e-1）的差在长期中收敛于人力资本投资收益率。如果（ω_e-1）的差低于人力资本投资收益率，技术性职业 B 获得技能的成本得不到补偿，这对于人们进入职业 B 缺乏应有的刺激，职业 B 劳动力供给的缺乏以及市场对此类职业劳动的客观需求，仍然会使其相对均衡工资差别恢复到 ω_e的水平上。反之，如果相对工资差别远远高于人力资本投资收益率，必然导致技术性职业 B 的劳动力供给增加，非技术性职业 A 的劳动供给减少，造成职业 B 的工资率 w_B的下降和职业 A 的工资率 w_A上升，也会使相对均衡工资差别恢复到 ω_e的水平上。

进入不同职业所必需的技能成本不同，会造成不同职业工资的差别。也就是说，教育投资的差别带来补偿性工资差别，某些职业的高工资只是对长期教育和培训所作投资的一种收益。

另外，人们的时间偏好内生率不同，工资也会有差别。所谓时间偏好内生率（亦称内生收益率），即使投资现值等于成本现值的贴现率。人们的时间偏好内生率不同，其差别会导致人们在人力资本投资方面的差别，进而导致收入（工资）差别。

（4）补偿性工资差别的确定。在确定补偿性工资的水平时，应该考虑下面两点：1）以边际工人所受到的劳动负效用的程度大小而定；2）工资必须超过其他类似工作的工资，使之恰好补偿负效用方面所受的损失。当然，也可以是以劳动力市场中形成的劳动均衡价格而定。

为了进一步做出说明，举例如下：

假设某企业噪声很大，足以影响健康。为了工人的健康，可以在机器周围设消声器或隔音板，也可以让工人戴耳塞。消声器或隔音板的价格高于耳塞价格，雇主愿意用耳塞解决噪声问题。但是在计算成本时不能只按耳塞的价格计算，还应把戴耳塞的心理成本（因为戴耳塞很不舒服）计算进去。那么怎样来计算戴耳塞的价值呢？一种很直接的方法就是，找出一组以戴耳塞作为就业条件的工人的工资，与支付给那些同类企业不需要戴耳塞的工人的工资相比较。如果工人发现耳塞比噪声更不舒服，在需要戴耳塞的企业中工资应更高一些，这种工资差别就是工人对不舒服的价值估计。假设要求戴耳塞的企业支付的工资比其他同类企业支付给同类劳动者的每小时工资高1元或每年高200元，在该企业工作的工人用他们的行为表明，他们愿意每年得到200元作为对不舒服的补偿，对他们来说，这种不舒服的成本每年等于200元。那些拒绝在该厂工作的工人对不舒服成本的估价更高，因为200元不足以补偿他们。因此，不舒服的边际成本是每年200元（为了增加一个戴耳塞的工人，每年需要追加200元的补偿）。

（三）劳动者个人间工资差别

在分析了职业间工资差别的原因后，人们会发现在实际生活中并不是完全像分析的那样。事实上，高工资的工作并不都是劳动环境差、社会地位低，而有些是劳动环境好、社会地位高。为什么会产生这一现象呢？这是因为工资差别还有劳动者个人的原因，即非补偿性工资差别，它比补偿性工资差别更主要、更普遍。

（1）竞争性工资差别。在市场经济条件下，劳动者自由流动，自由地选择职业。每一个劳动者都想选择劳动环境好、社会地位高、工资待遇优厚的工作单位，但并非都能如愿以偿。只有那些劳动力素质高的才有可能，素质差的则只好从事工资低的工作，由此产生了工资差别。其次，两个劳动者所处的环境条件与个人机会都完全一致，而这两个人的劳动成果却不一样，其中一个劳动效率高另一个低，由此前者工资高后者工资低，产生了工资差别。显然，这种工资差别不是用补偿性工资差别可以解释的。这种由于劳动力素质（劳动技能）差异产生的工资差别称为竞争性工资差别或技能性工资差别。

（2）垄断性工资差别。垄断性工资差别既非补偿性工资差别，也非竞争性工资差别，它是由于劳动者的特殊素质或特殊阶层而产生的。前者主要表现在某些劳动者在某一方面有超常的天赋，能从事别人很难胜任的工作；或者有些工作需要高素质劳动力，而这种劳动力不是短时期内可以培养出来的，因此以上两类劳动力虽然求大于供，却很难得到补充，因此使这些劳动者在某些工作上处于垄断地位，获得了垄断性的高工资。后者主要表现在由于受经济能力和社会地位所限，或是由于工会、行政权力及经济体制的影响，某些工资相对较高的工作只限于少数人能够进入这一阶层，其他人无法进入，从而处于垄断地位。为消除这种不公平的垄断性工资差别，就应创造条件力求消除造成阻碍劳动力流动的外部因素。

垄断性工资收入是由于劳动力供给几乎无弹性，使工资中含有很高的“租金”部分，所以又称“租金性工资收入”。

由于人力资本体现在劳动者身上，它反映了劳动者的素质高低，因此有的学者将因为人力资本而产生的工资差别归入竞争性工资差别，而不是补偿性工资差别。

可结合图7-3加以说明。图中，与横轴垂直的曲线为具有特殊能力结构特征的劳动力供给曲线，因其劳动力特殊的能力结构所决定，其供给没有弹性，故在需求的作用下，其工资可急剧上涨。显然，这类劳动者的工资收入不是由其自身的价值，而是由需求决定的，对他们的需求增长越快，其垄断性的工资差别就越大。

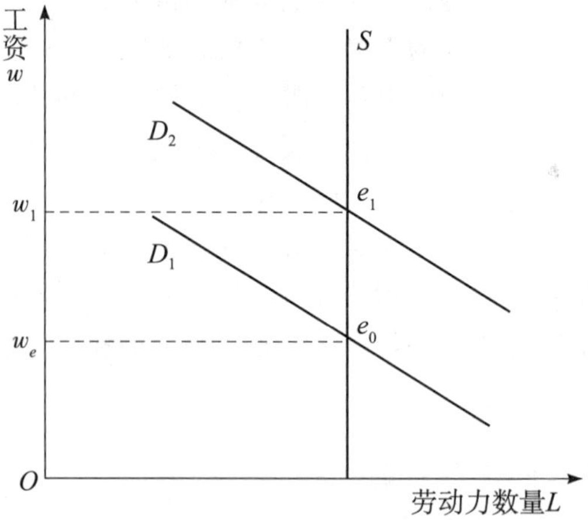

图 7-3 垄断性工资差别

由劳动力能力结构的自然特征所造成的垄断性工资，差别虽然很大，但仍然属于现代劳动力市场中规范的工资差别，其存在是合理的。同时，也应注意到，这类工资差别也渗透有补偿性因素在内。其原因在于：其工资收入仍具有不稳定的特征。在其能力结构的特殊功能的高峰时期，工资收入很高，但由于劳动力生命周期的原因，能力结构的特殊功能一旦丧失，工资就很快、很大幅度地降低。特殊职业的风险亦需一定的工资来补偿。

除了以上的原因产生工资差别，劳动力供求的市场竞争也是产生工资差别的一个原因。从劳动者方面来看，虽然都想选择高工资职业，但为了生活求职，在劳动者之间的激烈竞争下，有些劳动者会不得不降低工资要求，以便被雇主录用。从雇主方面来看，虽然都想以尽可能低的工资雇用到高素质的劳动者，但是为获得劳动力进行生产，在雇主之间的激烈竞争下，有些雇主会不得不抬高工资，以求录用到所需要的一定数量与质量的劳动者。基于上述原因，便产生了企业间、员工间的工资差别。

（四） 地区工资差别

地区工资差别是一种普遍存在的工资差别。形成地区工资差别的根本原因在于地区间经济发展的不平衡。从形成地区工资差别的原因来看，地区间经济发展的不平衡具体反映在以下方面：(1) 地区劳动力市场劳动力供求差异；(2) 人均物质资本差异；(3) 人均人力资本差异；(4) 市场竞争程度差异等。正是上述差别的存在，才造成地区间的工资差别。

依据完全竞争市场条件下工资决定的理论，在长期中，同质劳动力在不同地区之间其工资不会存在差别。其原因在于：地区间的贸易、资本流动和劳动力流动，可使地区间的工资差别趋于消失。但在短期内，地区间的工资差别不易消除，其原因从三个方面分述如下。

(1) 地区间贸易。为了分析简便，假设两个地区其他条件都具有可比性或者都相同，两个地区的唯一差别在于同质劳动力的工资率不同，因而两地区同类产品的生产成本中的人工成本也不同。进一步假设，在初始时期两地区不进行商品贸易，所以，产品的运输成本为零。那么，通过市场的竞争和地区间商品的流通，地区间的工资差别趋于消失。现结合图7-4加以说明。

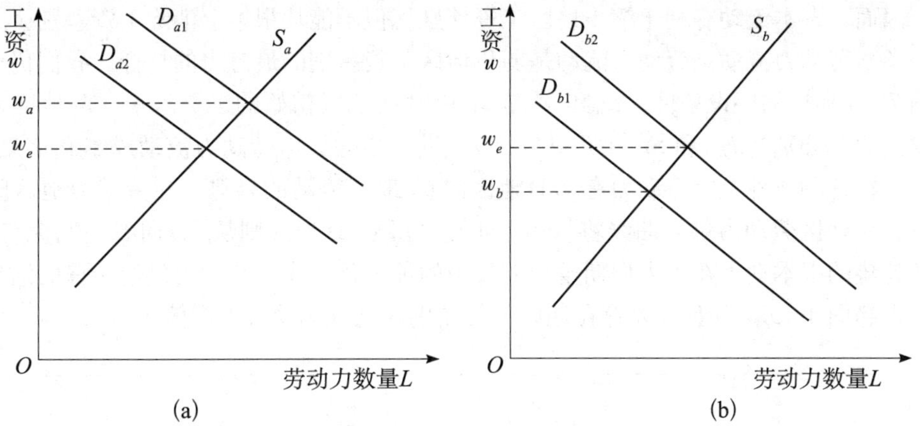

图7-4　地区间贸易对地区工资差别的影响

在图7-4中，(a) 为高工资地区，(b) 为低工资地区。在初始时期，两地区的劳动力市场的均衡工资率分别为由 D_{a1} 和 S_a 决定的 w_a 和由 D_{b1} 和 S_b 决定的 w_b，且 $w_a > w_b$。由于B地区较低的工资率，造成较低的生产成本，两地区商品的竞争及地区间的商品流通必然导致A地区商品需求的下降和B地区商品需求的增加，A地区产品价格下降，B地区产品价格上升。两地区商品需求和价格的变化改变了两个地区的劳动力需求曲线：A地区的劳动力需求曲线由 D_{a1} 移向 D_{a2}，B地区则由 D_{b1} 移向 D_{b2}。因此，地区间商品的竞争和流通的结果使商品的价格均等，并通过这个过程使地区间的工资差别趋于消除：两地区的工资率均等于 w_e。

在地区间生产多种产品的情况下，上述结论均可成立。在地区之间，商品的竞争和商品流通推动了地区工资差别的消除，并且直到均衡实现以前，B地区较低的工资总是导致商品由B地区流向A地区，最终形成 w_a 和 w_b 趋向于 w_e。

但是，商品流通必然使运输成本大于零，获得商品价格方面的信息也需一定的费用。信息费用、运输费用的存在，也会成为地区间商品价格和工资均等的障碍，并且某些产品和服务不能进行地区间的流通，只能在产地消费。因此，地区间商品流通和竞争不能完全消除地区工资差别。

(2) 资本流动。资本流动对地区工资水平的决定具有直接的效果。如果地区工资差别如图7-4所示，那么，这种工资差别就会刺激A地区的企业向B地区扩展：或者向B地区迁移，或者向B地区扩大投资。道理很简单，投资的引力来自B地区的低工资和低生产成本。

如图7-4所示，资本增加将造成劳动的边际生产力的增长，B地区的低工资引起资本从A地区向B地区流动，使得A地区的劳动力需求从 D_{a1} 移动到 D_{a2}，同时，B地区的劳动力需求从 D_{b1} 移动到 D_{b2}。这两个地区劳动力需求的运动，使两地区的工资差别趋于消失，最后统一到 w_e 的水平上。当然，也可以出现另一种情况，即B地区的低工资和低生产成本引起资本向B地区的流动，B地区的劳动力需求连续增长，劳动力需求曲线不断地向右上移动，使B地区的工资率由 w_b 趋向于 w_a，同样可以使地区工资差别趋于消失。

然而，在现实的经济中，任何一个经济地区的发展都要充分利用本地区的资源，发展相应的行业和产业。低工资地区仅依赖于工资的优势，仅依靠资本的流动来消除工资差别是不现实的。例如，因为B地区的低工资，A地区把某些产业建立在B地区，但企业所需要的某些资源必须从A地区运进来，生产的产品再运出去，这样是不符合资源配置的一般规律的。因而，资本流动有利于缩小地区工资差别，但不能从根本上消除工资差别。

（3）劳动力流动。劳动力流动是弱化地区工资差别的最有力的杠杆。我们仍然用图7－4和图7－5那样的假设条件。w_a和w_b是A和B两地区初始的工资水平，两地区初始的劳动力供给曲线分别为S_{a1}和S_{b1}（见图7－5）。进一步假设，劳动力流动成本和信息成本为零，那么，在这种条件下，劳动力有从B地区向A地区流动的趋势。在劳动力地区间流动的作用下，A地区劳动力供给曲线将从S_{a1}向S_{a2}位移，B地区则从S_{b2}向S_{b1}位移。产生这种流动的趋势的根本动力在于人们期望个人效用的最大化。作为劳动力供给转移的结果，地区间的工资趋向于w_e，并且只要存在地区工资差别，这种流动就不会停止。

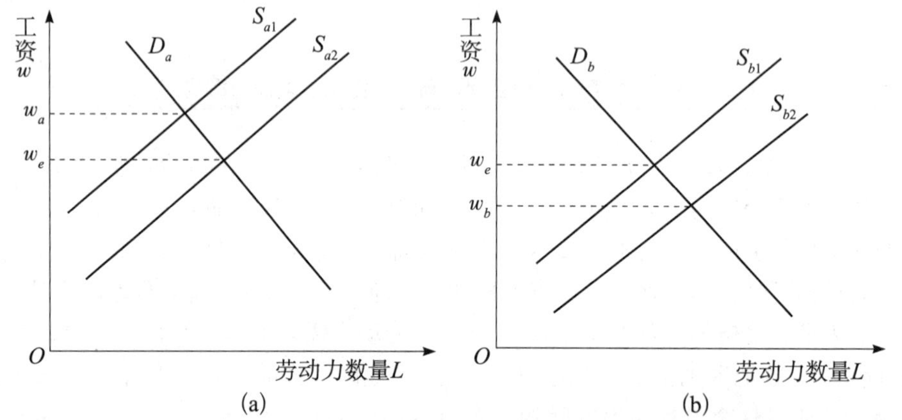

图7－5 劳动力流动与地区工资差别

但是在现实生活中，劳动力地区间流动在缩小地区工资差别方面存在着一系列障碍和阻力。这里，不考虑社会障碍和体制性因素，仅以与劳动力流动直接相关的阻力而论，它们是信息偏误、信息成本和流动成本。

劳动力地区间流动离不开准确的职业信息。搜寻恰当的职业信息既需时间又需费用。另一个更大的阻力在于流动成本，流动成本既包括直接的迁移成本，又包括心理成本。迁移成本是有形的、可以准确计量的；而无形的心理成本则是难以估计和准确计量的。心理成本包括：离开熟悉的生活环境，改变习惯的生活方式，到一个新的地区工作可能带来的种种不确定性，等等。

信息成本、流动成本对不同年龄的人有着完全不同的影响。越是年轻的人，成本相对较小，而年龄较长的人，成本越大。另一方面，不同年龄的人经过地区间流动所能带来的收益，也有很大的差异。年轻人从低工资地区流动到高工资地区就业，获得高工资的年限较长；反之，年长者获得高工资的年限较短。

人们在做出流动决策时，都要对流动可能得到的收益和付出的成本进行比较。劳动力地区间流动实际上是一种人力资本投资行为。流动决策同于人力资本投资决策模型。劳动力经过地区间流动获得的收益，是在原地区所能得到收入与流入新地区所能得到收入的差额；总收益是个人职业生涯期间实现的各年收益的总和。对于任何一个从低工资地区向高工资地区流动的劳动者来说，如果下式成立，即收益超过成本，他将做出流动的决策。

$$\sum_{t=0}^{n}\frac{(w_{at}-w_{bt})}{(1+r)^{t}}>c \tag{7-1}$$

式中，c 为流动成本，等于迁移成本和心理成本之和；w_{at} 和 w_{bt} 分别是 t 年在 A 地区和 B 地区的工资收入；n 是工作年限；r 是个人关于货币的时间价值偏好，即时间内部收益率。从式（7-1）中可以看到，两地区工资差别（w_a-w_b）越大，劳动者越年轻，即 n 越大，流动的倾向越强烈。而老年劳动者一方面流动成本高，另一方面保有工作能力的年限较短，故流动的倾向弱。

根据以上三方面的分析看出：地区间的贸易、资本流动和劳动力流动有利于地区工资差别的缩小，但不能最终消除工资差别。地区工资差别的缩小和最终消失，只能有赖于地区经济的发展。

（五）年龄间工资差别

从理论上讲，一个人从出生到死亡，经历了纯消费阶段，到既消费又生产阶段，再到纯消费阶段；而在既消费又生产这一阶段，也会经历从能力低、贡献小到能力高、贡献大（中壮年年富力强且经验丰富）再到体力弱、贡献小的各个阶段，其工资应该是“两头少，中间多”。但事实上很多国家往往是年龄越大工资越高，工资与年龄成正比，直到工资升到顶点后再逐步下降。为什么会出现这一现象？这里有两个原因在起作用：（1）人力资本理论（这里不再作分析）；（2）因为随着年龄增长，受教育程度逐渐提高，知识和经验也在不断积累，而且和企业的关系在加深，受到雇主的信任，这样由于劳动者自身原因和雇主的原因，工资随着年龄不断增长（对年龄，实际上应理解为工龄）。以上两个原因兼而有之。

（六）性别间工资差别

从理论上讲，工资分配实行同工同酬原则，不应该存在男女工资差别问题。但是，事实上男性劳动者工资比女性高（就总体讲）。造成差别的原因包括：（1）传统观念中的轻视女性，女性升职与受培养的机会少于男性，致使有的女性受压抑，得不到重用，积极性下降；（2）由于受教育少而能力低，女性平均工资低于男性；（3）由于生理、心理等自然原因，女性进入高收入劳动者行列的机会受限。

第 2 节　工资收入不均等程度加剧的原因

一、劳动力供给方面的变化

在现实中，劳动力供给曲线和劳动力需求曲线的移动，甚至制度因素的变化，往往都是同时发生的，或者是一前一后发生的。一般情况下，通过复杂的统计研究可以对导致一种变化产生的各种可能影响因素进行分类整理，并且估计出每一种因素对这种变化的出现所起的作用。

如果某一特定劳动者群体的市场出清工资水平下降主要是劳动力供给曲线的移动造成的，那么，劳动力供给曲线这时必然是向右移动，而这种移动又必然会导致雇用量的上升，如图7-6（a）所示。如果劳动力供给曲线向左移动是造成工资率上升的主要原因，那么，与这种工资率上升相伴随的必然是市场出清雇用水平的下降，如图7-6（b）所示。在其他条件相同的情况下，这种劳动力供给曲线移动的幅度越大，则它对均衡工资率的影响程度就越高。

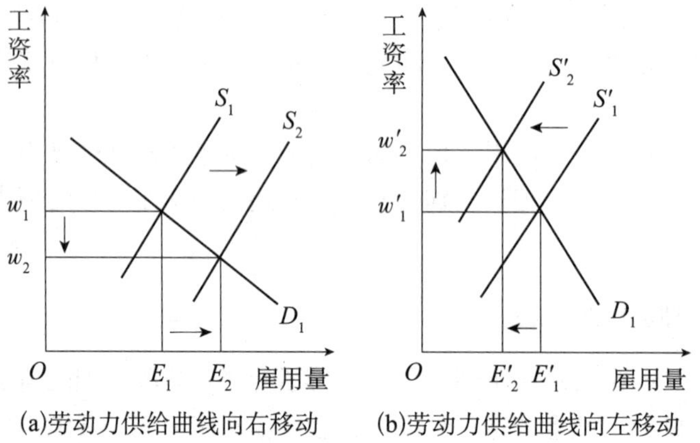

图7-6　作为工资率变化的主要影响因素的劳动力供给变化

我们试图解释的主要现象是，受教育程度较高的劳动者和受教育程度较低的劳动者之间的工资差距为什么在不断扩大。如果劳动力供给曲线的移动是造成这一现象的主要原因，那么，我们应当可以观察到这一情况：相对大学毕业生的就业量而言，受教育程度较低的劳动者的就业量上升。表7-1中的数据表明，劳动力供给曲线的移动不可能是造成上述工资差距扩大的主要原因。通过对1980年以后工资性报酬上升的劳动者的就业份额（A行到D行）与工资性报酬下降的劳动者的就业份额进行比较，就可以很清楚地看到，工资性报酬和就业量增加正相关。相对工资性报酬增长的劳动者群体同时也是就业量增加幅度较大的群体，而相对工资性报酬下降的群体恰恰也是就业份额下降的群体。因此，劳动力供给曲线的移动不可能是造成教育收益率上升的主要原因。

表7-1　　25岁及其以上不同受教育群体的就业份额（%）

相对工资性报酬变动的群体	1980年	1990年	2005年
A. 研究生毕业的男性	9.1	10.5	11.6
B. 大学本科毕业的男性	11.4	14.0	20.5
C. 研究生毕业的女性	5.7	8.2	11.1
D. 大学本科毕业的女性	10.3	13.9	21.8
E. 高中毕业的男性	38.2	38.1	30.8
F. 高中辍学的男性	22.7	16.3	11.6
G. 高中毕业的女性	46.4	42.1	28.6
H. 高中辍学的女性	17.8	12.2	7.8

资料来源：U.S. Bureau of the Census. Money Income of Household, Families, and Individuals in the United States. Series p.60：no.132（1980），Table 52；no.174（1990），Table 30；and U.S. Bureau of the Census.

当然，尽管我们说劳动力供给曲线的移动并不是造成教育的收益率上升的主导因素，但这并不等于说劳动力供给曲线的移动对教育的收益率就没有任何影响。国外一项研究估计，在高中辍学学生的相对工资水平下降中，有 1/3 的原因可以归结为移民的涌入。因此，正是由于移民的进入，低技能劳动者在劳动力队伍中所占比重的下降幅度就比它本来应该下降的幅度小，从而使从劳动力供给方面产生的推动非技术劳动者的相对工资上升的力量变弱了。

二、劳动力需求方面的变化

相对工资性报酬上升较快的人力资本群体同时也是就业比重相对较高的群体，这一事实表明，劳动力需求曲线的移动是导致 1980 年以来工资性报酬不均等程度上升的主要因素。在其他条件不变的情况下，劳动力需求曲线的右移会导致工资和就业水平同时上升。因此，表 7－1 中的数据与下列情况是一致的：达到大学教育水平的劳动力的需求曲线右移，而高中毕业或高中以下学历的劳动力的需求曲线左移。

经济学家普遍认为，在这些劳动力需求变化的背后潜藏着这样一种现象，即“技能偏向型的技术变革”——技术变革提高了高技能劳动者的生产率，同时降低了对其他劳动者的需求。20 世纪 80 年代，几乎每一个行业中的企业都采用了多功能计算机化的生产和办公系统。例如，在机器人、自动测量装置、数据管理系统、文字处理和沟通网络等“高技术”方面的投资。在工作中使用计算机的劳动者所占的比例也从 1984 年的 25％上升到 1989 年的 37％，以及 1993 年的 47％。总体来说，我们完全有理由怀疑许多流程的计算机化会增加对高技能劳动力的需求，同时减少对其他劳动力的需求。

如果劳动力与一种价格出现下降的资本在生产过程中是互补的，或者说尽管这种劳动力在生产过程中与这种资本是相互替代的，但是两者却属于一种总互补关系，那么，技术变革就会增加对劳动力的需求。然而，如果某种类型的劳动力与资本是总替代关系，那么技术变革就会减少对劳动力的需求。至少最近几十年中，资本和技术劳动力呈现出总互补关系，而资本和非技术劳动力则更有可能呈现出总替代关系。如果这种一般情况适用于高技术资本，那么这种资本的价格下降以及它的不断普及，就会导致技术劳动力的需求曲线右移，同时非技术劳动力的需求曲线左移。

高技术资本增长幅度最大的行业，恰恰是大学毕业生在劳动力总量中所占比重最大的行业。1993 年，大学毕业生中使用计算机的人所占的比例（70％），比高中毕业生中使用计算机的人所占的比例（35％）高很多。此外，使用计算机的劳动者的生产率明显提高，据估计，他们使用计算机后的工资水平比没有使用计算机的工资水平高 20％，这一差距在 1984—1993 年之间进一步扩大。

由于与计算机化的工作流程相联系的工作场所技术变革的速度越来越快，范围也越来越大，这就要求劳动者必须掌握新的技能。学习一项新技能的成本对每个人来说并不都是相同的。学习速度最快的人往往也是学习的心理成本最低的人。突然需要学习新技能以及不同的劳动者的学习成本不同，是导致以下两个更大的工资性报酬不均等出现的因素。

第一，正如经济理论所表明的，学习成本较低的人最有可能对教育进行更多的投资，所以，我们很容易发现，受教育程度更高的劳动者也是适应高新技术环境速度更快的人；第二，即使在同一个人力资本群体内部，学习的心理成本也使得一些劳动者比另一些人更倾向于抵制变革。在快速变革时期，由于有些劳动者比其他人能够适应得更快和更彻底，因此，在同一人力资本群体的内部，工资性报酬之间的差距可能也会扩大。

一种观点认为，高科技资本价格的下降及其广泛应用普遍提高了对高技能劳动力的需求，这种观点与20世纪80年代的工资性报酬不均等的变化趋势总体来说是一致的，即高技能劳动者的工资性报酬上升，而低技能劳动者的工资性报酬下降；同时，无论是在高技能人力资本群体内部，还是在低技能人力资本群体内部，工资性报酬之间的差距也变得越来越大（在工资性报酬分配水平较高的一端和较低的一端同样也出现了工资性报酬的内部差距越来越大的情况）。然而，如果高科技资本的引入导致在所有的层次上都出现了对技能需求的上升，那么，我们该如何解释以下事实——至少对男性而言，高中毕业生的工资性报酬优势是保持相对稳定的？此外，如果快速的技术变革——一直持续到1990年以后——全面地提高了对技能的需求，那么，我们又该如何解释1990年之后，在工资性报酬分配水平较低的一端（以及在受教育程度较低和人力资本较少的劳动者群体中）所出现的不均等程度下降的情况呢？

经济学家最近所做的一些研究表明，高科技革命对劳动力需求所产生的影响可能更为复杂，不仅仅表现在单纯地提高了对技术劳动力的需求方面。相反，计算机技术可能很容易在一些常规性的工作过程中替代劳动力，比如，往机器中送料、进行财务计算、打印信件、检查产成品的质量缺陷以及处理顾客订单等。然而，计算机不能替代受过高等教育的劳动者所能够运用的抽象概括以及人际关系技能，也无法取代在许多对技能要求非常低的工作中出现的非常规性体力技能（停车场管理员、园林工人、医院护工以及餐饮服务员）。因此，计算机化可能会对工作岗位的增长产生两极化影响，即一方面减少对工作生产类以及办公室事务人员的需求——这些人处在工资性报酬分配的中等位置；另一方面，又会增加对受教育程度较高的劳动力以及（通过规模效应）非常规性体力工作者的需求——后者中的很多人处于工资性报酬分配的底部。

表7-2显示的是支持这种技术变革对就业具有两极化影响的观点，在这些数据中包括以下四大职业群体——管理人员、专业技术人员、办公室和行政支持人员，以及服务人员（在健康护理支持、安保服务、食品准备以及管家或个人看护等岗位上工作的人）——在就业总量中所占比重的变化情况。与这种两极化影响假设一致，1983—2005年，管理人员和专业技术人员在劳动力队伍中所占比重上升，办公室和行政支持人员在劳动力队伍中所占比重下降，而处在工资性报酬分配水平较低一端的服务人员的比重上升，尤其是1990年之后——近年来在降低工资性报酬分配水平较低一端的不均等程度方面发挥了重要作用。

表7-2　　1983—2005年四大主要职业群体的就业比重变化情况（%）

职业群体（2005年的周工资性报酬）	1983年	1990年	2005年
管理人员（997美元）	10.7	12.6	14.4
专业技术人员（902美元）	12.7	13.4	20.3
办公室和行政支持人员（550美元）	16.3	15.8	13.8
服务人员（413美元）	13.7	13.4	16.3

资料来源：U. S. Bureau of Labor Statistics. Employment and Earnings：31（January 1984），Table 20（1983）；38（January 1991），Table 22（1990）；53（January 2006），Table 11（2005）.

三、制度因素的变化

除了市场的供给和需求力量之外，经济学家还考虑到了另外两种会引起工资性报酬分配不均等程度上升的原因：一是工会的衰落；二是自 20 世纪 80 年代以来，美国的最低工资基本上保持不变，而总体工资水平却上升了。由于参加工会的劳动者的工资通常位于工资性报酬分配的中段，因此，工会的衰落可能推动例如第 80 百分位和第 50 百分位之间的工资性报酬比率或第 90 百分位和第 50 百分位之间的工资性报酬比率上升，而实际最低工资水平的下降则可能降低了位于工资性报酬分配最低端的劳动者的工资性报酬——在其他条件不变的情况下，这种情况会提高第 50 百分位和第 20 百分位之间的工资性报酬比率或第 50 百分位和第 10 百分位之间的工资性报酬比率。

根据可以推理出来的这两个方面的原因，我们有理由怀疑工会力量的削弱是导致教育收益率在 1980 年之后上升的一个主要影响因素。首先，加入工会的劳动者在劳动力总人口中所占的比重下降是始于 20 世纪 50 年代的一个现象，而后这种现象毫无遏制地延续到了下一个 10 年，甚至一直延续到 20 世纪 70 年代，即教育收益率开始下降的时期。其次，女性的教育收益率上升幅度却与男性一样大，甚至比后者还要大。

一些实证研究就工会化程度下降对总体工资不均等状况所产生的影响进行了分析，得出了这样的结论，即对男性劳动者来说，在 20 世纪 80 年代出现的工资性报酬分配不均等中，大约有 20%的原因可以归于劳动者的工会化水平所发生的变化，但是在 1990 年之后，这种因素就不再起重要作用了。这些经过谨慎分析得出的结论与我们在上面总结出来的观点是一致的，即第 80 百分位和第 50 百分位之间的工资性报酬在 20 世纪 80 年代大幅上升，但是在 1990 年之后就停止上升了，因此，1990 年之后出现的第 90 百分位和第 50 百分位之间的工资性报酬比率上升，是位于工资性报酬分配最顶端的那部分人的相对工资上升所导致的（工会化对此并没有影响）。

另一种可以用来解释教育收益率上升的制度力量是，实际最低工资水平在这一时期中大多数时候是下降的，尤其是在 20 世纪 80 年代。1981 年的最低工资率为每小时 3.35 美元，这相当于制造业中的非监督管理岗位平均工资水平的 45%。在整个 20 世纪 80 年代，名义最低工资始终保持不变，而工资水平在总体上是上涨的。20 世纪 80 年代，名义最低工资水平上调时，法定最低工资已经仅仅相当于平均工资的 1/3。实际最低工资的下降似乎能够解释为什么在 20 世纪 80 年代位于工资性报酬分配低端的劳动者的工资水平出现骤降了。然而，1990 年以后，工资性报酬分配水平较低的那一半人的均等程度上升以及较高的那一半人的相对工资上升则表明，实际最低工资下降——1997 年之后再次发生——所起的作用已经不是很大了。

四、国际贸易

有些研究把对熟练工作者的相对需求的增长归因于美国经济的国际化。1970 年，进出口占 GDP 的比重为 8%；截至 1996 年，这个比例已经上升到 19%，而且增加的大部分是源于与较不发达国家的贸易，近40%的进口来自这些国家。

毫不奇怪的是，美国倾向于出口与进口不同类型的商品。进口产业中雇用的工作者通常受教育程度较低，出口产业中雇用的工作者往往受过较好教育。于是，进口会对技术较低的工作者造成伤害，而出口则对熟练工作者有利。

所以，美国经济的全球化，伴随着出口的不断增长和更迅猛的进口增长，将对熟练工作者的需求产生积极影响，对非熟练工作者的需求产生消极影响。当国外消费者对美国熟练工作者生产的产品的需求增加时，对这些熟练工作者的需求也相应上升。同样，当美国消费者对由非熟练工作者生产的外国商品的需求增加时，国内企业对非熟练工作者的需求就会下降，因为他们生产的产品现在以更低的成本在国外生产。总之，国际贸易的发展增加了对熟练工作者的需求，但降低了对非熟练工作者的需求。所以，美国经济的全球化在图形上可以描述成图7-7中相对劳动力需求曲线的向外移动。

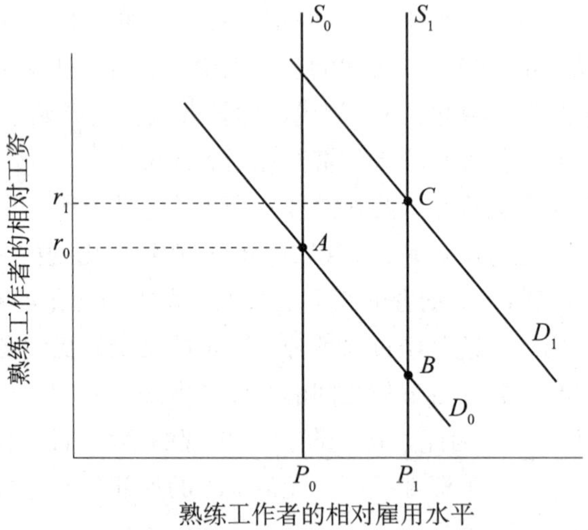

图7-7　由需求和供给移动造成的工资结构的变化

值得注意的是，受进口打击最严重的很多都是集中度较高、有工会组织、支付相对较高工资的产业。例如，汽车产业工作者的收入比其他产业同等技术程度工作者的工资大约高出24%，钢铁行业中的工资优势大约是16%。这些行业的高集中度意味着：这些行业的利润很高，实际上正是这些超额利润吸引了外国进口。因为这些产业通常都存在工会，而工会可以确保超额利润由股东和工作者分享。随着外国竞争者进入市场，这些产业中付给美国工作者的部分超额利润实际上转移给了出口国的工作者。而且，当目标产业裁减雇员时，很多非熟练工作者会被迫转移到劳动力市场上没有工会组织的竞争性部门，从而拉低了竞争性工资。

很多研究都试图测度国外贸易对工资结构变化的贡献。尽管在贸易对相对工资产生的影响的测度方法上存在严重分歧，但美国经济的全球化对工资水平不均等性会产生一定的影响，大约占其增加幅度的20%。

第3节 收入不均等的测量

一、收入不均等的测量

目前，众多研究中对收入不均等的测量多建立在计算多少收入流向了分布中的特定部分的基础上。假设将所有的家庭根据其收入水平排序，从最低收入到最高收入，然后划分为5个相同规模的群体。第一个1/5家庭包含20%的最低收入家庭，第五个1/5家庭包含20%的最高收入家庭。

接下来计算每一个1/5家庭的收入分别为多少。如果在此例中的每一个家庭的收入相同，便称为存在完全的收入平等——有20%的收入流向第一个1/5家庭，20%的收入流向第二个1/5家庭，20%的收入流向第三个1/5家庭，依次类推。可以通过把收入的累积份额与各个群体建立起一一对应关系，用图形来说明。在完全均等时如图7-8中的*AB*线所示。它表明，20%的收入流向底层的20%的家庭；40%的收入流向了底层的40%的家庭；60%的收入流向底层的60%家庭。这条*AB*线称为洛伦兹曲线，它描述的是流向各个不同的1/5家庭的累积性收入份额。"完全均等"的洛伦兹曲线必定是一条45°的直线。

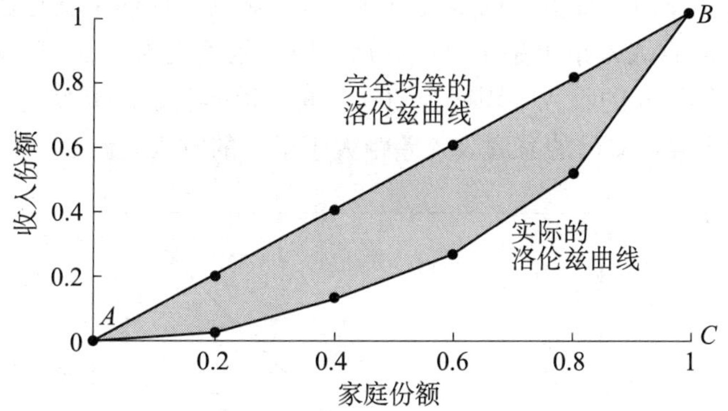

图7-8 洛伦兹曲线与基尼系数

图7-8也描述了从家庭收入分布中派生出来的实际的洛伦兹曲线。洛伦兹曲线的形状和位置表明了收入分布的均等程度，即洛伦兹曲线越是偏离45°线，收入分布越不均等。当所有的收入都流向第五个1/5家庭，即最高收入家庭时，收入分布绝对不均等。

为了进一步准确测量收入不均等程度，用完全均等的洛伦兹曲线与实际洛伦兹曲线之间的面积来测度不平等。基尼系数被定义为：

$$\text{基尼系数} = \frac{\text{完全均等的洛伦兹曲线与实际的洛伦兹曲线之间的面积}}{\text{完全均等的洛伦兹曲线之下的面积}} \tag{7-2}$$

就图7-8而言，基尼系数是阴影部分的面积与*ABC*所给定的三角形面积之间的比率。当收入分布完全均等时，基尼系数将为零；而收入分布完全不均等（即所有收入都流向最高的 1/5 家庭）时，基尼系数将为 1。虽然基尼系数的提高代表着收入不均等程度的扩大，但仅用这一数字来概括收入分布状况仍存在一些不足之处。例如，考虑收入从底层的 1/5 家庭流向顶端的 1/5 家庭会明显地提高基尼系数，但是这一结果也可用第 2 个 1/5 家庭、第 3 个 1/5 家庭或者第 4 个 1/5 家庭的某些收入转化为顶端 1/5 家庭收入的方式获得。虽然基尼系数的数字提高是相同的，但两种收入分布状况是不同的。

二、代际收入之间的不均等

一代人的工资不均等状况是否会传递到下一代？这一问题的核心在于父母技能与子女技能之间的联系，一般称为社会流动性（social mobility）。例如，在社会某些部分缺乏社会流动性是否导致下层阶级的产生？政府的政策是否有助于强化代际贫困与福利依赖性之间的联系？

在现实生活中，个人的人力投资中的很大一部分是由其父母选择和奠定基础的，所以将代际的概念引入人力资本的积累问题是很有意义的。父母在关心自己的福利时，也会关心子女的福利，对子女进行人力资本方面的投资。

父母对子女的人力资本投资有助于建立父辈技能与子辈技能之间的联系，一般而言，高收入的父母对其子女的投资也相对较高，从而使得父母经历的社会经济产出与子女经历的产出具有正相关关系。

很多经验性研究都试图估算父母收入与子女收入之间的关系。图 7－9 列出了父亲与子女收入的回归线的各种不同的可能性。这一直线的斜率经常称为代际之间的相关度。当代际之间的相关度等于 1 时（如图中的直线 A 所示），就意味着如果父母的收入差距为 1 000 美元，则他们子女的收入差距也是 1 000 美元。如果相关度为 0.5，则父母之间 1 000 美元的收入差距，会使得子女的收入差距变为 500 美元。很多实证研究发现，代际之间的相关度小于 1，所以一般而言，父母的家庭收入差距大于子女的收入差距。

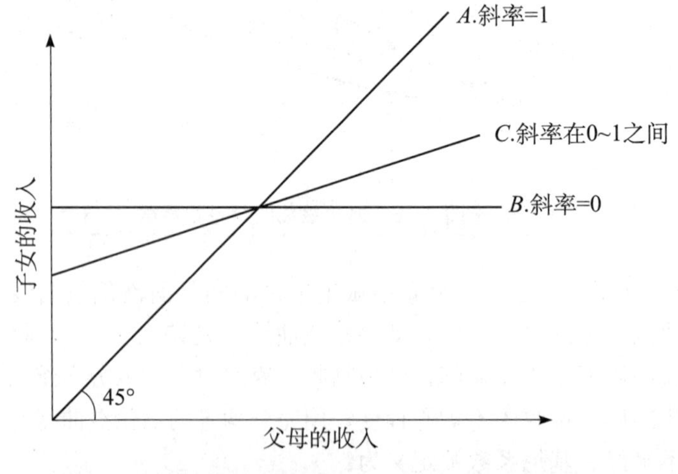

图 7－9 技能的代际联系

这种代际技术或收入差异的逐渐缩小称为向均值的回归：不同家庭间的收入差距会逐渐缩小，并朝着人口的平均收入变动。这种向均值回归的现象之所以发生，可能是由于父母将其部分财产用于个人消费而未全部投资子女的人力资本；也可能是由于对子女进行人力资本投资的回报率下降了，当父母希望子女接受更多学校正规教育时，边际成本急剧上升；也可能是由于存在能力向均值的回归——已经格外聪明的父母的孩子很少更加聪明。值得注意的是，代际之间的相关度越趋近于0，代际向均值回归的速度就越快。如果代际之间的相关度为0（如图7-9中的直线B所示），就存在向均值的完全回归，因为父母之间的技能或收入差异完全不会传递给其子女。

假定收入代际之间的相关度为0.2。如果两个家庭中父母的工资差异为30%，他们的子女工资差异将仅为6%（30%×0.2）；如果向均值回归的速率保持不变，则孙辈的工资差异仅为1.2%（30%×0.2×0.2）。所以，0.2的代际相关度意味着，该群体的社会流动性很大，因为父辈工作者的经济地位不能良好地预测孙子一辈的经济地位。

近年的研究发现，代际之间的相关度介于0.3～0.4之间，要高于早期的研究成果普遍认为的0.2左右。早期研究结果的问题在于，对父母技能测量时在测度上存在很大的误差。当劳动者被询问到他们父母的社会经济地位时，他们对父母的教育和收入的考虑可能并不准确。这种测度的误差削弱了对父母和子女之间技能联系的相关度估计的准确性。若消除这种误差的影响，新的估值通常是原来的2倍。如果代际间的相关度确实为0.4的话，则意味着父母两人30%的工资差距将导致儿女一代之间12%的工资差距和孙子一辈5%的收入差距。此时，劳动者之间的技能和收入差异在代际之间将存在更大的连续性。

第4节 我国居民收入分配的现状与趋势

我国的收入差距在扩大已经成为社会共识。改革开放以来，我国居民10%的高收入家庭的人均收入与10%的低收入家庭的差别，已从1980年的12倍扩大到2009年的21倍。同时，基尼系数早已突破0.4的警戒线，贫富两极分化的问题十分明显。我国作为一个发展中国家和经济转型国家，收入分配会受到经济发展、经济改革和政府政策等多方面的综合影响。我国目前的收入差距主要表现为城乡收入差距、不同阶层收入差距、地区收入差距、行业收入差距和公共部门与非公共部门间收入差距等。

一、城乡之间的收入差距

我国实行城乡二元社会经济体制，在计划经济时代，城乡之间的收入差距就已经存在了。但由于人为地阻隔城乡交流，多数人对于城乡差距并没有切身体会。改革开放初期，农村率先进行改革，调动了农民生产积极性，提高了农民收入，城乡差距趋于缩小。1978年以后城乡居民人均收入都在迅速增长，但1984年以后收入差距却持续扩大。进入21世纪后，在经济发展和城乡居民的收入都保持较高的增长率的同时，城乡收入差距仍在扩大。

城乡之间实际人均收入比率的变化反映了其相对收入差距的变化。20世纪80年代，由于农村改革的启动和成功，农村居民人均纯收入从1978年的133.6元跃升到1985年的397.6元，剔除物价上涨因素，实际提高2.7倍。农村居民收入的快速提高，使得该比率曾经有较大幅度的下降。1985年城市改革启动后，城镇居民收入迅速提高，使得该比率不断上升，从1985年的1.86上升到2003年的3.23。1998—2003年是城乡收入差距扩大最快的时期。近年来，农民工务工提高了农村居民收入，城乡收入差距有少许缩小趋势。

各地区内部的城乡收入差距和全国的趋势是基本一致的，都经历了从改革之初较低的差距水平，快速上升到2003年前后较高的差距水平，到2009年达到最高之后开始下降的过程。不过，受地区间的转移支付影响，东部地区和东北地区的城乡收入差距较小，城乡收入差距较大的省份主要集中在中西部地区。

二、不同收入阶层间的收入差距

收入差距扩大的一个重要因素是阶层间的收入差距在扩大。有学者①将城乡和全国居民的收入按收入水平从低到高分为5组、8组和20组，计算了1980—2010年城镇内部、农村内部和全国整体的基尼系数，变化如图7－10所示。

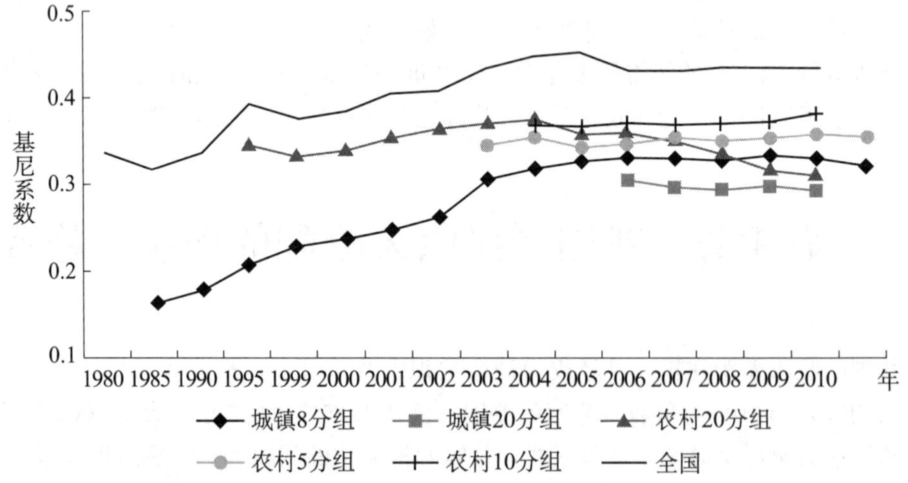

图7－10　城镇居民、农村居民和全国居民的收入差距：基尼系数

按城镇居民收入8分组的状况来看，1985—2005年，城镇居民收入差距大幅提高，基尼系数从0.16上升到0.33后一直保持稳定，2008年开始略微呈现出下降趋势。农村居民收入差距大于城镇居民收入差距。从农村居民收入20分组看，1995—2003年，农村居民收入的基尼系数从0.35上升到0.37，达到改革开放以来的最高水平。之后按10分组和5分组计算的基尼系数显示，2004年以来收入差距呈现不断扩大的趋势。从全国来看，不同收入阶层居民收入差距的基尼系数经历了1985—2003年快速上升的过程，又从2004年开始稳中有降。

三、地区之间的收入差距

造成居民收入差距的另一个重要因素是区域发展不平衡。不同地区受地理位置和自然资

① 蔡昉，高文书．中国劳动与社会保障体制完善与发展道路．北京：经济管理出版社，2013.

源禀赋限制，社会基础不同，又受到国家政策和社会条件影响，造成我国区域间经济发展水平差异较大，居民收入差距也不断积累。改革开放前，我国的东部地区相对于中西部已经拥有较好的经济优势，经济发展、生产力水平和居民生活水平都高于中西部地区。改革开放又率先在东部地区进行，国家经济政策大力支持，资本和高素质人才向东部流动，使东部地区和其他地区的居民收入差距继续扩大。进入 21 世纪后，逐渐形成了东部—东北—中部—西部的从高到低的收入格局，并持续到现在。

把东部地区的居民收入作为基准，中部与西部收入占东部地区收入的比重就反映了相对差距水平。改革开放之初，中西部与东部收入比较接近，之后中西部地区收入占东部比重一直下降，特别是 1978—1995 年，中西部收入占比下降较为迅速，2006 年达到最低点，受国家西部大开发、中部崛起等战略政策影响，之后收入占比缓慢回升，但幅度很小。地区间的收入差距会诱导跨地区的人口流动和迁移，20 世纪 90 年代以来大规模人口不断从内陆地区流向东部沿海地区。

四、行业之间的收入差距

造成行业之间工资差距的一个重要原因是行业垄断。垄断行业依靠对资源的占有和行政特权，采取非市场化手段获得超额利润，并把其中的一部分以不同形式分配给其职工，扩大了垄断行业与非垄断行业之间的职工收入差距。垄断性行业职工收入的过快增长，远远超过了竞争性行业，进一步拉大了城镇居民收入差距。2003—2010 年，工资增长速度超过平均水平的行业主要集中在金融业和采矿业，而工资增长速度低于平均水平的行业主要集中在农林牧渔业，制造业，建筑业，信息传输、计算机服务和软件业，住宿和餐饮业，居民服务业。

市场经济体制改革提高了资本和人力资本的回报率，也扩大了行业之间的收入差距。人力资本因素对收入差距的影响不断上升，造成工资收入不均等的增加。改革开放后，分配方式通过市场调节，按生产要素的贡献分配，人力资本越来越重要。表 7－3 显示了我国按行业分的全国就业人员受教育程度结构构成，行业间人力资本水平差异较大。工业化过程中，新技术革命推动了劳动阶层内部出现分化，就业的技能偏向型突出，职业和工资出现两极化，高技能、高人力资本的劳动者就业增长和工资上涨速度更快，而低技能、低人力资本的劳动者增长缓慢，尤其服务业内部分化更为突出。

表 7－3　　按行业分的全国就业人员受教育程度

行业	合计	农、林、牧、渔业	采矿业	制造业	电力、燃气及水的生产和供应业	建筑业	交通运输、仓储和邮政业
平均受教育年限	9.09	7.59	10.09	9.78	12.06	9.07	10.07
行业	信息传输、计算机服务和软件业	批发和零售业	住宿和餐饮业	金融业	房地产业	租赁合同商务服务业	科学研究、技术服务和地质勘查业
平均受教育年限	13.37	10.16	9.57	13.86	11.43	12.21	14.18

续前表

行业	水利、环境和公共设施管理业	居民服务和其他服务业	教育	卫生、社会保障和社会福利业	文化、体育和娱乐业	公共管理和社会组织	国际组织
平均受教育年限	10.48	9.38	14.32	13.37	12.11	13.4	14.96

资料来源：蔡昉，高文书．中国劳动与社会保障体制完善与发展道路．北京：经济管理出版社，2013.

就业方式发生变化也加剧了行业之间的收入差距。自我雇用劳动者的比重下降意味着劳动者的就业正规化，有利于劳动者报酬在国民经济中比重的提高和缩小行业间的收入差距。但是，我国自雇就业者的比重一直较高且不断上升，农村地区兼职就业比例也在提高，这不利于收入差距缩小。

五、公共部门与非公共部门之间的收入差距

收入分配的差距也表现在公共部门与非公共部门之间的收入差距方面。公共部门是指政府机关等部门，非公共部门是指市场部门。体制方面因素是导致收入差距扩大的主要原因，涉及再分配、社会保障和公共服务体系的问题。

20 世纪 70 年代末到 90 年代中期，农村家庭联产承包责任制和一系列城市改革打破了传统计划经济体制下的分配制度，在非公共部门中，各种市场回报逐渐趋于合理化。此时公共部门与非公共部门间收入差距缩小。到了 20 世纪 90 年代后半期，国有企业通过自身改革和政府赋予的垄断力量加速积累财富，同时延及公共部门。政府和金融机构保留了大量经济资源的使用权，非公共部门的发展受到制约，收入水平相对下降，与公共部门的收入差距扩大。进入 21 世纪后，该收入差距逐渐缩小。此时，我国经济发展面临的一个新挑战是，劳动力短缺成为普遍现象，普通劳动者工资持续上涨，劳动力不再是无限供给。而在劳动力供给增速减慢的同时，经济增长仍然保持着对劳动力的强劲需求。劳动力供求关系的变化改变了我国资源禀赋长期存在的劳动力无限供给的特征，农业中的劳动边际生产力提高，工资不再由生存水平决定，而是更加敏感地受到供求关系的影响。这就引起了不同部门城镇居民收入差距的缩小，如表 7－4 所示。

表 7－4　城镇住户收入差距：在公共部门和非公共部门就业的家庭　单位：元

	地区	非公共部门	公共部门		地区	非公共部门	公共部门
2003 年	东部	8 991	12 886	2007 年	东部	14 572	20 368
	中部	6 152	8 844		中部	11 257	14 535
	西部	6 154	9 152		西部	10 094	14 631
	地区	非公共部门	公共部门		地区	非公共部门	公共部门
2005 年	东部	11 509	15 263	2009 年	东部	18 242	23 907
	中部	8 283	10 768		中部	13 550	19 063
	西部	7 823	10 745		西部	12 541	18 406

说明：在公共部门就业的家庭是指该家庭的所有工作人员都在公共部门中就业，而在非公共部门就业的家庭是指该家庭的所有工作人员都在非公共部门中就业。

资料来源：蔡昉，高文书．中国劳动与社会保障体制完善与发展道路．北京：经济管理出版社，2013.

六、我国收入差距的主要特点

首先，城乡之间收入差距在高位徘徊。城乡之间收入差距在 2000—2009 年出现了明显扩大，2009 年为历史最高水平。随后，城乡之间收入差距出现了小幅缩小。相关研究表明，城乡之间收入差距的扩大也是导致全国收入差距扩大的主要因素。

我们现在面对的巨大城乡收入差距既有历史的原因，也有现存体制和政策方面的原因。在计划经济时期，我国政府为了追求快速工业化进程，采取了城乡截然不同的社会经济管理模式和政策措施，基本上是通过牺牲农民利益来满足工业发展的资金需要。城乡分割的发展模式导致农村发展长期落后于城市发展，农村社会保障和公共服务长期落后于城市，农民收入增长长期滞后于城镇居民收入增长。改革开放以后，计划经济时期遗留下来的城乡分割体制并没有及时加以改变，阻碍农村劳动力和人口流动的户籍制度被保留下来，农村社会经济发展相对落后的局面也就延续下来。

其次，垄断行业收入过高的问题没有得到有效解决。20 世纪 90 年代初期，行业之间的收入差距并不是很明显，然而从 21 世纪开始，一些垄断行业的工资水平出现了快速增长，现在它们的平均工资水平大大高出全社会平均工资。相关研究显示，高收入行业主要是垄断行业，而这些行业的高收入很大一部分来自这些行业的垄断利润。

最后，社会保障制度的分割造成不同人群之间收入差距的扩大。这方面一个最明显的例子就是不同种类的退休金制度带来了老年人退休收入的巨大差异。在城镇中退休保障制度中，公务员退休保障制度最为优越，其次是事业单位人员的退休保障，然后是企业单位退休制度，最差的是无就业人员的养老保障制度。正是这种政出多门的退休制度，导致退休人员养老金收入差距出现了明显扩大的趋势。近几年农村正在推进养老保险制度，这是一件值得肯定的事情，但是农村养老保障水平远低于城镇。

第 5 节　缩小我国收入差距的政策

一、调节收入差距面临的挑战

大量的研究表明，过大的收入差距对一个国家的长期经济发展和社会稳定是不利的。它会带来消费不足和经济增长乏力，也会影响到低收入人群的人力资本积累，而且不利于消除贫困，还会导致社会成员之间特别是穷人和富人之间难以建立相互信任的关系。因此，我们既要看到我国收入分配差距已经到了严重影响经济发展和社会稳定的程度，又要寻求解决的办法。针对上述我国收入分配中的收入差距过大和收入分配不公问题，政府部门也在酝酿出台一些政策措施。从已有的政策文件来看，在缩小收入差距方面，不同政府部门业已形成的共识是“提低，扩中，限高”，但在设计相配套的政策时会遇到以下挑战。

挑战一：城镇低工资人群（包括农民工）的工资增长。

提高低收入人群的收入水平、提高低工资职工的工资水平已成为“提低”的主要内容。

在过去十年中，政府出台了许多“提低”的政策，如最低生活保障制度，提高农村“五保户”的保障标准，推进广覆盖的社会保障制度等，在一定程度上提高了低收入人群的收入增长幅度。同时，近几年各地方政府在频繁大幅地提高最低工资标准，试图以此来提高低工资职工的工资增长幅度。相关研究表明，城乡低保制度对于缩小收入差距的作用很有限。最低工资政策是劳动力市场政策的一个重要部分，但期望通过提高最低工资标准来缩小工资差距却是不现实的，因为提高最低工资标准必须与低工资人群的劳动生产率保持同步，否则就会带来失业问题。从现有的低工资人群的人力资本现状来看，在短期内提高他们的劳动生产率并不是很容易，因此它也制约了提高最低工资标准的幅度。

挑战二：如何扩大中产阶层的规模？

从理论上讲，“扩中”确实有助于缩小收入差距。从收入差距的测度来说，即使在高收入人群和低收入人群收入差距不变的情况下，只要中等收入人群的规模不断增加，以基尼系数衡量的收入差距也会随之缩小。然而，“扩中”需要长期发展过程或者说它是经济发展过程的一个结果，而政府短期政策的作用非常有限。也就是说，从长期来看，“扩中”是缩小收入差距的一个重要途径，但是如何扩大他们的比重却缺少有效的政策手段。中等收入阶层人口比重扩大主要取决于两个因素：一是经济结构和就业结构的不断升级，也就是劳动密集型产业向资本密集型和技术密集型产业的转化过程、由低技能劳动力为主的就业结构向高技能劳动力为主的就业结构的转化过程。对于我国现有产业结构和就业结构来说，这种转换过程需要两代人才能完成。二是高等教育的普及化，这也是一个长期过程。

挑战三：如何采取有效的政策措施调节高收入？

高收入有不同的来源，也产生于不同的制度环境。高收入又可以分为合理的高收入和不合理的高收入，对于二者应该采取不同的政策措施。对于前者需要采取税收手段加以调节，对于后者则需要通过制度建设从根本上加以消除。即使对于合理的高收入，我们的税收手段也需要进一步完善。比如，个人所得税没有有效地调节城镇内部的收入差距。虽然高收入人群缴纳的个人所得税要高于低收入人群，但是个人所得税占其收入的比例并不是很高。这是因为许多高收入人群可以通过各种方式避税。除了个人所得税，一个更加有效的调节收入分配的措施是财产税，在短期内难以看到财产税会在全国范围内推开。我国税收制度不能对收入分配起到更有效的调节作用，还有一个重要的原因是政府税收结构中直接税比重太低，而间接税比重过高。这意味着增强税收调节收入分配的作用需要调整税收结构，增加直接税的比重和降低间接税的比重。这项任务对于相关政府部门来说无疑是一个巨大挑战。

二、从结果平等到机会均等

我国已经是世界上收入差距较大的国家之一。近年来，政府出台诸多政策试图缩小收入差距，但整体来看收效并不明显。已有的政策设计主要集中于解决结果平等，而忽视了机会均等的重要性。实际上，机会均等在某种程度上比结果平等更为重要。一方面，机会均等是结果平等的重要前提，机会不均等将直接导致收入分配恶化；另一方面，机会不均等更容易引发社会不满和社会冲突。

研究发现，我国的机会不均等主要源自政府越位和政府缺位的并存。政府越位主要表现在对市场的过度干预造成市场主体之间的机会不均等；政府缺位则表现在对低收入群体的保护不足。因此，形成机会均等的社会形态需要进行相应的制度和政策变革，主要可以从以下五个方面入手。

第一，政府教育经费投入均等化。人力资本是个人收入最重要的决定因素，学校教育质量则是人力资本积累的关键影响因素。然而，由于政府教育经费投入存在严重的城市偏向，城市内部的教育经费又向优势学校集中，城乡之间、城市内部的教育质量差异很大。教育质量的巨大差异造成了严重的教育机会不均等，将对长期收入分配产生不利影响。改变教育机会不均等的现状需要从政府教育投入均等化出发，首先需要保证城乡之间、城市内部生均教育经费投入的均等性；其次由于农村和落后地区初始条件较差（如生源、物质条件等），应该考虑采用更多激励性政策引导优秀的教师到教育质量较差的地区去。除政府教育经费投入均等化外，由于低收入家庭往往缺乏人力资本投资所需的资金，政府应该考虑在中小学设立奖学金制度，保证低收入家庭优秀的子女可以获得更好的教育机会。

第二，劳动力市场机会均等化。劳动力市场的歧视性政策是造成机会不均等的重要制度约束。户籍制度导致城市内部出现了户籍居民和非户籍居民的“新二元结构”，同时也造成了区域间劳动力市场分割，形成了城乡之间、区域之间机会不均等的现实格局。积极稳妥地推行户籍制度改革是缓解劳动力市场机会不均等的重要举措，其中最关键的环节是实现城乡之间、地区之间公共服务的均等化，包括住房、医疗、社保和教育等。劳动力市场机会不均等的另一个重要原因是国有垄断性行业，由行政垄断产生的“租金”导致这些行业拥有超额回报，但只有少部分个体能够进入这些行业，获得超额收益，从而造成机会不均等。近年来，政府出台了一些政策去限制国有垄断部门的薪酬标准，但由于严重的信息不对称，这些政策往往难以奏效。有效促进机会均等的方式是大力推进行政垄断行业（如石油、电力、通信、金融、交通等）的市场化改革，采取措施切实引导民营资本进入这些行业，逐步形成竞争性的市场结构，这不仅有利于提高产品市场竞争和效率，也会提高劳动力市场的机会均等化程度。

第三，金融市场机会均等化。由于缺乏投资能力和投资机会，低收入群体的资产往往都以银行存款形式存在。然而，在金融抑制的背景下，我国银行存款利率被严重压低，这本质上是用穷人的钱来补贴不同贷款的富人和企业，造成收入分配持续恶化。解决金融市场机会均等化问题需要逐步推进存款利率的市场化，让低收入阶层可以通过金融市场分享到经济增长的收益。目前，存款利率市场化的条件可能尚未完全成熟，商业银行和容易获得贷款的企业没有获得激励来支持相关改革。然而，随着经济发展，金融抑制政策对宏观经济的负面作用将越来越大，逐步推进利率市场化改革正在成为业界和学术界的共识。利率市场化以市场准入为基本前提，在加强金融监管的同时放松中小金融机构准入、提高金融机构间的竞争程度，以市场竞争方式逐步实现利率市场化或许是我国金融体系改革的现实选择。

第四，完善初次分配中机会均等化的政府政策。低收入阶层收入的提高主要依赖非农就业，其就业方向往往是劳动密集型中小企业。政府应该千方百计发展劳动密集型中小企业以提高中低收入阶层的收入水平，比如通过财税优惠政策和金融政策鼓励中小企业发展。同时，政府有必要为农村和欠发达地区提供更加完善的基础设施，这既包括道路、水利、卫生等硬性的基础设施，还包括教育、医疗、养老、社会保障等软性的基础设施。由于农村和落后地区在经济发展过程处于天然的劣势地位，要实现机会均等，就需要政府的公共投入向这些弱势部门和地区倾斜。

第五，完善再次分配中机会均等化的政府政策。土地是农民最重要的生产资料，土地资源的均等化有利于改善收入分配，而土地资源集中往往是收入分配恶化的重要驱动因素。在城市化推进过程中，土地增值收益的分配不公滋生了大量社会矛盾。政府需要在土地资源均等化的基础上明确土地产权，限制政府征地范围，保护农民的合法权益，提高农民在土地收益中的谈判地位。同时，政府应该加大对低收入群体的转移支付力度，提高转移支付效率，完善社会保障、最低生活保障、就业保障等制度。在税收制度方面，应该充分发挥税收作为再分配工具的作用，降低中低收入群体和中小企业的税收负担，加大对高收入群体的税收征缴力度，真正形成具有累进性质的税收制度，改善收入分配。

总而言之，政府需要通过减少价格管制、逐步退出经济领域等市场化改革来确保市场主体的机会均等，同时需要通过土地、财税、金融和产业发展等政策来保护中低收入群体，为弱势群体参与市场竞争提供更好的机会。只有有效实现政府职能转变，才能真正保证人与人之间的机会均等，我国收入分配才能逐步得到改善。

附　录

明星的收入

发达经济体的工资分布具有一个普遍的特征，在一些职业中，数量很少的工作者得到了极大份额的报酬。例如，表 7－5 展示了娱乐业中排名前 20 位的超级明星的收入状况。尽管很多有成就的演员和歌手据说时刻都在餐桌前或者驾驶室里等待签约，但一些已经成名的地位稳固的艺人要求支付超过 4 000 万美元的年薪。类似的情况是，我们中间的大多数人在和朋友一起打篮球时通常不会获得收入，位次居后的球类俱乐部的典型新手在一个赛季里每个月的报酬也不过是 850 美元。然而，2003 年纽约扬基队的中位薪资是 460 万美元，得克萨斯突击队的亚历克斯·罗德里格斯——棒球历史上酬劳最高者，每年可以挣到 2 200 万美元。这种某些职业中少数人获取巨额工资，并且似乎处于支配地位的现象，称为超级明星现象（super-star phenomenon）。

表 7－5　　娱乐业超级明星的收入　　单位：百万美元

排名	姓名	2002 年总收入
1	乔治·卢卡斯	200.0
2	奥普拉·温福瑞	150.0
3	史蒂文·斯皮尔伯格	100.0
4	泰格·伍兹	69.0
5	U2	69.0
6	迈克尔·舒马赫	67.0
7	玛利亚·凯利	58.0
8	斯蒂芬·金	52.4
9	戴夫-马修斯乐队	50.0
10	汤姆·克兰西	47.8
11	亚当·桑德勒	47.0
12	布鲁斯·威利斯	46.0
13	布莱恩·格雷泽尔/朗·霍华德	45.0

续前表

排名	姓名	2002 年总收入
14	汤姆·汉克斯	45.0
15	迪恩·孔茨	44.2
16	玛丽·希金斯·克拉克	43.6
17	麦当娜	43.0
18	N Sync	42.3
19	J.K. 罗琳	41.8
20	本·阿弗莱克	40.0
20	卡梅伦·迪亚兹	40.0

有趣的是，并不是每一种职业中都存在超级明星现象。例如，在研究性大学里最有才华的教授（比如新近诺贝尔奖获得者）的工资也不过是“新鲜出炉”、刚参加工作的博士的初始工资的4倍。2002年，经济学助理教授的初始工资大约为7.5万美元，而几乎没有什么人可以从大学的教书职业中挣到25万美元以上的年薪。同样令人怀疑的是，最有才华的食品店营业员的工资是食品店普通营业员工资的2～3倍。工资分布的上端对于更优秀的棒球运动员来说较有弹性，但对于大学教授或杂货店营业员来说则缺乏弹性。

要理解为什么在一些职业中富有才华的人能够挣到很多钱，而另一些职业则不然，让我们从最明显的状况入手：某一特定服务的各个不同的提供者并不是完全的替代品。我们都能用拍子击中一个球。但是即使我们想要1 000次地击中目标，我们可怜的尝试所产生的兴奋和结果都无法与巴贝·鲁思、汉克·阿伦、马克·麦圭尔和萨米·索萨等伟大的击球手的完美一击所产生的兴奋相提并论。类似地，随机选取的某一摇滚乐队的最好的歌曲，与披头士乐队的艺术内涵和技艺相比也会黯然失色。即使是在做同一类型的工作时，不同人的能力也是大不相同的。

作为消费者，我们总是喜欢观看棒球明星打主场比赛，欣赏莫扎特和披头士乐队的美妙旋律与歌曲，而不是看平庸的棒球选手的惨败，收听电台播放的最新但很快就会忘记的东西。也就是说，我们宁愿去看一场有传奇的棒球投掷手罗杰·克莱门斯参加的比赛，也不愿意观看随机选择的五场比赛；我们宁愿买一张披头士乐队的经典唱片《左轮手枪》，也不愿意买二流乐队的五套唱片。因为只有少数人才具备生产和提供我们所要求的优质产品的特殊禀赋和能力，所以我们愿意给那些富有才华的人以极高的溢价。例如，我们假设特别有能力的心脏外科医生的治愈率比其他心脏外科医生高20%，我们当然愿意支付给这位有能力的医生高出一般工资20%的溢价。简言之，由于各种技能并不是完全的替代品，并且因为我们要求得到最好的，所以那些足够幸运且拥有特殊禀赋和能力的工作者能够获得相对较高的工资。

诚然，这一观点意味着，每种职业中最有才华的人都会比那些没有才华的人挣钱更多。然而事实是，超级明星现象只在某些职业中出现。超级明星现象的出现要求满足两个条件：各个不同的卖者是不可以替代的，而且有大批量的生产技术使得富有才华的人能够拥有很大的市场。例如，芭芭拉·史翠珊只需要在录音棚里反复演唱一首特定的歌曲，将最完美的一次录制保留下来，然后利用现代技术把表演转换为数字符号，世界各地成千上万个家庭就都能听到原汁原味的演唱。于是芭芭拉·史翠珊能够走入诸如家庭进行“现场”演出，由此扩大了她原有市场的份额，并使她得到天文数字般的巨额报酬。对比之下，富有才华的心脏外科医生必须亲自接触他的每一个病人，所以他提供服务的市场规模相应地就会受到限制。

因此，在某些职业中，要把特定的产品分销给消费者的成本，并不会随着市场规模的扩大而成比例地增加。于是在允许特别有才华的人以很低的价格得到很大市场的产业中，明星现象就应运而生了。

一项对美国 NBA 比赛的电视收视率的调查显示，当某些特定的运动员——尤其是广受欢迎的明星出场打球时，会有更多的球迷前来观看比赛。这一更大规模的电视观众增加了来自广告的收入，并提升了 NBA 球队中某些队员的身价。20 世纪 90 年代中期，即迈克尔·乔丹为芝加哥公牛队效力的鼎盛时期，芝加哥公牛队的队员们被认为是史上最优秀的篮球运动员——他们的身价估计至少是 5 000 万美元。

◆ 本章小结

本章首先研究了工资差别的类型、形成和变化规律，进而从劳动力供给、劳动力需求、制度变化等几个方面分析了工资（收入）不均等加剧的原因，并且介绍了几种常见的测量收入分配不均等的方法，如洛伦兹曲线、基尼系数，探讨了代际收入间的不均等问题，进一步分析了我国收入分配的现状和趋势，最后提出了缩小我国收入差距的政策，特别是要重视机会的均等。

◆ 关键词

工资差别
劳动负效用补偿性工资差别
风险补偿性工资差别
人力资本补偿性工资差别
竞争性工资差别
垄断性工资差别
洛伦兹曲线
基尼系数
代际收入不均等
社会流动性
政府缺位
机会均等

◆ 复习与思考

1. 工资差别的类型和成因有哪些？
2. 职业间的工资差别如何产生？
3. 人力资本补偿性工资差别的成因是什么？
4. 如何计算基尼系数？
5. 试论述代际收入的不均等。
6. 收入分配不均等加剧的原因是什么？
7. 试论述目前我国居民收入分配的现状和趋势。
8. 如何理解从结果平等到机会均等？

第8章 就业与失业

在前几章中，重点分析了劳动者个体是如何做出短期和长期劳动供给决策的，同时还讨论了企业如何在不同的产品和劳动力市场条件下确定雇用水平等内容，着眼点主要是在劳动力市场的微观方面。本章将把注意力集中在劳动力市场的宏观领域，考察整个社会的就业与失业总水平的影响作用。

第1节　就业与失业的界定

就业与失业通常被广泛用以衡量一国的宏观经济是否良好。因此，正确界定就业与失业，对研究宏观劳动力市场和公共政策导向的影响作用是非常重要的。

一、就业的度量

（一）就业的含义和统计

劳动就业是一个十分复杂的社会经济问题，它在世界各国普遍存在并受到广泛关注。经济学、社会学、人口学、统计学等诸多学科都从不同角度对劳动就业问题进行了探讨和研究。但从本质上看，劳动就业主要属于经济范畴的活动和现象，是劳动经济问题中最重要、最基本的。因此我们从就业现象的本质描述就业的含义入手，通过对就业现象的理论抽象，找出就业与其他社会经济现象的本质差异。

所谓劳动就业，是指达到法定劳动年龄、具有劳动能力的劳动者，运用生产资料依法从事某种社会劳动，并获得赖以为生的报酬收入或经营收入的经济活动，简称就业。按照国际劳工组织的定义，就业是指一定年龄阶段内的人们所从事的旨在获取报酬或赚取利润的活动。由这两个定义我们可以看到，实现就业需符合下述几个基本条件：

（1）就业主体是达到法定年龄的具有劳动能力的人。法定劳动年龄是实现就业的一个不可缺少的条件。目前，世界各国都根据自己的情况规定就业者劳动年龄的上下限、就业时间的长短等具体内容，目的是更好地促进劳动者的身心健康，在保障劳动者的劳动权利实现的基础上，更有利于劳动者劳动行为能力的良好形成和发展。

（2）就业主体所从事的劳动属于合法社会劳动。只要是符合国家法律规定的社会劳动，不论其所有制性质，不论其劳动用工形式，也不论是在什么部门工作，都是满足就业条件的基本要件。这表明，就业与生产资料所有制无关，与一定的劳动制度所决定的企业用工形式无关，与国民经济部门无关。劳动者不论是固定工，或是合同工，还是其他临时工，均属于就业者。劳动者不论在何种经济部门从事劳动并取得劳动报酬或经营收入，均是参与了就业活动的人。只有劳动者从事义务性劳动、社会救济性劳动、家务劳动或非法劳动，才不属于就业的范围。

（3）就业主体所从事的劳动是有报酬的劳动。从事这种社会劳动可以获得赖以为生的收入。

从统计学的角度，研究就业量的规定性，即就业的划分标准问题，对就业者范畴的正确计量是就业问题研究中的一项必不可少的内容。关于就业者的划分标准，不同的国家和地区存在较大的差别。即使在同一个国家和地区，在不同的历史时期也不尽相同。这主要是由各国的经济制度特别是劳动就业制度不同、工业化程度以及生活水平存在的差异所致。

按照国际劳工组织的规定，凡是在规定年龄之内，符合以下条件者都属就业人员：正在工作的人，指在规定的时间内从事有报酬或收入的工作的人员；有职业，但临时因疾病、休假、劳动争议等不工作的人，以及单位因各种原因临时停工的人；雇主和自营人员，或正在协助家庭经营企业或农场而不领取报酬的家属人员，在规定的时间内，从事正常工作时间的1/3以上者；已办理离休、退休、退职手续，但又再次从业（有酬和自营等各种方式）的人员。

在美国，就业者这一概念是指在每月的调查周内，16岁以上具有下列情形者：那些“正在工作”或“有职业但并没有在工作”的人。所谓“正在工作”指的是为得到工资或利润而工作的人，以及在家庭农场、企业中每周工作15个小时以上，但不领工资的人。“有职业但并没有在工作”的人则是指现在没有在工作，也不去寻找工作，但本人有职业或雇主，只是由于休假、疾病、劳资纠纷、恶劣天气而暂时停工，以及由于种种原因而削减工时的人。

衡量就业状况的一个重要指标是就业人口比率，它指就业人口占劳动力总数的比重，其计算公式为：

$$\text{就业人口比率}(\%)=\frac{\text{就业人数}}{\text{就业人数}+\text{失业人数}}\times 100\%$$

（二）我国的就业统计演变

在计划经济体制下，我国一直没有明确的“就业者”规定，统计上一般使用“社会劳动者”这一概念。“社会劳动者”是指从事一定的社会劳动并取得报酬或经营收入的全部劳动力人口。其中包括全民所有制单位、城镇集体所有制单位、其他各种所有制单位的全部职工，以及城镇中的所有个体劳动者；此外，从事家庭副业，其收入相当于当地一个社会劳动者最低收入水平或参加社会劳动累计在3个月以上的乡村劳动者，也被统计在社会劳动者人数中。

我国计划经济时期的就业统计办法从目前来看至少存在以下三个方面的问题：

(1) 以计划为依据。从本质上说，判断一个人是否就业，应以他是否从事有报酬的社会劳动（或营利性经营活动）为依据，然而，我国计划经济体制下对城镇就业人员的实际统计都是以政府劳动部门核定和经过备案的企业、事业以及个体单位的用人计划为准的。实际做法是：任何企事业单位凡在劳动部门核定的用人计划范围内的用工人数都属于“计划内用工”；超出劳动部门核定的用人计划范围的用工人数，凡经过劳动部门备案批准的，属于“计划外用工”。凡超出劳动部门备案批准的计划外用工额度的或未在劳动部门备案批准的用工，均属于“非计划用工”。

(2) 缺少劳动时间长短的界定。我国计划经济时期的就业统计方法对于一个人在一定时期内累计从事多少劳动时间才能算是就业缺乏明确的界定，从而使许多事实上的就业状态被忽略。尤其是近年来在我国城镇中存在的特殊现象——隐性就业没有办法统计，致使一些人一方面到劳动部门去登记为失业人员，另一方面又通过各种临时性劳动或自谋职业获取劳动收入。

(3) 以稳定的收入保障做标准。在计划经济时期，由于政府实行统包统配的就业政策，在许多人的心目中建立起这样一种就业标准，即认为所谓“就业”，就是一个人有了一份劳动关系稳定，同时得到政府劳动部门批准认可并由用人单位承担一切福利保障和退休金支付义务的工作或职业。因此，凡是从事的工作不满足以上条件的，在观念和统计上就被排斥于就业者之外，这也就不难理解上述名为“失业”实为就业的人员为什么不被列入就业人口统计范围之内了。

总之，以计划经济体制为基础的原有就业统计越来越难以真实地反映出改革开放和劳动力市场条件下我国的就业状况，我们必须在理论上和观念上重建就业标准，对就业指标做出新的界定。在这种情况下，我国劳动部和国家统计局根据国际惯例和我国的客观实际以及未来发展，对就业统计进行了改革，1995 年 1 月 3 日起试行新的调查统计方法。

目前试行的就业方面的调查统计规定是这样的：就业人员，也称从业人员，是指从事一定社会经济活动并取得劳动报酬或经营收入的人员。已办理离休、退休、退职手续，但又再次从业（以有酬或自营等各种方式）的人员，计为就业人员。就业人员中不包括从事经济活动的就读学生。统计中对就业人员中的不充分就业人员，即“工作时间不足就业人员”、“收入不足就业人员”及“就业不足人员”予以特别关注，这是适应市场经济体制要求的一种进步。

（三） 充分就业的内涵

提高劳动就业水平是现代宏观经济管理面临的重大问题。为此，世界各国无论实行哪种经济体制，都提出了充分就业这一社会经济目标。

(1) 凯恩斯的充分就业概念。充分就业这一概念始于凯恩斯的代表作《就业、利息和货币通论》一书。按照凯恩斯的定义，充分就业就是“在某一工资水平下，所有愿意接受这种工资的人都能得到工作”。凯恩斯把失业分为“自愿性失业”和“非自愿失业”（工人愿意按现行工资受雇于雇主而得不到就业）两种。按照凯恩斯的思想，只要解决了“非自愿失业”人员的就业问题，就算达到了充分就业。

(2) 理论界的充分就业概念。从理论上对充分就业的解释大致分为两种：一种是充分就业是指劳动力和生产设备都达到充分利用状态；另一种是充分就业并不等于失业率为零，而是总失业率等于“自然失业率”。

（3）统计学界的充分就业概念。在现实中，有些人也用某一具体就业水平指标来描述充分就业。例如，在20世纪50年代，有些经济学家认为，失业率不超过3%～4%可算作充分就业。80年代以来，有些经济学家提出只要失业率不超过6%即为充分就业。

（4）从供求方面对充分就业的界定。从劳动力供求的相互关系看，所谓充分就业，是指劳动力供给与劳动力需求处于均衡，国民经济的发展充分地满足劳动者对就业岗位需求的状态，即凡是接受市场工资率、愿意就业的人均能实现就业的状态。

总之，充分就业是一个相对的概念。在动态的市场经济中，保持劳动力供给与劳动力需求在总量及结构上的持续均衡是极其困难的事情。充分就业，一般来说是一种理想的状态，当充分就业实现时，并不意味着失业现象的消失，摩擦性失业及其他类型的自然失业与充分就业并行不悖。

二、失业的测量

就业和失业是一个问题的两个方面。但就现代宏观劳动经济分析的研究看，更多地关注失业问题。

（一）失业的概念

失业是就业的对称。按照国际劳工组织的定义，失业是指有劳动能力并愿意就业的劳动者找不到工作的一种社会现象。其实质是劳动者与生产资料相分离，劳动者不能与生产资料相结合进行社会财富的创造，从而也失去了获得劳动报酬的机会。同时，失业作为劳动者与生产资料相脱离的不良经济状态，它使社会资源分配和使用失当，因而在宏观层面上出现“非均衡”表现。因此，失业的存在无疑对宏观经济的运行，以及整个经济增长和社会发展都构成了不良的影响。

正因为如此，各国的经济学家以及政治家都将降低失业率作为一个极其重要的社会政策目标加以考虑。不过，上面关于失业的描述仍然过于简单，而且缺少定量分析，因此需要将失业的定义更加具体化。

现代市场经济国家一般接受下述的失业定义：凡是统计时被确定有工作能力，但没有工作，且在此前4周内曾做过专门努力寻找工作，但没有找到工作的人都被统计为失业者。此外，还包括暂时被解雇、正等待恢复工作的人，以及正等待到新工作岗位报到，等待时间在30天之内的人。如美国，失业者是指16岁以上非制度限制，不在工作但能够获得工作并且（1）在过去的4周内进行过某种求职活动；（2）暂时被解雇并等待重返工作；（3）一直在寻找工作但暂时生病；（4）在30天内正等待到新工作岗位报到的劳动者。

可见，失业的界定是以劳动力是否面向市场为依据的。如果他们没有从事市场工作，如只是从事家务等非市场工作，且没有在市场上寻找工作，就不能算作就业，也不能算作失业，即只有面向市场的经济活动人口，才能计算为就业人口或失业人口，否则为非劳动力。

因而，正如第2章所介绍的，现代劳动经济分析中出现了“就业者”、“失业者”以及“非劳动力”三个范畴。

（二） 失业率

衡量一个国家宏观经济中失业状况的最基本的指标是失业率。失业率是指失业人数占劳动力总数的百分比，用公式表示为：

$$失业率（\%）=\frac{失业人数}{就业人数+失业人数}\times 100\%$$

式中，失业人数是指属于上述失业范围，并到有关部门登记的失业者人数。

由于失业涉及统计的技术指标和价值判断问题，每个国家对失业的统计口径存在差别，所以关于失业的统计数值与实际失业量或多或少地存在差别，不能准确地反映实际失业人数。

此外，这种失业率还不能区分那些只经历短暂并不严重失业的人员和那些可能长期失业的人员。假如在一个经济中仅有 12 个成员，在第一种情况下，每个人在一年中分别失业一个月，而在第二种情况下，一个人全年失业而其余的人全年就业。上述两种情况下每月都有 1/12 的人员失业，然而，第二种情况更为社会所关注。这一例子表明，在统计中仅记载了三类人员——就业者、失业者和非劳动力的存量，没有表明其流量指标，即不同类型劳动力之间的流动状况。

因此，要了解一国经济的真实失业水平，并且了解决定失业水平的因素，就不仅要对劳动力市场进行存量分析，即对就业者、失业者和非劳动力的人口进行划分，而且要分析不同的劳动力市场状态之间的流量，这就是劳动力市场存量-流量分析，其模型如图 8－1 所示。

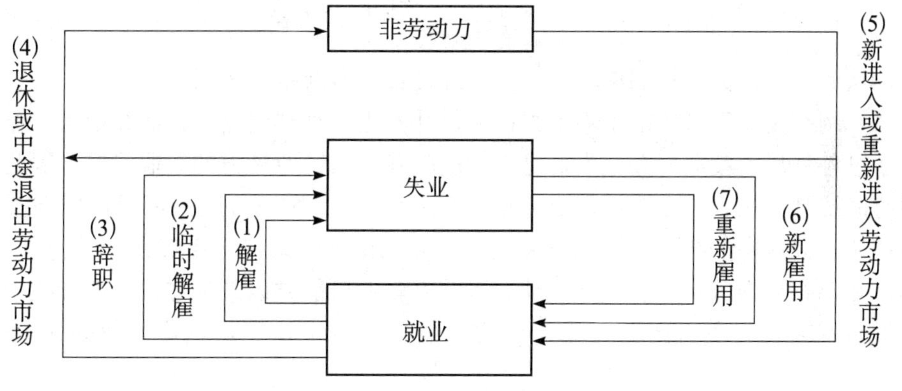

图 8－1 劳动力存量-流量模型

从图 8－1 可以看出，即使处于失业状态的人是变化着的，失业率也有可能保持不变；同时，失业率的变化可以由多种原因引起，既可以是几个不同的流量要素的单独作用，也可以是它们彼此之间的相互作用。也就是说，一个国家或地区的总体失业水平，或者某一群体的失业水平，取决于各种劳动力市场状态之间的流量的相对流动比率，是各种流量之间综合作用的结果。通过对劳动力市场进行存量-流量分析，可以帮助我们弄清楚单个劳动力失业者的时间间隔长短，以及造成失业率上升或者下降的因素是什么，从而使我们能够采取适当的对策与措施来降低失业率。

基于对劳动力市场的存量-流量分析，我们得出一种更好的衡量失业水平的工具，这就是“年失业率”的概念，其计算公式为：

$$年失业率（\%）=\frac{该年度有失业经历的人}{占劳动力总数的比例}\times\frac{失业者的平均周数}{52周}\times100\%$$

由上可见，失业的程度取决于两方面因素：一是失业人数所占的比重；二是实际的失业周数。这就把那些正在经历短期的可能是不严重的失业者同那些正在经历长期失业者作了区分，从而能更真实地反映出一国经济的失业状况。

（三） 我国对失业概念的规定

在我国计划经济时期，一直否认失业问题的存在，在 1978 年以后也只承认存在待业问题。1982 年我国人口普查对待业的统计标准规定如下：在劳动年龄之内，有劳动能力的人，要求就业而没有任何职业的人为待业人员。一般来说，待业在我国指的是城镇待业人员，主要包括城镇待业青年和社会闲散劳动力这两部分人。劳动制度改革后，劳动者因劳动合同期满，或所在的企业倒闭等原因而失去工作后，也称为待业人员。

为了与市场经济体制相适应，1994 年我们开始承认有失业，并从 1995 年 1 月 3 日起试行新的失业调查统计方法，劳动部会同国家统计局对失业作了重新定义。在这个定义中，失业人员是指在规定的劳动年龄内、具有劳动能力、在调查期内无业并以某种方式寻找工作的人员。

（1）登记失业人员。失业人员中以到职业介绍机构登记的方式寻找工作的称为“登记失业人员”，是指有非农业户口，在一定的劳动年龄内，有劳动能力、无业而要求就业，并在当地就业服务机构进行登记求职的人员。与此相适应，城镇登记失业率计算公式如下：

$$城镇登记失业率（\%）=\frac{城镇登记失业人员人数}{城镇从业人员人数+城镇登记失业人员人数}\times100\%$$

式中，从业人员人数为从同期、同口径的统计报表所获得的数据。

（2）调查失业人员。由于不少失业人员并不去劳动部门登记，而登记为失业人员又有不少已通过各种形式就业，登记失业已不能反映我国城镇劳动力的失业状况。因此，按照国际上通行的统计方法，国家统计局决定自 1996 年起建立城镇劳动力情况抽样调查制度，其中在城镇调查失业率的统计中，调查失业人员为城镇常住人口，年龄在 16 周岁以上，有劳动能力，在调查周内未从事有收入劳动，当前有就业可能并以某种方式正在寻找工作的人员。

城镇调查失业率与调查失业人员的人数多少成正比，与就业人数和失业人数之和成反比。

然而，我们还是应该看到，我国的失业统计工作还面临一些现实难点。其一，下岗人员是否应统计为失业人员？下岗人员是我国经济体制改革深化过程中出现的现象，由于下岗人员与单位的关系多种多样，实际所处的状态也是多种多样，对这部分人是统计为就业人口还是失业人口，以及根据什么样的标准来判断，还需要进一步探讨。其二，我国的乡村劳动力中有无失业人员？目前的失业概念仅仅覆盖了城镇失业人员，而未提出如何统计农村失业人口。但是，由于我国当前及今后相当长一段时间里农村剩余劳动力大量存在，同时他们的就业状况也会发生较大的变化，对这部分人的统计方法是一个必须加以关注的问题。

（四） 自然失业率的界定

自然失业率又称均衡失业率，是指在整个劳动力市场既不存在过多的劳动力供给，也不存在过多的劳动力需求的失业率。尽管人们关注失业问题，但是完全消灭失业是不可能做到的，即使人们对目前的工作状况基本感到满意，也并不意味着充分就业得以实现。这是因为在劳动力的范畴内，有些失业是不可避免的，例如因工作转换和初次寻找工作而引起的摩擦性失业、季节关系引起的季节性失业等都是正常失业现象，无论在什么样的经济条件下，这种类型的失业都一如既往地存在，这种失业与总需求没有直接联系。如果除此之外没有其他类型的失业存在，那么就可以称已经实现了充分就业，而在劳动力市场达到均衡、实现充分就业时的失业率就是自然失业率。

自然失业率作为宏观经济政策运行的判断标准之一，具有十分重要的意义。例如，在自然失业率比实际失业率低的情况下，由适当的宏观政策通过扩大总需求而不加速通货膨胀就能使实际失业率下降。而实际失业率比自然失业率低的情况下，只有采取提高劳动力市场效率来降低自然失业率的政策才是正确的。因此，关于自然失业率本身的水平及其变动问题也是现代宏观经济学研究的一个课题。按照大多数计算结果，20 世纪 60 年代绝大部分时期自然失业率为 4%左右；70 年代中期大约为 5.8%，现在则介于 6.5%～7%。也就是说，自然失业率似乎一直在上升。如何认识战后自然失业率上升这一现象呢？经济学家认为与下述因素有关：

（1）劳动力结构的变化。一般来说，劳动力中不同的人口统计组别有着不同特点的失业率。如果那些失业率较高的组别在劳动力中占据很大的份额，那么自然失业率便会上升。实际情况表明，在劳动力结构中，妇女和青少年劳动者所占的比重越来越大，他们不断地进入劳动力市场，又不断地离开劳动力市场，这样较频繁地变换工作，使得失业率逐步上升。

（2）工资刚性程度增强。刚性工资往往阻碍劳动力市场均衡的实现，从而提高了自然失业率。工资刚性一方面与最低工资立法有关，由于政府对工作规定了最低工资法，因而提高了人们接受就业的工资标准，最终在一定程度上增加了失业；另一方面，也与工会在工资谈判中的作用增强相联系。

（3）失业保险的影响。世界上许多国家向失业者提供不同标准的失业救济金。这样在一段时期内，失业者的基本生活可以得到满足，所以失业者在失业后并不急于寻找新的工作，而且对工作的要求由于失业救济金和最低工资的作用也会更加苛刻。这一方面不利于人们积极寻找新的工作，另一方面也使人们对工作的搜寻过程有所延长，从而导致失业率上升。

（4）结构性失业增加。战后各国的经济结构发生了很大变化，科学技术的突飞猛进使得传统行业衰萎，新兴行业快速兴起，传统的劳动力教育和知识结构已不能满足时代需要，所以市场上一方面存在大量失业，但另一方面也存在着空缺岗位需要填补。短时间内无法将失业者培训成适应市场需要的技术人才，所以失业在所难免。

三、研究就业与失业状况的重要意义

劳动者的就业和失业状况不但涉及劳动者劳动权利的实现，更关系到整个国民经济的发展和社会的稳定。因此，各国政府均把促进充分就业、降低失业率作为主要的宏观经济目标之一，并通过制定相应的宏观经济政策，以及相关的就业服务措施，对影响劳动力供求的因素进行调控，以实现充分就业。

（一）就业和失业状况是判别宏观经济形势好坏的标准之一

国民经济中的就业数量既与国家的产出总量有关，也与国民的消费总量有关。失业率降低或就业率升高，意味着企业在扩大投资规模，增加用工人数，国民生产总量将会提高，居民的收入规模将会扩大，购买力将会增强，国民经济发展的高涨期将会到来。而失业率上升则意味着企业在缩减投资规模，削减用工人数，国民生产总量将会降低，人们的消费规模亦会缩减。这预示着国民经济衰退期即将到来。

总之，经济发展是不断波动的。经济扩张，就业增加；经济衰退，就业萎缩，造成失业率的波动。因此，就业和失业状况成为市场经济国家宏观经济形势好坏的一个判别标准。

（二）就业和失业状况是衡量国民经济运行的重要指标

（1）从经济增长角度讲。经济增长是由各种相互作用的增长因素共同推动的，而就业增长只是经济增长因素之一，所以经济增长与就业增长之间虽然存在着正相关关系，但它们的增长率之间的关系却是很复杂的。

一般来说，经济增长可分为粗放型增长和集约型增长。粗放型增长是在劳动力和资本的比例大体保持不变的情况下，通过这两种投入要素的共同增加所获得的，因此，这种粗放型的经济增长就意味着就业的增长，而且两种增长率之间的联系是很紧密的。集约型经济增长主要是通过要素生产率来实现经济增长的，即通过更经济、更有效地利用生产要素来实现产出和收入的增加，而要素生产率的提高往往被视作技术进步，技术进步对于就业规模的变动作用又是非常复杂的。从短期和局部看，依靠先进的技术，必然排斥大量的活劳动，在生产规模不变的情况下必将减少就业人员。但是从长远和全局来看，技术进步与扩大就业又是统一的，技术进步在促进经济增长的同时也会促进就业的增长。只有不断通过技术革新，劳动者才能在同样的时间内为社会提供更多的剩余产品，从而提供充分的资金积累，这是扩大就业必不可少的物质基础。技术进步加快了经济的增长，进而创造更多的就业岗位，扩大就业，实现了人尽其才，物尽其用，反过来又会极大地促进整个社会的经济发展。

（2）从资源配置角度讲。任何一种经济制度所面临的核心问题都是如何最有效地配置有限的人力、土地和资本资源，以使全社会的产品和服务数量趋于最大化。失业现象的存在，意味着劳动力未尽其用，国民产出总量将会减少。奥肯在20世纪60年代担任肯尼迪总统经济顾问委员会顾问时，通过实证考察得出的结论是，实际国民生产总值每降低3%，失业率就会升高1个百分点。这就是著名的奥肯法则。美国经济史上的许多数据已经验证了奥肯法则的正确性。但也有一些例外。例如，有的时期失业率每上升1个百分点，实际国民生产总值下降了2%；还有的时期失业率每上升1个百分点，实际国民生产总值却下降了2.5%。尽管如此，奥肯法则在反映失业与国民经济效率损失之间的关系方面仍然具有较高的权威性。

（三）就业和失业状况与国民的物质和精神生活具有密切联系

就业和失业状况不仅是个经济问题，还是一个社会问题和心理问题。

（1）失业使人们的物质生活蒙受损失。就业是人们获得经济收入的主要来源。而一旦失业，正常的收入就中断了，导致家庭收入减少，进而家庭物质生活质量下降。这对于工资收入阶层和贫困家庭来说尤为重要。因为失业对他们而言是“釜底抽薪”，特别是在市场经济发展初期，失业保险制度尚不完善，失业者的生活水平会迅速下降。即使是在比较成熟的市场经济条件下，失业救济金也只能部分地弥补失业的损失，有些人甚至没有资格领取失业救济金。

（2）失业者将承受极大的心理负担。失业除了影响家庭经济生活外，也会影响失业者的心理状态，对那些家庭生活的主要支撑者来说，失业的心理打击更大。通常情况下，一个人的地位主要是由他的工作和收入状况决定的，失业会损害他们的自尊心和自信心。长期失业可能还会使他们不得不求助于亲朋好友，孩子的教育有时也要受到影响，这些都会加重失业者的心理负担。

同时，失业也使人们的劳动技能有所退化，加大了再就业的难度。当然，短期的失业对劳动技能并无明显影响，但如果失业期限较长，容易使人们受挫，转变成沮丧求业者，久而久之，劳动技能退化，使再就业受到很大影响。

实证研究还表明，失业率的高低与精神障碍、自杀、离婚等社会问题发生的频率具有很强的正相关性。此外，失业还会引发一系列的社会问题，如在失业率较高时期，犯罪率通常呈上升态势，吸毒现象也比较严重。凡此种种都提高了整个国民经济所必须承担的社会成本。

四、影响就业的因素分析

影响就业的因素主要来自劳动力供给、劳动力需求和劳动力资源的配置方式三个方面。影响劳动力供给量的因素主要是人口和劳动力参与率。在一定时期内，劳动力供给具有相对稳定性，就业主要取决于劳动力需求。劳动力的需求派生于产品需求。产品需求主要由宏观经济发展水平和结构决定。因此，影响经济发展和经济结构的因素（如投资、贸易、资本有机构成等）都会对劳动力需求产生影响。经济管理体制和政策、就业制度模式则通过影响劳动力资源的配置对就业产生影响。因此，概括起来，影响就业的因素主要涉及人口因素、经济因素、制度因素和心理因素等几个方面。下面分别讨论这些因素。

（一）人口因素

人口是社会经济活动的主体，是劳动力资源再生产的基础，在一定的经济条件下，人口是决定劳动力供给量的关键因素。人口的数量和素质直接决定着就业水平。

人口为社会经济提供劳动力资源，在物的要素一定的条件下，劳动力资源的数量和质量直接影响着社会经济发展的规模和速度，而劳动力资源的数量和素质又直接取决于人口数量和素质。人口的发展变化引起劳动力资源的变化。因此，人口是影响劳动就业的直接因素，人口数量的变化和人口素质的变化会对就业产生很大的影响。关于人口数量的影响已在第 1 章中阐述，不再赘述。而人口素质对就业的影响主要表现在就业结构的合理性方面。

人口素质主要指人口的身体素质、思想素质和文化科技素质三个方面。在社会化大生产中，对就业结构合理性起决定作用的是人口的文化科技素质。因此，人口质量对就业的影响直接表现在两个方面：一方面是人口的身体素质是否适应产业结构、部门结构对劳动力资源的要求；另一方面是人口的文化科技素质是否适应产业结构、部门结构变化对劳动力资源的需求。这就是说，劳动力年龄人口中有就业要求的人能否充分就业，还要取决于人口的身体素质和文化科技素质。特别是在科学技术迅速发展变化的社会化大生产中，人口素质对于就业的影响越来越大。

（二）经济因素

在影响就业的因素中，经济因素是最为重要的一个方面，发展国民经济是解决就业问题的基本保证，经济因素是影响劳动就业的决定性因素。

1. 经济发展的水平

劳动力需求是由整个经济需要派生出来的，企业增加劳动力是为了发展生产，以满足社会需要。因此，经济越发达，增长速度越快，劳动力的需求越多，就业越充分。相反，如果经济萎缩、停滞甚至倒退，就将减少对劳动力的吸收容量，造成失业增加。所以，经济发展的水平决定着劳动就业的总体水平。

经济学家一般用就业弹性指标来衡量经济总量对就业的影响。就业弹性是指某一经济变量的单位变动率所引起的就业量的变动率，自变量可以是国民收入指标、消费指标、投资指标等，如通常讲的“投资增加一个百分点，就业增加多少个百分点”，实际上讲的是就业的投资弹性。一般情况下，就业弹性是指就业的收入弹性，计算时较常用的收入指标是国内生产总值（GDP），其计算公式为：

$$\text{就业弹性}=\frac{\text{就业增长率}(\%)}{\text{经济增长率}(\%)}$$

当就业弹性等于1时，说明就业量随着经济增长而保持同步增长；当就业弹性小于等于0时，说明经济增长并不能创造就业岗位，甚至减少了就业岗位。鉴于我国劳动力资源丰富、自然和经济资源相对短缺的现实，应千方百计提高就业弹性，实行增加就业的经济发展战略。

2. 产业结构

在社会化大生产中，劳动者与生产资料结合的自然形式和就业容量取决于社会各产业所提供的就业岗位总量。所谓产业，是指从事物质生产或服务于物质生产的部门。产业对就业的影响表现在两方面：一是产业发展程度决定了社会所能提供的就业容量；二是产业结构的变化要求就业结构和劳动者素质随之变化。因此，产业结构状况直接影响到就业的容量和结构。

社会经济发展表明：一是随着农业劳动生产率的不断提高，第一产业占用的劳动力不断减少，占社会总劳动力的比重不断下降，第二和第三产业部门占用的劳动力不断增加，占社会劳动力的比重不断上升；二是随着科学技术进步、生产力的发展，以及第一、第二产业部门劳动生产率的提高，第三产业部门所占用的劳动力不断增加，占社会总劳动力的比重不断上升。

（三）制度因素

劳动就业也和社会再生产的发展一样，既要受到生产关系的影响，又要受到上层建筑的影响。因此，能否实现充分就业，除了受生产力发展和经济形势的影响外，还要受到劳动、经济管理制度方面的影响。

1. 经济体制对就业的决定作用

经济体制是一系列经济制度的有机集合，通过在这一体制中活动的人的具体行为表现出来，因而是权利结构、运行机制和经济行为人的行为目标三者的有机统一体。就业制度是经济制度的有机组成部分，在一定程度上对就业起到决定作用。

经济体制可以简单地分为商品经济体制和产品经济体制。与商品经济体制相适应的是市场就业体制。与产品经济体制相适应的是行政计划就业体制。在生产力水平一定的情况下，经济体制不同，就业水平就会有所不同。经济体制对就业的影响主要通过就业体制实现，并主要体现在劳动关系调整方面。

在产品经济体制下，包括劳动力在内的所有资源都掌握在政府手中。政府根据行政渠道获得所需信息，并据此做出生产、投资和消费的具体决策。在这种体制下，劳动者没有选择就业的权利，用人单位也没有用人权，企业用什么人、用多少人，劳动者到什么岗位就业都由政府决定。虽然这种体制能避免就业波动和社会不稳定，但是不顾就业规律一味地安置劳动力，导致企业生产效率低下，最终无法形成长期有效增加就业的稳定的经济增长机制，因此，从长远来看，产品经济体制不利于增加就业。

在商品经济体制下，权利结构必须是一种产权结构，运行机制必须是市场机制，所有经济行为人的行为目标都是在其所拥有的资源限度以内追求利益最大化。因此，根据市场供求机制，拥有劳动力所有权的劳动者根据劳动力市场价格自主竞争就业，拥有经营自主权的用人单位根据实际需要选择用人，在市场的调整中，最终建立一种契约式的劳动关系。这样，有利于劳动力的合理配置、使用和流动，适应市场经济中劳动力需求的动态性和灵活性，可充分发挥劳动者和用人单位的积极性，因而比产品经济体制更有利于开拓就业空间，增加就业岗位。

但是，完全的市场就业机制也有不利于就业的一面。由于通过市场价格信号进行的市场调节存在盲目性，市场波动较大，容易造成就业的波动，因此，通常政府要进行必要的调节。劳动制度就是政府调节的主要手段。

2. 劳动制度对就业的直接影响

（1）有关劳动就业的方针政策直接影响着就业问题解决的程度。当方针政策正确，符合生产力发展要求和国情时，就业问题就解决得好；若方针政策不符合生产力发展要求和国情，就业问题就解决得不好。新中国的劳动就业历史充分证明了这一点。

（2）用工制度的内容和形式及其执行机构直接影响着充分就业的实现。所谓用工制度，是指国家在使用劳动力方面所实行的各项制度。用工制度正确，有劳动能力而需要就业的人不但能够就业，而且在就业后能充分发挥自己的聪明才智，为社会多做贡献。用工制度不正确，就会使一些本来可以就业而又要求就业的人不能及时就业，或者即使就业也不能充分调动其劳动积极性。

（3）工资制度和政策也是影响劳动就业的一个重要因素。所谓工资制度是有关工资支付的原则和方法的总称。所谓工资政策是国家遵循客观经济规律及工资制度制定的有关部门处理工资问题时的指导原则和依据。正确的工资制度和政策，既能吸引劳动力到各种就业岗位就业，又能吸引劳动力按照社会经济发展的客观要求流动。

（四） 心理因素

影响劳动者就业的心理因素实质上就是就业意识，例如就业意愿、职业评价、择业动机以及对一系列就业行为过程及其结果的估计等。它是人们对于就业问题的基本认识和根本态度。

就业意识影响和指导着人们的行为，使劳动者的就业行动具有目的性、方向性和预见性，影响着人们对某种职业的取舍。不同的时期由于受到不同的社会和家庭环境的影响，就业意识会发生相应的变化。例如，我国在改革开放之前，人们普遍向往的是进入国营企业、事业单位或者国家机关就业，成为一名全民固定工。而现在，许多人就业时往往会选择那些报酬丰厚的企业。另外，受就业意识的影响，常常会造成劳动力在供求结构上的失衡。如目前，一方面城镇失业人员增加，就业压力很大；另一方面，一些脏、累、苦的体力劳动岗位却招工困难，不得不从农村招收剩余劳动力。大多数就业者都向往到工资高、福利好、工作轻松悠闲的部门或单位就业，追求的是实惠、轻松又体面的工作，这种状况加剧了就业的矛盾。

第2节　就业理论综述

就业理论产生于解决失业问题的实践中，失业现象最初产生于18世纪，19世纪以后日益严重，迫使经济学家对其展开研究，就业理论成了经济学说的重要内容之一。

从18世纪初至今，围绕为什么会出现失业以及如何解决失业这两个根本性问题出现了形形色色的理论。下面介绍几个有代表性的观点。

一、萨伊的市场法则理论

19世纪以来，资本主义经济危机频繁出现，失业现象日趋严重。法国著名经济学家萨伊（1767—1832）和英国经济学家、剑桥学派创始人阿尔弗雷德·马歇尔（1842—1924）在他们的著作中，对危机和失业问题比较重视。

萨伊在1803年发表的代表作《政治经济学概论》一书中，提出了著名的“市场法则概论”。萨伊认为：市场经济内部不会有生产过剩危机和失业。因为商品的供应和需求只是一枚硬币的两面，一种商品的供应量，相当于另一种商品的需求量。任何一种商品的市场价值，必然等于生产此种商品时所耗费的劳动力、资本和土地三要素之和。“这个事实使我们得到一个乍看起来似乎是很离奇的结论，就是生产给产品创造需求。”[①] 意思是说，从全社会来说，任何卖都是买，货币只不过是媒介而已，卖和买是一致的，供给和需求是平衡的。例如，资本家把商品卖掉，就需要买机器、原材料和劳动力；农民把粮食卖掉，就需买布匹和其他生产、生活资料。由于供给和需求是经常趋向平衡的，因此，不会产生大规模的经常性的失业，只会产生局部失业。从全局和整个国家看，不会产生失业。如果出现了较多的失业，就会引起货币工资下降，资本家就会多雇工人。在货币工资下降到零以前，雇主就会把工人全部吸收到企业中来。这样，失业问题就可依靠市场的自发调节作用得到解决。

---

① 萨伊．政治经济学概论．北京：商务印书馆，1982：142.

萨伊的就业理论主要有以下三点：

(1) 在正常情况下，依靠价格机制，国家内部的经济失调会迅速地被商品市场和生产要素市场价格的自行运动消除。

(2) 在正常情况下，市场经济会自动实现充分就业，偏离均衡的现象是暂时的，是不正常的，因此失业不是内在的。

(3) 萨伊法则反对政府干预经济，主张自由放任的市场经济。"因为财产权意味着能够自由处置自己的财产。""如果政府当局不作掠夺，那就是人民最大的幸福，财产就可以得到保护，不遭别人掠夺。"[①]

萨伊的充分就业理论的错误在于混淆了商品交换与物物交换的区别。但萨伊定律是西方就业理论的基石。马歇尔继承了萨伊的衣钵。他在 1890 年出版的《经济学原理》一书中，在分析了资本主义失业现象之后，提出在自由竞争的条件下，只要劳动力市场没有人为阻力，就可以通过工资的自由涨落和劳动力供需之间的自发调节达到充分就业。马歇尔和古典经济学一样，在就业问题上提倡自由放任原则，反对政府对劳动力市场的干预行为。

二、凯恩斯的就业理论

（一） 凯恩斯理论的产生背景

凯恩斯主义诞生以前，传统的西方经济学从"供给自身创造需求"的萨伊定律出发，认为通过"看不见的手"——价格机制的自发调节，可以使所有市场出清，实现充分就业。然而，1929—1933 年的经济危机给各国劳动人民带来了深重的灾难，大量商品找不到销路，商业停顿，银根奇紧，信用停止，工厂倒闭，大量工人失业，整个资本主义世界的失业者一度高达 3 500 万人以上，整个社会经济陷于瘫痪和混乱状态，生产力遭受极大的破坏。在此严峻形势下，传统的西方经济学关于资本主义制度可以借助市场自动调节达到充分就业均衡的系统彻底破产了，为此，迫切需要一套医治失业和危机以维护资本主义统治的新的失业理论。

正是在这个时候，凯恩斯出版了《就业、利息和货币通论》(1936 年) 一书。在这本书中，凯恩斯一反新古典理论竞争均衡和稳定等传统，提出了总需求不足、非充分就业均衡、不确定性、灵活性偏好陷阱等新的理论要领，着重对经济的总量分析，用以说明经济危机和长期萧条的现象，并且以此为理论基础，一反新古典主义理论的自由主义传统，提出了一套政府干预、医治危机、稳定经济的政策主张。这被视为对传统理论的"重大突破"，被后人称为"凯恩斯革命"。

（二） 凯恩斯的就业观点

1936 年出版的《就业、利息和货币通论》一书对失业原因进行了新的宏观经济分析。凯恩斯理论从总体来说，是把失业归结为"总需求不足"。他认为，在消费倾向规律、资本边际效率规律和流动偏好规律三条心理规律作用下，会出现有效需求不足。在有效需求原理

① 萨伊．政治经济学概论．北京：商务印书馆，1982：142.

的基础上，资本主义社会中除了有“自愿失业”和“摩擦性失业”之外，还有“非自愿失业”，即工人愿意按照现行货币工资水平受雇于资本家却仍然找不到工作。如果有这种状态存在，就说明社会尚未实现“充分就业”。在凯恩斯看来，只要想办法消除了这种“非自愿失业”，就意味着“充分就业”。

（1）认为有非自愿失业。凯恩斯认为，失业分为三种类型：摩擦性失业、自愿失业和非自愿失业。摩擦性失业是指在生产过程中由于难以避免的摩擦造成的暂时的、局部的失业。自愿失业是指潜在的或正在市场上寻找工作的工人不愿意接受现行工资或比现行工资低的工资而造成的失业。而非自愿失业是指由于来自其他市场的限制，劳动力市场上还会出现工人愿意按照现行货币工资水平受雇于厂商，厂商从其意愿来讲也希望能在现行货币工资下增雇这些工人，但实际成交水平，即实际就业水平却达不到双方所希望的就业水平而形成的失业。

（2）非自愿失业不能通过削减货币工资来解决。因为货币工资的下降会导致价格的下降，而价格的下降说明工人的实际工资水平并未改变（同比例升降不改变比值），而就业的扩大，根据边际生产率理论，是以工人的实际工资下降为前提的，因此，仅有货币工资下降，就业不一定会扩大。也就是说，传统的关于失业必定是因为货币工资刚性造成的观点是站不住脚的。20世纪30年代初的经济大危机也证实了凯恩斯的这一分析。1929—1933年，工资降低25%，物价也降低了24%。货币工资的急剧下降伴随着物价的大幅下降，几乎没有改变与物价紧密相关的人工成本，因而，也未能刺激就业的扩大。

（3）非自愿失业产生的原因在于社会的有效需求不足。凯恩斯所说的有效需求，是指商品总供给价格和总需求价格达到均衡时的总需求，而社会就业量被认为是由这种均衡状态决定的。但凯恩斯断言，总供给在短期内不会有多大的变动，所以就业量实际上取决于总需求或有效需求。消费倾向、资本边际效率和灵活偏好三大基本规律的作用，导致消费需求不足和投资需求不足，因此，凯恩斯得出了和萨伊、马歇尔完全不同的结论：在一般情况下，资本主义经济使得在社会上还没有实现充分就业时，总需求就不再增加。总需求不足，产品无销路，工资再低，雇主也不会多雇工人。因此，在一般情况下，失业是不可避免的。失业是劳动力市场运行的常态，充分就业则只是一种特殊的极限。

（三）凯恩斯的解决对策

有效需求不足理论构成了凯恩斯主义政策分析的理论基础。凯恩斯以有效需求不足理论为依据，认为在消费需求和投资需求不足的情况下，市场机制本身往往不能使国民经济保持充分就业均衡。只有政府通过各种政策，特别是财政政策对市场进行干预，才能刺激需求、扩大就业、减少失业，实现充分就业。因此，凯恩斯医治“需求不足”达到充分就业的解决对策是：

（1）摒弃自由放任政策，扩大政府职能，采取政府干预和调节经济的一系列措施，把私人垄断资本主义转变为国家垄断资本主义。

（2）放弃节约原则，鼓励消费。

（3）应该采取增加投资与提高消费“双管齐下”的方法刺激需求，在消费水平既定的情况下，应主要实行“投资社会化”，由国家总揽投资。

（4）通过增加政府开支、发行公债、赤字财政和温和的通货膨胀，刺激经济，增加有效需求，应对经济危机，达到并保持充分就业。

凯恩斯的这一套就业理论在 20 世纪 40—70 年代成为主要资本主义国家社会经济决策的理论依据。

三、菲利普斯对失业与通货膨胀的说明

长期以来，西方一些经济学家受凯恩斯学说的影响，认为工资、通货膨胀与失业不会并存，美国战后一段时间的经济发展也证明宏观经济政策确实有效地控制了通货膨胀，降低了失业率，并促进了经济增长。但到了 20 世纪 60 年代，失业和通货膨胀显著上升，通过财政和货币政策降低失业率的宏观经济政策已经变得无能为力，于是许多经济学家认为宏观经济政策不可能永久地改善失业状况，降低失业率必然要以通货膨胀风险为代价。这就促使人们开始研究失业、工资与通货膨胀的关系问题。

最早研究失业与通货膨胀关系的是英国经济学家 A. W. 菲利普斯。他在 1958 年的一篇论文中研究了 1861—1957 年间英国历史上失业率和货币工资变动率的关系，绘制出一条表示失业率与货币工资变动率之间关系的曲线，如图 8-2 所示。

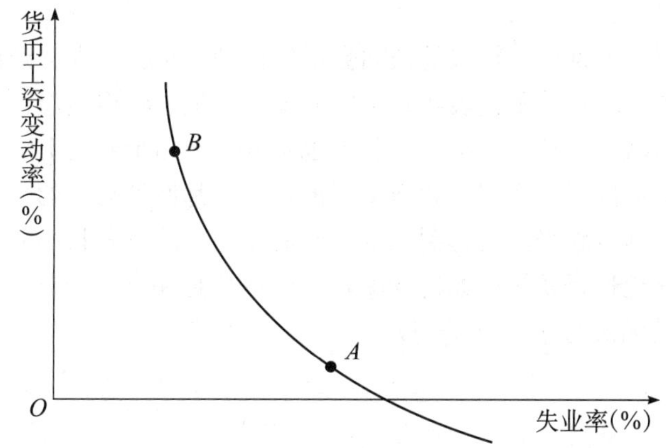

图 8-2　菲利普斯曲线

图 8-2 中，横轴为失业率，纵轴为货币工资变动率。曲线斜率为负，反映了失业与工资变动率的相反关系。西方经济学家把这种表示失业率与货币工资变动率之间此消彼长、相互交替关系的曲线称作菲利普斯曲线。

菲利普斯曲线说明，失业率与货币工资增长率彼此是逆相关或负相关的。换言之，菲利普斯发现在失业率高时，相应的货币工资变动率较低甚至为负，而当失业率较低时，货币工资的变动率往往较大。也就是说曲线表明：失业减少，工资增长就快；失业增加，工资增长就慢。理由是：失业率低意味着劳动力的短缺和较高的总需求水平，雇主竞相雇用劳动力，结果引起工资较快增长；反之，失业率高，意味着劳动力过剩和较低的总需求水平，工资的增长也就会放慢。

四、弗里德曼的失业与通货膨胀分析

到了20世纪70年代，芝加哥经济学派的代表人物弗里德曼对菲利普斯曲线提出了新的观点，即引入预期的因素。所谓预期，就是在产生通货膨胀的情况下，人们根据过去的通货膨胀率来预期未来的通货膨胀率，并把这种预期作为指导未来经济行为的依据。例如，上一年的通货膨胀率是10%，人们据此预期下一年的通货膨胀率也不会低于10%，这样，他们就以此作为下一年工资增长的基础，即下一年工资增长率为10%。弗里德曼根据其提出的预期因素，提出了短期菲利普斯曲线和长期菲利普斯曲线。

短期内，当政府增加货币供应时，通货膨胀的作用使每个人只看到自己产品或劳动力价格的上涨，而没有时间看到整个社会产品和劳动力价格的上涨。雇主将产品价格的上涨错认为是对自己产品需求增加的信号，从而扩大生产规模和就业规模。在此期间，实际利润增加，刺激投资，就业增加，失业率下降。这里确实存在通货膨胀与失业交替关系。这是因为弗里德曼把劳动力供给变化描述为货币工资实际变动和工人预期的价格水平的函数，即想象的实际工资的函数，加上适应性预期的作用，工人按照原有的物价总水平来衡量自己的工资，由于缺乏信息，以为价格总水平没有变化，名义工资的增加就代表实际工资的增加，从而增加劳动力的供给。

但是，随着时间的推移，错误的预期会慢慢得到修正。工人逐渐认识到由于价格总水平的上升，名义工资的增长并不代表实际工资的增长，他们将根据修正后的实际工资来调整自己的劳动力供给，减少劳动力供给量，雇主也会发现产品价格的上涨并不是自己产品需求扩大的正确信号，从而削减生产规模和雇用规模，一切都回到初始的水平，不过以更高的通货膨胀为代价，从而通货膨胀不会起到减少失业的作用。这就是长期菲利普斯曲线，这时的曲线是垂直的，即无论通货膨胀率如何变动，失业率总是在自然失业率的水平上。所以宏观经济政策在长期中是无效的（见图8-3）。

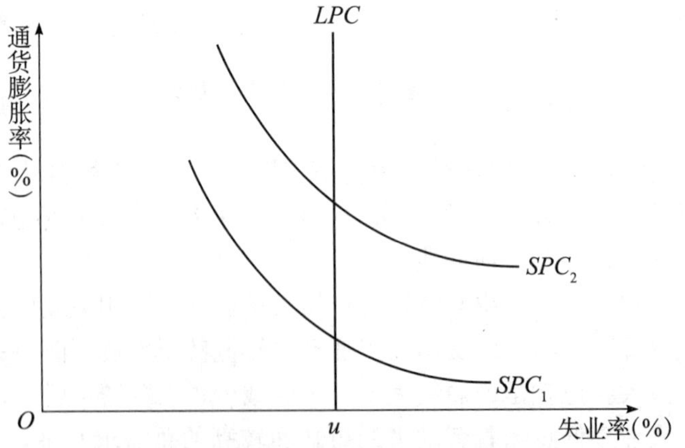

图8-3　短期菲利普斯曲线和长期菲利普斯曲线

图8-3中SPC_1和SPC_2为不同的短期菲利普斯曲线，LPC为长期菲利普斯曲线。短期菲利普斯曲线向右下方倾斜，表明失业率与通货膨胀率之间存在交替关系。长期菲利普斯

曲线是一条从自然失业率 u 出发的垂直线，说明长期中失业率是自然失业率，失业率与通货膨胀率不存在交替关系。

弗里德曼并没有提出具体的就业政策，因为他的就业理论是从属其货币理论的，他唯一的经济政策是单一的货币政策规则，即使货币供给量按固定的比例增长。他认为，如果依靠"单一规则"使资本主义经济保持稳定，就业问题将在这个正常的经济环境中逐步得到解决，最终使高于或低于自然失业率的市场失业率接近于自然失业率水平。

五、供给学派的就业理论

20 世纪 70 年代，滞胀严重动摇了凯恩斯主义的经济理论，在这样的背景下，供给学派认为把政策的目标从刺激需求转向刺激供给才是摆脱滞胀的唯一正确选择。供给学派的主要代表人物有美国南加利福尼亚大学经济学家阿瑟·拉法、乔治大学教授保罗·罗伯茨、华盛顿市经济顾问诺尔曼·图尔、哥伦比亚大学教授罗伯特·奈德尔等。

供给学派明确提出，促使经济增长、实现充分就业的最好方法是刺激供给（生产）方面，而不是增加商品和劳务的消费——需求方面。供给学派的理论基础是对凯恩斯"需求创造了自身供给"理论的否定，它认为，经济绝不会出现严重的和持续的购买力短缺现象，因为生产（即供给）会自动地将必要的资金转移到生产者手中。如果产品滞销，那么产品的价格会下跌，直到产品最终全部售出为止。产品滞销现象的存在，意味着消费正在下降，储蓄正在增加，储蓄增加迫使利润率下降，并推动投资上升，任何形式的不景气都会被自动投资抵消。

供给学派并没有一套比较系统的劳动力市场理论，只是通过以下三方面的分析提出了减税、削减社会福利支出、精简规章制度等政策措施。

（1）税收的作用。供给学派认为，高边际税率会降低人们工作的积极性，而低边际税率会提高人们工作的积极性。边际税率的高低通过影响劳动力和闲暇相对价格的对比来影响劳动力供给。

（2）保障的作用。供给学派认为，失业保险和社会救济金制度降低了失业成本，促使人们愿意延长失业期限，从而导致失业增加和总产量缩减。

（3）立法的作用。供给学派认为，劳资谈判中工会势力的增强，最低工资立法等有关劳动立法的实施等，都增加了雇主使用劳动力的成本，具有阻碍提高产量和就业水平及增加失业的负面作用。

第 3 节　失业类型及成因分析

20 世纪以来，经济学家对失业的类型及其成因进行了长时期的、广泛而深入的讨论和分析。迄今为止，摩擦性失业、结构性失业、周期性失业和隐性失业几种失业类型及其成因被大多数经济学家接受。

在劳动经济学领域，通常用贝弗里奇曲线区分以上不同类型的失业，如图 8－4 所示，横轴测量的是失业人数，纵轴测量的是经济中职位空缺的数目，45°线代表职业空缺数目与失业人数相等，即通常所说的充分就业。45°线以上、以下分别代表劳动力需求大于劳动力供给和劳动力供给大于劳动力需求。图中的点 J 代表充分就业，但仍存在一定的失业人数 U_1，此时就是摩擦性失业或者结构性失业。如果职位空缺与求职者能够较快得到匹配，则为摩擦性失业；如果这种状态持续了较长时间，则为结构性失业。但在实际中，多为两种情况结合。当点 J 沿 45°线向上移动到点 K，代表着职位空缺和求职者数目同时增加。在经济衰退的时候，企业雇佣人数减少，职位空缺减少，失业人数增加，此时，点 J 沿曲线向右下方移动到点 M，失业率为 U_2，此时 U_1-U_2 度量了周期性失业。45°线上的充分就业点都位于某一条向右下方倾斜的曲线上，如 B_1，B_2，这两条曲线称为贝弗里奇曲线。

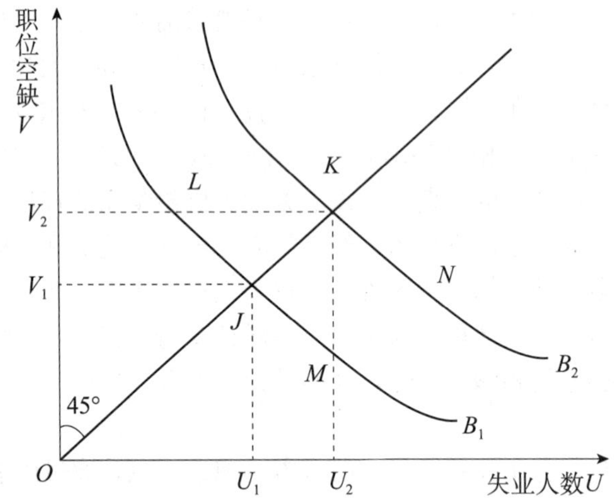

图 8-4　贝弗里奇曲线

一、摩擦性失业

摩擦性失业是由于劳动者在要求就业和获得工作岗位之间存在时间差而形成的。

在现代经济社会中，即使劳动力市场处在均衡状态，即在现行市场工资率下劳动力需求与劳动力供给相等，也总会有一些人处于“工作之间”：或刚进入劳动力市场，正在寻找职业或与雇主洽谈；或由于劳动者或用人单位各自的需求发生变化，而使劳动者处在工作变换甚至职业变换状态中。因此，摩擦性失业是一种正常性失业，是竞争性劳动力市场的一个自然特征，可以与充分就业状态并存。

（一）摩擦性失业的特点

（1）行业广且涉及人员多。社会上的大多数行业都与摩擦性失业有关，现在高速发展的新技术产业也具有这种特点，这与这个行业的就业劳动力的年龄结构和受教育程度有关。从劳动力群体来看，30～55 岁的劳动力群体就业率最为稳定，而20～30 岁的青年因工作转换形成的摩擦性失业率最高。因为年轻人在就业过程中，开始要通过不断选择来检验自身的能力和确定自己的就业位置，选择最适合自己的工作。此外，现在年轻人所受教育程度普遍提高，学历与书本知识作为选择职业的竞争手段，也有资本频繁转换工作。

(2) 失业期限较短。一般而言，有调换工作意向的人大多隐蔽搜寻工作在前，公开调换工作在后，所以工作转换的时间不会太长。因而，失业期限较短，本人甚至毫无失业的感觉。另外，由于劳动力的流动是经常的，整个劳动力市场处于有进有出的流动中，即使是供小于求时，摩擦性失业率也不可能为零。

（二） 摩擦性失业产生的主要原因

尽管经济学家认为摩擦性失业是一种由经济当中的劳动力正常流动引起的失业，是竞争性劳动力市场的一个自然特征，但分析摩擦性失业的产生原因仍然是非常必要的，它有助于我们通过相应的措施将摩擦性失业控制在合理的范围内。

(1) 劳动力市场的动态属性。随着社会的经济和产业结构的不断变化，用人单位对劳动力的需求也随之发生相应变动，需要社会为之提供经过技能培训的劳动力。劳动力本身也在市场上不断地寻找适合自己的位置，以便充分发挥自身所蕴涵的潜力，提高劳动生产力，体现自己的价值。总之，劳动力市场是一个快速流动的市场。

根据图 8－1 劳动力存量-流量模型分析，人们总是在就业、失业、非劳动力之间进行不断的变动。从劳动力供给方看，有的人随着年龄增长成为劳动力总体的组成部分，首次进入劳动力市场寻找工作；有的人随着年龄增长正在调换工作，寻找新的职业；有的人失去工作后又开始寻找新的工作；有的人在离开劳动力市场一段时间后又重返劳动力市场等。从劳动力需求方看，用人单位也会不断地寻求人员补充那些辞退或退休形成的空缺职位；辞退某些雇员以希望获得更好的雇员；寻求新的人员以满足生产扩张的需要等。因此，即使劳动力规模不变，每个时期也都会有人进入和退出劳动力市场，摩擦性失业的产生是必然的。

(2) 信息是否完善。劳动力市场的动态属性决定了摩擦性失业的存在。但劳动力市场的信息提供是否完善，将会影响摩擦性失业的程度。这是因为摩擦性失业的程度依赖于个人或社会为减少劳动力市场的各种摩擦而进行的努力。经济学家认为，信息发达程度和失业者找到工作的速度与信息传递方式及劳动力市场制度有关，也与求职者对新职业的适应程度有关。

尽管用人单位需求的随机波动会引起一些单位解雇人员，而同时另一些单位也会根据需要增雇人员，但如果劳动力市场缺乏充分的信息，或信息的传递速度不均匀、不对称，供求双方不能迅速地获悉或评价有关求职者特征和职位空缺性质的信息，就会导致求职者与用工者之间的匹配与磨合需要一定的时间，从而加重摩擦性失业。

因此，社会可以采取一些预定的措施来降低摩擦性失业水平。比如政府可以通过更准确、更迅速地传递劳动力市场信息，疏通信息渠道，并根据劳动力市场需要训练求职者等途径来减少摩擦性失业。

(3) 现行经济制度的影响。摩擦性失业率的高低与劳动者就业速度的快慢具有直接关系，而就业速度的快慢在很大程度上要取决于有关的经济制度安排。例如，如果失业救济金过高，劳动者的工作搜寻过程就会延长；如果社会福利安排过于慷慨，则不利于鼓励人们积极谋求职业。就业速度的快慢还与就业信息的传播速度有关。为加快信息的传播速度，应该对空职的工作岗位实行数据库管理，改善劳动力市场的服务质量。随着信息高速公路的发展，供求双方直接对话也将变得十分容易，从而会大大提高就业速度。

二、结构性失业

结构性失业是由于劳动者的技能结构与现有的就业岗位技能结构错位，造成失业与岗位空缺并存的一种失业现象，表现在技能结构的失衡、文化结构的失衡、区域结构的失衡、年龄结构的失衡等许多方面。

结构性失衡并不一定表现为劳动力总量上的供大于求，即使在供求平衡状态下，也可能出现“失业与空位”并存的局面。例如劳动力市场需要技能性较强的工人，如电脑程序员、网络技术人员、高级管理人才等，而劳动力市场的失业者多为蓝领工人或经验不足的年轻人，这部分人因为无法胜任现有的工作空位而不得不继续处于失业状态，这就会产生结构性失业的问题。

（一）结构性失业的特点

（1）具有明显的群体性。结构性失业有其自身的特点，结构性失业往往与产业的兴衰、经济的区域转移有密切的关系，而这两者又都与技术进步有关。因此，结构性失业常有明显的群体性，如以地域为标志形成的群体、以年龄为标志形成的群体、以受教育程度为标志形成的群体、以工作技能高低形成的群体。结构性失业一般集中在这样一些人群，他们没有什么劳动市场技能，仅是普通劳动力，或者居住在经济上缺乏吸引力从而工作机会很少的地区。

（2）失业周期较长。结构性失业的持续期比摩擦性失业长，一般很难想象摩擦性失业会持续 6 个月以上。较长时间的失业很可能就是结构性失业，而不是摩擦性失业。这是因为造成结构性失业的原因，如技术进步使大量的工人被机器设备取代，或经济不景气、产业衰退迫使大批工人失去原有工作等，很难在短期内得到解决和改善。从劳动者自身来说，提高劳动技能并不是一两天就能实现的，经济条件的改善也需一个相当长的时期才能完成，这些都大大延长了人们寻找工作的期限，造成结构性失业持续的时间较长，再就业的速度较慢。

（二）结构性失业产生的原因

结构性失业是由于劳动力需求和供给的构成发生变化引起的，这种失业一般源于下述情况：

（1）经济结构变化与劳动力结构变化不匹配。几乎每个历史时期，未来学家总是提醒人们即将出现大量的技术革命。这些新技术的采用不断地改变着产业结构，新兴的行业大量涌现，传统的行业被淘汰，这就要求劳动力重新配置以适应产业结构的变动，要求劳动力结构发生相应的变化。

结构性失业取决于劳动力需求和供给构成的变化程度，以及不平衡和不匹配的调整程度。而缩短结构性失业的期限通常涉及与更新技术和工作岗位的匹配程度，在这种调整过程中培训和再培训起着关键作用。

为了减少结构性失业，国家应正确预测对未来劳动力的需求，并且制定各种培训计划，通过教育与培训使劳动者的知识更新与技术发展同步，以适应新职业的需要。同时，提供更好的专业指导，加强劳动力市场的情报工作，使求职人员及时了解劳动力市场供求情况。如由政府或企业对失业者进行各种类型的就业培训，使失业者掌握必要的劳动技能。当企业承担起培训任务时，政府有必要对这些企业进行补贴，以引导企业促进就业方面的积极性。

（2）求职者与工作空缺地理位置不匹配。由于各地的地理状况差别很大，劳动者在地区之间变动工作需要花很多时间和努力才能适应新环境，这就不利于就业。反之，如果全国的地理环境差不多，劳动力就业的地理限制也就几乎不存在。

还有一些原因也使失业者很难顺利地跨区域转移。一是由于信息不完备，甲地的失业者未必知道乙地存在大量的就业机会；二是举家迁移的费用较高；三是迁移者的心理负担较重，对年龄大的人来说更是如此。由于这些原因，失业者往往宁愿继续留在甲地观望、等待，而不肯奔赴乙地谋取职业和发展，形成空缺与失业并存的结构性失业现象。

解决由地域不平衡而引起的结构性失业，政府应从长计议，有计划地组织劳动力的地区转移。如由政府提供资金，向愿意从劳动力过剩地区到劳动力短缺地区的失业工人提供安置费等。

三、周期性失业

周期性失业，又称为需求不足型失业，是指由于经济运行总是处于周期性的循环状态，从而对就业需求产生周期性波动而形成的失业，即由于经济周期或经济波动引起劳动力市场失衡所造成的失业。

（一）周期性失业的特点

与摩擦性失业和结构性失业相比，周期性失业源于经济总量失衡。摩擦性失业和结构性失业是在假定总量平衡的前提下，研究供求内部的结构失衡。而周期性失业是劳动力市场上供大于求，总量不平衡。周期性失业与国民经济的高涨、衰退或者说与经济周期的变动密切相关。周期性失业与劳动力需求的派生性有关，它是由经济萧条、产品需求量下降派生出来的一种失业现象。所以随着经济的涨落循环而周期性地出现，它是失业中数量最大、最常见、最难以驾驭的一种类型。凯恩斯的“有效需求”不足造成的失业就是这类失业的典型。

与其他失业相比，周期性失业还有两个较为显著的特点：一是因经济周期深度不同，各个周期的失业率存在较大差异；二是周期性失业具有较大普遍性，一经发生可能遍及国民经济的各个领域。相比之下，重工业部门和耐用消费品行业所受的影响更大一些。

（二）周期性失业产生的主要原因

为应对经济不景气，企业实际上有两种选择：一个是降低工资，让同量的工人分享更少的工资总量；另一个是解雇工人。企业经常偏好后者而舍弃前者，其中的主要原因在于工资的刚性较大。此外，以下几个因素也是促使雇主偏好解雇工人的理由。

（1）供需双方信息不对称。雇主对企业面对的困难要比雇员了解得更清楚。当企业面临经营困难时，降低工资可能会受到雇员的抵制，因为在信息不完备的条件下，工人可能会误认为这是对他们的欺骗，认为雇主在虚张声势，企图借机压低工人的工资，因而会遭到工人的拒绝。所以雇主很难通过降低工资渡过难关。

（2）人力资本投资的非均衡性。一般来说，劳动力参加工作以后，企业要对他们进行基本的职业培训，也就是说要支付一定的人力资本投资。但是，由于工作性质不同，人员不同，企业对每个人所支付的培训费用存在很大的差别。在不景气时期，采取降低实际工资的办法打击面较宽，容易把凝结着高额人力资本投资的精英"赶"到竞争对手那边。而采用临时解雇办法，可以有歧视性地选择打击面，将那些表现欠佳、缺乏经验、凝结低额人力资本投资的劳动者"驱赶"出去，即降低工资的办法可能产生逆向选择。

（3）劳动力市场竞争力的要求。经济萧条期，如果雇主仅仅以降低工资，缩减生产成本，渡过不景气，就会向雇员传递一种信号，即他们的工作是稳定的，不必为保住工作职位去努力工作，提高劳动技能和自身素质。这样就会削弱劳动力市场的竞争力，使经济缺乏效率。而企业采用解雇策略，将那些表现不尽如人意的工人清除出去，实际上是向未被解雇者发出了这样一个信号：如果形势不继续恶化，他们的"饭碗"是有保障的。因而，面对这种形势，未被解雇者接受较低工资的可能性便会大大提高。同时，也会对劳动力产生激励，迫使雇员表现出更高的工作效率，并不断提高劳动技能、积累生产经验，使自己处于竞争的有利位置，从而促进经济效率的提高。

目前，世界各国政府着力治理的就是这种类型的失业。治理周期性失业的主要措施是政府的宏观经济政策，一般表现为财政和货币政策，目的是提高总需求。具体的政策为增加政府开支、降低税率、增加货币供给量等。

四、隐性失业

失业是"隐性"的，还是"显性"的？这是从失业表现形式的角度对失业类型所做的划分，而不像前面各种失业，都是从失业成因的角度对失业类型所做的划分。

所谓隐性失业，是指经济部门中存在着边际生产率等于或小于零的现象。尽管这种失业不以社会上存在失业人口的形式表现出来，但这种失业实质上已存在，社会上却看不到，应有的失业人口被隐藏到企业内或土地上去了。而显性失业，则正相反，以社会上存在相应的失业人口的方式表明其存在。

（一）隐性失业的特征

（1）表面上就业。从表面上看，这些劳动者并没有与生产资料相分离，但实际上是生产中的富余人员。或者更准确地说，从经营者的效用目标来看，他们是冗员。这些富余劳动力表面上已经有工作，因而不是处在"寻找工作"的状态，但实际上他们始终存在一种供给劳动力的愿望，因而始终在劳动力市场上构成一种竞争力。例如，通过寻找第二职业表现出来，以流动的形式表现出来。

（2）无法准确识别。这类失业只能从对就业人口总体状态所进行的考察中确定它的存在，测量出它的程度，而不能从个别劳动者的状态中考察出来。因此，我们不能从包括表面就业在内的全体就业人口中确定哪位劳动者是"失业者"，只能推出在全部就业人口中隐性失业的成分有多大，这为隐性失业的计量带来了困难。

（二）隐性失业产生的原因

（1）与公开性失业相同的原因。从客观层面看，隐性失业产生的基本原因和公开性失业的产生原因是一致的。如果是摩擦性失业、结构性失业、季节性失业等的隐性化，那么其产生原因就同这些公开性失业的产生原因是一样的。如果是周期性失业的隐性化，那么它也随社会总需求和总供给的波动而波动。

（2）不同于公开性失业的原因。隐性失业不同于公开性失业的原因主要是政府出于自身的需要，通过某种制度造成的。也就是说，它是政府干预的结果，要用政府行为来解释。

从我国来看，高度集权的计划经济体制不承认失业是社会经济生活中不可避免的现象。因为从理论上讲，它可以用行政手段强制地把失业人口安置到单位中去，从而在表面上保持劳动者与生产资料相结合的状态。但这种做法会严重损害经济效率和引起其他社会问题。在市场经济条件下，由于利益机制的作用，隐性失业不可能再延续下去。相信随着我国社会主义市场经济体制的确立，相关的各种法规、制度体系的完善，尤其是社会保障体系的建立和完善，失业公开化的趋势必然会取代失业隐性化的状况，这不仅有利于我们准确把握失业的真实水平，研究如何才能更充分地利用现有的社会劳动力资源，而且有利于经济效率的提高。

五、其他类型失业

以上分析的是几种主要的失业类型以及形成原因，实际上失业类型还有许多，按不同的标准划分就有不同的结论。下面简单介绍其他几种失业类型。

（一） 季节性失业

季节性失业是由于季节性的生产或市场的变化等原因而引起生产对劳动力的需求出现季节性波动，从而导致劳动者就业岗位的丧失。季节性失业产生的原因是，一些行业和部门对劳动力的需求随季节变化而波动，如农业、旅游业、建筑业等；还有一些行业随季节性的不同会产生购买的高峰和低谷，如服装业、制鞋业、汽车业等；某些行业，当工厂重新改组以适应产品样式变化时，生产工人的需求下降，如新式汽车的出现、新潮服装的出现等。

虽然季节性失业是一种正常的失业，但它也给社会带来了两个不良影响：一是季节性工人的就业时间短，收入受到影响；二是工人的季节性失业不利于劳动力资源的有效利用。

为了减少季节性失业的影响，许多经济学家主张政府加强对季节性失业的预期工作，以利于季节性雇员尽早做出就业淡季的安排。此外，他们还建议政府能规定一个合理的失业补助期限，以减少季节性雇员的生活困难，同时应该刺激其重新寻找工作。

（二） 技术性失业

技术性失业是指由于引进技术代替人力劳动而产生的失业现象。技术性失业产生的原因有：由于引进节省劳动力的机器、由于使用新的生产方法、由于改变生产过程、由于使用新材料和改善经营管理而产生的失业。

从技术进步和就业的关系来看，一般认为，在短期内，由于引进节省劳动力的机器，工人将被解雇；而从长期来看，尽管会对一些特殊等级和类型的工人需求造成长期不利影响，但就业总量并不因使用技术而受到影响。

技术性失业对熟练工人和技术性工人，以及管理人员的影响相对较小，而对中年以上的工人，受教育程度较低的、技艺较差的和收入水平较低的工人影响较大。后者重新就业时，获得的工资在以前工资水平以下，他们是立法者所需要考虑的保护对象。

（三）自愿失业

自愿失业是指虽然有就业愿望，但由于才能得不到发挥，或由于兴趣、爱好、工资、保险福利及人际关系等原因自愿放弃就业机会而形成的失业。这部分自愿失业者通常被认为是丧失信心者，需要给予帮助。

附录一

中国转轨时期的就业[①]

一、中国计划经济时期的就业特点

新中国成立后，我国实行了高度集中的计划经济体制，这种体制强调权力集中，并且排斥商品经济和市场机制发挥作用，因此形成了劳动力计划配置、统包就业、行政调配、城乡分割的劳动就业制度。

(1) 国家对城镇劳动力实行统一计划。新中国成立后，在相当长的一段时间里采取集中统一的经济管理体制，这就要求对劳动力进行统一的招收、调配和管理，有计划地分配和使用劳动力。第一个五年计划期间逐渐形成了对劳动力的计划管理，通过计划在地区间和部门间分配劳动力，以求得劳动力资源和配置的相对平衡。其中，由国家直接控制的职工增长计划具有很强的法令效力，以计划作为配置劳动力资源的基础性手段。这种管理体制在几次经济调整中不断强化，久而久之，造成人们认识上的偏差，以为解决就业问题是靠"计划"，就业工作的出发点和落脚点就是"招工指标"。

(2) 国家对城镇劳动力实行统包就业。新中国成立之初，为争取财政经济状况的基本好转与政局稳定，对旧社会遗留下来的外国企业和官僚资本企业的职工，对所有旧公教人员及一切公私企业富余职工全部包下来，失业人员也由劳动部门介绍就业。此后，又对大学、中专、技校毕业生实行国家统一分配；对城镇复员军人实行归口包干，统一安排为固定职工；不再升学的初高中毕业生也都包干安置。与此同时，对手工业和私营工商业在进行社会主义改造后又出现新的偏差，个体经济与私营经济的发展受到限制，形成了单一的全民所有制经济，于是各类人员通过劳动部门安排到全民单位当固定工几乎成了唯一的就业渠道。

(3) 国家对单位用人实行统一招收。与劳动力的计划管理和统包就业相适应，国家对单位用人的数量和招收范围实行严格的审批程序，审批权一般集中到省、自治区、直辖市政府，直至国务院，用人单位和劳动者没有更多的选择余地。劳动者一旦被招用，便以国家职工的身份终身固定下来，不能自由流动。

(4) 国家对劳动力调剂实行统一调配。国家对劳动力调剂实行统一调配这一行政手段作用广泛，上至部门、地区、单位之间劳动力的平衡调剂，组织支援重点项目建设；下至解决

---

① 附录一的主要观点和政策解释主要来源于张小建主编的《就业与培训》（北京：中国劳动社会保障出版社，2001）。

夫妻分居职工的团聚或上班路远之困难，均依靠统一调配，即使是对集体所有制单位职工的调动也有统一规定。调配权则根据调动人数与范围不同，分别由产业主管部门、地方劳动部门或国家劳动管理机构掌握。

(5) 城镇是国家劳动就业工作的重心。在城镇是就业重心的体制下，一方面把农村作为调节劳动力供求的蓄水池，如 20 世纪 60 年代初精减 1 600 万职工回乡参加农业生产和六七十年代 1 700 万知识青年上山下乡，其出发点之一就是试图减轻城镇就业压力；另一方面对农村劳动力开发就业缺乏指导，劳动力在城乡之间合理流动的正常渠道也不畅通。

总之，新中国成立之后到 20 世纪 80 年代之前的一段时间内，我国的就业制度以上述特征为主。虽然期间也有各种争论和变化，但并没有从根本上改变统包统配的格局。如人们对于劳动就业制度中的一些问题，特别是统包统配政策和固定工的做法，早在 20 世纪 50 年代后期就有一定程度的认识，并着手进行改革，但由于历史的局限性，改革被中断，直至沿着老路走到尽头。但是我们也必须承认，在特定的历史条件下形成的这套就业制度，在一个时期内对于促进经济建设、加快工业化进程、扩大劳动者就业、保障社会安定曾经发挥过积极作用（见表 8－1）。

表 8－1　　**1949—1977 年就业和失业基本情况**　　单位：万人

项目	1949 年	1952 年	1957 年	1962 年	1965 年	1970 年	1975 年
全国从业人员合计		20 729	23 771	25 910	28 670	34 432	38 168
城镇失业人员	474.2	376.6	200.4				
城镇失业率（%）	23.6	13.2	5.9				

资料来源：中国统计年鉴（1999）．北京：中国统计出版社，1999；中国劳动统计年鉴（1994）．北京：中国统计出版社，1994.

一般而言，计划经济下的社会主义的就业“重平等，轻效率”，立足于保证人的劳动权利，基本上解决了在资本主义制度下难以解决的社会失业问题，这无疑是一个巨大的历史进步。但是，计划经济下社会主义国家把就业的社会效益放在过重的地位，忽视了就业的经济效益与经济功能。表面上看，社会上不存在严重的就业压力，近乎劳动者都能就业，但这是以牺牲效率为代价的。例如，我国本来就是劳动剩余型发展中国家，人力资源供给偏大，需求不足，在国家充分就业思想支配下，必然导致人力资源投放过度，技术构成下降，并造成企业大量的“在职失业”或“隐性失业”的问题。

此外，在这种体制下，企业无法根据生产经营需要吞吐劳动力，经济效益不高，严重地束缚生产力的发展。同时，劳动者既没有选择职业的自由，也无须承担创造就业机会的义务，加上一次分配定终身，“铁饭碗”“大锅饭”的消极作用十分普遍。企业和劳动者的积极性都受到影响，国家成了用人与就业的双重主体，竭尽全力为劳动者提供就业岗位，结果仍不能满足需要，使路子越走越窄。而与城镇就业相分割的农村就业，同样是高投入、低产出，劳动力资源严重浪费。

二、中国计划经济向市场经济转轨时期的就业方针

党的十一届三中全会以后，我们在总结历史经验教训的基础上，认识到社会主义生产关系的变革和完善，必须适应生产力的状况，有利于生产的发展。因此，中共中央、国务院做出了关于社会主义条件下实行多种经济形式和多种经营方式并存的重大决策，明确指出：“国营经济和集体经济是我国的基本经济形式，一定范围的劳动者个体经济是公有制经济的

必要补充。”与此相适应，在国家统筹规划和指导下，实行劳动部门介绍就业、自愿组织起来就业和自谋职业相结合的“三结合”的就业方针，使劳动者通过自己的努力解决自己的就业问题重新成为可能，也使政府减少了许多不该包办也包办不了的事情。

“三结合”就业方针的主要做法是：由过去主要依靠国有（全民所有制）单位安排就业转变为国有、集体、个体共同发展，并通过私营经济和外商投资经济扩大就业；由过去主要依靠发展工业特别是重工业吸收劳动力，转变为通过发展劳动密集型的第三产业和消费品工业扩大就业；由过去消极等待国家招工安置转变为鼓励劳动者积极创业，其中一个创举是依靠社会多方面力量和待业人员的积极性，兴办劳动就业服务企业；由过去单纯依靠行政调配手段组织管理就业转变为运用行政、经济和社会服务相结合的手段促进就业；城乡分割的就业格局开始松动。在“三结合”就业方针指导下，城镇待业人员开始由消极待业转向积极创业，越来越多的人组织起来就业或者从事个体经营，改变了过去那种由国家统包统配主要依靠国营企业、事业单位安排就业的情况。

围绕贯彻“三结合”就业方针所进行的改革，突破了计划经济体制下劳动就业制度的束缚，发挥了巨大的作用，实践证明是完全正确的。当然，我们也要看到这一改革在最初的几年主要着力于扩大就业容量和缓解就业压力，制度方面存在的一些重要问题还没有涉及或当时不具备解决的客观条件。

20 世纪 80 年代中期，随着整个经济体制改革的发展，生产力各要素相继进入市场，促进了劳动就业制度的进一步改革。同时，国民经济的持续高速增长也为就业工作创造了一个相对宽松的环境。在这种形势下，劳动力市场的培育和发展在探索中前进。

（1）把企业和劳动者推向市场。1986 年国务院出台了有关改革企业招工、用工、辞退和待业保险的规定，这是一项重大举措，直接触动了长期以来包得过多、统得过死、能进不能出的业已僵化的旧制度。推动企业招工面向社会、公开招收、全面考核、择优录用；确定企业招用新工人要签订劳动合同，用法律形式明确双方的劳动关系；允许企业辞退违纪职工；建立养老保险金社会统筹和失业保险新项目。这些改革引进了市场机制。劳动合同制度在改革实践中得到肯定，具体做法是用劳动合同形式明确劳动关系。1992 年国务院又颁发了《全民所有制工业企业转换经营机制条例》，赋予企业用人自主权，国家不再下达用人计划。企业用人的数量、条件、方式及招用时间完全由企业自主决定。

（2）从市场的角度重新认识劳动就业工作。

1）改变了劳动就业工作只是安排劳动力，只是为劳动者找“饭碗”的观念，明确了应该着眼于劳动力资源的开发利用。我国劳动力资源丰富，充分开发利用劳动力资源可以在一定程度上替代资金与人均物质资源的不足，变人口压力为推动生产力发展的动力。

2）改变了只管城镇就业、不考虑农村就业的倾向，认识到应该重视城乡统筹安排。特别是农村非农产业迅速崛起，农业生产经营活动多样化，劳动力流动不断扩大，迫切需要做好农村剩余劳动力的就业指导。农村就业搞好了，城镇就业才能搞得好。

（3）建立就业服务体系并发挥积极作用。通过市场调节劳动力供求，离不开社会服务，必须以就业服务为依托。就业服务发端于 20 世纪 70 年代末 80 年代初。当时，大批上山下乡知识青年返城，形成了新中国建立以来罕见的就业高峰。在巨大的就业压力面前，1979 年初，在上海出现了一种新型的社会经济组织——劳动服务公司。这是一种由劳动部门倡导，集安置就业和培训于一体的组织形式，受到社会各方面的欢迎，并在全国普及开来。劳动服务公司从创办集体经济事业开始，逐步承担起组织管理社会劳动力、促进就业的多种职能，成为就业服务体系的雏形。其后，就业服务逐步发展成由职业介绍、就业训练、失业保险、劳动就业服务企业等项内容组成的服务体系。

改革开放以来，由于实行了工作重点转移和经济体制的改革，我国逐步由计划经济向市场经济过渡，取得了令人瞩目的成就。劳动就业制度伴随着全面的经济体制变革，走过了同样的历程，取得了一定的成效（见表8-2）。

表8-2 **1978—1998年就业基本情况**（年底） 单位：万人

项目	1978年	1980年	1985年	1990年	1994年	1996年	1998年
全国从业人员合计	40 152	42 361	49 873	63 909	67 199	68 850	69 957
城镇登记失业人数	530	541.5	238.5	383.2	476	553	571
城镇登记失业率（%）	5.3	4.9	1.8	2.5	2.8	3.0	3.1

资料来源：中国统计年鉴（1999）. 北京：中国统计出版社，1999；中国劳动统计年鉴（1994）. 北京：中国统计出版社，1994.

三、我国新时期的就业方针和展望

社会主义市场经济的建立为深化就业制度的改革提出了更进一步的目标。根据我国基本国情和社会主义市场经济体制的要求，基于20年来的改革实践，根据新时期的特点，1998年6月，中央提出了"劳动者自主择业、市场调节就业、政府促进就业"的新时期就业方针。这标志着我国的就业政策更加开放，更加符合市场经济的要求。这一方针要求我们以充分开发利用劳动力资源、统筹安排城乡劳动力为出发点，依靠社会各方面的力量，拓宽就业门路，促进再就业，实行劳动者自主择业、市场调节就业、政府促进就业的方针，保持就业局势的稳定。其实质是，要充分利用和发挥我国劳动力资源丰富的优势，抓住经济发展和调整完善经济结构、所有制结构的机遇，努力开发就业岗位，按照社会主义市场经济体制的要求，完善市场就业机制，使得我国绝大多数劳动者得到各种不同形式的就业机会和就业岗位。

（1）劳动者自主择业，是指劳动者进入劳动力市场，通过各种渠道自谋职业。在劳动力市场上，劳动者是就业的主体，有宪法赋予的就业权利和择业自由。因此，解决我国的就业问题，一个重要途径是鼓励劳动者"自主择业"。自主择业不仅有利于社会经济的发展，减轻政府包揽就业的压力，而且可以充分发挥劳动者的主观能动性和聪明才智。

（2）市场调节就业，是指通过培育和发展劳动力市场，以市场机制为配置劳动力资源的基础性调节手段，实现用人单位和劳动者的双向选择。市场调节就业的目标主要是企业自主用人，劳动者自主就业，二者相互选择，能够使劳动力合理流动，充分发挥作用。市场调节就业有利于劳动力在竞争中实现最优化配置，有利于劳动力不断提高自身素质，有利于劳动力资源从总体上得到充分利用和开发。

（3）政府促进就业，是指政府促进宏观经济与就业的协调发展。通过发展经济，增加就业岗位；制定积极的就业政策，健全和发展就业服务体系；采取必要措施，帮助失业人员、下岗职工和其他就业困难群体实现就业。

总之，社会主义市场经济是社会主义基本制度与市场经济的有机结合。社会主义市场经济条件下的充分就业既要体现市场经济的一般要求，又要反映社会主义制度的特殊要求，新时期的就业方针就是适应市场经济体制的有效选择，并在其他政策的配套下取得了一定的效果（见表8-3）。在此基础上，我们还应该正确认识我国的就业态势，认真研究我国目前社会中的失业问题，不断寻找适合我国国情的就业政策和就业模式，解决我国的失业难题和就业问题。

表8-3　　2001—2011年就业基本情况（年底）　　单位：万人

项目	2001年	2003年	2005年	2007年	2009年	2011年
全国就业人员合计	73 025	74 432	75 825	76 990	75 828	76 420
城镇登记失业人数	681	800	839	830	921	922
城镇登记失业率（%）	3.6	4.3	4.2	4.0	4.3	4.1

资料来源：中国统计年鉴（2005）．北京：中国统计出版社，2005；中国劳动统计年鉴（2012）．北京：中国统计出版社，2012.

附录二

中国积极就业政策与《就业促进法》①

一、积极的再就业政策的提出

20世纪90年代后期到21世纪初，中国经济改革和发展取得重要进展，国民经济保持较快增长，初步形成了市场就业机制。然而从总体上看，中国的就业和再就业形势还相当严峻，具体表现在：

一是总量矛盾突出。“十五”期间，每年城镇新增劳动力升至峰值，加上城镇下岗失业人员，每年城镇需要安排就业的达到2 200万～2 300万人，而每年新增就业岗位只有800万个左右，年度供大于求缺口达1 400万左右。同时，农村还有1.5亿富余劳动力需要转移，城乡就业压力并存。

二是就业结构性矛盾十分突出。随着国有企业改革和经济结构调整力度的进一步加大，技术进步不断加快，传统行业出现大批下岗失业人员，许多人再就业困难，而新兴的产业、行业和技术职业需要的高素质人员又供不应求。由于下岗失业人员年龄偏大，就业技能单一，在劳动力市场上竞争能力弱，再就业难度大。

因此，2002年9月，中央政府审时度势，在北京召开全国再就业工作会议。从战略和全局的高度，深入分析了经济发展、国有企业改革、结构调整和就业工作的形势，提出了“就业是民生之本”的理念，并要求处理好五大关系：发展经济和扩大就业的关系、经济结构调整和扩大就业的关系、深化改革和扩大就业的关系、城乡经济协调发展和扩大就业的关系、完善社会保障体系和扩大就业的关系，并于会后发布了《关于进一步做好下岗失业人员再就业工作的通知》（中发〔2002〕12号）。以该通知的发布为标志，中国进入了实施积极就业政策的阶段，从某种意义上说，这个时期的积极就业政策可以称为“积极的再就业政策”。

积极的就业政策主要包括五个方面的内容：一是以提高经济增长对就业的拉动能力为取向的宏观经济政策。主要是通过保持较高经济增长速度，调整产业结构、所有制结构、企业

① 附录二的主要观点和政策解释主要来源于莫荣的《中国：从积极的就业政策到就业促进法》。

结构等，扩大就业总量，创造就业岗位。二是以重点促进下岗失业人员再就业为取向的扶持政策。主要是运用税费减免、资金信贷等优惠政策杠杆，将所创造的岗位优先用于吸纳下岗失业人员再就业。三是以实现劳动力与就业需求合理匹配为取向的劳动力市场政策。主要是通过强化就业服务和职业培训帮助劳动者了解需求信息、提高就业能力，缓解结构性失业问题。四是以减少失业为取向的宏观调控政策。主要是通过严格规范企业减员、建立失业预警制度等措施，减轻社会失业压力。五是以既能有效地保障下岗失业人员基本生活，又能积极促进再就业为取向的社会保障政策。主要是通过完善社会保障体系解除下岗人员的后顾之忧，为促进劳动力合理流动提供保障。上述五项内容在层次上依次递进、各有侧重，在内容上相互配套、缺一不可，在功能上相互支撑、相互促进，构成了积极就业政策的基础架构。

二、积极就业政策的确定

在2002—2005年的三年时间里，中国积极的就业政策框架围绕上述几个方面内容已经初步形成，2005年下半年，劳动和社会保障部会同有关部门对再就业政策执行效果进行评估，再就业政策的积极作用得到肯定。主要表现在：

第一，发展经济与扩大就业的良性互动开始形成，促进就业较大增长。在就业数量上不断增长，2003年和2004年年均新增城镇就业人员915万人，比2002年以前每年多增加200万人左右。就业结构不断改善，第三产业从业人员达到2.3亿人，比2001年增长14%。

第二，再就业扶持政策产生了积极作用，促进劳动者自谋职业和企业吸纳就业。从2003—2005年上半年，共有1 208万下岗失业人员通过各种渠道实现了再就业。

第三，公共就业服务制度初步建立，职业培训促进就业取得成效。公共就业服务专业化、制度化和社会化水平进一步提高。2003—2005年，先后为1 300万下岗失业人员提供了免费就业服务，同时动员社会力量开展职业培训，推动创业培训与小额贷款政策相结合。2003—2005年共有1 100万下岗失业人员参加了再就业培训，培训后就业率达到60%；有77万人参加了创业培训，开业成功率达到55%。

第四，加强失业调控，做好大学生就业和改善农民工就业环境工作有新的进展。全国城镇登记失业率控制在4.3%以内，在实行再就业政策的同时，加强了对大学生和农民工群体的就业服务工作。

然而，再就业扶持政策在贯彻落实过程中也出现了一些问题。如一些政策操作程序比较复杂，准入条件或“门槛”较高；个别政策因涉及部门较多，手续比较复杂，审批周期较长，影响政策落实；个别政策的设计存在漏洞或者缺陷；等等。

为了进一步完善积极的就业政策，2005年国务院下发了《关于进一步加强就业再就业工作的通知》（国发〔2005〕36号）。该文件关于积极就业政策内容的特点可以概括为“延续、调整、完善、充实”，即在保持连续性、稳定性的前提下，进一步完善政策，根据形势变化和工作实际对部分政策进行调整，为实现建立就业促进长效机制打下更好的基础。

36号文可以说是一个承前启后的具有里程碑意义的重要标志性文件。以其为标志，中国积极的就业政策正式进入了可以真正称为“积极的就业政策”的阶段。在这个阶段，中国积极就业政策的工作目标群体扩大，政策体系更趋完善，政策资源更加丰富，政策工作机制更加健全。

三、就业促进法的出台

积极就业政策的实施、调整和完善的实践，为中国《就业促进法》的出台和就业工作全面步入法制化轨道打下了基础。2007 年 8 月 30 日，《就业促进法》在第十届全国人民代表大会常务委员会第二十九次会议上审议通过，国家主席胡锦涛签署第 70 号主席令予以公布，自 2008 年 1 月 1 日起开始施行。

《就业促进法》将扩大就业作为经济发展的重要目标，明确了就业工作在经济社会发展中的重要地位，并将行之有效的积极就业政策措施制度化，丰富了积极就业政策的体系框架，完善了积极就业政策支持的对象范围和政策内容，发展了积极的就业政策，使促进就业的工作机制和工作体系法制化，明确了政府在促进就业工作中的重要职责，成为中国就业领域的首部基本法和保障民生的重要法律。

《就业促进法》主要包括十项政策规定：一是实行有利于促进就业的产业政策。二是实行有利于促进就业的财政政策。三是实行有利于促进就业的税收政策。四是实行有利于促进就业的金融政策。五是实行城乡统筹的就业政策。六是实行区域统筹的就业政策。七是实行群体统筹的就业政策。八是实行有利于灵活就业的劳动和社会保险政策。九是实行就业援助制度。十是实行失业保险促进就业政策。

伴随着《就业促进法》的出台和 2008 年国务院《关于做好促进就业工作的通知》的下发，促进就业再就业的政策体系、制度保障和长效机制更加明确，也为做好当前和今后一个时期就业工作提供了更加积极有力的法律保障。由此，《就业促进法》成为中国就业工作由政策时代迈向法制时代的重要标志，成为规范和指导中国特色就业促进道路的工作总纲。

◆ 本章小结

就业与失业是一对相对的概念，通常被广泛用作衡量一个国家的宏观经济好坏的标志。因此，正确把握就业与失业的界定，是研究就业和失业问题的基础。失业现象产生于 18 世纪，围绕着为什么会出现失业以及如何解决失业这两个根本性问题，出现了形形色色的就业理论，这些理论在一定时期内对宏观劳动力市场、公共政策导向起到了很大的作用。就业结构作为社会劳动力分布与构成的标志，是由一定的经济和社会发展规律决定的，而且作用于社会生活的诸领域。就业结构合理，不仅是经济活动所追求的目标，也是衡量经济结构合理的最主要标志。根据造成失业的成因不同，可将失业划分为摩擦性失业、结构性失业、周期性失业和隐性失业等类型。对于不同的失业类型，可采取不同的措施来解决。

◆ 关键词

就业	失业
充分就业	失业率
自然失业率	就业失业理论
结构性失业	摩擦性失业
隐性失业	周期性失业

◆ 复习与思考

1. 请说明研究就业和失业问题的重要性。
2. 试析如何看待充分就业和自然失业率。

3. 试分析我国现行失业统计中存在的问题。
4. 请说明凯恩斯就业理论的主要观点和意义。
5. 请说明弗里德曼的失业与通货膨胀分析。
6. 试述其他就业理论的主要观点和政策主张。
7. 试述失业的主要类型及其成因。
8. 借鉴西方国家失业情况，对比分析我国现阶段失业的特殊性。
9. 根据本章内容，结合我国的具体情况，谈谈如何降低失业率。

第9章
人力资本投资

前面为了更好地分析劳动力供给和需求的基本原理，一直假定劳动力市场是建立在劳动力是匀质的，任何劳动者在劳动力市场上都是可以相互替代的基础之上。但实际上劳动者之间存在诸多方面的差异，这种差异源于获得知识技术和受训练程度的差别，是人力资本投资的结果。人力资本理论正是围绕这些问题展开研究的。本章主要分析人力资本的含义、人力资本投资方式及其投资收益等问题。

第1节　人力资本概述

一、人力资本理论的产生和发展

（一）人力资本的思想的产生

在古典经济学中，已经有关于人力资本的思想，甚至也已经作出了比较接近现代的一些论述，但真正现代意义上的人力资本概念始于20世纪60年代的美国经济学家舒尔茨。

著名的古典学派代表亚当·斯密首先注意到人力资本问题，在其1776年出版的《国民财富的性质和原因的研究》一书中就专门对人力资本进行了分析。他认为："学习一种才能，需受教育，需进学校，需做学徒，所费不少，这样费去的资本，好像已经实现并固定在学习者的身上。这些才能，对于他个人自然是财产的一部分，对于他所属的社会，也是财产的一部分。工人增进的熟练程度，可以和便利劳动、节省劳动的机器和工具同样看作是社会上的固定资本。学习的时候，固然要花一笔费用，但这种费用，可以得到偿还，赚取利润。"① 显然，斯密把通过受教育所获得的才能纳入了资本的范畴，并认为在经济上对人力投资是有利可图的。继亚当·斯密之后，约翰·穆勒在其《政治经济学原理》

---

① 亚当·斯密．国民财富的性质和原因的研究．北京：商务印书馆，1972：257－258.

中指出，“技能与知识都是对劳动生产率产生重要影响的因素”。1892 年，马歇尔在《经济学原理》一书中强调：“所有资本中最有价值的是对人本身的投资。”[①]本杰明·富兰克林在《穷人理查德的历书》中也提出了人力投资的经济意义：“对知识的投资会获得最高利息。”[②]

当然，人力资本理论发展的高潮还是在 20 世纪五六十年代。该理论体系的产生与迅速发展是与当时社会经济的发展，特别是与科学技术的进步紧密相连的。人们越来越意识到，科学技术作为第一生产力，已成为推动经济增长的最直接因素，科学不仅是技术和工艺的体现，更是人力资本投资的结果。人力资本的积累和增加对经济增长与社会发展的贡献远比物质资本、劳动力数量的增加重要得多。实践证明，人力资本的确是一种极为宝贵的资源和发展经济的关键因素。德国前总理科尔曾说：“像我们德国这样一个原材料匮乏的国家，受过良好教育培训的熟练技术工人是我们最宝贵的财富，也是经济稳定的保证。”日本经济学者大来佐武郎曾指出：“日本战后经济的发展和起飞，就在于国民所受教育程度、所积累的技术知识和工商业者卓越的经营活力等因素的发挥。”[③]

（二）当代西方人力资本理论

作为完整的理论分支的人力资本理论，是 20 世纪 50 年代末 60 年代初在解释“增长剩余”的学术和实践背景下开始形成和发展的。人力资本理论的开创者和代表人物主要是西奥多·舒尔茨（T. W. Schultz）和加里·贝克尔（Gary Becker）。舒尔茨、贝克尔从不同方面、不同角度分别阐述了人力资本投资对个人收入的影响和对经济发展的促进作用，以及影响科技发展的各种因素、教育的意义和教育投资等问题，从而大大推动了人力资本理论的发展，奠定了当代人力资本理论的基础。

1. 舒尔茨的人力资本理论

舒尔茨关于人力资本理论的主要著作有：《教育的经济价值》（1963 年）、《人力资本投资：教育和研究的作用》（1971 年）和《人力投资：人口质量经济学》（1981 年）等。舒尔茨最初对人力资本问题的探索起源于对“增长剩余”问题的思考。由于在人力资本理论上做出的卓越贡献，他荣获了 1979 年度的诺贝尔经济学奖。

舒尔茨从不同的角度对人力资本下过定义，他的定义也就成为后来对人力资本研究的一个基本界定。舒尔茨对人力资本定义的要点是：（1）“人力资本是体现在人身上的，表现为人的知识、技能、资历、经验和熟练程度等，即表现为人的能力和素质”[④]；（2）在人的素质既定以后，人力资本可以表现为从事工作的总人数以及劳动市场上的总的工作时间；（3）从人力投资的角度来看，人力资本可以理解为人力的投资而形成的资本，从货币形态看，它表现为提高人力的各项开支，主要是学校教育、在职教育和保健支出以及劳动力迁移支出等；（4）既然人力是一种资本，那么无论是个人还是社会对其投资都会有收益，从这个意义上讲，人力资本是劳动者时间价值——收入提高的最主要的源泉。因此，人力资本的大小、高低也可表现在人力所有者——劳动者的收入上。

---

① 马歇尔．经济学原理．北京：商务印书馆，1981.

② 张德远．西方劳动经济学．上海：上海财经大学出版社，1999：156.

③ 张德远．西方劳动经济学．上海：上海财经大学出版社，1999：157.

④ 舒尔茨．论人力资本投资．北京：北京经济学院出版社，1990：61－85.

舒尔茨关于人力资本的主要观点和理论贡献归纳起来主要有以下方面：（1）批判了传统经济学关于资本同质性的假定，认为研究经济发展的动力应引进包括物质资本和人力资本在内的总括性资本概念；（2）批驳了传统价值观念阻碍人们重视人力资本问题的种种说教，认为“人们通过向自己投资形成特定的人力资本，正是自由人得以增进其福利的一条正途”①；（3）对人力资本的基本含义进行了多方面的界定，认为人力资本是对人的投资而形成的，体现在人身上的知识、技能、经历、经验和熟练程度等，在货币形态上可以表现为提高人口质量、提高劳动者时间价值的各项开支；（4）把人力资本投资分为五大类：医疗保险、在职培训、正式教育、成人学习项目和就业迁移，并对各项资本形成特别是教育资本的构成、计量方法等问题进行了大量的理论和经验实证考察；（5）论证了人力资本投资是经济增长的主要源泉，经济发展过程中人力资本投资收益率要高于物质资本收益率；（6）研究了制度变迁和不断增长的人的经济价值之间的互动关系，从人力资本产权的角度解释了有关制度变化的社会选择，注意到了利用包括人力资本在内的广义资本概念对分析研究企业制度安排的重要意义。

2. 贝克尔的人力资本思想和理论

贝克尔关于人力资本的主要著作有：《生育率的经济分析》（1960 年）、《人力资本：特别是关于教育的理论与经济分析》（1964 年）、《人力资本与个人收入分配：一种分析方法》（1967 年）。贝克尔是人力资本理论基本构架的构造者，他对人力资本理论的最大贡献在于提供了坚实的微观经济分析基础，并使之数学化、精细化和一般化。

贝克尔把人力资本观点发展为以人力资本收入函数确定劳动收入分配关系的一般理论。贝克尔对人力资本理论的开拓性研究和理论贡献主要表现在：（1）对正规学校教育和在职培训在人力资本形成中的地位及作用、教育和培训投资的收入效应和收益率计量以及人们在这方面的决策行为进行了深入的理论分析和实证检验分析，贝克尔认为，“唯一决定人力资本投资量的最重要因素可能是这种投资的有利性和收益率”②；（2）对家庭在人力资本形成中的地位和作用以及家庭人力资本投资问题进行了经典的理论实证和应用研究；（3）用人力资本理论解释其他社会经济问题。

（三） 人力资本理论的新发展

经济增长理论仍然是人力资本理论的前沿研究和应用领域。美国经济学家罗默（Paul Romer）、卢卡斯（Robert Lucas）和英国经济学家斯科特（M. Scott）等从 20 世纪 80 年代中期开始掀起“新经济浪潮”，标志着人力资本理论应用于分析经济增长进入了一个新阶段。他们将人力资本作为一个独立变量引入经济增长模型，以此解释国际经济增长中出现的新问题，将人力资本进一步区分为一般的和专业化的人力资本，认为专业化的知识技能和人力资本积累可以产生递增的收益并使其他投入要素的收益增加从而总规模收益递增，进而说明了“人力资本是现代经济增长的决定性因素和永久动力”③，解释了各国经济增长差异主要是人力资本积累率方面的差异以及各国在国际贸易中不同的人力资本比较优势所致，使人们对人力资本的性质和在经济增长中的作用的认识得以深化。

---

① 沈利生，朱运法．人力资本与经济增长分析．北京：社会科学文献出版社，1999：161－169.

② 贝克尔．人力资本．北京：北京大学出版社，1987：34－45.

③ 许学军．技术进步、收入分配与人力资本形成．北京：经济科学出版社，2003：52－67.

20世纪80年代以后，关于人力资本理论的研究进入第二个高潮期，扩展到更深的领域，例如，人力资本与经济增长的关系研究、人力资本投资收益的研究、人力资本与个人收入分配研究以及人力资本产权问题等。人力资本已经作为独立的因素纳入经济增长模型，运用更加微观、定量的分析方法进一步论证人力资本是经济增长的源泉和根本动力。

二、人力资本的含义及其特点

（一） 人力资本的含义

人力资本是一种与物质资本相对应的资本形式，它表现为能为任何个人带来永久性经济收入的能力和知识等。从价值的角度看，任何个人对自身进行的知识、技能、智力和健康的投入，如果能够给投入者带来超过投入价值的价值，并由其占有和支配这部分价值而产生更大的投入积极性，那么这种投入所形成的价值便是人力资本。

和物质资本一样，人力资本也有数量和质量上的规定。我们通常可以根据社会或一个组织中的劳动力人数来确定其人力资本的数量，因为在一定程度上，一个社会或组织中的劳动力数量可以表示为该社会或组织中人力资本的规模。同时，我们也可以根据劳动者个人能力和素质确定每一个劳动者所具有的人力资本的质量。

（二） 人力资本的特点

（1）人力资本是寓寄在劳动者身上的一种生产能力。人力资本通常是以劳动者所具有的知识、技能、资历和工作经验与熟练程度表现出来的。即表现为劳动者的生产能力。这种生产能力又是和劳动者不可分的，它是以劳动者的生命和健康为基础的。

（2）人力资本的所有权不具备转让或继承的属性。由于人力资本与其所有者具有不可分性，所以由所有者的知识、技术、健康等表现出来的生产能力永远寓寄在所有者身上，会在不断投资的基础上得到积累，无法转让和让他人继承。

以上两个特点决定了人力资本的价值不能像物质资本一样可以在静态下以货币形式加以计量，其价值只能在动态情况下即在人力资本的使用过程中通过对劳动者的工作绩效的评价加以确定。

显然，从人力资本的含义和特点中可以看出，劳动者会因为人力资本状况不同而拥有并表现出不同的生产能力，即劳动者在劳动过程中表现出的知识、技能、工作经验和熟练程度是不同的，即劳动者是异质的。

前面各章对劳动力市场的分析都以劳动者是匀质的假设为前提条件，即把劳动者的技能和受训练程度都看做一样的，是无差异的，因此任何劳动者在劳动力市场上都是可以相互替代的。虽然这个假设条件有利于分析劳动力供给和需求的基本原理，但是现在看来显然是不真实的。

此外，传统的经济学家把劳动力和资本看做两种不同的生产要素，其区别就是劳动力是匀质的人力投入而资本是物质投入。更重要的区别还在于：资本本身是“被生产出来的生产手段”，即它并不是从天上掉下来的，只能被生产出来。而劳动力却不同，它被看做先天的，是与生俱来的。而实际上，后者很大程度上也是投资产生的结果。

三、人力资本投资的主要形式及特点

人力资本的形成，特别是人力资本存量的增加主要依靠人力资本投资。劳动力的素质结构，如知识存量、技能状况、生理与心理健康状况构成人力资本的实体，凡是有利于形成与增强劳动力素质结构的行为、费用与时间都是人力资本投资。此外，凡是有利于提高人力资本利用率的行为、费用与时间也属于人力资本投资的范畴。①

（一）人力资本投资的主要形式

通常，人力资本投资被认为有以下几种主要形式。

1. 各级正规教育

教育投资是人力资本投资中最重要的形式，它包括学前教育和小学、中学、大学等正规教育的费用支出。无论是政府还是社会团体、劳动者个人及其家庭，其投资主体用于普通教育的费用均属于人力资本投资。这种形式的投资形成和增加了人力资本的知识存量，表现为人力资本构成中的“普通教育程度”，即用学历来反映人力资本存量。

因此，我们就可以依据劳动者接受学校教育的年限、劳动者的学历构成，清楚地判断和比较一个国家或地区、家庭和劳动者个人在某一特定时期的人力资本存量。

美国在人力资本上的投资数额巨大，投资的筹措既有公共的部分也有私人的部分。地方和州及联邦政府每年在教育上的支出大约是 2 500 亿美元。对小学和中学教育的政府支出是地方和州政府的最大一项支出，占总支出的 20%多。

表 9-1 描述了 1989 年美国的教育情况。在 65 岁及 65 岁以上的人中，不到 1/4 的人受过至少一年大学教育；在 35～44 岁的年龄组中则几乎有一半受过至少一年的大学教育。

表 9-1　1989 年美国不同年龄组的受教育年数比例（%）

年龄组	高中毕业的人所占百分比	仅有高中文化的人所占百分比	至少上过一年大学的人所占的百分比
25～29 岁	14.5	41.7	43.8
30～34 岁	12.4	41.1	46.5
35～44 岁	13.3	37.3	49.4
45～54 岁	21.6	40.5	37.9
55～64 岁	30.9	39.6	29.5
65 岁及以上者	45.1	33.2	21.7

资料来源：斯蒂格利茨．经济学：上册．北京：中国人民大学出版社，1997：243.

2. 职业技术培训

职业技术培训投资是人们为获得与发展从事某种职业所需要的知识、技能与技巧所发生的投资支出。

这类投资方式主要侧重于人力资本构成中的职业、专业知识与技能存量。其表现是人力资本构成中的“专业技术等级”。同样，通过了解职业技术培训规模、人力资源的各类专业

① 王守志．现代劳动经济学．北京：首都经济贸易大学出版社，1997.

技术等级结构状况，可以方便地比较和鉴别一个国家或地区在某一特定时期人力资本的现有规模。

3. 健康保健

用于健康保健、增强体质的费用也是人力资本投资的主要形式，主要包括劳动者营养、衣着、住房、医疗保健和自我照管、锻炼、娱乐等所需的费用，它可以由“健康时间”，或者可以用于工作、消费和闲暇活动的“无病时间”组成。这方面的投资效果主要表现为人口预期寿命提高、死亡率降低。

一个国家全体国民的健康保健水平直接影响该国劳动力的数量和质量，对社会经济发展具有不可估量的作用，因此各国政府及社会都高度重视。许多国家开始把医疗保健投资定为一项基本国策。同时，随着人们生活水平的不断提高，来自家庭、个人方面的健康保健投资也将成为消费支出的一个重要组成部分。

4. 劳动力流动

劳动力流动费用本身并不能直接形成或增加人力资本存量，但是，通过劳动力的合理流动，宏观上可以实现人力资本的优化配置，调节人力资本分布的稀缺程度，微观上可以使个人的人力资本实现最有效率和最获利的使用。所以，它是实现人力资本价值和增值的必要条件。

目前，劳动力在国家间的流动越来越频繁。由于跨国流动者大多是受过较高教育者，他们身上凝聚着较高的资本存量，对移出国来说，是人力资本的损失，对移入国来说，则是人力资本的增加，因此，怎样减少人才外流并吸收境外人才，是发展中国家面临的一个现实问题。

此外，一些学者提出的教化投资是对人力资本理论的一种补充和拓展。对适应于新经济体制的非正式制度（如思想观念、风俗习惯、区域群体的价值取向、道德规范、意识形态等）的认同并形成相应的行为规范的活动，称为教化。经济转型过程凸显了教化投资的重要性。教化投资增强了人力资本的资源配置能力，在扩大个体人力资本存量的同时，还提升了社会经济价值，增加了社会资本。

（二） 人力资本投资的特点

人力资本投资不同于物质资本投资，其主要特点表现如下。

1. 投资收益的广泛性

人力资本投资主体可以是国家（或社会）、企业或家庭（或个人）三方中的某一方，也可以是其中的两方或三方。但在收益获得方面，有时是三方同时获益，有时是两方或一方获益。比如，小学、初中教育所需要的费用是由国家支付的，但受教育者能力的提高、知识的获取所带来的收益却是三方分享的。再比如，企业对劳动者进行职业培训，使劳动者生产能力得以提高，对国家来说可以促进国民生产总值的增长，对企业来说可使利润增加，对劳动者个人来说则可带来收入的增加。

2. 投资收益取得的迟效性与长期性

所谓迟效性，是指人力资本投资并非当时投资当时就获益。物质资本投资往往很快见效，如新的投资设备调试安装完毕，即可发挥其生产效能，而人力资本投资在其投资过程中，并不会产生“通电即转”的效果。只有通过一定时期的学习，劳动者的知识、技能以及工作经验得到不断积累和提高，达到一定的水平和标准后，投资才能发挥生产性作用。

所谓长期性，是指人力资本投资一旦发挥效用，就会在相当长的期间内不断取得收益，形成一个收益流，对劳动者个人来说，这种收益流甚至是延续终身的。

物质资本经过一定时期的使用，将会出现有形或无形的磨损而失去效能，而通过人力资本投资形成和积累的人力资本，在劳动者劳动的全过程中都在发挥作用，虽然某些具体的知识可能会随着社会文化的发展出现“老化”现象而失效，但通过教育和培训所提高和增加的人力资本存量，如认识问题、分析问题、解决问题等综合判断能力不会老化、失效，它会长久地在劳动者的整个职业生涯和社会生活当中发挥作用。例如，劳动者通过人力资本投资而做出的科技发明与创新成果，对人类社会与经济发展所起的作用往往能超出一个人的有生之年，有的甚至可持续几百年。可见，人力资本投资以及收益的长期性是物质资本投资无法比拟的。

3. 投资收益的多方面性

人力资本投资所带来的不仅仅是经济效益的提高，还会带来社会、文化等多方面的收益。如公共教育水平的提高对于减少贫困、维护社会秩序、提高社会道德水平、增进社会平等以及增强人的自主性都有深刻的意义。再比如高等教育不仅使大学毕业生获得一份通常高于中学毕业生的收入，而且增加了他们进入比较体面的职业以及提高社会地位的机会，并且不同程度地提高了他们在娱乐活动中的鉴赏能力。

第2节　教育投资分析

一、教育投资的成本与收益

在一般情况下，人们在接受完法定普通义务教育之后将面临多种选择，如进入劳动力市场寻找就业的机会，或是继续接受学校教育，进行更高层次的人力资本投资。那么，人们究竟是选择继续上学还是选择就业呢？这其中必然要考虑各种各样的影响因素，在诸多要考虑的影响因素中，必须考虑的一个重要因素就是经济因素，即各种形式的成本与收益比较。

教育投资从投资主体来看，可以分为宏观和微观两种教育投资。宏观教育投资，是指一个国家的政府和其他部门、团体、组织花费在国民教育上的支出。它具体包括校舍建设、教学设备购置、教职人员工资、图书资料等。微观教育投资，是指家庭或个人花费在教育上的支出。

以下我们只从微观教育投资的角度分析教育投资的成本与收益。

（一）成本

大学教育人力资本投资费用包括直接成本与间接成本两大部分。

直接成本又称现时成本，它包括支付学杂费、书本费和其他的一些费用，但不应包括全部的住宿和伙食等费用，因为即使不上大学或不在学校登记注册也会发生这些费用，但直接成本中应当包括那些任何高出不上大学的生活费用。

间接成本又称机会成本，是指高中毕业就参加工作所获得的、大学生如果不上大学而直接参加工作也同样能够获得的收入。

直接成本与机会成本之和为大学教育投资的总成本，它分布在整个大学学习期间，它是一个预期值。

注意，大学教育人力资本投资费用构成的直接成本与间接成本有些是以非货币成本形式出现的，其中学习期间的心理成本是最主要的构成部分。为获得学历或学位而付出的努力，是一种相当大的负效用，学生会承受不同程度的紧张和压力。当然，一些人会把学习的紧张和压力当作一种享受，会为因此获得的新知识而感到满足。所以，大学教育的非货币成本大小取决于个人的主观评价，很难进行量化和准确确定。因此，我们将在后面的分析中省去对非货币成本的分析。

（二） 收益

教育投资的收益是一种未来的收益。在微观上，表现为家庭或个人的货币收入增加、福利状况和工作条件的改善、生活质量的提高。当然，还有一些非货币性收益，比如社会地位或声誉的提高、拥有较大的职业机动性以及精神生活更加充实等，同样很难准确地计量。因此，在后面的分析中也将省去对这部分收益的分析。

因为人们在获得大学学历后并在退休以前，不会确知如果接受大学教育每年的收入水平究竟如何，如果不上大学每年的收入又是如何，因此，大学毕业后的年收入比不上大学的年收入超出的增加值是建立在对未来期望的基础之上，它也是一个预期值。

二、教育投资分析模型

教育投资同物质投资相似，并不是投资越多越合理，必须同时考虑投资的成本和收益以及特定的约束条件。以下是一个简单的教育投资分析模型。

假如某人刚刚高中毕业，正在考虑是不是有必要去读大学，他该如何决策呢？单纯从能不能为他在将来的工作中带来更多的收入角度来看，理性的决策应该是对上大学的成本和收益进行比较。

（一） 教育投资分析收入流曲线

教育投资分析模型可以用图 9-1 表示。

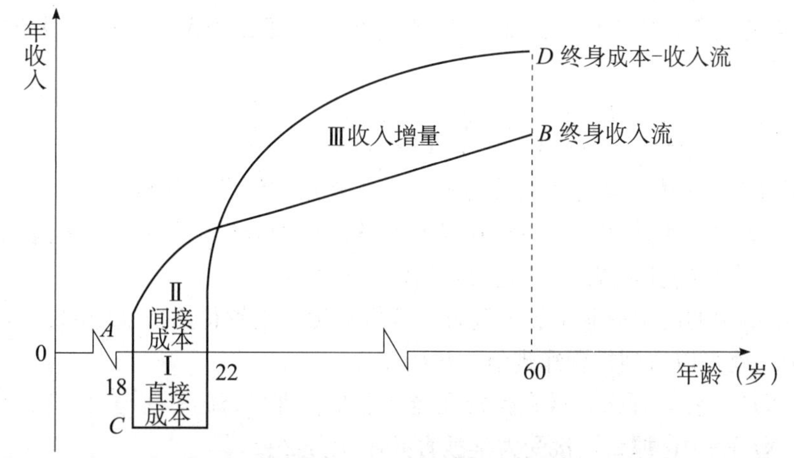

图 9-1　教育投资分析模型

在图 9-1 中，曲线 AB 代表 18 岁高中毕业后不去上大学，立即进入劳动力市场谋求就业的终身收入曲线。曲线 CD 代表高中毕业后先去上大学，毕业后立即进入劳动力市场谋求就业的成本-收入曲线。

图中横轴下的区域Ⅰ代表上大学期间支出的直接成本，横轴上的区域Ⅱ代表上大学期间所放弃的收入，即间接成本或机会成本。区域Ⅰ与区域Ⅱ面积之和，为上大学的个人总成本或总投资。区域Ⅲ表示大学毕业后可获得的净收入增量，它应该等于上完大学再谋求就业所能赚得的终身收入与不上大学直接工作所能赚得的终身收入之差。

在这个例子中，我们假设劳动者工作至 60 岁退休，并且暂不考虑 60 岁以后的各种福利待遇情况。

（二）教育投资净现值

教育这种人力资本投资的利益像物质资本投资一样发生在未来。投资成本和收益是在不同时间产生的。从图 9-1 可以看到，大学的成本支出发生在 22 岁以前，而收益却是在 22 岁之后，并持续若干年。因此，考虑到货币的时间价值，投资主体需要将未来的收益流折算成某一基点的价值即现值与当时的成本进行比较，从而决定投资是否合理。

现值是指未来一定量的价值相当于现在多少价值。它所隐含的基本经济含义是：在确定的情况下，一定量的货币资产和金融资产的价值等于该资产所产生的收入流量的现值的价值总和，即未来获得的任何货币数量都小于目前时期的同等数量。找出未来获得的货币的价值的现值叫做折现，其方法为：

$$PV=E\cdot(1+i)^{-t}$$

式中，PV 为现值；E 为 t 年的未来收益；i 为给定的年利率。

折现的计算公式揭示了现值的两个重要的经济特征：

第一，获得收益的期限越远，其现值就越小。这是由于因子 $(1+i)^{-t}$ 随 t 的增加而减小。

第二，使用的利率 i 越大，任何未来收益流量的现值就越小。因此必须正确地选择利率。

算出投资收益现值后再与成本进行比较，就可确定投资净现值。以图 9-1 中的高中毕业生上大学的教育投资为例。假如以 22 岁为基点，那么个人大学教育投资净现值的计算公式就应该是

$$NPV=\sum_{n=22}^{60}\frac{E_{n-18}}{(1+i)^{n-18}}-\sum_{n=18}^{21}\frac{C_n}{(1+i)^{n-18}} \qquad (9-1)$$

NPV＝折成基点处的收益总和－折成基点处的成本总和

式中，E_{n-18} 是高中生从 22 岁到 60 岁因上大学而可能获得的年收入；C_n 表示该高中生从 18 岁到 22 岁上大学的各种成本；i 是假定给定的年利率。

如果本例中的高中毕业生经过调查、分析预测，能够得出所期望的成本与收益，代入式（9-1）中，就可以得到投资净现值（NPV）。

如果 $NPV>0$，那么，教育投资在经济上是合理可行的；

如果 $NPV=0$，那么，接受大学教育并不十分必要；

如果 $NPV<0$，那么，接受大学教育是不经济的，应该立即就业。

（三）个人教育投资分析结论

依据对图 9－1 和式（9－1）的分析，考虑到个人未来所获收入与其接受教育程度呈一定的相关关系，我们可以得出以下结论：

（1）其他条件相同，投资后的收入增量越多（即收益时间越长），那么一项教育投资的净现值就越可能为正，即投资越具有经济合理性。比如年长者比年轻者更不愿意接受进一步教育，是因为他们受教育后的收益时间相对较短，并且所放弃的收入（机会成本）相对较多。

（2）其他条件相同，接受教育投资的成本越低，就会有越多的人愿意接受教育。比如，当社会的经济衰退来临时，一个高中毕业生所能赚得的收入减少，或找到工作的可能性很小，那么他上大学的机会成本就会降低，就越有可能会上大学。

（3）其他条件相同，一个大学毕业生与高中毕业生之间的收入差距越大，愿意投资于大学教育的人就会越多。也就是说，不仅收入增量流的长度会影响教育投资决策，收入增量的规模也会对其产生影响。

三、教育投资的均衡

（一）教育投资需求曲线

比较典型的教育投资需求曲线如图 9－2 所示。

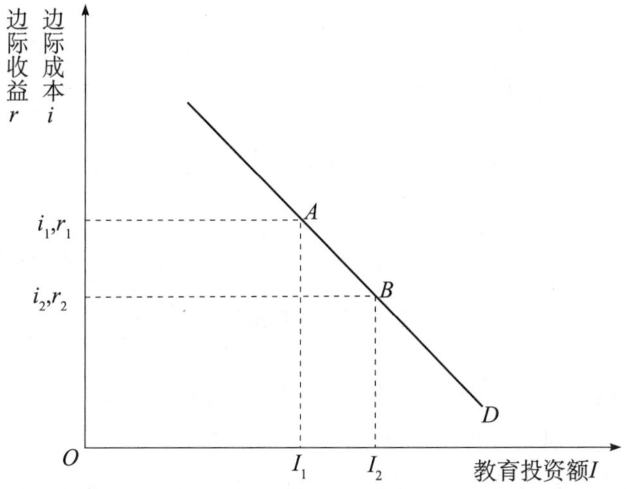

图 9－2　教育投资需求曲线

图 9－2 中的横轴代表教育投资额，其中隐含着所受教育程度的高低，纵轴代表边际收益或边际成本。图中的需求曲线 D 代表教育投资每增加一个单位所能带来的边际收益。如图所示，当人们对教育的投资额为 I_1 时，所对应的边际收益值是 r_1；当投资额为 I_2 时，所对应的边际收益是 r_2。需求曲线向右下方倾斜，表明其斜率为负值，意味着随着实际教育投资额的增加，边际收益逐渐递减。其中的原因主要有两个：一是在人们有限的生命周期里，

接受教育的时间越长，教育资本投入越多，那么从事社会劳动的时间就越短，个人在一生中总收入的增长率就越低。二是收益递减规律在发生作用。因为人的脑体力总量是既定的，就大多数情况而言，随着边际教育投资额的增加，人的劳动生产率的提高速度必然呈逐步降低的趋势。

该需求曲线还表示了教育投资的规则，这就是：当教育投资的边际收益高于市场利率水平时，追加投资即延长受教育年限是有利可图的；反之，就应当减少教育资本投资额即缩短教育年限。在图 9－2 中，当需求曲线 D 给定时，假设教育投资的边际成本是 i_1，那么最佳的教育投资额就应该是 I_1，因为在这一点上教育投资的边际收益等于其边际成本，即 $r_1=i_1$。显然，如果边际成本下降到 i_2，那么教育投资额就应当增加到 I_2。

（二） 教育投资供给曲线

教育投资供给曲线如图 9－3 所示。

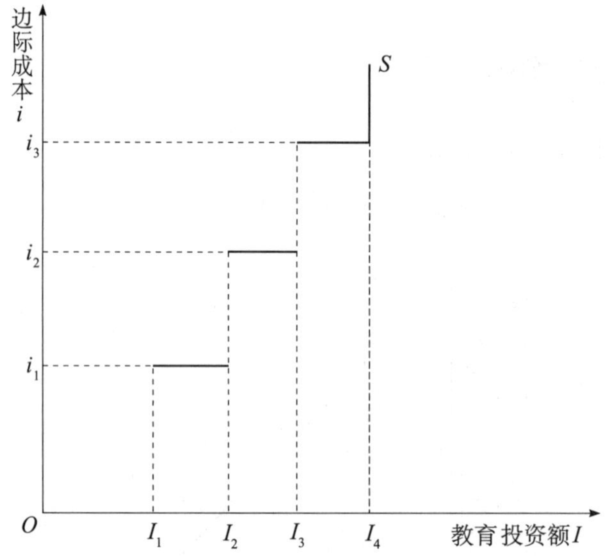

图 9－3　教育投资供给曲线

图 9－3 中的横轴表示教育投资额，纵轴表示投资的边际成本。供给曲线 S 反映了教育投资数量与相应年利率水平之间的对应关系。图 9－3 中所隐含的一个假设是，受教育者可以以恒定的年利率借贷所需资金，从而达到所期望的受教育程度，但也不是说教育投资供给曲线是一条具有完全弹性的水平线，这一隐含的假设条件显然与现实不符。实际上，教育投资市场是一个很不完善的资本市场。在大多数情况下，受教育者并不能在既定的利率水平上获得全部所需资金。因为向学生提供的教育贷款也存在着赖账的可能，教育贷款的需求量越大，债权人所面临的借贷风险就越高。因此，对大多数借贷者来说，教育投资供给曲线是向右上方倾斜的，当初始教育投资额为 I_1时，全部教育费用均由家长承担，但是对困难家庭的学生来说，家长能承担的教育投资费用是有限的；在达到某一必备的受教育程度之后，学习费用往往要由学生自己想办法解决。获得教育经费最廉

织同样具有适用性，即受一般培训的员工可以借此去其他企业谋职，并获得一个与其当前技能相称的较高的工资率。

假设在进行一般培训之前，一个员工的边际劳动产品价值为 VMP_A，假定按照短期劳动力需求决定原则，即边际劳动产品价值（VMP）等于工资率（w）的原则，那么该员工的工资应为 w_a。

假定经过一定时期的一般培训，该员工的边际劳动产品价值提高为 VMP_B，与此相适应，应获得一个较高的工资 w_b。如果培训前和培训期间，企业按照 w_a 水平向该员工支付工资，培训后企业按照提高了的 VMP_B 支付 w_b 水平的工资，那么，培训期间所支出的成本应该由谁来承担呢？

如果培训后为了弥补为员工支付培训费用所带来的损失，企业支付给该员工低于 w_b 水平的工资，即低于员工的 VMP_B 水平的工资，那么，就无法排除劳动力市场上其他企业愿意支付相当于该员工 VMP_B 水平的工资，雇用该名已受过一般培训的员工的可能。其他企业之所以愿意支付 w_b 水平的工资来雇用该名员工，是因为这些企业并没有为他的培训支付成本。

所以，怎样防止员工为了高工资（w_b），在完成一般培训后离开提供培训的企业，而到愿意付给 w_b 水平工资的企业工作呢？

正是上述原因，企业在通常情况下不愿意单纯地为本企业员工提供适用性极强的一般培训。所以，这一培训的任务通常是由社会上的各类职业技术学校承担，职业技术学校成为人力资本投资的重要途径。学生在该类学校学习，承担了培训成本的全部或大部分，通常都以付费的形式表现对成本的承担。

假定由企业为员工提供一般培训，那么，合理的情况应该是员工自己负担接受一般培训的成本并享受其收益。但在形式上，员工对成本的负担并不采取直接支付的方式，而是在以培训期间接受一种低于 w_a 水平的工资的方式，间接地支付一般培训成本。可以用图 9－5 加以说明。

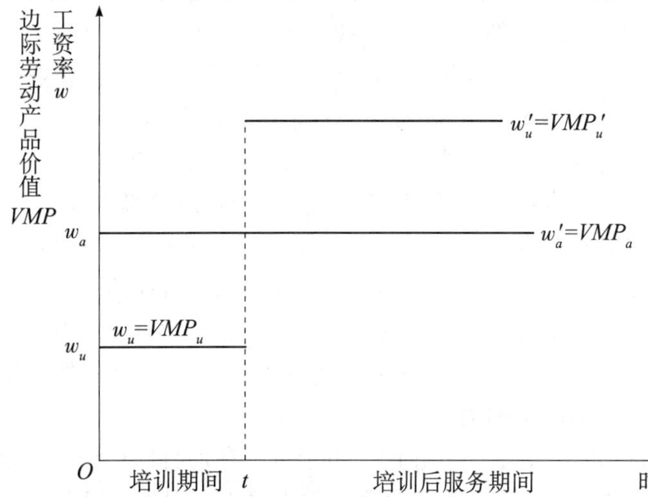

图 9－5　一般培训的成本与收益

在图 9－5 中，纵轴为工资率 w 和边际劳动产品价值 VMP。横轴为员工在受训企业的服务时间，其中 Ot 是员工接受一般培训的时间，tT 是培训投资收益回报时间。未接受培训员工的 VMP 及由它决定的工资率设为 w_a。如果在企业服务期间 OT，员工始终未接受培训，其工资率水平如图中的 w_aw_a' 线。如果员工接受企业安排的一般培训，培训期间为 Ot，在此期间受训员工的工资率为 w_u，低于 w_a，其差额（w_a-w_u'）部分为培训成本，即由个人承担的人力投资。培训结束后的服务期间 tT，受训员工的工资率为 w_u'，（$w_u'-w_a$）的差额部分为培训收益。

由此可以得出结论，员工在培训期间的边际劳动产品价值（VMP_u）低于未接受培训的员工的边际劳动产品价值（VMP_a），而员工在接受培训以后，其边际劳动产品价值则高于未受过培训的员工的边际劳动产品价值（$VMP_u'>VMP_a$）。如果工资率低于边际劳动产品价值，员工可能在接受完培训后就流向其他企业。在员工为企业服务的年限内，只有当其接受培训的净现值大于零时，他才会接受培训。

（二） 特殊培训的成本效益分析

所谓特殊培训，是指员工通过培训获得的业务技术知识、技能，只对培训的企业具有适用性，或者能使提供培训的企业的生产率比其他企业提高得更多。这类培训的价值只对提供培训的企业有益。

如果员工在经过特殊培训之后被解雇或主动辞职，那么此类员工很少或几乎没有有价值的东西可到劳动力市场上出售。所以，员工一般不会为这种培训支付所有的费用。如果员工的工资率是 w_a，那么在培训期间和其后的服务期间都可能是 w_a 水平的工资。在这种情况下，特殊培训的成本和收益都归于企业，如图 9－5 中的 w_aw_a'。在受训期间，企业支付的工资高于接受一般培训员工的 VMP_u，这构成了特殊培训的成本；在 tT 的服务期内，企业支付给受训员工的工资则低于一般受训员工的 VMP_u'，因而补偿了培训成本。

企业特殊培训的这种成本-收益结构在能够保证受培训的员工培训结束后仍然在企业服务较长时间的情况下是可行的。这是因为受训员工较长时间在企业服务，将能保证培训投资预期收益的回报时间。但是，如果员工在培训结束后，或是在一个比较短的服务期内，到其他企业以 w_a 水平的工资率就业，显然不会对员工带来损失，但对企业来说，特殊培训的成本将得不到补偿。因此，这种成本-收益结构对企业是不利的。

目前企业在处理特殊培训的成本收益关系时，通常采用两种途径：一是劳动关系双方达成默契，或订立长期劳动合同；二是调整特殊培训的成本-收益结构。

显然，采用第一条途径存在一些困难，它限制了依据生产经营情况对劳动雇用量调整的灵活性，而且还要受到种种制度性因素的干扰。第二条途径是可行的，即在培训期间，企业和员工双方承担培训成本，在雇用期间劳动关系双方获得预期培训收益。这种解决途径可用图 9－6 加以说明。一方面可以减少或消除企业在特殊培训上受到的损失；另一方面也能对受训员工产生一种约束力和吸引力。

图 9－6 中符号的含义与图 9－5 相同。由于员工参加特殊培训，所以培训期间员工的边际劳动产品价值不再是 VMP，而下降为假定的 VMP_c，根据 $VMP_c=w_c$ 的原则，员工应该在培训期间得到 w_c 水平的工资。但是，可以让受训员工获得 w_u 水平的工资，（w_a-w_u）的差额部分为员工承担的培训成本，即图 9－6 中的（1）；（w_u-w_c）的差额部分为企业承担

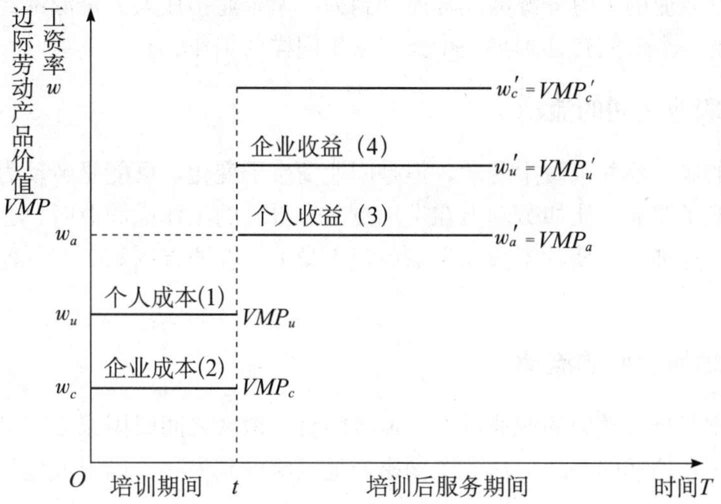

图 9－6　特殊培训的成本与收益

的培训成本，即图 9－6 中的（2）。

受训员工在 tT 的服务期内，工资确定为 w'_u水平，（w'_u-w_a）为员工的培训预期收益，即图 9－6 中的（3）。（$w'_c-w'_u$）的差额为企业获得的培训预期收益，即图 9－6 中的（4）。

企业和员工将分别对各自的成本与收益进行比较，如果净收益为正，那么在经济上就是合理可行的，通常，企业可以用诸如离职率、企业解雇率等加以验证。一般而言，与受过一般培训的员工相比，受过特殊培训的员工的辞职率要低一些，这不仅是因为受训员工承担了部分培训成本，还因为特殊培训的价值不被其他企业承认和需要，在其他企业只能获得相当于 w_a 的工资，不能获得预期的培训收益。同样，企业也不愿意解雇受过特殊培训的员工，因为他们的离去肯定会影响企业正常的工作秩序，还会花费招聘成本和培训成本来吸收和训练新员工。至于双方各自应该承担多少成本和享受多少收益，可通过双方协商的方式来加以确定。

第 4 节　劳动力的流动

一、劳动力流动的类型

劳动力流动一般是指相对于劳动力市场条件的差别，劳动力在不同的地理区域范围或不同的工作岗位间的资源选择和流动。如果我们以劳动力流动的地域和职业特征为依据，可以将劳动力流动分为以下四大类型。

（一）工作岗位之间的流动

劳动力依然从事以前所从事的职业，而且居住地也没有发生变动，只是从一个单位换到了另一个单位，或是从原来单位的一个工作岗位换到了另一个工作岗位。

比如，某企业的人力资源部经理流动到另一家企业担任人力资源部经理。再比如，银行职员从银行的一个部门转移到另一个部门从事同样的工作。

（二）职业之间的流动

劳动力的居住地并未发生变动，但是职业发生了变化，可能是劳动力由于自己或外界的原因主动转换了职业，比如劳动力在发现更适合自己的工作或职业时，会最终流向自己更加喜爱的职业。这种职业变动多数发生在年轻人身上，在西方国家，70%此类变动的劳动者在35岁以下。①

（三）地域之间的流动

这种类型是指劳动力的职业没变，但可能是在地区之间或国家之间进行流动。比如一位在跨国公司工作的部门经理，从一个国家或地区流动到另一个国家或地区工作。

（四）地域和职业之间同时发生的流动

据统计，在所有的劳动力流动过程中，此类流动要占到30%。② 比如，一位在农村耕作的农民来到城市当了一名建筑工人。

下面我们只分析第三、第四种类型的劳动力流动。

二、劳动力流动的条件

（一）劳动力流动的基本假设

所谓劳动力流动，是指劳动者相对于劳动力市场条件的差别，在地区之间、行业之间、产业之间、职业之间和岗位之间的自愿选择和迁移。它是劳动力商品化的结果，是劳动力追求价值最大化的直接表现。通常，劳动力流动的基本假设是：

（1）劳动力的流动是劳动力为了实现自己的利益而自愿迁移的行为。这就是说，劳动力流动不包括由雇主造成的流动，比如失业而导致劳动力工作岗位的变化。

（2）劳动力市场上，劳动力有流动的自由选择性。这主要是由于虽然劳动力的流动是由资本的运动所支配的，但资本在一定时期内总是固定的。

（二）劳动力流动的条件

劳动力要流动，就要依赖于以下几个方面，它们构成了劳动力流动选择的必要条件。

1. 劳动力的个人所有权

劳动力能够自主决定或自由支配自己的劳动，不受政策等非经济方面因素的限制，如农村劳动力向城市迁移和流动不受城市居住权的限制，工人从一个企业向另一个企业或任何一个其他单位的流动不受人事制度和政策方面的限制。如果劳动力的选择有许多制度或政策上的限制，那么，劳动力的自由选择和流动就不可能或非常困难。

---

① 张德远．西方劳动经济学．上海：上海财经大学出版社，1999：171.

② 张德远．西方劳动经济学．上海：上海财经大学出版社，1999：192.

2. 不同地区和工作之间存在经济福利方面的差异

导致劳动力流动的原因很多，但其中最主要的是经济上的原因。不同地区和工作之间存在诸如就业机会、就业条件以及收入报酬等方面所构成的经济福利方面的差异，这种差异是导致劳动力流动的主要原因。

3. 社会对劳动者就业给予充分的自主权

在计划经济条件下，劳动力就业采取政府在既定的地理区域范围内直接安排与调配的就业方式，而且工资标准也由国家统一规定，因此较少发生劳动力的流动。但在市场经济条件下，政府和企业只是给劳动者提供就业机会，劳动者必须通过竞争才能真正获得工作职位，这就对劳动力形成一种压力，使其在某一特定劳动力市场求职时，也许是由于竞争失败，也可能是由于不满足现有的工作条件或劳动报酬，产生了一种强烈的流动愿望。

4. 社会分工所造成的劳动技巧和工作能力的专门化

市场经济条件下的劳动力和生产资料是相分离的，这种条件下的劳动分工使劳动力的需求变为按不同的生产过程划分的分门别类的需求，每一种特殊劳动都硬化为相应的专业，劳动者不能独立自主地决定做什么、如何去做和做到什么程度。这种社会分工使劳动者失去对自身劳动的控制，从而成为迫使劳动力流动的社会强制性因素。

如果一个社会或地区具备上述四个必要条件，劳动力市场就会呈现出较高的流动性。如果只具备其中一两个条件，那么只会出现有限的劳动力流动。如果条件不稳定或者条件不够成熟，如一个时期政策限制流动，一个时期不限制流动，或经济福利差别甚微或社会分工程度低等，都会使劳动力的流动受到不同程度的影响。

三、劳动力流动的成本收益分析

（一） 成本

劳动力流动所涉及的主要成本通常包括：(1) 交通费；(2) 搬家费；(3) 在流动过程中所放弃的收入；(4) 离开家庭和朋友所带来的心理损失；(5) 资历和养老金的损失。

（二） 收益

劳动力流动后，重新找到的工作岗位给其带来的预期收入。

（三） 成本收益分析

如果预期增加的收入现值超过成本的现值，劳动力就会选择流动；反之，即使流动目的地的潜在收入大于目前工作地的收入，人们也会认为不值而不进行流动。我们可用以下公式加以表述：

$$VP=\sum_{n=1}^{N}\frac{E_2-E_1}{(1+i)^n}-\sum_{n=1}^{N}\frac{C}{(1+i)^n}-Z$$

式中，VP 为净收益现值；E_2为第 n 年新工作的所得；E_1为第 n 年原工作所得；N 为预期新工作的年限；i 为年利率；n 为成本和收益变动的年份；C 为第 n 年由于流动所带来的直接和间接货币费用；Z 为流动所带来的净心理成本减去心理收益。

根据以上公式，如果某人的 $VP>0$，则意味着收益期望大于由于劳动力流动带来的货币和心理的综合成本，此人将会进行流动。如果某人的 $VP<0$，则此人将不会流动。在其他情况不变的条件下，两种工作之间的年收入差（E_2-E_1）越大，净现值 VP 就越大，就越有可能流动。

四、影响劳动力流动的因素

影响劳动力流动的因素可能有很多，有社会历史因素，也有文化因素，但是对劳动力市场中劳动力的流动影响最大的还是经济因素。经济因素是通过以下各种影响因素发挥作用的。

（一）年龄

研究表明，年龄是劳动力流动的一个主要影响因素。在其他条件相同的情况下，年龄越大，流动行为越少。具体来说，可能出于以下几方面的考虑。

1. 年龄越大者收回投资的年限越短

同样的劳动力流动成本，流动后获得收入的时间越短，上述公式中的 VP（净现值）就越小。对于一个年轻人来说，虽然相对工资差别较小，但其终身收入巨大，因为他还要工作很长时间，而对于只有两三年就要退休的人来说，即使相对工资差别较大，也很难弥补其流动所带来的成本。

2. 年龄较大的人往往拥有较多的人力资本

在一般情况下，年龄、就职时间的长短与工资收入之间存在正相关关系。往往员工在某一个企业工作时间越长，雇主为他投入的培训费用甚至包括特殊培训的费用就越多，特别是特殊培训这种人力资本投资，一般来说不适用于其他工作和雇主。所以，若干年的培训后服务期所获得的工资收入中，就部分地包含了这方面的人力资本投资收益，这种工资收入很可能高于其他工作的工资收入。因此，不论收回投资的期限有多长，年龄较大者都不太愿意流动。

3. 年龄较大者流动成本高于年轻人

(1) 年轻人自身财物较少，携带方便，流动比较容易。而年长者往往携带家什较多，搬家费用高，流动不易。

(2) 年轻人的工作年限和收入水平通常低于年长者，所以养老金对其的吸引力往往较小，而对年长者而言，这类机会成本则较大。

(3) 年轻人流动的心理成本低于年长者。年长的人对社区、当地的子女教育系统比年轻人有更深入的了解，特别是有着更广泛的朋友网络和社交圈。因此，净心理成本（Z）对年长者来说更高。因而，他们的流动的净现值（VP）更低。

（二）家庭

劳动力流动和成本会随家庭规模的扩大而成倍增加。

在年龄、学历相同的情况下，已婚劳动力比单身劳动力更不易流动，而且如果那些已婚劳动力的配偶已有满意的工作或工作收入较高，他们就不易流动，特别是配偶双方都有较高的工资时，举家流动就更不容易了。

此外，家庭中的子女对劳动力的流动也是一个限制因素，父母和子女也会拿预期的货币收益与流动的心理成本相比较，倘若后者太大，就不愿流动了。

经验研究发现：(1) 未婚比已婚更易流动；(2) 妻子就业阻碍着流动；(3) 妻子就业时间越长，家庭越不易流动；(4) 有学龄儿童的家庭不易流动。①

（三） 教育

教育是同一年龄群体内部影响流动性大小的重要因素。统计结果发现，最有可能提高流动性的是大学及以上的教育，这是因为受过大学及其以上教育的劳动力市场可能是地区性的或全国性的。此外，可能还因为具有大学及以上学历的人离开家乡的心理成本（Z）一般较小，因为多数大学生在读大学时已经有了一次流动，这种经历使他们在新的经济机会来临的时候更容易再一次流动。

在其他条件不变的情况下，学历越高，越有可能流动。

（四） 流动的距离

劳动力流动的可能性与流动的距离呈反方向变动。统计结果证明，随着流动成本的上升，流动的劳动力数量就会随之下降，原因在于：

(1) 距离越远，可能流动的劳动力获得工作机会的信息越有限。由于处于远距离的劳动力市场的人获得其他地方的就业信息非常困难，而了解家乡附近的就业前景比距离远的地方要容易得多，比如可以通过报纸、电话和亲戚朋友来了解等。

(2) 流动的实际距离越远，流动费用及流动后探望亲友和家属的交通费、流动的心理成本都会越多。当然，其中的心理成本可能会因为下面情况而减少，但不可能消失，比如跟随家庭成员、朋友和亲戚一起流动。

（五） 失业率

根据人力资本原理，原来失业率高的地区通过使劳动者向外地流动，将使流动者的净收益增加。研究发现：

(1) 有失业者的家庭比其他家庭更有可能流动。

(2) 原来地区的失业率与劳动力流出成正相关关系。不过，在年龄较大、学历较低或失业补贴和其他转移性收入相对较高的情况下，这种流出并不像想象的那样多。

流动目的地的失业率是否会影响流动的决策呢？这很难说。因为一般失业并不总是反映特定个人获得工作的可能性。同时，流入本身会增加流入地的失业率。然而，有一点是明确的，当前失业的劳动力更倾向于向那些失业率低于平均水平的地区流动。

（六） 职业许可制度

有些要有职业许可证才能开业，而许可程序由地方政府及有关专门机构控制，这也对这些职业的劳动力在地区之间和职业之间的流动形成了限制。

（七） 国家和地方政策

(1) 高个人所得税将阻碍劳动力的流动性；

---

① 张德远．西方劳动经济学．上海：上海财经大学出版社，1999：174.

（2）政府花费在服务上的人均费用状况将促进流动；

（3）政府吸引新行业的政策会导致某特定地区劳动力的较大流入。

（八） 流入地的影响因素

流入地的语言、政治压迫和战争常常是导致国家间劳动力流动的主要因素。

（九） 工会

由于能够代表工人呼吁改善工作条件，所以工会将能减少劳动力的自愿流出，从而影响劳动力的流动。

（十） 流入地的环境质量和气象状况

流入地环境质量优良、气象状况好将促进劳动力的流入。

以上各项因素虽各不相同，但是都有一个共同的特征，这就是它们都通过影响劳动力流动的预期收益或预期成本，最终影响前面流动公式中的净现值（VP）。

◆ 本章小结

实际的生产活动中，劳动者之间在知识技术和管理能力等方面存在差别。这种人力资本投资的结果往往使得他们之间不可替代，并且越来越受到国家企业以及个人的重视。本章主要从人力资本的概念和特征入手，说明人力资本投资的主要形式为各级正规教育、职业技术培训、健康保健和劳动力流动。由于人力资本投资与金融资本投资类似，投资收益发生在未来的某一个时间，所以在投资决策时，需要进行现值计算，分析成本与收益，以确定净收益的大小。除了个人会通过教育、流动迁移等形式进行自身的人力资本投资以外，企业也往往会采用特殊培训或一般培训对员工进行人力资本投资，以提高企业的竞争潜力和整体实力。

◆ 关键词

人力资本　　人力资本投资

职业技术培训　　健康保健

正规教育　　教育投资净现值

教育投资供给曲线　　教育投资需求曲线

劳动力流动

◆ 复习与思考

1. 什么是人力资本?
2. 人力资本理论的代表人物及其理论观点有哪些?
3. 人力资本的特点是什么?
4. 人力资本投资的形式有哪些?
5. 教育投资的理性依据是什么?
6. 怎样进行培训的成本效益分析?
7. 劳动力流动的条件是什么?
8. 影响劳动力流动的因素有哪些?

第10章
劳动力市场中的歧视

劳动者在劳动力市场上的价值的决定因素应当是影响边际劳动生产率的所有供给方面和需求方面的因素。但是，如果与劳动生产率无关的因素在劳动力市场上取得了某种价值，歧视也就产生了。本章将以性别因素引起的劳动力市场歧视现象为中心，讨论劳动力市场中的歧视问题。

第1节 歧视的概念及类型

一、对歧视的界定

（一）歧视的一般概念

从广义上讲，歧视是个中性的概念。《布莱克维尔政治百科全书》认为："从最广泛的意义上说，该词是对一种差异、一种区别或不同待遇的感受。从这个道德上的中性含义来说，在某种特定的环境中，亚里士多德的正义原则也要求歧视的存在。这种原则告诉我们用相同的方式对待相同的情况，用不同的方式对待不同的情况。比如，一个不能区分出好学生和坏学生的老师对这两者也许都是不公平的。"

从狭义上讲，歧视则具有明显的贬义色彩。它意味着对待个人或由个人组成的某个团体不仅是不公正的，而且是不公平的。《现代汉语词典》定义："所谓歧视，指不平等地看待。"美国传统词典对 discrimination（歧视）一词的解释是歧视，差别待遇：根据阶级而不是根据个人的优点来加以对待和考虑的偏心或偏见。学术界普遍接受的歧视定义是"相同的人（事）被不平等地对待或者不同的人（事）受到同等的对待"。

歧视所涉及的范围十分广泛，既包括经济歧视、社会歧视方面的内容，也包括政治歧视、文化歧视以及国际社会歧视等方面的内容。如果说具有相同生产率特征的工人仅仅是因为他们所属的人口群体不同而受到不同对待，那么我们就可以说在当前存在劳动力市场歧视。

（二） 劳动力市场歧视

国际劳工大会1958年通过的关于就业及职业歧视的公约（第111号公约）认为，“歧视”是基于种族、肤色、性别、宗教、政治见解、民族血统或社会出身等原因，具有取消或损害就业或职业机会均等或待遇平等作用的任何区别、排斥或优惠。而对一项特定职业基于其内在需要的任何区别、排斥或优惠不应视为歧视。

具体来说，劳动力市场上的歧视，是指那些具有相同能力、教育、培训和经历并最终表现出相同的劳动生产率的劳动者，由于一些非经济的个人特征引起的在就业、职业选择、晋升、工资水平、接受培训等方面受到的不公正待遇。这里所说的非经济的个人特征，主要是指存在于劳动者身上的、不能带来劳动生产率和创造工作绩效的个人因素，通常包括种族、性别、肤色、容貌、年龄、家庭背景、宗教、身体素质、户籍、国籍等。

二、劳动力市场歧视的类型

根据歧视的来源、内容、发生时间和研究对象的不同，劳动力市场歧视可以划分为不同的类型。①

（一） 根据歧视的来源划分

（1）来源于个人偏见的歧视模型。以个人偏见为理论基础，歧视主要是由于雇主、作为同事的雇员以及顾客不喜欢与某些属于特定人口群体的雇员打交道而造成的。这种模型通常假设劳动力市场是一种竞争性市场，在这个市场中单个厂商被看成是工资的接受者，然后分析这些偏好对工资和就业的影响。

（2）来源于统计性偏见的模型。歧视建立在先入为主的统计性偏见基础上，歧视主要是由于雇主将某种先入为主的群体特征强加在个人身上而引起的。统计性歧视也就是雇主与求职者在信息不对称的情况下，由于雇主考察的方法局限性或者说是获取信息的成本约束等因素所造成的。

（3）来源于非竞争性市场力量的模型。这种理论假设在劳动力市场中，单个厂商对其支付给工人的工资是具有某种影响力的，这种影响力可能来自串谋，也有可能来自某种买方独家垄断力量。

（二） 根据歧视的内容划分

（1）工资歧视。指从事相同工作的员工，一部分人由于非经济的个人特征而导致所获工资收入低于另一部分人。

（2）就业歧视。指在获得职业的过程中受到的歧视，即在劳动力市场上，面对具有相同或更好的岗位胜任力并最终表现出相同或更高的劳动生产率或工作绩效的劳动力供给者，需求方却因为其非经济的个人特征，进而拒绝其任职的行为。

（3）职业歧视。指在劳动力市场上，某些劳动力虽然完全有能力胜任，却因非经济的个

---

① 罗胤．我国城市劳动力市场中的歧视问题研究．长春：吉林大学，2008.

人特征而被限制或禁止进入某些职业，或者被安排在比不存在这一非经济的个人特征的员工更低的工资报酬的职业上或负较低责任的工作岗位上。

（4）人力资本投资歧视。指某些劳动力因非经济的个人特征导致较少获得能够提高劳动生产率的正规教育、在职培训以及较好的健康照顾的机会。

（三） 根据歧视发生的时间划分

（1）劳动力市场前歧视。指某些劳动力在进入劳动力市场前因非经济的个人特征而获得较少的受教育和受培训的机会，进而影响了其进入劳动力市场后的劳动生产率水平和职业选择。

（2）劳动力市场后歧视。指通常所研究的劳动力进入劳动力市场后因非经济的个人特征而受到的区别对待，如工资歧视、就业歧视和职业或工作歧视等。

第 2 节 劳动力市场歧视理论

从目前来看还没有统一的劳动力市场歧视理论。究其原因是多方面的，第一，经济学家对歧视现象的研究相对来说起步较晚。有关这方面最早的书籍之一是加里·贝克尔于 1957 年出版的《歧视经济学》。第二，歧视的根源涉及面广泛而复杂，往往超出经济学的范畴，因而本节着重讨论以下几种有代表性的理论。

一、个人偏见歧视理论

这种理论是把歧视看成是歧视者的一种偏好或“爱好”，它以国际贸易为基础作了一个类推。众所周知，一个国家可根据比较利益原则进行自由贸易，获得最大的国民产出。然而事实上，许多国家都会利用关税、配额和其他手段阻碍自由贸易。显然，这些国家不愿进口某些商品，情愿牺牲经济效率在国内生产。看来人们偏好或嗜好国产商品，即使必须付出国民收入递减的“代价”也要满足这一偏好。同样，社会上也有一种歧视的偏好，情愿放弃生产效率，即最大产出和利润，也要满足这种偏好。在美国单单种族歧视一项的代价（或者机会成本）就大约占国民产出的 4%。

该理论首先研究了个人偏见对大多数工人与少数族裔工人的就业和收入的模型。这种偏见被认为来源于雇主、雇员和顾客三个方面。

（一） 雇主的个人偏见

根据该理论，雇主是有“歧视偏好”的，他为了达到与一部分人保持距离的目的而宁愿支付费用或放弃某种收入。

现在假定女性和男性工人具有相同的劳动生产率，非歧视雇主把他们看做完全可替代的，在工资水平一致的情况下会随机地雇用他们。

但是，如果一个雇主对女性抱有偏见，情况就完全不同。根据该理论，有偏见的雇主具有“歧视的偏好”，好像女性员工给他带来了主观或心理的代价。这种心理代价的大小可以通过歧视系数 d 来反映，d 可用货币来计量。如果雇主没有歧视，雇用一个男性工人的代价就是工资水平 W_m。但是，对于一个有歧视的男性雇主来说，雇用一个女性雇员的成本就应该是女性雇员的工资水平 W_f 加歧视系数所表示的货币值了，即 W_f+d。当每个工人的总成本在歧视雇主看来是一样的情况下，即当 $W_m=W_f+d$ 时，该歧视雇主才愿意雇用女性，也就是说，只有当女性的工资水平低于男性的工资水平时，歧视雇主才会雇用女性。更确切地说，为了受雇，尽管女性与男性劳动生产率一致，女性的工资水平必须比男性的工资水平少歧视系数的量，即 $W_f=W_m-d$ 。例如，男性工人现行的工资水平为每小时 8 元，d 为 2 元，即歧视雇主雇用女性的偏见货币价值为 2 元，那么，该雇主愿意雇用女性的工资水平只有 6 元。

上述理论表明，在劳动生产率相同、劳动力市场上对女性存在歧视的情况下，为了与男性竞争工作机会，女性必须接受更低的工资。

劳动力市场的供求分析有助于深入理解该理论的思想。首先从竞争性劳动力市场和竞争性产品市场开始。假如有两类工人 A 和 B，他们的劳动生产率相同。若所有雇主由于某种原因都不喜欢 A 类工人，那么 A 的均衡工资必然较低，因为工资相同就没有人愿意雇用他们了。不过除非不喜欢 A 类工人的程度相当大，否则就不会有相当大的工资差别，足以使雇主重新对 A 和 B 一视同仁。

例如，如果 A 类工人的相对工资是 B 的 3/4，1/2 或 1 时，雇主也许就会雇用他们。图 10－1 描述了这一情形，其中纵轴表示相对工资率 W_A/W_B，横轴表示 A 类工人的数量，如果没有歧视，对 A 的需求曲线将是 D_1，因为相对工资率为 1（$W_A=W_B$）。但是如果所有企业都不喜欢 A 类工人，需求曲线则为 D_2，其相对工资率（3/4）较低。若相对工资率高于这点，雇主就不愿意雇用他们。但在给定的偏好强度下，在 3/4 处工资差别足以使他们雇用 A 类工人。对 A 类工人歧视程度越重，需求曲线就越低，如 D_3 所示。

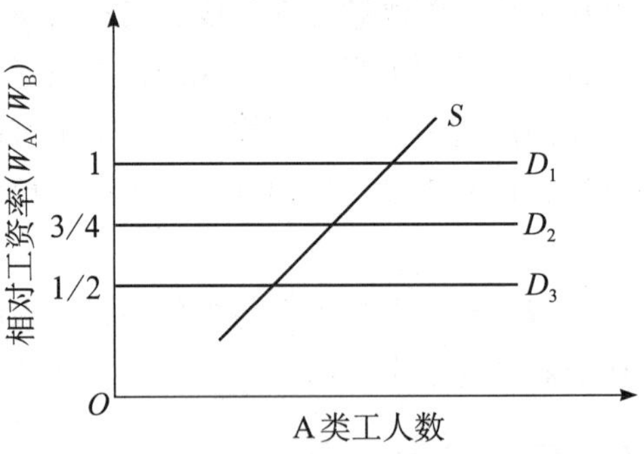

图 10－1　偏好一致的劳动力市场歧视

事实上，并不是所有雇主的歧视情感都是一致的，往往是一些雇主的歧视程度弱一些，而另一些雇主的歧视程度强一些，这样对 A 类工人总的市场需求曲线便如图 10－2 所示。在相对工资率恰好使企业雇用 A 类工人时，把每个企业的需求加总起来就得到了 D。相对工资率为 1 时，水平部分表示那些对 A 类工人无偏见的企业的总需求；下倾部分则包括有歧视偏好的企业的需求状况，越向上歧视越弱，越向下歧视越强。所以，曲线表示每种相对工资率水平对 A 类工人的需求总数。如果供给曲线为 S_1，均衡相对工资率是 1/2，那么 A 类工人将遭受歧视。

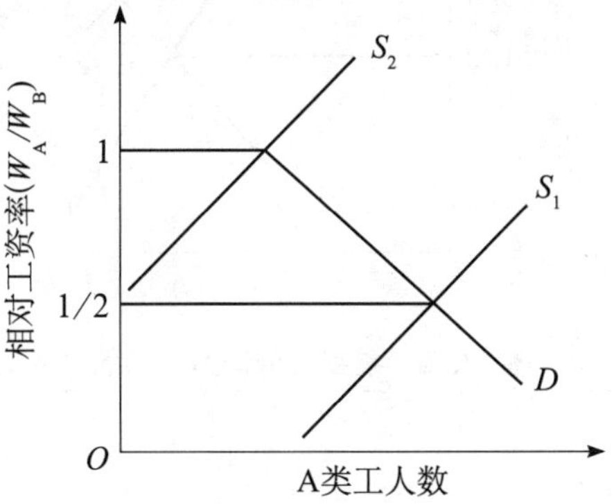

图 10－2 偏好不同的劳动力市场歧视

以上说明，大多数雇员与女性雇员的工资差别的大小要依赖于两种因素的影响：一个是女性劳动力的多少。市场上女性劳动力的供给量越大，她们的相对工资率就越低。如图 10－2 中随着女性劳动力供给量从 S_2增加到 S_1，女性的相对工资率也从 1 降到 1/2，没有歧视偏见的雇主也只能支付 1/2 的工资，因为在这一点上供给量和需求量相等。第二个因素是取决于雇主的歧视程度。如果市场上不存在歧视现象，那么，需求曲线就会具有完全弹性，反之，歧视现象越严重，雇员的相对工资率就会越低。

从短期情况来看，假设行业中有些企业只雇用 A 类工人，另一类只雇用 B 类工人，根据我们最初的假定，A，B 两类工人具有同样的生产率，既然 W_A小于 W_B，不愿雇用 A 类工人的企业比雇用 A 类工人的企业成本就要高，但产品市场是竞争性的，各个企业必须按同一价格出售，所以这一理论表明，那些不愿按均衡工资雇用 A 类工人的企业将以利润减少为代价。所以，歧视与利润最大化原则是相悖的。

从长期考虑，由于不同企业获利数量不同，这个行业中的企业结构也可能随时间的发展而变化，那些歧视偏好弱、利润大的企业将向外扩张，而另一些企业将进入这个行业生产，利润少、歧视偏好强的企业所占市场份额将越来越小，由于成本较高，随着时间的推移，它们可能被从这个行业排挤出去。

这种调整过程可用图 10－3 加以说明，其中包含了图 10－2 的供给和需求曲线，初始相对工资率是 1/2。随着新企业的进入和老企业的扩张，对 A 类工人的需求曲线将外移。如果竞争压力足够大，它会上升到 D_2，最终达到 D_3。关键是：在自由进出的竞争市场上，利润最大化将消除歧视，因为减少了利润，在长期内歧视不能持久。

然而，人们对该理论还存有许多质疑。事实上，通过市场机制自动消除歧视的过程是极其缓慢的，市场机制并不能彻底消除雇主的偏见。

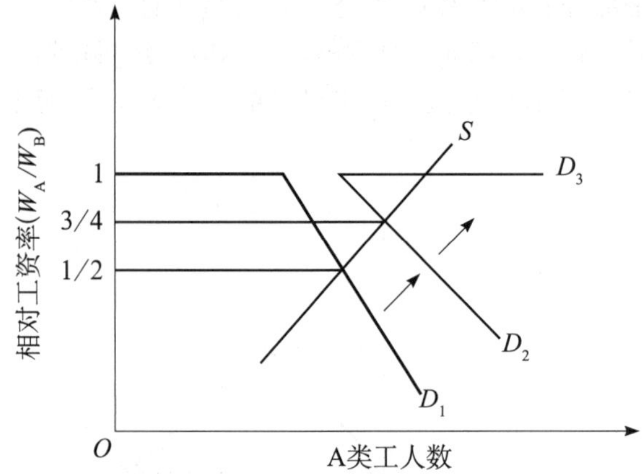

图 10-3 歧视性劳动力市场的进入效应

（二）雇员的偏见

来自雇员的偏见是产生歧视的另一个重要原因。这除了有工作职位上的竞争因素之外，也可能具有对要与被歧视群体在工作中发生接触的恐惧和厌恶。在加里·贝克尔的模型中，大多数工人都对有色人种持有偏见。白人男性因歧视偏好会远离对少数族裔或女性无歧视行为的雇主，这就会使无歧视行为的雇主感到如果想要雇用或留住白人男性工人，就必须支付比不采取歧视政策更高的工资。如果雇主采取种族和性别隔离政策来代替支付高工资政策，这在法律上和经济上又都是不可行的。所以，雇员的歧视态度与行为会使无歧视行为的雇主为雇用被歧视群体（如少数族裔和女性）而付出更高的成本。如果这种压力足够大，就会迫使雇主减少对被歧视群体（如少数族裔和女性）的劳动力需求量并降低其工资水平。

（三）顾客歧视

工资和职业歧视也可能由于顾客的缘故而产生。比如，一些顾客只喜欢白人男性提供的服务，而在另一些场合下却只喜欢女性或少数族裔提供的服务。如果他们对白人男性的偏好扩大到比较大的社会职业范围，而他们对女性或少数族裔的偏好又仅仅限于熟练程度较低的社会服务职业范围，那么，就会发生对女性和少数族裔的职业隔离。

如果女性或少数族裔想要在具有顾客偏好的白人男性工作的岗位上谋得职位，他们就要接受比一般白人男性更低的工资待遇或投入更高的人力资本。尽管顾客歧视意味着顾客要支付比不存在顾客歧视的条件下更多的成本，但他们却获得了可以自由享受歧视的“效用”。只要他们愿意这样做并且他们有这样做的经济实力，他们就可以尽情享受这种歧视给他们带来的“满足”。这与雇主歧视不同，它只与效用有关，而与利润无关。

二、垄断歧视理论

劳动力市场上的歧视现象与劳动力市场运行有关。有些经济学家认为，劳动力市场不是完全竞争的，而歧视正是由个别企业垄断造成的。歧视的动机往往不是偏见，而是货币收益，这是因为独家垄断企业不会是劳动力市场上被动的工资接受者，它们有能力决定市场上的工资水平，这种市场运行的力量使制定具有歧视性的工资成为可能，歧视行为能增加歧视者的收入。在垄断市场结构中，某些劳动者，例如年龄偏大的劳动者、女性劳动者因缺少可供选择的雇主，只能接受带有歧视的工资，从而使企业获得歧视利润。

该理论在分析了由于劳动力市场上存在垄断而造成歧视现象的产生之后，提出了如下观点：

(1) 男性工资水平将高于不存在歧视情况下的一般工资水平。

(2) 女性劳动者工资水平比男性劳动者工资和没有歧视时的一般工资水平都低。

(3) 企业的利润在歧视情况下必然增加。比如，在歧视情况下，男性工人平均工资为 5 元/小时，女性工人的平均工资为 3 元/小时，男女工人的平均工资为 4.5 元/小时。此时假设雇主雇用 9 人，其中 3 人为女性，则在歧视的情况下，厂商的工资总成本为 39 元（3×3+5×6）；而在没有歧视的情况下，厂商的工资总成本为 40.5 元（4.5×9）。同样雇用 9 人，生产率相同，产出并没有变化，但是工资总成本却下降了。

(4) 在产品市场完全竞争的条件下，若其他竞争对手实施歧视性用人政策而某些企业不这样做，将因其较高的相对人力成本而处于不利的地位。

(5) 市场竞争将导致歧视减弱的说法理由不充分，有必要采取公共政策措施应对歧视现象。

该理论的关键论点是，某些劳动力，例如女性劳动力的供给弹性小于某些劳动力例如男性劳动力的供给弹性，这是由女性工资歧视导致的。女性劳动力的供给弹性之所以小于男性劳动力的供给弹性，主要理由是：第一，某些女性比男性在地域和职业方面流动更少。非工作角色和非工作价值观导致妻子因丈夫在某地工作而无法到其他地方寻找工作。同样，由于职业分工，女性的就业机会和职业的选择面不如男性那样多和广泛。由于女性的这种地域和职业的不流动性，某一市场工资水平的变化所引起的职业变动，男性要比女性大，所以，女性对工资变化的反应要小于男性。即女性的劳动力供给弹性小于男性。第二，女性劳动力供给弹性小于男性与工会化有关，男性劳动者比女性劳动者更倾向于加入工会，比如在美国有 20%的男性工人加入了工会，而女性只占 13%。由于工会可以建立统一工资，使得劳动力供给曲线在该工资水平上完全具有弹性，限制了垄断雇主对劳动力市场的影响。在这类企业，没有参加工会的女性的劳动力供给弹性小于男性，由此导致对女性不利的工资差异。

三、就业隔离或排挤理论

性别把劳动力划分为非竞争性集团，形成和维持了某种性别垄断的职业或职位范围。例如矿工由男性垄断，护士由女性垄断。在性别垄断下，实际上较好的职业或职位被男性垄断，从而女性劳动者受到歧视。

在西方，根据劳动力市场上妇女和黑人受歧视的现象，有人提出了排挤理论。所谓排挤理论是根据简单的供求概念，分析将女性或黑人限制在十分有限的就业范围内的后果的理论。图 10-4 可以帮助描述就业隔离理论。

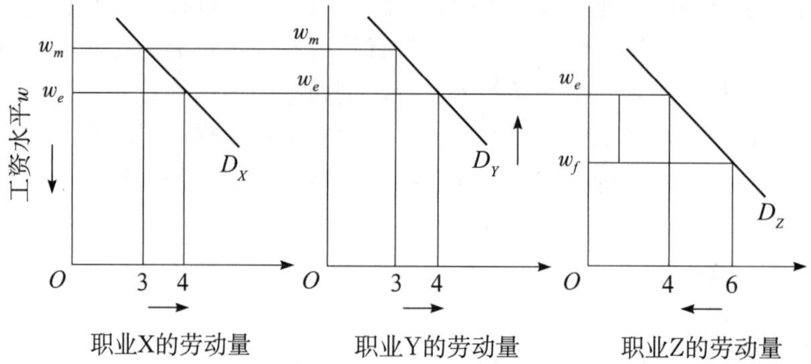

图 10-4　就业隔离下的不同职业劳动力需求曲线图

为了便于解释该理论，先作如下假设：

（1）男性劳动者和女性劳动者数量相等，假定各有600万人；

（2）总的劳动力市场由三种职业X，Y和Z组成，每种职业具有相同的劳动力需求曲线；

（3）男女劳动者在劳动力特征方面完全一致，也就是说，两者在三种职业中都具有相同的生产率；

（4）产品市场是完全竞争的，即需求曲线不仅反映边际收益产品（*MRP*），同时反映边际产品价值（*VMP*）；

（5）由于就业隔离，X，Y是男性从事的职业，而Z是女性从事的职业，即女性被X，Y职业排挤，限制在Z职业。

从图10-4中可以看出，男性劳动力将在完全竞争的两个职业劳动力市场中平均分配，其结果是，X和Y两个职业劳动力市场中各自有300万男性求职者，工资水平为w_m。尽管男性劳动力可以进入Z职业市场寻找工作，但是由于工资过低他们不会进入Z职业市场。Z职业市场工资水平之所以低于X和Y两个职业，是因为女性劳动者就业受到排挤，很难进入X和Y职业市场，导致600万女性劳动力拥挤在Z职业市场，从而获得低得多的工资水平w_f。这种就业隔离的后果显然是，男性以牺牲女性劳动力的收益为代价而获得了较高的工资水平。虽然从图中看，女性获得的工资水平等于她们的边际劳动收益和她们对社会的贡献边际劳动价值，实际上由于被限制在Z职业中，她们的劳动力供给相对大于需求，从而使w_f低于w_m。

该理论认为，如果社会通过立法或以其他方式改变人们的行为，人为地消除职业壁垒，那么，这种歧视现象就必然会消失，高工资水平会吸引女性劳动力从Z职业向X或Y职业流动。如果这种转移对女性劳动力来说代价很小的话，就更会是如此。劳动力在三个职业市场中自由流动，将最终达到均衡状态，正如图10-4所示，如果有100万妇女转移到X职业市场，另外100万转移到Y职业市场，400万留在Z职业市场，这时，所有职业市场都将有400万劳动者，均衡市场工资率将达到w_e。显然，该均衡状态下的劳动力市场对女性劳动力就业是十分有利的，因为较之以前，平均工资水平上升了，而对男性劳动力则不利，因为工资水平下降了。

四、双重劳动力市场歧视理论

通常，劳动力市场被划分成两大不可竞争性类型：高级劳动力市场和初级劳动力市场。在高级劳动力市场中，工作所对应的是相对较高的工资率、较为稳定的就业、良好的工作环境以及进一步的发展机会；初级劳动力市场中的工作则往往是较低的工资收入、不稳定的就业岗位、较差的工作条件、较低的技术水平和寥寥的职业发展机会。而劳动者要想从初级劳动力市场向高级劳动力市场流动是很难的，在初级劳动力市场上找工作的劳动力似乎无法在高级劳动力市场上找到一份职业。

该理论认为，在劳动力市场上，大部分女性和转移进城的农村劳动力都在初级劳动力市场上就业，进而导致一种长期延续下来的对他们的歧视。这种歧视的态度会进一步导致女性和进城的农村劳动力在初级劳动力市场上更加频繁地进出，加大工作经历的不稳定性。

五、统计性歧视理论

所谓统计性歧视，是将一个群体的典型特征看作该群体中每一个个体所具有的特征，并利用这个群体的典型特征作为雇用标准而产生的歧视。可见，造成这种歧视的原因是统计方法不科学，或是信息不完全。

通常，雇主总是希望雇用单位工资生产率最高的员工。实际上，雇主在有限的招聘时间内不大可能完全掌握员工的实际劳动生产率是多少，只能利用员工个人的一些与其生产率有关的特征加以判断。比如，雇主会收集一系列有关求职者的信息，包括年龄、教育、经验等。此外，雇主还会采取一些筛选方法，比如笔试、面试或心理测试来补充一些信息。尽管这样做，还是有局限性。这主要是因为一方面，获得求职者详细资料的代价很高，甚至很难得到，所以只能获得有限的信息；另一方面，凭借有限的信息，雇主很难准确知道应聘者生产率的实际水平。因此，在雇用决策过程中，雇主还会自觉或不自觉地融进个人主观因素，比如利用其对教育背景、种族、年龄、性别等的刻板印象决定最终雇用谁。因此，利用求职者的性别、种族、教育背景或年龄因素来判断其劳动生产率水平以及劳动能力并决定雇用取舍就是统计性歧视。

通常，在劳动力市场上，雇主因统计性歧视而错误地甄选是十分常见的现象。例如，雇主在已婚妇女和男性求职者中进行选择时，往往选择男性求职者，因为已婚妇女很可能要有较重的家庭负担，已婚妇女比男性员工更有可能在工作后经常请假或轻易辞职。同样，在城市高中生和农村高中生中进行选择时，尽管其他特征比如年龄、经历、偏好等都一样，雇主会选择城市高中生，因为雇主认为，在一般情况下，农村青年接受教育的质量往往低于城市青年。

实际上，从总体特征上进行比较，已婚妇女工作后又辞职退出劳动力市场的比例要高于男性，而农村青年受教育的质量也低于城市青年。但是，这是平均水平，是总体特征。而总体特征中也存在着个体差异，由个体特征组成的总体特征并不等于单个个体特征。在这里，犯统计性歧视错误的雇主把每一个已婚妇女的就业行为等同于“一般的”已婚妇女的就业行为；同样，把每一个农村青年受教育的质量看做与“一般的”农村青年受教育的质量一样，那些不愿有孩子或虽有孩子也不愿辞职的已婚妇女和那些受过较高质量教育的农村青年将遭到歧视。

一些女性在劳动力市场上受到歧视的现象，同时也导致越来越多的女性不愿退出劳动力队伍去抚养子女，继续从事全日制工作，并在工作中努力创造与男性相同的绩效。倘若雇主使用性别作为劳动力筛选的指标，犯错误的代价就会很高。他们会拒绝很多能够长期为企业工作的女性申请者，而接受也许绩效不如女性的男性求职者。可见，群体中个体差别越大，利用群体资料作为甄别手段的代价越高。

六、搜寻成本歧视理论

该理论认为，在劳动力市场上，不是所有的雇主都具有歧视偏好，或具有歧视行为。而正在寻找工作的女性或其他受歧视的劳动力也并不知道哪一位雇主会接受或拒绝他们，即他们没有能力掌握劳动力市场上的全部信息。这样，他们可能会为了获得与未受歧视的劳动者同等的工作机会，不得不进行更长时间和更为艰苦的搜寻，这就是说，只要遇到了有歧视行为的雇主，他们就不得不增加求职的成本。

图 10－5 以图形的方式描述了这种情况，即有两个具有相同生产率的工人群体（也就是说，他们都有等于图中的 MRP_L^* 这一水平的劳动力边际收益产品），不过其中的一个工人群体比另一个工人群体具有更高的搜寻成本。

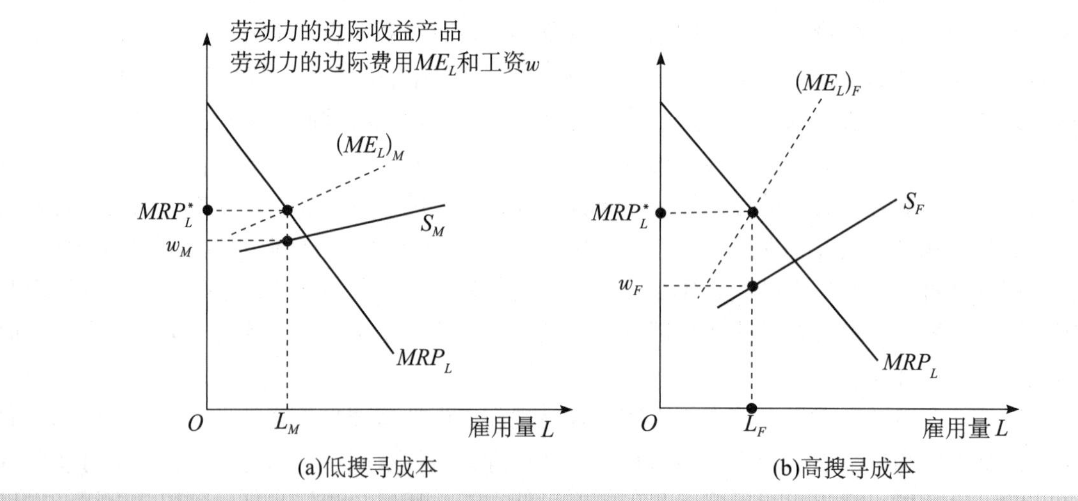

图 10－5 搜寻成本比较图

图 10－5（a）所描述的是搜寻成本相对较低的工人群体（假如说是男性劳动力）的劳动力供给曲线以及劳动力边际收益产品曲线。由于他们的工作搜寻成本较低，所以只要他们所在的企业稍微削减一点工资，就必然导致这些工人离开这家企业；而稍微有一点工资增加，就会从其他厂商那里吸引来许多求职者。这样，这一群体对他们雇主的劳动力供给曲线 S_M 就相对平坦，这也就意味着与之相联系的劳动力边际费用曲线，即图中的（ME_L）$_M$ 也是相对较为平坦的。利润最大化雇主将会从这一群体中雇用 L_M 个工人，并向他们支付 w_M 的工资率，这一工资水平仅仅比 MRP_L^* 稍微低一点。

图 10－5（b）所描述的是由于歧视性雇主的存在而被迫承担较高搜寻成本的那一群体（如女性劳动力）的劳动力供给曲线和劳动力边际收益产品曲线。这些工人被假定与图10－5（a）中的工人具有相同的劳动力边际收益产品，但是由于他们具有较高的搜寻成本，因此对于他们而言，就暗含着一条更为陡直的劳动力供给曲线 S_F 和一条更为陡直的劳动力边际费用曲线 $(ME_L)_F$，即在劳动力边际收益产品和工资率之间存在更大的差距。在这一群体中，将会有 L_F 个工人被雇用，他们所得到的工资率为 w_F。对图 10－5（a）和图 10－5（b）进行比较不难看出，尽管两个群体中的工人都具有相同的生产率，但是具有较高搜寻成本的那一群体中的工人所得到的工资却要低一些（即 $w_F < w_M$）。而在实践中，如果两类工人被同一企业雇用，那些具有较高搜寻成本的工人很可能会被安排到工资率较低的工作职位上。

第 3 节　收入歧视的测定

一、收入歧视测定的特点

在劳动力市场上，劳动力获得的收入会呈现出差别。收入差别的出现是由多种原因造成的：可能是人力资本投资的差异或是效用均等化所产生的补偿性收入差别；可能是人力资本存量的差异或是劳动力的勤奋及努力程度的区别所产生的竞争性收入差别；可能是制度性因素或是劳动力自然特征而导致的垄断性收入差别。当然，也可能是由于歧视所导致的，即具有同等技能的人的劳动报酬并不取决于他们在劳动生产率方面的实际表现，而是取决于他们的非经济特征。显然，甄别收入差别所产生的原因具有极其重要的意义，当然也是十分困难的。

正如前面所提到的，收入歧视被认为是任何群体间的平均报酬差距，是不能由有关经济特征差别来解释的那一部分。根据这一含义，测定收入歧视的特点是考察歧视行为所造成的后果，而不是注意歧视的行为过程。所以，经济学家是从相关条件应该平等时却出现了不平等的结果，来推断歧视现象是否存在的，并间接地测定受歧视的程度。

二、歧视测定的技术方法

目前有关理论介绍了一种称为差额法的歧视测定方法。这种方法是以美国白人与黑人的情况为例加以说明的。

假定只有接受教育的年限 e 是决定员工劳动生产率的唯一可变因素，用横轴来表示；向上倾斜的线 w_b 是黑人员工收入的函数图，它表示接受各种教育年限的黑人员工所获得的平均工资水平。斜线 w_a 是白人员工收入的函数图，它表示接受各种教育年限的白人员工所获得的平均工资水平。假定收入歧视的结果是黑人员工接受同样的教育只能获得较低的工资，并且每额外多接受一年的教育也只能带来相应较小的边际货币收益，同样，从图 10－6 可知，w_b 有比较平缓的斜率并位于 w_a 之下。为了说明差额法的计算方法，再假定白人具有的平均教育水平高于黑人所具有的平均教育水平，为 E_2，黑人的平均教育年限为 E_1，这样，根据图 10－6 中白人的平均收入函数曲线 w_a，表明白人员工所获得的平均工资是 w_a 上的点 X，对应的工资水平为 w_3。黑人员工所获得的平均工资是 w_b 上的点 Y，对应的工资水平为 w_1。所以，白人与黑人之间的工资差额为 w_3-w_1，该差额就是白人员工与黑人员工的平均工资差别。

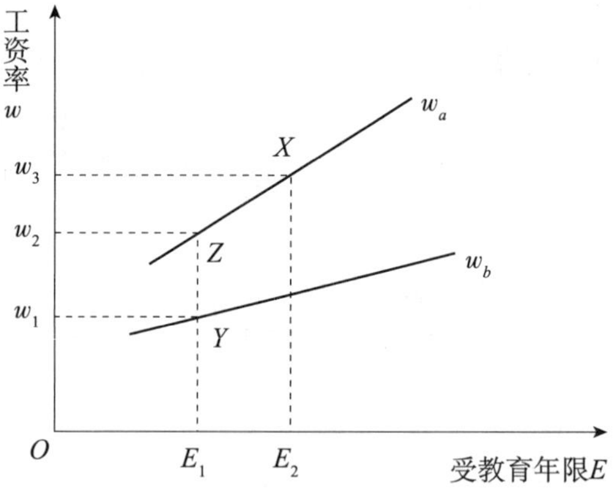

图 10－6　差额法图示

该理论认为，这个差别部分是由黑人比白人有较低的教育水平和劳动生产率造成的，其他部分就是由歧视造成的。显然，差额法把白人与黑人之间的工资差额分解为两部分。一部分是在没有歧视的情况下的工资差额，即假定在没有歧视行为的情况下，同等受教育程度的黑人的收入与白人的收入应当是相等的。如图 10－6 所示，当黑人受 E_1 年限教育时，对应 w_b 上高工资水平应为 w_1，当白人也只受 E_1 年限教育时，对应 w_a 的工资水平应为 w_2，也就是现在（w_2-w_1）部分是由于黑人员工的较低的教育水平和较低的劳动生产率水平的结果。而图 10－6 中的（w_3-w_2）所构成的差额是无法用正当理由加以解释的，这个差额最终无法归因于劳动生产率的差异。这部分就是由收入歧视所造成的工资差别。

在美国，根据差额法所计算出来的结果，工资差额中有 53％是劳动生产率的差别所引起的，47％是歧视所造成的。这一统计结果说明，黑人员工在没有歧视的条件下每小时的收入会达到 4.92 美元，而不是 4.31 美元。而对于白人女性员工和黑人女性员工来说，她们与白人男性员工由于歧视所产生的工资差别分别是 56％和 68％。研究表明，劳动力市场上黑人所得到的工资由于歧视的原因与白人的工资差别可以达到 40％～60％。[①] 如果这种测定法是准确的，则毋庸置疑，收入歧视行为是存在的，并成为导致不平等工资收入的主要原因。

但也有人对差额法提出了不同的看法，认为可能会由于多方面的原因，这些计算不准确。

有人认为，差额法过高地估计了劳动力市场歧视的结果，这是因为歧视导致的工资差别是用工资差别的余额部分来衡量的，倘若引起白人员工与黑人员工劳动生产率差异的因素未

① 卢昌崇，高良谋．当代西方经济学．大连：东北财经大学出版社，1997：235.

能在收入函数中体现出来，比如劳动态度与劳动经验等因素都会导致劳动生产率水平产生差异，就会低估由于劳动生产率差别而导致的工资差别，从而过高地估计了由于歧视而产生的工资差别。

也有人认为，差额法过低地估计了劳动力市场上的歧视结果。比如把黑人和女性与白人男性的工资差别归结为在职培训，但如果较少的在职培训本身被看成是另一种类的歧视行为的话，那么，把它考虑成由于受教育程度差异而引起的劳动生产率方面的特征，就会明显地低估由于歧视所造成的工资差别。

第 4 节　中国劳动力市场的就业歧视现象

我国劳动力市场上还存在着形形色色的不平等现象。一些用人单位歧视观念严重，再加上劳动力市场运行不规范，相关的法律监督不到位，就业歧视时有发生。尤其是我国加入世界贸易组织后进行劳动力市场规范时，就业歧视是应该引起高度重视的问题。

一、我国劳动力市场的歧视类型

（1）性别歧视。在劳动力市场上，这种歧视现象是最为普通、历史最长、最为突出的问题。很多企业招用员工时有明显的性别歧视。无论在招聘广告中，还是在实际招聘过程中，对女性的性别歧视都表现得十分严重。比如，招聘广告中提出“男士优先”；有的单位的招聘广告中明确提出，女性一旦被聘用，8 年、10 年……不得生育；有的私营企业在女职工孕期采取“变岗变薪”的方法，侵害女职工的合法权益。

（2）年龄歧视。该种歧视现象也十分严重。在一些招聘广告中，经常可以看到有关年龄的限制性条件，比如招收文秘人员，一般要求是：女性，年龄在 22～28 岁之间；招聘部门经理职位一般都要求在 35 岁以下。如果求职者年龄在 40 岁以上，求职将十分困难，难以找到适合自己的工作岗位。

（3）经验歧视。在一些招聘广告中常常有经验的要求，这使一些没有工作经验的大学生或无工作经验者望而却步。其实，有些职位对经验的依赖并不多，只要经过短期的接触或培训就可胜任。近几年又出现了对海外求学经历的追捧，很多岗位都倾向于有海外留学经历或者交流经历的人。

（4）学历歧视。最近几年，随着求职者整体学历水平的提高，用人单位的条件也水涨船高，一些用人单位一味追求高学历，即使是一些适合大专生的岗位也非要本科生、研究生不可，导致研究生做大专生、本科生就可以做的工作，造成人才浪费，同时也产生过度教育问题。

（5）身高歧视。更有甚者，身高也成了歧视的对象。例如，某地教育部门重新认定教师职业资格时，规定身高在 160 厘米以下的男性不得当教师。这条“规定”使一位身高刚好在 160 厘米以下的授课多年的男教师面临失业。

（6）户籍和地域歧视。这是在我国最为严重的歧视。在招聘及雇用过程中歧视农村或外来人口，本地人往往能够获得较稳定的工作、较高的工资收入和优厚的福利待遇；而外地人只能获得不稳定的工作、较低的工资报酬，许多基本权益难以得到有效保障。近年来，大学生也遭受了户籍和地域歧视，很多企业将大学生分为本地生源和外地生源，区别对待。

(7) 健康歧视。残疾人就业受到各种歧视自不必说，还有一些病毒携带人群也受到歧视，如“乙肝病毒携带者歧视”问题。医学证明除了少数特殊行业外，慢性乙型肝炎病毒携带者可照常参加工作，但是许多单位在录用过程中，通过设置一定的体检标准来限制乙肝病毒携带者的录用。此外，血型歧视和姓氏歧视在企业的招聘中也偶有发生。如一家公司在重金聘请销售总监和市场销售经理时，就要求血型为O型或B型。另据报道，一位经营布料的老板在招收营业员时，拒绝了一位姓“裴”（与“赔”同音）的女孩。

二、就业歧视带来的社会问题

从以上分析可以看到，就业歧视会给我国劳动力市场的发展带来如下影响：

第一，就业歧视严重影响了劳动力资源的合理配置，降低了就业量，影响了劳动者就业的积极性。

第二，就业歧视直接导致社会弱势群体权益受损，经济地位和社会地位低下。造成歧视的劳动市场因素有：劳动者的年龄、身份、性别和受教育年数等。其中受教育年数和身份在影响劳动者受歧视程度时起显著作用，因此劳动者的文化程度和身份是受歧视来源的主要方面。尤其要指出的是，城市临时工、农民工和农村人口已经成为整个社会弱势群体的组成部分。

第三，就业歧视对劳动者的工资报酬有显著负面影响。歧视直接或间接地导致劳动者工资下降，并且男性因为受歧视导致工资下降的程度比女性大。

三、消除就业歧视的政府措施

劳动力市场上的歧视问题是无法避免的，但是也应该尽可能减少受歧视人群的比例。

首先，歧视性的城乡两种身份是造成歧视的主要来源。因此，政府必须加快户籍制度的改革，纠正“城市保护主义”的错误做法和由此实施的对农民工的各种就业限制，从平等竞争的市场规则出发，使农民工和城市人可以在公平的环境下各尽其能，并且享受到平等的待遇。

此外，考虑到教育因素对劳动者受歧视有着举足轻重的影响，政府一方面应加大对农村基础教育的投入，从根本上解决农村教育资源短缺问题；另一方面应建立健全社会劳动培训体系，通过各种方式使劳动者掌握尽可能多的职业技能，从而提高劳动者自身素质，增强在劳动力市场上的竞争能力。这是使劳动者摆脱歧视的关键。

其次，立法部门应加强保护劳动者的立法力度，不断健全劳动保护法律制度，为解决劳动者歧视问题提供有力的法律依据。

最后，政府还应该做好社会保障工作，对社会弱势群体予以帮助和保护。

第 5 节　消除歧视的对策

为了消除劳动力市场中存在的各种歧视现象，很多国家和地区采取了相应的对策。

我国目前虽然还没有一部旨在同劳动力市场中的歧视现象作斗争的专门法规，但是《宪法》第四十八条明确规定："中华人民共和国妇女在政治的、经济的、文化的、社会的和家庭的生活等各方面享有同男子平等的权利。国家保护妇女的权利和利益，实行男女同工同酬，培养和选拔妇女干部。"同时 1995 年施行的《劳动法》中，也有有关禁止在劳动力市场上歧视妇女的条款。《劳动法》第十三条规定："妇女享有与男子平等的就业权利。在录用职工时，除国家规定的不适合妇女的工种或岗位外，不得以性别为由拒绝录用妇女或者提高对妇女的录用标准。"

一、香港特别行政区消除歧视的政策

在我国香港特别行政区，有一系列旨在消除歧视的反歧视条例，并有相应的法定机构监督执行，该机构称为平等机会委员会。平等机会委员会具体负责执行反歧视条例，包括《性别歧视条例》、《残疾歧视条例》及《家庭岗位歧视条例》，致力于消除基于性别、婚姻状况、怀孕、残疾及家庭岗位而做出的歧视行为。

该委员会的主要工作内容包括：

1. 教育及推广

为了让公众更好地认识平等机会及歧视的问题，委员会经常举办相应的座谈会及有各界人士参与的讲座；发行多种出版物，以推广及加强公众对平等机会和委员会角色的认识；通过平等机会委员会的社会参与资助计划，资助社会机构举办推广平等机会的活动；就个别的平等机会课题制作教材资料，供人力资源从业人员、社工、教师及关注团体的负责人等使用，并协助培训人员进行有关平等机会问题的训练；定期在电视、电台及报刊上推广平等机会的信息；与相关机构建立伙伴关系，以推广平等机会政策及管理常规。

2. 法例及指引

委员会印制了《性别歧视条例》、《残疾歧视条例》及《家庭岗位歧视条例》的雇佣实务守则，以协助雇主及雇员了解他们自身的法律责任，并为制定防止歧视的程序及制度提供指导。此外，委员会还会在有需要时对《性别歧视条例》、《残疾歧视条例》及《家庭岗位歧视条例》提出修订建议。

3. 歧视研究

平等机会委员会委托有关机构进行研究工作，以增加对歧视问题的认识及监测社会人士对有关问题的态度转变。委员会可根据研究调查的结果，策划其活动及工作，公众亦可查阅出版的调查报告。

4. 调查及调解

根据反歧视条例，任何人如果认为自己受到了歧视，可以亲自或通过代表以书面形式向平等机会委员会提出投诉，寻求补偿。委员会就其法定权力执行《性别歧视条例》、《残疾歧视条例》和《家庭岗位歧视条例》，凡在委员会权力范围内的投诉，委员会都会做出调查。调查过程中，委员会会细察每起案例的事实。平等机会委员会首先会尝试以调解方式解决问题，令双方达成协议。委员会职员会担任沟通协调人，对双方进行调解。调解员会尽力协助双方了解导致投诉的症结，找出可以达成协议的要点和解决方法，尝试解决纠纷。

二、美国消除歧视的政策

从肯尼迪政府开始，美国联邦政府就制定了旨在同劳动力市场中的歧视现象作斗争的一系列法规。这些法律和法规中最重要的是《民权法》和《平等工资法》。其中，1962 年通过的《民权法》奠定了联邦政府在就业方面的政策基础，该法在第 7 款中规定：任何雇主“凡因某人的种族、肤色、宗教、性别或原有国籍的不同而拒绝雇用或解雇某人；或者在就业报酬、条件、期待方面对某人进行歧视”，都是非法的行为。该法律在 1972 年进行了修改，该条款适用于任何从事州际商业经营并雇用 15 名雇员以上的企业、15 人或 15 人以上的工会、就业代理机构和州及当地政府的雇主。为了更好地执行该法律，美国国会还专门成立了平等就业机会委员会。委员会是独立的，其机构由总统提名并经参议院同意的 5 名成员构成。最初，这个委员会只有调解申诉、鼓励人们提出私人诉讼，或敦促美国司法部长提出诉讼的权力。1972 年，经过修改后，该法被授权可以亲自对违法雇主提起诉讼。为了扩大法律的影响，法庭允许原告将诉讼扩大到“团体行动”，法庭可以就某一组织的就业活动对整个工人群体的潜在歧视性影响进行判定。

此外，1963 年制定并通过了《平等工资法》，该法案是针对歧视而制定的法律。该法明确规定：对使用相同技术并在相同条件下工作的男女工人支付不同的工资是非法的。该法律所指的工作，是要求男女工人在同等的工作条件下具有同等的技能、努力程度和胜任工作所必需的责任感。

三、日本消除歧视的政策

日本为了消除男女雇佣机会的差别，在雇用条件、员工安置和晋升等方面，也以立法程序颁布执行了《男女雇佣机会平等法》，该法明确规定，禁止在教育培训、福利卫生、退休退职和解雇等方面的差别待遇。《男女雇佣机会平等法》是以日本《宪法》第 14 条作为基本理念的，特别是批准废弃了有关男女差别的条文，成为 1985 年 6 月开始的国内修正法的重要部分。

该法于 1986 年 4 月开始实施，其要点为：（1）关于就业机会与劳动待遇方面的均等。作为雇主的责任，招聘、录用员工时，必须向女性提供与男性均等的机会，在工作岗位安排与提升方面要努力做到与男性均等；在退休、解雇方面禁止设置与男性不同的条件，禁止用婚姻、妊娠等作为解雇女性员工的理由；在教育培训以及福利方面禁止与男性差别对待。为此，在各都、道、府、县设立机会均等调停委员会，对有关纠纷进行调停。（2）关于女性员工劳动保护规定的修改。废除对担任管理职务、技术职务女职员在制度时间以外以及节假日进行工作的限制规定；废除担任管理职务、技术职务以及其他由政府行政部门认可的职种的女性员工在深夜进行工作的限制规定；承认女性在妊娠期、产期以外可以参与危险、有害性工作。（3）有条件地放宽与产假相关的待遇。

国际社会反歧视法规主要体现在国际人权宪章、防止歧视、妇女权利、就业等专题类别的人权文件中，反歧视组织包括在联合国体系下的人权机构，以及国际人权条约体系下的人权机构。1948 年 12 月联合国大会通过的《世界人权宣言》充满了平等的观念，列举了《联合国宪章》中平等权的内容。在宪章和宣言之后，1966 年 12 月，又产生两个重要的国际人权公约，即《公民权利和政治权利国际公约》和《经济、社会和文化权利国际公约》。这两项公约以明确的法律形式将不歧视原则编纂成为具体的条约法规范。两项公约均规定："每一缔约国承担尊重和保证在其领土内和受其管辖的一切个人享有本公约所承认的权利，不分种族、肤色、性别、语言、宗教、政治或其他见解、国籍或社会出身、财产、出生或其他身份等任何区别。"在联合国平等与不歧视的立法体系中，《消除一切形式种族歧视国际公约》和《消除对妇女一切形式歧视公约》是专门针对宣言中关于不得歧视的某一理由进行具体规定的主要公约。

为了彻底消除就业歧视行为，保证劳动者的平等就业权的真正实现，我国必须在现行《劳动法》的基础上，根据《宪法》，尽快制定《反歧视法》。借鉴国际劳工组织通过的第 100 号《男女劳工同工同酬公约》、第 111 号《歧视（就业与职业）公约》，以及发达的市场经济国家如美国 1936 年《同酬法》、1964 年以及 1991 年《民权法》等系列公约、法律之规定，吸取精华，立足我国国情，以《宪法》为基本依据，在我国现行《劳动法》及其配套法规、规章有关禁止就业歧视的条款的基础上，制定一部禁止就业歧视的统一性立法。

◆ 本章小结

劳动力市场上的歧视，是指那些具有相同能力、教育、培训和经历并最终表现出相同的劳动生产率的劳动者，由于一些非经济的个人特征引起的在就业、职业选择、晋升、工资水平、接受培训等方面受到的不公正的待遇。通常分为这样几种类型：工资收入歧视、就业歧视、职业歧视、人力资本投资歧视。

到目前为止，没有一种统一的劳动力市场歧视理论。比较有代表性的理论是：个人偏见歧视理论、垄断歧视理论、统计性歧视理论和搜寻成本歧视理论。经济学家往往是从相关条件平等时，出现了不平等的结果来推断歧视现象是否存在，并间接性地测定受歧视的程度。差额法就是这样一种歧视测定方法。目前，世界上许多国家和地区都在不同程度上制定相关的法律法规，与劳动力市场上的歧视现象作斗争。

◆ 关键词

歧视　　工资收入歧视

就业歧视　　职业歧视

人力资本投资歧视　　劳动力市场歧视理论

歧视测定

◆ 复习与思考

1. 什么是劳动力市场上的歧视？
2. 劳动力市场上的歧视类型有哪些？
3. 在劳动力市场上有哪几种有代表性的歧视理论？
4. 我国劳动力市场歧视有哪些方面的表现？可采取哪些解决措施？
5. 一些国家和地区在消除就业歧视政策方面有哪些借鉴意义？

第 11 章 政府行为与劳动力市场

实际运行的劳动力市场是不完善的市场，市场机制本身并不能解决劳动力市场在运行中出现的各种矛盾。劳动力市场失灵的存在必然要求政府通过一系列行政的、法律的、经济的手段，对市场运行进行全面系统的干预和调节，以稳定劳动力市场运行。本章主要讨论影响劳动力市场的制度结构体系、政府对劳动力市场的干预和调节。

第 1 节　国家财政与劳动力市场

一、政府支出与劳动力市场

在市场经济体制中，市场的主体主要是企业和家庭（劳动者），但是，政府并不独立于市场之外，它同时也直接参与经济活动，并在经济生活中发挥着重要作用。这种重要作用集中体现在宏观经济政策、各类制度的制定与实施方面，同时也表现在为实现政府职能的财政活动之中。

国家财政由政府收入和支出两个方面构成。政府支出包括各级政府支出的总和，主要分为政府购买和转移支付两类。政府购买的具体项目有国防用品、公共管理服务、公共工程项目以及政府雇员和事业组织中劳动者的薪金报酬等。政府购买是一种实质性的支出，有着商品和劳务的实际交易，因而直接形成社会总需求，是国民收入的组成部分。转移支付是政府进行收入再分配的主要手段，是政府在社会保险福利、社会优抚、社会救济以及某些补贴等方面的支出。此类支出虽然没有相应的商品和劳务的交换，不增加国民收入，只是政府将收入在不同社会成员之间的分配，但是通过这种收入的再分配影响着不同受益群体的经济选择和决策，与政府购买一样，都对劳动力市场的运行有着重大的影响。

（一）公共部门就业和工资的决定

1. 公共部门就业

在劳动力市场上，非企业公共部门与企业部门一样按照一定的工资率雇用特定的人员，提供义务教育、基础研究、道路交通、信息服务、民事警察等公共物品来满足社会公共产品或服务的需要。公共部门就业意味着其劳动者将不能从事企业部门的产品和服务的生产。企业部门的劳动力需求水平由社会对厂商产品和服务的需求派生而来，在比较成本与收益的基础之上，由企业独立做出劳动力需求水平的决策。前面有关章节已有分析。但是，公共部门的就业决策与企业部门有着性质上的差异。这种差异主要表现在以下方面：

第一，公共部门生产和服务规模的决策者是各级政府，凭借国家权力为实现国家职能活动而决定，故其决策目标与企业部门的决策目标不同。企业的经营决策目标是利润最大化，而政府的决策目标通常为服务最大化。

第二，公共物品的生产规模受到财政收入水平的硬约束，无论政府公共物品的支出模式是需求导向型还是预算约束型，最终都要受到财政收入的硬约束。

第三，公共部门的绝大部分产品或服务不能用价值指标进行准确的评价与度量。例如，为实现社会整合、社会稳定、社会公平、社会发展等的公共服务其价值难以计量；再如，准确的气象信息服务或安全环境其社会价值等都不能准确地计量。

第四，公共部门的产品和服务不存在可以比较准确地计量的市场需求曲线。社会上每一个公共物品的可能消费者消费的商品是同一个商品总量，而公共物品的非竞争性特点更使得消费者不能清晰判断对公共物品的需求价格。此外，公共物品消费者的非货币支付动机等原因，也会使社会不能准确确定公共物品的最优数量。例如，夜晚的路灯照明服务，它的需求价格是多少，需求价格与需求量的关系是什么等问题很难判断。

由于上述特点的存在，政府只能在权衡财政收入和公共物品的社会效用的条件下决定公共物品的生产规模。通常的做法是成本效益分析。各级政府作为决策者，首先通过一定的组织形式论证某一项公共物品可能带来的社会效用，诸如利用价值指标、社会发展指标或其他技术指标对公共物品的生产项目进行评估，类似于企业的决策过程，评价公共物品的可能收益及其社会价值；其次，评估该项目所需花费的成本；最后，将两者进行比较，根据比较的结果做出决策。一般来说，只有公共物品的社会价值大于或等于其成本时，该项公共物品才值得生产。

在现代社会，以下原因造成公共部门就业量增长相对较快。第一，经济和社会的发展增加了公共部门服务的需求。日益增长的公共物品需求，如公共管理、公共信息服务、义务教育、基础研究、环境保护、安全秩序等的需求形成了公共部门迅速发展的条件。第二，社会生产规模的扩大、以交换为基本外在特征的市场经济的充分发展，极大地提高了公共物品的社会价值。例如，气象信息服务等已经成为人们生产生活须臾不可或缺的公共物品。第三，国民收入的增加、政府收入的增长、个人收入的增长奠定了公共部门迅速发展的基础。中国以及其他现代国家公共部门就业的迅速增长无不证明了这一点。

2. 公共部门的工资水平

公共部门需求的增长与就业量的增加，使其工资水平也不断提高。一般来说，公共部门的工资水平实行“比较工资”的原则，即公共部门劳动者的工资水平参照相当于企业部门劳动者的工资水平制定，因为确定企业部门劳动者工资水平的主要力量是市场，而公共部门的工资水平在很大程度上由立法或由行政力量决定。由于公共物品的生产和服务种类繁多，该部门劳动者的工资水平的运动也各具特点。从事公共管理、义务教育、基础研究等类别的劳动者的工资具有相对稳定的增长性，伴随着国民收入的增长而增长；从事类似于企业部门有形产品生产的公共部门的工资则更接近于企业部门的工资，如市政工程部门等。企业部门以其经济效益和劳动生产率的增长为基础，通过集体协商形成工资水平的实际提高。特别是国有大中型企业工资增长的指导示范性效应，经过产业内、产业间的联系，辐射到其他类型的企业，形成企业工资的增长。比照企业部门工资增长，公共部门通过调整制度工资标准或其他形式增加工资。也就是说，公共部门劳动者的工资运动与企业部门劳动者的工资运动存在着相互联系。但事实上，公共部门的工资水平在总体上要比企业部门高。

公共部门劳动者工资水平之所以有上述特点，主要有以下几个原因：(1) 附加福利在工资性收入中的比重，公共部门劳动者比企业部门劳动者高，因此在比较两类部门的工资水平时，不能仅仅考虑制度工资，还要考虑其他形式的工资性收入；(2) 公共部门劳动者的流动率通常低于各类企业部门，工龄的增长与职务的提升带来工资的增加；(3) 公共部门的劳动特点、职业结构特点使得工资结构中人力资本补偿性工资差别占较大比重；(4) 公共部门的产品和服务对经济周期性波动的敏感性不如企业部门那样强，很多公共物品类似于生活必需品，其收入弹性相对较小；(5) 公共物品的生产更多地分布于具有自然垄断性质的领域；等等。

（二）政府转移支付和补贴对劳动力市场的影响

1. 政府转移支付和补贴对劳动力需求的影响

转移支付与补贴是政府的一种货币性支出，该种支出并无实际的商品和劳务的交换发生，因而并不增加一定时期的国民收入。转移支付与补贴的数量变动不影响国民收入总量的变动，因此与经济社会的就业总量无关。但是，转移支付与补贴却对社会产品的总需求结构产生重大影响，从而影响劳动力市场的劳动力需求结构。举例来说，对生活特别困难群体的社会救济会增加对特定产品和服务的需求，而这种需求又会导致对生产和提供这些产品和劳务的派生劳动力的需求。对企业和非营利机构的补贴，如对学校和科研机构的补贴，同样会增加对提供相关产品和劳务的劳动力的需求。

2. 政府转移支付和补贴对劳动力供给的影响

政府转移支付和补贴对劳动力供给的影响主要体现为改变个人劳动力供给决策的条件。转移支付和补贴是政府的货币支出，同时就是一定社会群体的货币收入，此种货币收入增量必定会产生收入效应和替代效应。其他条件不变，如制度劳动时间和工资率不变，收入增加，必定减少劳动力供给。西方发达国家之所以对“福利国家”的某些制度进行大刀阔斧的改革，原因之一就在于越来越完善的社会保险与福利一方面对劳动力供给存在负向影响，另一方面庞大的财政负担加重了纳税人的税负，降低投资的意愿，引起生产下降。由此可见，政府转移支付的程度，即转移支付的规模与结构必须与经济和社会发展水平相适应。在我国，城乡社会保障的形式与水平存在较大的差异，城市社会保障的完善程度远高于农村，政府的转移支付在城市的社会保障中起了重要作用，带来城乡老年人口的劳动力参与率的较大差异。如根据2010年人口普查资料计算，乡村60～64岁人口的劳动力参与率为68.74%，同年龄组城市人口的劳动力参与率则为 13.76%。这种差异与政府的转移支付有密切的关系。

转移支付的替代效应则是指由于转移支付的存在，影响到一些商品或服务的价格，如对教育的补贴支出，会使教育的价格下降，人们节省的费用用于其他方面，由此带来劳动力市场的连锁反应。

此外，政府转移支付的另一种表现形式是对农业的补贴。我国政府实施的农产品价格政策中，存在所谓收购粮食的“保护价”，这种补贴形式是为了保护农业劳动者的生产积极性，对稳定农村劳动力供给具有重要意义。

二、政府税收对劳动力市场的影响

税收是政府收入中的最主要部分（此外还有公债）。政府税收种类较多，按照课税对象的不同，大致可分为财产税、流转税、所得税等。税率水平及其变动可以反映市场主体的税收负担和税收总量的关系，税率水平及其变动方向对市场主体的经济选择和决策有重大影响。为简化分析，这里仅讨论个人所得税和社会保障税对劳动力市场的影响。

（一）个人所得税对劳动力市场的影响

个人所得税对劳动力市场的影响主要表现在：对定量标准以上的劳动所得课税直接影响劳动力供给。前面有关章节已有分析，劳动力供给是工资率的函数，市场供给曲线在通常情况下的斜率为正值，对劳动所得课税，无论是比例税还是累进税，都要改变劳动力供给曲线的形状，个人所得税对工资和就业的影响可以用图 11-1 说明。

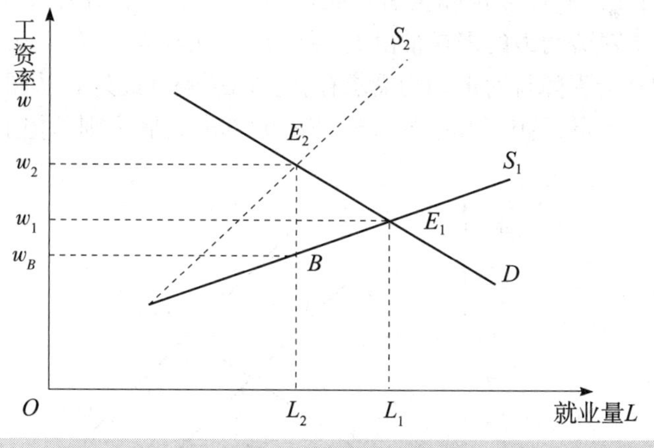

图 11-1　个人所得税对工资和就业的影响

在图 11-1 中，劳动力供给曲线 S_1 与劳动力需求曲线 D 的交点 E_1 反映了劳动力市场的供求均衡，此时，均衡工资率与均衡就业量分别为 w_1 和 L_1。现在考虑对个人所得课税这一因素，实际的劳动力供给曲线为 S_2。S_2 位于 S_1 的左上方，两者之间的距离为个人所得税，因为假设是实行累进税制，故随着工资率的提高，两者之间的距离逐渐扩大。由于对个人劳动所得课税，税后劳动力供给曲线 S_2 与需求曲线 D 在点 E_2 实现均衡。此时的均衡工资率为

w_2，均衡就业量为 L_2。将课税前后的两种均衡状态进行比较，可以清晰地看到，市场工资率由 w_1 提高到 w_2，就业量则由 L_1 下降到 L_2。由此可见，个人所得税对劳动力供给具有负向影响。

同时我们还可以看到，在实行一定的个人所得课税制度的情况下，如果市场的工资率仍然为 w_1，由劳动力供给曲线 S_2 决定的劳动力供给量将会大幅减少，由于需求大于供给，在竞争的作用下，必然会使工资上浮，在点 E_2 实现均衡，（E_2-B）为个人所得税。实际上，与不存在个人所得课税制度的均衡工资率 w_1 相比，个人的实际收入因纳税仅减少了（w_1-w_B），也就是说，个人所得税部分由劳动者承担，部分由雇主承担，雇主承担的部分为（w_2-w_1）。

通过以上分析可以说，在其他条件不变的情况下，个人所得税将导致劳动力供给量减少，工资率提高，就业量下降。在个人所得税中，劳动者承担部分税负，雇主承担部分税负。

（二）社会保障税对劳动力市场的影响

在现代市场经济体制中，国家通常都根据工资总额来征收社会保障税（缴纳社会保险费亦同），用于劳动者暂时或永久丧失劳动能力时对劳动者进行补偿，如支付养老、医疗、失业、工伤保险等。

首先，我们这里假设只有雇主是纳税人，且社会保障税是按劳动者工资的一定百分比 T 来计征。我们可以用图 11－2 来做分析，图中的纵轴表示劳动者实际得到的工资，因为社会保险支出属于延期支付，但对于雇主而言，却是现时的人工成本的增加，只不过没有即时支付给劳动者而已；D_0 为课税之前的劳动力需求曲线，D_1 为课税以后的劳动力需求曲线，雇主的工资成本比劳动者即时得到的实际工资高。在不存在社会保障税的情况下，雇员的均衡工资率为 w_0，而在计征社会保障税后，雇员的均衡工资率则为 w_1，则雇主的工资成本为 w_1+T，因此雇主对劳动力的需求量由 L_0 降至 L_1。比较 L_0 与 L_1，劳动力需求水平因社会保障税而下降，即社会保障税对劳动力需求存在负向影响。此外，从图中还可以看到，在社会保障税负中，雇主实际承担了其中的（w_2-w_0）部分，雇员则承担了（w_0-w_1）部分。

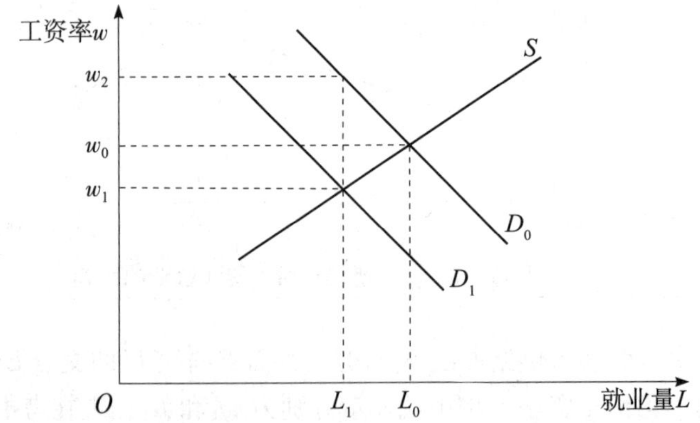

图 11－2　社会保障税对劳动力需求的影响

此外，政府在调整产业结构、促进资源优化配置中，利用价格政策鼓励或限制某些产业的发展，其中，“限制价格”的政策对劳动力市场同样有重要影响。政府限制某些产品的生产和消费，如烈性酒、卷烟以及某些奢侈品，对该类产品课征高额税负。假设实施的是对生产者征税，则由于此种税负的存在，提高了该种产品的供给价格，使产品的供给曲线左移，参见图 11-3。

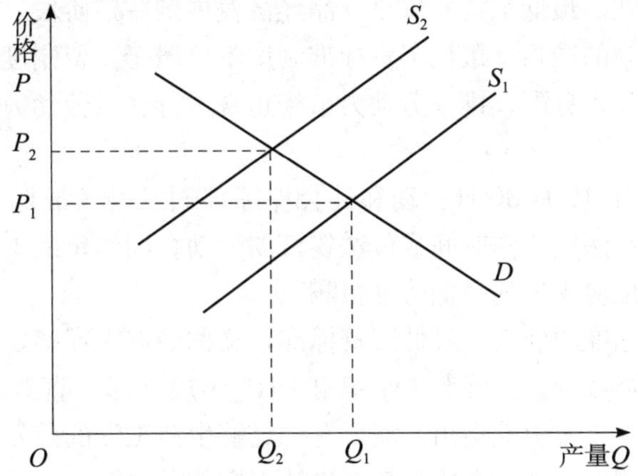

图 11-3　限制价格对产品市场的影响

在图 11-3 中，横轴为产量，纵轴为价格，在供给曲线 S_1 和需求曲线 D 的共同作用下，形成该种产品的均衡价格 P_1 与均衡产量 Q_1。由于征税，供给曲线左移至 S_2，两条曲线的垂直距离为该种产品的销售税，形成新的均衡价格 P_2 和均衡产量 Q_2：价格提高，需求减少。产品市场的上述变化必然造成劳动力市场的连锁反应——劳动力需求下降。

政府的税收制度、税率水平、税收种类的选择与决策，或者改变劳动力供给的决策条件，或者改变生产者（厂商）的劳动力需求的决策条件，因而对劳动力市场有巨大的影响。

第 2 节　劳动力市场的制度结构与竞争

劳动力市场正常、稳定地发挥其劳动力资源配置的基础性作用，必须依赖一定的制度结构。劳动力市场的制度结构安排是市场竞争的重要条件，同时也是政府与劳动力市场相互关系的具体表现。

一、劳动力市场的制度结构要素

（一）最低劳动标准

最低劳动标准包括多方面的内容，从劳动经济学的角度来看，最低劳动标准包括最低工资标准、最长劳动时间标准和其他劳动条件标准等。

1. 最低工资标准

（1）最低工资的概念。最低工资是国家为保证维持劳动力再生产的最低需要，以一定的立法程序规定的、用人单位对在正常时间内从事劳动的劳动者必须支付的最低限度的劳动报酬。支付给劳动者的工资不得低于所规定的标准。最低工资标准不是由劳动关系的当事人协商确定的，也不是由劳动力市场的竞争作用自发形成的，它一般以法律或法规的形式颁布，具有单方面的强制性。最低工资立法是商品经济发展到一定阶段，国家对劳动关系的“契约自由原则”进行限制的产物。最低工资标准制度不仅属于工资制度的范畴，同时也是政府调节经济活动、干预收入分配、维系劳动力市场正常运行、对劳动力市场进行宏观调控的重要手段之一。

在我国，2003 年 12 月 30 日劳动和社会保障部颁发的《最低工资规定》指出，最低工资标准是“劳动者在法定工作时间或依法签订的劳动合同约定的工作时间内提供了正常劳动的前提下，用人单位应支付的最低劳动报酬”。

（2）最低工资标准的确定。最低工资标准，又称最低工资率，是指国家依法规定的单位劳动时间的最低工资数额。国际劳工组织自 1919 年成立起一直对确定最低工资标准特别关注。在该组织的成立宣言中就指出，需要有“足够生活工资的条款”。在 1944 年通过的《费城宣言》中特别强调保证“所有职工最低生活工资的需要”。

1970 年第 54 届国际劳工大会通过的第 131 号公约《特别参照发展中国家情况确定最低工资建议书》列举了在决定最低工资水平时要考虑的因素：

第一，工人及其家庭的生活必需品。确定最低工资需要考虑该国的一般工资水平、生活费、社会保障费用，以及该社会阶层的相应生活标准。一般来讲，最低工资要按合理比例低于本地区的社会平均工资水平。最低工资一般相当于社会平均工资水平的 40％～60％。生活费用越高，最低工资中维持工人自身生存所必需的生活资料费用部分也就越高；同时，还应考虑居民生活费用价格指数的变化，若该价格指数上升，应将最低工资水平做出相应上调。关于最低工资与社会保障的关系方面，要求最低工资水平应高于社会救济金和失业保险金水平，并保持一定的差距，这样有利于促进劳动者的就业，有利于合理开发和利用劳动力资源。

第二，经济因素，包括经济发展的要求、生产率水平、获得和维持高水平就业的需要。最低工资水平的高低和增长速度的快慢，最终都要受各地区和各时期经济发展水平、劳动生产率水平及其增长速度的制约，因此，不同地区、不同时期，由于劳动生产率水平和经济发展水平存在差异，最低工资水平也会有所不同。就业水平越高，赡养人口系数就越低，最低工资中延续职工后代的费用就越低；反之就越高。

具体确定最低工资一般要考虑城市居民生活费用支出、平均工资、劳动生产率、失业率、经济发展水平等因素。可用公式表示为：

$$M=f(C, W, L, U, E, a)$$

式中，M 为最低工资标准；C 为城市居民人均生活费用；W 为平均工资；L 为劳动生产率；U 为失业率；E 为经济发展水平；a 为调整因素。

我国《劳动法》第四十九条规定，确定和调整最低工资标准时，应当综合参考下列因素：

第一，劳动者本人及平均赡养人口的最低生活费用。实行最低工资的直接目的是确保劳动者所得工资足以维持基本生活需要。因此，最低工资标准不应低于劳动者本人及平均赡养人口的最低生活费用。此处，“最低生活费用”应当是各种基本生活需要项目的最低费用，即衣食住行和子女教育所需的最低费用。

第二，社会平均工资水平。最低工资标准应当低于当地社会平均工资水平，社会平均工资水平有差别的不同地区，最低工资标准可以有所不同。

第三，劳动生产率。不同地区、不同行业之间，劳动生产率存在差别，也意味着各地区、各行业用人单位对支付最低工资的平均承受能力不一样，因此，最低工资标准可以有所不同。

第四，就业状况。就业同劳动者的劳动收入和生活负担密切相关，并且影响着劳动者的最低工资需求。最低工资标准应当具有与现实失业率相适应的保障作用，并且有利于实现高水平的就业。

第五，地区之间经济发展水平的差异。在经济发展水平不同的地区，最低工资标准应当有适当的地区差别。

一般而言，确定最低工资标准的通用方法有两种，分别为比重法和恩格尔系数法。

（1）比重法。即根据城镇居民家计调查资料，确定一定比例的最低人均收入户为贫困户，统计出贫困户的人均生活费用支出水平，乘以每一就业者的赡养系数，再加上一个调整数。

（2）恩格尔系数法。即根据国家营养学会提供的年度标准食物谱及标准食物摄取量，结合标准食物的市场价格，计算出最低食物支出标准，除以恩格尔系数，得出最低生活费用标准，再乘以每一就业者的赡养系数，最后加上一个调整数。

以上方法计算出月最低工资标准后，再考虑职工个人缴纳社会保险费、住房公积金、职工平均工资水平、社会救济金和失业保险金标准、就业状况、经济发展水平等进行必要的修正。

举例

某地区最低收入组人均每月生活费支出为 510 元，每一就业者赡养系数为 1.87，最低食物费用为 308 元，恩格尔系数为 0.604，平均工资为 2 000 元。

按比重法计算得出该地区月最低工资标准为：

$$月最低工资标准=510\times1.87+a=954+a(元) \quad ①$$

按恩格尔系数法计算得出该地区月最低工资标准为：

$$月最低工资标准=308\div0.604\times1.87+a=954+a(元) \quad ②$$

公式①与②中 a 的调整因素主要考虑当地个人缴纳养老、失业、医疗保险费和住房公积金等费用。

另外，按照国际上一般月最低工资标准相当于月平均工资的 40%～60%，则该地区月最低工资标准应在 800～1 200 元之间。

2. 最长劳动时间标准

最长劳动时间标准包括国家通过立法规定的工时制度、延长工作时间（加班加点）的条件及最高限额、休息休假制度等，其立法宗旨在于确保劳动者的休息休假权的实现。

（1）国际劳工公约中关于最长劳动时间标准的规定。在工时立法的发展过程中，最具意义的是8小时工作制的确立。国际劳工组织于1919年通过的《国际劳动宪章》九项原则的第四项原则和1930年第30号公约规定，工厂的工作时间每日限为8小时，每周限为48小时。1935年第47号公约提出把每周工作时间从48小时减为40小时。1962年第116号建议书具体规定了实现40小时工作周的办法。

关于休息和休假，1921年第14号劳工公约和1957年第106号劳工公约都作了规定：职工应在每7日内享有连续至少24小时的休息时间。1936年第52号劳工公约又规定，企事业职工连续服务满1年后，享受带薪的年休假，其假期至少应有6个工作日，未满16岁的人至少应有10个工作日。1970年第132号公约又将年休假修改为不应少于3个工作周，并对服务不满1年者的年休假做了规定。

从世界各国工时制度变化趋势看，世界各国都在通过各种方式和途径，不断缩短工时和延长休息休假时间。20世纪70年代，欧美国家普遍实行40小时工作周制。近年来，一些发达国家的周工时已减至35小时左右。

（2）我国劳动法律法规中关于最长劳动时间标准的规定。新中国成立以来，我国到1994年3月1日一直实施每周工作6天、每日工作8小时、每周工作48小时的工时制度。根据1994年2月3日发布的《国务院关于职工工作时间的规定》，从1994年3月1日起，我国开始实行每日工作8小时、平均每周工作44小时的工时制度。同年颁布的《劳动法》对此以及延长工作时间的条件和休息休假方面都有具体规定。1995年2月17日通过了《国务院关于修改〈国务院关于职工工作时间的规定〉的决定》，自1995年5月1日起实行每日工作8小时，每周工作40小时。此外，为了进一步维护职工休息休假权利，调动职工工作积极性，2008年实施的《职工带薪年休假条例》也规定，职工累计工作已满1年不满10年的，享有5天年休假；已满10年不满20年的，年休假10天；已满20年的，年休假15天。有关情况在相关课程中作了介绍，这里不再赘述。

3. 其他劳动条件标准

其他劳动条件标准包括最低就业年龄标准、保护劳动者在生产中的安全和健康标准以及所应采取措施的各种法律规范、关于女工与未成年工的特殊保护等。

女工和未成年工（16～18周岁）的特殊保护是各国劳动立法和国际劳工立法的重要组成内容。各国劳动法对未成年工进行特殊保护，一般体现在限制最低就业年龄，限制工作时间的延长，以及对夜间工作和繁重体力劳动方面进行限制。大多数国家将未成年工的就业年龄规定在14周岁以上。如美国大多数州规定一般工作就业年龄为16周岁，危险岗位的就业年龄为18周岁。英国最低就业年龄规定为16周岁，德国、瑞士规定为14周岁等。国际劳工组织1973年第138号公约《准予就业最低年龄公约》规定了最低就业年龄。

在我国，国家已颁布了不少关于女职工和未成年工特殊保护的法律法规。《劳动法》第十五条规定："禁止用人单位招用未满16周岁的未成年人。"也就是说，我国劳动就业最低法定年龄为16周岁。对于未满18周岁的未成年工和女职工实施特殊保护，《宪法》《劳动法》《女职工劳动保护特别规定》《未成年工特殊保护》《妇女权益保障法》《未成年人保护法》《禁止使用童工规定》等都做了详细规定。特别是近年来，随着全面二孩政策的实施，各地纷纷增加了生育奖励假或延长产假，以更好地保护大部分是高龄产妇的二孩妈妈的健康，保持女职工的劳动生产力。按照国家卫计委关于《人口与计划生育法》监督检查工作情况的通报，截至 2017 年 5 月，全国已有 29 个省区修订地方人口与计划生育条例，在《女职工劳动保护特别规定》的 98 天产假基础上，各地修订后的条例均增加了生育奖励假或延长产假，普遍达到 138～158 天，并有男方陪护假或称护理假，一般为 15～30 天。

为了改善劳动条件，保护劳动者在劳动过程中的安全、健康，国际劳工组织就职业安全和卫生的一般保护、特定危害、特定部门的安全卫生保护，通过了多项劳工公约。我国制定了适用于各类企业的劳动安全技术规程、劳动卫生规程以及各项劳动安全卫生管理制度，防止和消除在生产过程中的伤亡事故，减轻繁重体力劳动，防止和消除各类职业毒害，等等。

（二） 最低社会保障

最低社会保障制度是以国家或政府为主体，依据法律规定，通过国民收入再分配，对劳动者在暂时或永久丧失劳动能力以及由于各种原因生活发生困难时给予物质帮助，保障其基本生活的制度。其主要功能是为劳动力市场的正常运行创造良好的环境，增加社会经济的有序性，使国民经济和整个社会有机体得以持续、稳定、均衡、协调地发展。

国际劳工组织关于社会保障的专门性公约和建议书有 50 多个。其中 1952 年制定的第 102 号公约《社会保障最低标准公约》是一个基本标准。它确立了社会保障作为一种普遍制度的原则。其中包括得到普遍承认的 9 个方面：医疗保健、疾病补助、失业补助、老年补助、工伤补助、家庭补助、生育补助、残病补助和遗属抚恤金。

社会保障制度已有 100 多年的历史，当今世界上众多国家都实施了社会保障制度。各个国家都颁布了一系列关于社会保障的法律法规，我国也不例外。我国先后颁布了《国务院关于建立统一的企业职工基本养老保险制度的决定》《国务院关于建立城镇职工基本医疗保险制度的决定》《国务院关于完善企业职工基本养老保险制度的决定》《失业保险条例》《社会保险费征缴暂行条例》《城市居民最低生活保障条例》《工伤保险条例》《社会保险法》等一系列法律法规，对享受或领取社会保险、社会救济、社会福利、社会优抚等各种物质帮助的条件、物质帮助的标准、物质帮助的领取方法等作了详细规定。

（三） 工会

在现代市场经济国家，工会是劳动关系矛盾长期发展的产物，是劳工及受雇者自发组成的，借团体交涉的力量，维持及改善劳动条件与生活状况，保障劳工本身权益的社会性团体。国际劳工组织在工人基本权利保障方面，有两个非常重要的国际劳工公约，即 1948 年通过的第 87 号公约《结社自由和保障组织权利公约》，1949 年通过的第 93 号公约《组织与集体谈判权利原则公约》。这两个公约比较全面地规定了工会组织及其集体谈判在劳动条件决定方面的权利与地位。

工会在其发展中承担着多重功能，最基本的是与雇主或雇主组织进行集体谈判，参与决定基本劳动条件，并对各项劳动条件标准的实施进行监督。此外，除谋求劳工本身权益的职能，还兼顾社会整体利益的增进，具体来说包括：（1）经济性的功能：改善与维护所属会员的劳动条件以改善劳工的生活；行使争议权以维护会员权利；从事集体谈判以缔结团体协议；参与企业的管理与经营以增强谈判力量。（2）政治性的功能：运用群众力量以影响立法者选任活动，从而通过其所支持当选的立法者影响劳工立法的内容，以通过对劳工有利的法案。（3）社会性的功能：除为其会员争取福利保障外，还进一步从事社会服务工作，如办理各种福利事业，推行社会教育、职业介绍、职业指导等。（4）心理性的功能：工会作为劳工利益的保障性团体，能提高劳工的自尊心及责任感，给予他们心理上的满足，使劳工的人格健康地发展。

在我国，《宪法》《劳动法》全面规定了劳动者的结社权，《工会法》规定工会是职工自愿结合的工人阶级的群众组织。工会有以下权利：（1）工会有参与国家社会事务管理和参加用人单位民主管理的权利；（2）工会有维护职工合法权益的权利；（3）工会有代表职工与企业、事业单位行政方面签订集体合同的权利；（4）工会有权参与劳动争议的调解和仲裁；（5）工会有监督用人单位解除劳动合同的权利；（6）工会有监督用人单位执行有关工资、社会保险、工作时间、劳动保护、安全卫生规程、女职工特殊保护和其他有关改善生活条件及劳动条件等方面的劳动法律法规的权利；（7）工会有要求用人单位为工会办公和开展活动提供经费和必要的物质条件的权利。从我国关于工会的法律规范中可以看到，工会在劳动关系中是劳动者维护其权益的组织形式，是使劳动法律规范由观念抽象形态转化为现实秩序的一种物质媒介力量。

最低劳动标准、最低社会保障、工会权利义务等三个制度结构，在现代市场经济国家都以法律的形式确定下来，得到法律的保护。上述三个构成要素在保障劳动力市场稳定运行、实现劳动力资源的有效配置中发挥着不可替代的极其重要的作用。

二、劳动力市场的制度结构与竞争机制

（一）竞争与保障

在市场经济中，企业的资产经营与生产经营有多重目标，但最主要的目标是获得利润、提高效率，并使利润不断增加。利润水平取决于多种因素并受这些因素的影响和制约，其中之一就是劳动费用。在其他条件给定的情况下，只要降低劳动费用，就会使利润相应增加。两者此消彼长。如果不考虑任何制度安排，基于这样一个简单的事实，雇主只要降低人工成本，就会使利润相应增加。因此，企业为了追求利润最大化，会尽量降低人工成本，特别是降低人工成本的重要组成部分——工资。

劳动者作为劳动力市场的另一主体，追求的目标是个人效用的最大化，希望工资越高越好。如果工资降低到某种水平以下，劳动者就拒绝就业，此时企业将得不到必要的劳动力供给，那么，工资就绝不会降到这一水平之下。但劳动者拒绝就业是有条件的，即他能够在就业之外获得其他的谋生手段。如果不具备这个条件，劳动者就只能通过自身的劳动来获得生活资料。因此，在劳动力市场上，如果出现某种失衡，特别是当劳动力供给大于需求时，工资存在着无限制向右下降的趋势和可能。前面第4章所叙述的内容只是一种经济学抽象分析方法的应用，但是在实际运行的劳动力市场上确实存在这种可能性。

从表面上看，降低工资可以增加企业的利润，但从社会再生产过程来看，其中存在着极大的矛盾。原因在于：（1）如果工资不断下降，甚至降低到维持最低生活水平的临界点，就有可能破坏劳动力的再生产。劳动力是最基本的生产要素，一旦劳动力再生产的正常进行受到破坏，社会生产的基础就有崩溃的危险。（2）假设存在极为低廉的工资且仅能维持基本生活，这种现象如果存在，通过市场竞争形成价格的机制就无从发挥作用。在基本生活受到严重威胁的情况下，劳动者无论遇到多么恶劣的劳动条件都不得不忍受，在这种情况下所形成

的劳动力价格，根本不能反映劳动力市场不同劳动的交换比率。换言之，这种情况就使市场竞争决定价格的机制丧失了正常发挥功能的条件，一旦市场机制受到破坏，通过市场来达到资源的充分利用和优化配置就不能实现，从而使市场丧失其有效性。

为使市场配置资源的功能稳定地发挥作用，而不使其一味地放任自流和自由发展，建立保证其正常发挥功能的制度结构体系就是十分必要的。中外市场经济发展的事实充分说明：一方面，通过工厂法、劳动法等法律，提供对劳动者最低劳动条件的切实保证和确认，工会组织在劳动条件的所有方面享有监督检查的权利；另一方面，通过推行社会保险、社会救济等社会保障措施，使法律制度逐步健全和完善，非但不会阻止和妨碍市场机制正常运行，反而极大地提高和维护了市场的竞争，增强了劳动力资源配置功能的有效性。

（二）劳动力市场的稳定与制度结构

以下将讨论的问题是：劳动力市场是否具有一种能够自动调节、自行恢复稳定平衡的功能？劳动力市场均衡的变动，即由市场决定的工资率、就业量的变动，取决于各种影响劳动力需求与劳动力供给的因素的变动。若劳动力市场自身具有自动调节、自行恢复稳定均衡的能力，即使受到市场外部的强烈冲击，出现暂时的工资与就业的宽幅震荡，也能够通过劳动力市场的自行调节，使工资和就业与市场外部条件相适应，从而使劳动力资源的配置保持在稳定均衡的最佳水平。但假如不是这样，劳动力市场自身缺乏自行调节、自行恢复稳定均衡的能力，那么，在经济变动的不同阶段，就可能出现工资、就业极不稳定或劳动条件极度恶化的局面。

如果劳动力市场属于前者，具有自行恢复稳定均衡的能力，那么就无须为实现劳动资源的优化配置建立控制劳动力市场运行的制度结构体系，也就无须采取人为的政策进行干预。自由竞争的结果完全可以使劳动力市场自然地达到资源的最佳配置，使工资和就业稳定在最佳水平。但若劳动力市场属于后者，当劳动力市场处在不稳定的宽幅震荡状态之中，而自身又不具有自行恢复稳定均衡的能力，那么就必须建立市场以外的制度体系，通过市场以外的力量进行政策干预。这里，问题的关键在于确定劳动力市场究竟属于哪种类型。

事实表明，在经济周期的变动过程中，就业与工资确实存在着急剧变动的时期。市场不景气、生产萎缩、大幅的结构调整，使失业率上升、失业规模扩大。为了维持已有的生活水平或不使生活水平下降过多，家庭的辅助劳动力大量地涌入劳动力市场，以期寻找工作，从而急剧地增加劳动力市场超量的供给压力，进而导致工资下降与劳动条件恶化。此种变动直接影响着劳动力的再生产，并进一步通过人口再生产的调节来达到对劳动力供给的调节，也就会出现所谓的“马尔萨斯均衡”，从而使工资下降的趋势停止。这种情况如果发生，将对现代经济的发展产生致命的打击。

关于劳动力市场具有自动调节、自行恢复稳定平衡性质的情况，可以用图11－4（a)加以说明。在稳定均衡的情况下，图（a）中的供给曲线从左下向右上倾斜，具有正的斜率，且劳动力供给的弹性大于零。

关于劳动力市场不具有自动调节、自行恢复稳定平衡性质的情况，可以用图11－4（b）加以说明。图11－4（b）表明，劳动力市场受到某种冲击，均衡被破坏，工资率与就业量可向左上方或右下方发散。在不稳定均衡的情况下，图（b）中的供给曲线向右下倾斜，劳动力供给曲线的斜率以及工资弹性为负值，而且供给曲线的工资弹性的绝对值大于需求曲线相应的绝对值。此时，劳动力市场的均衡就必然处于不稳定状态。一旦失衡，就会出现极大的向右下方发散的可能性。

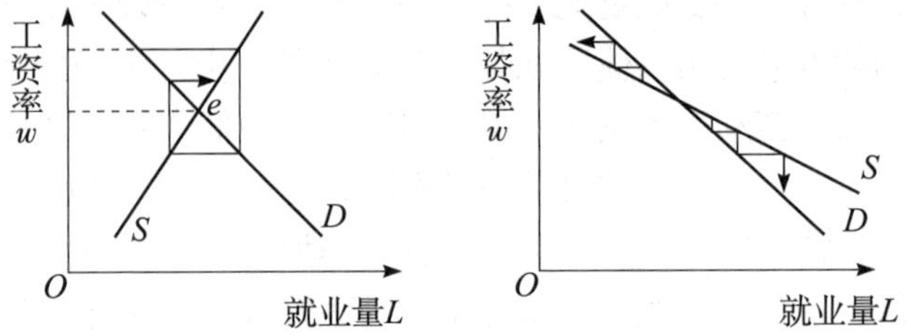

(a) 具有稳定均衡性质　　(b) 不具有稳定均衡性质

图 11-4　劳动力市场的均衡性质

需要说明的一点是，图 11-4（a）与（b）两种劳动力市场的劳动力需求曲线的性质完全一样，其不同表现在劳动力供给曲线的斜率上。

在本书的相关章节的有关分析中曾经指出，当工资率变动产生的替代效应大于收入效应时，劳动力供给曲线的弹性为正值；若收入效应大于替代效应，相应的供给曲线的工资弹性为负值，劳动力供给曲线的斜率为负，如理论上所建立的个人劳动力供给曲线。此时，伴随着工资的增长，消费闲暇的支付能力迅速增强，闲暇的边际效用大于劳动的边际效用。但是，仅依赖这种关系还不足于说明由图（b）所示的向右下方延伸的劳动力供给曲线的性质特征。

必须注意，有关劳动力供给的决策是以每一个家庭的经济情况作为基本单位来进行分析和描述的，可是现实的劳动力市场政策研究课题不是抽象的个人问题，而是由许许多多家庭的纷繁复杂的经济决策和经济选择综合形成的各种各样的问题，它与一般在静态状况下纯理论的说明所作出的劳动力供给曲线，其性质特征是有区别的。

研究现实的劳动力市场，研究在经济周期的变化情况下，相应的工资、就业与失业等的变化及其趋势和结构，我们就可以看到，只要市场的工资率发生变化，家庭的劳动力供给也就发生相应的变化。因此，向右下方延伸的劳动力供给曲线就具有极其重要的现实意义。它揭示了劳动力市场本身具有一种极不稳定的性质特征，一旦由于某种原因，工资率下降，劳动力市场的平衡被打破，劳动力供给就会急剧地增加。已经就业的人在制度劳动时间之外再谋取其他职业，以补贴家用；未成年工及其家庭辅助劳动力进入劳动力市场，以求获得一份工作。劳动力供给的大量增加，又会迫使工资率进一步下降，出现工资率的大幅下降，从而导致劳动力供给继续增加，形成工资下降→劳动力供给增加→工资下降→劳动力供给增加的恶性循环。最后的结果只能是劳动力供给曲线向右下方发散。

既然现实的劳动力市场是不稳定的，缺乏自行调节、自动恢复均衡的能力，那么，在市场均衡遭到破坏的时候，为制止这种无限制向右下方发散而对社会造成危害的扩大，就有必要通过市场以外的制约手段和政策措施加以限制。而最低劳动条件标准、工会权利的法制化，以及社会保障政策所提供的最低限度的生活标准，可以防止劳动力供给曲线向右下方无限制地发散。关于这一点可以用图 11-5 来说明。

图 11-5 中描绘的是不稳定的劳动力市场，由于某种原因均衡受到破坏，若工资水平 w_1 低于均衡工资率 w_e，那么，过度劳动力供给的压力会迫使工资水平不断下降，进而导致

低工资、多就业的恶性循环，劳动力供给曲线向右下方发散，而劳动力市场本身无法自行调节，自动恢复稳定均衡。

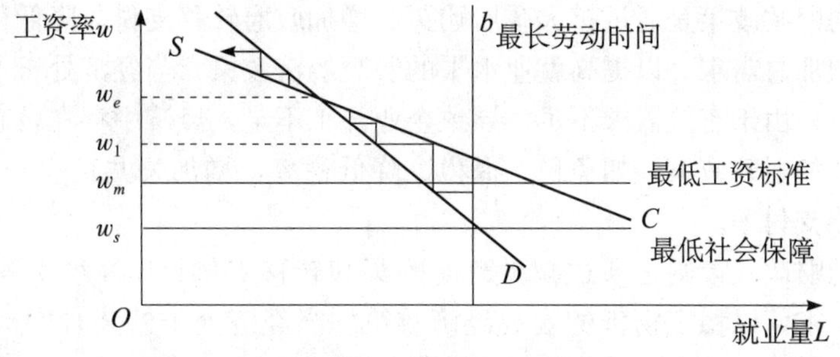

图 11-5 劳动力市场均衡与制度结构

此时，由于规定了最低劳动标准，如最长劳动时间标准（用竖线 b 表示）和最低工资标准（用横线 w_m 表示），就可以使这种发散控制在 b 或 C 的水平上。而最低社会保障（用横线 w_s 表示）的存在，则起着在一定工资水平以下停止劳动力供给、维持最低限度劳动条件的作用。

当然，在图中所示的不稳定劳动力市场中，就业和工资也可能偏离均衡点，使得劳动力供给曲线向左上方发散。这将导致高工资、少供给的恶性循环，可能造成通货膨胀与生产萎缩并存的滞胀局面。此时，应采取工资与物价管制措施来解决。

从以上分析我们可以清楚地看到，劳动力市场自身具有不稳定的性质特征。因此，绝不能一味地强调自由放任式的自由竞争，而必须通过各种制度、政策，以及对"契约自由原则"的一定限制，建立起保证正常的市场竞争秩序的制度结构体系，这一点毋庸置疑具有重要意义。

第 3 节 就业与收入的宏观调控

政府对就业与收入的宏观调控政策主要包括财政政策和货币政策、收入政策和人力政策。通过这些政策有效地调节总供给与总需求的相互关系，进而影响劳动力市场的供给与需求。

一、就业总量的宏观调控政策

对国民经济就业总量影响最大的宏观调控政策，是财政政策和货币政策。

（一）财政政策

财政政策是指政府运用财政预算来调节总需求水平，以促进充分就业、稳定物价和经济增长的一种宏观经济管理对策。财政政策的内容包括通过增减政府税收和预算支出来调节经济。

财政政策因其目标的不同，可以分为两种类型：扩张性的财政政策和紧缩性的财政政策。

扩张性的财政政策是通过扩大政府购买、增加政府转移支付、降低税率等措施来刺激消费和投资，增加总需求，以提高就业水平的宏观经济政策。当经济处于不景气时期，总需求小于总供给时，由于有效需求不足，导致企业开工不足，经济中存在较高的失业率，政府就要实行扩张性的财政政策，如免税、退税、降低税率，增加公共工程开支，扩大政府购买，增加政府转移支付等。

紧缩性的财政政策则是通过减少政府购买和转移支付、提高税率等措施削减消费与投资，减少总需求，以稳定物价的宏观经济政策。当经济处于繁荣时期，总需求大于总供给时，通货膨胀严重，政府就要实行紧缩性的财政政策。

在现代市场经济国家，政府实行财政政策的主要手段包括：调整政府购买水平、改变政府转移支付水平和变动税率。

1. 调整政府购买水平

在总需求不足和失业严重时，政府就扩大对产品和劳务的需求，提高购买水平，以刺激总需求，增加就业水平；在总需求过旺和通货膨胀严重时，政府就减少对产品和劳务的需求，降低购买水平，以抑制总需求，稳定物价。政府购买或支出水平的一定变动引起国民收入较大变动的乘数原理，在其中起到了极大的作用。根据经济学原理可以知道，政府投资、政府购买对国民经济总量的变动都有乘数效应。所谓乘数效应，是指国民经济某一变量的变动将会引起相关变量的数倍变动，而投资乘数效应、政府支出的乘数效应均为正值，可见，一定量的政府投资或支出对国民经济的影响绝不仅仅是这项投资或支出产生的直接影响，还应包括由此引起的间接影响。例如，假定经济处于不景气时期，为刺激经济，政府增加1 000万元的支出用于公共工程建设，那么将会引起社会生产发生哪些变动？我们可以看到：首先，公共工程部门由于政府购买支出而获得1 000万元的收入，这1 000万元则是生产公共工程要素供给者的收入，以工资、利息、利润等形式流入各该要素的供给者手中，是政府购买对国民收入的第一轮增加；再假定经济社会的边际消费倾向为0.8，因此所增加的1 000万元中会有800万元用于购买各类消费品，于是800万元消费支出同样以工资、利息、利润等形式流入生产各类消费品的生产要素供给者手中，从而使各类生产要素所有者的收入增加800万元，这是国民收入的第二轮增加。这个过程不断继续下去，最终使国民收入增加5 000万元。其运动过程可以用投资乘数或政府支出乘数来描述，即投资乘数或政府支出乘数=1/（1−边际消费倾向）。从公式可以看到，乘数与边际消费倾向是正向关系，边际消费倾向越高，乘数越大。一般来说，发展中国家居民的边际消费倾向往往高于发达国家居民的边际消费倾向，其乘数效应也相对较大。

同理，投资或政府支出还具有就业乘数效应。如同上例，由于政府增加1 000万元的公共工程支出，带来相应部门就业的增长，假设公共工程部门由此增加100人就业；经济社会由于这100人就业相应地使其他部门就业也获得增长。由于增加一笔投资或政府支出所带来的总就业增量与该笔支出所带来的初始就业量之比就是就业乘数。由于加速原理的作用，政府投资或支出的任何一种较低水平的变动，都会对国民经济产生较大的变动。在财政政策中，由于政府支出乘数大于税收乘数以及政府转移支付乘数，所以调整政府购买水平是财政政策中最有效的手段。

2. 改变政府转移支付水平

在总需求不足和失业持续增加时，政府就增加社会福利费用，提高转移支付水平；相反，在总需求过多和价格水平不断上升时，政府就减少社会福利费用，降低转移支付水平。

3. 改变税率

税收是政府的主要收入来源，而所得税在税收中所占比重又是最大的，因此，改变税率主要是改变所得税的税率。改变企业所得税，可以改变企业收入；改变个人所得税，可以改变居民的可支配收入。在总需求不足和失业增多时，政府采取减税措施，增加企业的收入和居民的可支配收入，刺激投资和消费，以提高总需求水平。例如，企业 1 000 万元投资，在利润率为 10%的条件下，当所得税税率为 33%时，企业所得为 67 万元；在所得税税率为 15%时，企业所得则为 85 万元。由此可见，税率越高，投资刺激越小，反之则越大。投资水平的变动与所得税的变动存在反向关系。相反，在总需求过旺和通货膨胀严重时，政府采取增税措施，减少企业的收入和居民的可支配收入，使得企业减少投资支出，居民减少消费支出，以抑制总需求。政府税率的调整通过一系列环节作用于劳动力市场，对劳动力供给与需求产生深刻的影响。

需要注意的是，通过财政政策来提高就业水平，常常导致预算赤字的增加。也就是说，扩张性财政政策有利于提高就业水平，但却面临预算赤字的增加和通货膨胀的危险；紧缩性财政政策有利于抑制通货膨胀，但却面临降低就业水平的危险。因此，还需用财政预算政策来对经济波动进行反向调节，这称为功能性财政政策。

（二）货币政策

货币政策是指政府以控制货币供应量为手段，通过调节利率来调节总需求水平，以促进充分就业、稳定物价和经济增长的一种宏观经济管理对策。货币政策的基本手段是调节货币供应量，直接目的是调控利率，最终目标是通过利率的变动影响投资、消费和政府支出，达到增加或减少有效需求，使总供给与总需求趋于均衡。由于货币政策对经济的调控是间接发生作用的，因而见效较慢。

货币政策也包括两种：扩张性的货币政策和紧缩性的货币政策。

扩张性的货币政策是通过增加货币供应量，降低利率，来刺激投资和消费，增加总需求的宏观经济政策。当经济处于不景气时期，总需求小于总供给时，生产能力闲置，失业严重，政府就要实行扩张性的货币政策，如降低法定准备金率、降低贴现率、中央银行买进政府债券等。

紧缩性的货币政策是通过削减货币供应量，提高利率，来减少总需求的宏观经济政策。当经济处于繁荣时期，总需求大于总供给时，通货膨胀严重，政府就要实行紧缩性的货币政策。

政府实施货币政策的主要措施包括：调整法定准备金率、调整贴现率和公开市场业务。

1. 调整法定准备金率

作为国家货币政策的实施机构，中央银行要求由其管辖的商业银行把存款的一部分作为准备金存入中央银行，并且规定了准备金的比例。一般为商业银行吸收的即期存款的 7%～13%。中央银行变动法定准备金率，就可极大地影响商业银行的货币供给能力和利率。在经济运行中若出现总需求不足和失业增加的趋势时，中央银行就降低准备金率，提高商业银行贷款能力，即期存款就可以较多地贷出，再通过银行创造货币的机制，使货币供应量增加，利率降低，从而刺激投资和消费，扩大总需求，提高就业水平；相反，在经济中存在需求过度和物价上涨趋势时，中央银行就提高准备金率，降低商业银行贷款能力，使货币供应量减少，利率提高，从而减少总需求。调整法定准备金率是中央银行调整货币供应量最简单的办法，且作用巨大，一旦准备金率出现调整，商业银行的信用都必须随之扩张或收缩，影响极为广泛，所以这一工具的使用必须极其谨慎。

2. 调整贴现率

调整贴现率，实质上也就是调整利率的政策。商业银行在资金不足时，可以用商业票据和政府债券向中央银行要求再贴现或抵押贷款。贴现率就是商业银行向中央银行进行贴现时所付的利率。当中央银行认为总需求不足和失业增加时，就降低贴现率或放宽贴现条件，增加商业银行发放贷款，同时商业银行贷款利率也会下降，使得企业增加贷款，从而刺激投资，扩大总需求。相反，当中央银行认为总需求过大有通货膨胀趋势时，就提高贴现率或严格贴现条件，限制商业银行发放贷款，从而缩减投资，减少总需求。

3. 公开市场业务

公开市场业务是指中央银行在金融市场上买进或卖出政府债券以增加或减少货币供给量的一种政策手段。当总需求不足和失业有增加趋势时，中央银行就买进政府债券。商业银行将持有的一部分政府债券卖给中央银行，会增加准备金；个人或企业卖出政府债券，会将中央银行支付的支票存入商业银行，增加商业银行的存款，也会使准备金增加。准备金的增加会使商业银行的存款、贷款增加，货币供应量增加，从而导致利率下降，投资增加，总需求扩大。相反，当总需求过大和物价有上涨趋势时，中央银行就卖出政府债券，减少货币供应量，从而导致利率上升，引起投资下降，总需求缩小。公开市场业务是一种灵活有效地调节货币供应量，进而影响利率的工具，因而它成为一种极为重要的货币政策手段。

财政政策和货币政策都是通过影响总需求水平来调节经济运行的。由于货币政策的间接调控性，故而通常与财政政策结合使用。同时，在运用财政政策和货币政策降低失业率时可能导致无法接受的高通货膨胀率，此时应考虑结合使用其他政策，如收入政策和人力政策，以达到降低失业率的同时又能避免高通货膨胀率的目的。

二、收入政策

收入政策是政府采取的通过控制工资和物价来制止或预防通货膨胀，以及实现国民收入分配均等化的政策，因其控制的重点是工资和利润水平，故称为收入政策。收入政策所追求的目的首先是社会的整合，这是社会最低层次的需要。社会整合实际上就是一个社会的各个部分之间保持联系的状态。由于资源占有等的差异，收入水平在市场主体之间存在比较大的差别；在传统社会中，社会保持联结主要是通过情感和宗教；工业化之后的现代社会则主要通过劳动分工来实现社会的整合。其次是追求秩序。有序的社会是市场主体在行动上具有一致性的社会。再次，追求社会稳定构成收入政策的第三个目标。现代社会是分化的社会，社会阶层之间和不同的社会群体、职业之间如果关系紧张，就会影响社会稳定。最后，收入政策的第四个目标是发展，包括经济发展和社会发展。经济发展主要是“物”的发展，主要解决物质资料的扩大再生产；社会发展主要以满足社会成员的生存、享受、发展的需要为中心。经济发展的最终目的是社会发展；而社会发展也为经济发展提供了重要的保证。

在控制通货膨胀的政策目标取向方面，收入政策的理论前提是存在成本推动型以及结构性的通货膨胀。一方面，扩张性的财政政策和货币政策在提高收入和就业水平的同时，带来货币工资和价格的上涨，形成了通货膨胀的可能性，此时为了抑制货币工资和价格，就有必要采取收入政策；另一方面，经济结构变动的结构性因素也会造成通货膨胀。经济社会各经济部门具有不同特点，各部门在市场需求结构的适应性方面存在差异，如扩张部门与收缩部门的资源配置与价格的矛盾，各部门在劳动生产率增长方面存在差异，各部门在收入水平变动方面存在差异，上述结构性因素的任何一种变动都可能引起价格的普遍上涨。此外，在所得税制度上实行累进税制，其目的是平衡收入分配水平，伴随着收入增长，其税负相应增大。这一切矛盾导致有必要实行收入政策。

收入政策可以通过各种形式实现，在市场经济条件下，企业制定价格的权利和工会要求增加工资的权利只要程序合法，一般不受实体法律的控制，因此，以何种形式来执行收入政策是一个非常值得研究的课题。当前，收入政策通常采用的形式是实行工资-物价指导、工资-物价管制、经济激励和经济惩罚等。

（一）工资-物价指导

政府为了遏制成本推动型的通货膨胀，就要将货币工资的增长率限制在劳动生产率的增长幅度内。为此，政府根据劳动生产率的增长率、企业人工成本的状况和其他因素，制定工资与价格上涨的限度，即实施工资-物价指导。其中，工资指导线制度是其典型形式。工资指导线制度是在市场经济体制下，政府宏观调控工资总量及其水平，调节工资分配关系，指导工资增长和企业工资分配的制度。

随着我国经济体制改革的深化，政府在工资的宏观调控方面，总的原则是实施企业工资总额的增长低于经济效益的增长，平均工资的增长低于劳动生产率的增长，同时在工资的调控上由总量控制向水平控制转变。在工资的形成上，实行市场机制调节、经济效益决定、民主协商分配、政府监控指导的工资调控体系。市场机制对工资分配起基础性作用。劳动力市场供求规律形成的市场均衡工资率，决定了工资必须围绕劳动力价值波动。工资过高会侵害其他生产要素特别是资产所有者和经营者的利益；工资过低会侵害劳动力所有者的利益，导致企业竞争力下降甚至无法维持经营。

在上述调控体系中，以工资指导线为主线，以劳动力市场价位为基础，以政府指导下的工资民主协商为主要的工资形成方式。其中，工资指导线由政府根据经济发展情况和宏观调控目标等因素确定，包括地区工资指导线和行业工资指导线。

地区工资指导线由基准线、上线（预警线）以及下线构成。基准线体现政府对大多数生产发展正常、经济效益增长的企业工资适度增长的基本要求。根据企业平均工资水平、劳动生产率、工资利税率、人工成本状况等主要经济指标与行业相应指标的对比情况，结合企业特点合理定位。上线（预警线）是政府根据宏观经济形势和社会收入分配关系分析，对工资水平较高的企业提出的工资适度增长的预警提示。企业工资增长如已达到当地政府提出的工资增长预警线，就应当自我约束，以免工资增长过快，超过本企业经济效益和劳动生产率的提高幅度，对整个社会分配秩序产生冲击。下线是政府对经济效益下降、亏损企业工资增长的最低要求，可以是零或负增长，但不得低于当地最低工资标准。

实施工资指导线制度，体现了市场经济条件下政府与企业的正常关系，为企业确定工资增长提供了依据；可以引导企业自觉控制人工成本水平，增强企业的竞争力；以工资指导线为依据，可以监控工资增长是否适度；工资指导线制度与其他相关制度结合，可以有效地实现工资分配的效率原则和公平原则。

（二） 工资-物价管制

对工资和物价实行管制是一种政府对经济活动实行极端形式干预的收入分配管理措施。其基本内容是政府规定并强制实行某种工资标准和物价标准，在一定时期内工资与物价的变动不得超过该标准。这一措施很少使用，只有在通货膨胀特别严重的时期才采用。原因在于工资-物价管制措施只是在短期内有效地控制了通货膨胀，但实际上否定了市场对资源配置的有效调节作用，从长期来看，不仅不能抑制通货膨胀，反而会引起资源配置恶化。

（三） 经济激励和经济惩罚

经济激励和经济惩罚措施中最重要的形式是税收控制，即政府以税收方式来控制工资的增长。其具体内容为政府规定工资指导线，并以税收手段保障实施。如果企业的工资增长率超过工资指导线，则课以重税，对企业予以经济惩罚；如果企业工资增长率低于工资指导线，则给予减税，以激励企业。

三、人力政策

前面所讨论的财政政策和货币政策，是从总需求的角度提高就业水平的宏观经济政策；收入政策是在提高就业水平的同时控制工资和物价来抑制通货膨胀的政策；下面将要讨论的人力政策则是通过改善劳动力的供给结构来降低失业的政策。

人力政策，又称积极的劳动力市场政策，是指政府通过对劳动力进行重新教育和培训，提高其就业适应能力，达到改善劳动力供给的结构，提高劳动力市场运行效率等目的的政策。人力政策旨在按照经济发展对劳动力的要求，调节和改善劳动力供给，进而改进劳动力市场的劳动力资源配置功能。人力政策主要是针对劳动力市场的结构性失业而提出的扩大就业的对策，其主要依据是人力资本理论。

人力政策包括多种人力资源开发计划，这些计划可以概括为三类：（1）技能训练计划，包括经常性训练和职业训练；（2）职位开发计划，包括学徒扩展计划、企业部门的工作机会和公共部门的职位扩大计划等；（3）就业能力发展计划，包括集中性就业计划、工作刺激计划和职位组合等。通过这些计划，政府可以紧紧抓住在劳动力资源配置中的两个环节，即青年劳动力由受教育到就业的转变和劳动力从旧职业、职位向新职业、职位的转变，提高他们的就业和再就业能力，以提高劳动力市场上劳动力供给结构对劳动力需求结构变化的适应性。

在现代市场经济条件下，劳动力市场的运行需要长期的、经常性的，并且根据客观情况加以调整的人力政策。近年来，现代市场经济国家又不断赋予人力政策新的内涵，概括起来主要有以下几个方面。

（一）加大人力资本投资力度

这里的人力资本投资是指政府通过职业技术能力开发计划，对劳动力重新教育和培训，把非熟练工人培训成有一定技术熟练程度的工人；把不适应职业空位要求的失业者培训成能够满足企业需要的劳动者，以缓解因劳动力供求结构失衡造成的失业问题。人力资本投资所追求的不再是持久性就业，而是适应经济结构持续变动、增强劳动者持久性就业能力的培养。

政府实施人力资本投资计划的主要措施是：建立政府贴息基金，由该基金承担培训贷款利息，降低培训成本和商业银行的风险；建立就业基金，为承担就业培训任务的培训机构提供津贴等。

（二）加强职业指导和职业介绍

职业指导和职业介绍是劳动力市场供求双方的桥梁。为此，政府都在加强职业指导，改进职业介绍方法，提高就业服务机构的工作效率；投入大量资金建立和完善劳动力市场信息网络，为劳动力市场供求双方提供迅速、准确、权威、完善的信息服务，以达到减少失业的目的。

在实施这些人力政策的过程中，大多数国家重视改进职业指导和职业介绍的方法，逐步形成了一系列新思想、新方法，如对有技术业务专长的求职者，鼓励他们通过劳动力信息网络查询有关信息，直接与企业联系；对就业困难群体，包括长期失业者、残疾人、需要照顾儿童的妇女、年龄大的求职者和新进入劳动力市场的青年等提供特殊的职业介绍服务，对他们进行就业指导和障碍评估，提供空缺岗位信息、介绍应聘技巧等咨询服务，帮助他们恢复就业信心；职业介绍机构除提供日常的职业介绍服务外，还定期开展形式多样的职业介绍服务活动。

（三）激励就业的措施

激励就业的措施包括两个方面：一方面是鼓励失业者尽快实现再就业。为鼓励失业者尽快实现再就业，政府采取了各种各样的措施，如有些国家规定，对特定的失业群体，失业者只要在享受失业保险给付的法定期限还剩一半以上的时间内找到可持续一年以上的工作，便可获得相当于 30～120 天的失业保险给付作为就业补助。因经济裁员失业而要求自谋职业者，可不到就业中心登记求职，不领失业津贴，由失业保险管理机构一次性发给相当于可享受的失业救济金作为就业创业基金等。

另一方面是鼓励企业雇用失业人员。为鼓励企业雇用失业人员，政府给予工资性补贴或一次性奖励。如企业雇用失业人员超过一定期限并在同一期间不辞退类似岗位的工人，便可申请相应的政府奖励。

（四）实施创业就业计划

实施创业就业计划是指政府资助具备一定条件的失业者创办微型企业或小企业，以帮助他们实现自谋职业和吸纳他人就业。具体做法是，由失业者向地方劳动行政部门提出创办小企业计划，经评估获得申请资格后，由申办人自己先拿出一部分资金，政府则追加其拿出资金数额的一倍，银行再根据这两笔资金的总数为其提供 1～2 倍的低息贷款。

（五）开发临时性就业岗位

开发临时性就业岗位是指开办一些市政基础工程项目或社区服务项目等临时性工作岗位，以安排失业者临时就业。由政府出面开办各种临时性就业岗位可以安排困难失业群体临时就业。

◆ 本章小结

政府行为对劳动力市场的影响实际上分为两个方面：(1) 为完成政府的公共管理职能以及提供某些不便由社会厂商提供的公共服务活动而对劳动力市场的影响。由于上述活动，特别是政府购买，是一种实质性的支出，有着商品和劳务的实际交易，因而直接形成社会总需求，故对劳动力市场的运行过程有着实质性的影响。在现代市场经济条件下，政府的经济行为本身对劳动力市场的运行发挥着越来越大的作用。(2) 国家劳动立法和政府的宏观经济政策对劳动力市场的影响。

公共部门的就业决策与企业部门有着性质上的差异。这种差异主要表现在以下方面：第一，公共部门生产和服务规模的决策者是各级政府，凭借国家权力为实现国家职能活动而决定，其决策目标通常为服务最大化。第二，公共物品的生产规模受到财政收入水平的硬约束。第三，公共部门的绝大部分产品或服务不能用价值指标进行准确的评价与度量。第四，公共部门的产品和服务不存在可以比较准确计量的市场需求曲线。

在现代社会，公共部门就业量增长相对较快的原因主要是：第一，经济和社会的发展增加了公共部门服务的需求；第二，社会生产规模的扩大、以交换为基本外在特征的市场经济的充分发展，极大地提高了公共物品的社会价值，例如气象信息服务等已经成为人们生产生活须臾不可或缺的公共物品；第三，国民收入的增加、政府收入的增长、个人收入的增长奠定了公共部门迅速发展的基础 。

公共部门劳动者的工资水平通常比企业部门的工资水平高，其原因主要是以下几个方面：(1) 附加福利在工资性收入中的比重，公共部门劳动者比企业部门劳动者高；(2) 公共部门劳动者的流动率通常低于各类企业部门，工龄的增长与职务的提升带来工资的增加；(3) 公共部门的劳动特点、职业结构特点使得工资结构中人力资本补偿性工资差别占较大比重；(4) 公共部门的产品和服务对经济周期性波动的敏感性不如企业部门那样强，很多公共物品类似于生活必需品，其收入弹性相对较小；(5) 公共物品的生产更多地分布于具有自然垄断性质的领域等。

在其他条件不变的情况下，个人所得税将导致劳动力供给量减少，工资率提高，就业量下降。在个人所得税中，劳动者承担部分税负，雇主承担部分税负。

最低劳动标准、最低社会保障、工会权利义务等三个制度结构，在现代市场经济国家都是以法律的形式确定的，得到法律的保护。上述三个构成要素在保障劳动力市场稳定运行、实现劳动力资源的有效配置中发挥着不可替代的极其重要的作用。

扩张性的财政政策是通过扩大政府购买、增加政府转移支付、降低税率等措施来刺激消费和投资，增加总需求，以提高就业水平的宏观经济政策。紧缩性的财政政策则是通过减少政府购买和转移支付、提高税率等措施削弱消费与投资，减少总需求，以稳定物价的宏观经济政策。在现代市场经济国家，政府实行财政政策的主要手段包括：调整政府购买水平、改变政府转移支付水平和变动税率。

收入政策是政府采取的通过控制工资和物价来制止或预防通货膨胀以及实现国民收入分配

均等化的政策，因其控制的重点是工资和利润水平，故称为收入政策。收入政策通常采用的形式是实行工资-物价指导、工资-物价管制、经济激励和经济惩罚等。

政府在工资的宏观调控方面，总的原则是实施企业工资总额的增长低于经济效益的增长，平均工资的增长低于劳动生产率的增长，同时在工资的调控上由总量控制向水平控制转变。在工资的形成上，实行市场机制调节、经济效益决定、民主协商分配、政府监控指导的工资调控体系。市场机制对工资分配起基础性作用。劳动力市场供求规律形成的市场均衡工资率，决定了工资必须围绕劳动力价值波动。工资过高会侵害其他生产要素特别是资产所有者和经营者的利益；工资过低会侵害劳动力所有者的利益，导致企业竞争力下降甚至无法维持经营。

在上述调控体系中，以工资指导线为主线，以劳动力市场价位为基础，以政府指导下的工资民主协商为主要的工资形成方式。

人力政策，又称积极的劳动力市场政策，是指政府通过对劳动力进行重新教育和培训，提高其就业适应能力，达到改善劳动力供给的结构，提高劳动力市场运行效率等目的的政策。人力政策旨在按照经济发展对劳动力的要求，调节和改善劳动力供给，进而改进劳动力市场的劳动力资源配置功能。人力政策主要是针对劳动力市场的结构性失业而提出的扩大就业的对策，其主要依据是人力资本理论。

◆ 关键词

政府支出	政府税收
制度结构	最低劳动标准
最低社会保障	财政政策
货币政策	收入政策
人力政策	

◆ 复习与思考

1. 政府支出中的政府购买和转移支付有何区别？公共部门就业水平的决定因素是什么？
2. 公共部门的工资水平应如何决定？
3. 劳动力市场制度结构包括哪些要素？为什么应存在这些制度结构体系？它们如何发挥作用？
4. 结合我国经济运行的实际，说明货币政策、财政政策对劳动力市场的影响。

第12章 劳动关系

劳动经济学的研究任务是揭示劳动力资源的优化配置与充分利用的基本原理。劳动力市场工资的确定与经济社会就业水平的决定都是通过一定的社会关系实现的，这种社会关系即为劳动关系。本章主要讨论劳动关系的本质与特征、劳动关系的运行与调整。

第1节 劳动关系概述

一、劳动关系

（一）劳动关系的定义与内涵

劳动是人类最基本的社会实践活动，社会生产劳动是社会存在与发展的基础。从劳动过程的视角观察，劳动是劳动者运用其劳动能力、使用劳动工具、作用于劳动对象以创造满足自身需要的产品的实践活动。从社会生产的角度考察，生产过程则是生产诸要素，包括劳动、资本、土地、管理的组合投入，并各自发挥效应的过程。任何现实的生产过程都必须使劳动者与生产资料结合起来才能实现。劳动过程在现象上反映人与自然的关系，但其背后却是人与人的关系。人们以一定的方式结合起来共同活动并交换其活动才能进行生产，劳动也因此是一种社会现象。在劳动过程中人们必定发生相互之间的联系，此种关系就是劳动关系。从这一意义上考察劳动关系，可以将劳动关系划分为三类：其一为从业关系，反映劳动力与生产资料相结合的关系即从业关系。其二为组合关系，包括一般分工与特殊分工关系。一般分工是宏观的组合关系，也就是国民经济结构关系，反映的是国民经济各部门或产业劳动力分配的比例与结构；特殊分工是微观的组合关系，也就是生产过程中的分工协作关系。其三为分配关系，反映劳动产品如何分配。此种定义的劳动关系为劳动关系广义的解释。

关于狭义的劳动关系有多种理解，学者从不同的视角定义劳动关系，例如，高斯博（H. Gospel）和帕尔默（G. Palmer）在《英国的产业关系》一书中将劳动关系表述为：一种雇员通过提供体力和脑力劳动来换取雇主所提供的报酬的经济、社会和政治关系。菲利普·李维斯（Philip Lewis）等学者则将雇佣关系理解为一种经济的、法律的、社会的、心理的以及政治的关系，在这种关系中，雇员投入自己的时间和专业知识为雇主谋利，以换取一系列个性化的经济的和非经济的报酬。

一般而言，所谓劳动关系是指在实现现实的生产过程中劳动者与劳动力使用者所结成的一种社会经济关系。之所以存在此种关系，其前提是劳动力的所有者与实现劳动力的物质条件相分离，这种分离是以生产力长期发展为基础的。劳动关系是生产过程中资本与劳动力结合的表现形式，它通过人与人的关系解决人与物的关系，即解决劳动者与生产资料相结合的问题。劳动者与生产资料结合是通过劳动力的所有者与生产资料的代表者的关系来实现的。由此可见，劳动关系的一方当事人为劳动力产权的所有者即劳动者；另一方当事人为资本产权的代表者即经营者。如雇员与雇主或劳动者与用人单位。

所谓雇员，通常可以理解为基于劳动合同（雇佣合同）为获取工资而有义务处于从属地位、为他人即雇主提供劳动给付的人。判断劳动给付的一方主体是否属于雇员，不能从所从事的劳动种类上加以识别，因为几乎任何劳动都有可能由雇员从事，也可以由独立的劳务人员承担。例如，医生既可以是医院的雇员，也可以是自己所开设诊所的独立医务人员。判断一个劳动者是否属于雇员，通常可以综合考虑以下标准：第一，在总体上其劳动是不是一种附属性或从属性劳动，在劳动时间、持续长度、劳动地点等方面受到雇主规则约束的则属于雇员；反之，独立提供劳务的人虽然也要受到合同当事人预先约定的制约，但是一般只涉及劳动的成果和合同对价的给付方式，因而这些劳动者不属于雇员。第二，劳动过程中的主要劳动条件，如工具、设备、场所、材料等是由他人提供还是主要由给付劳动的人自己提供。由他人提供的则属于雇员。第三，所从事的劳动是独立于雇主业务范围还是属于雇主业务的组成部分。后者则属于雇员。第四，工作履行与工作绩效是否受到别人的控制与评价，受到控制与评价的则属于雇员，等等。当然，为判断劳动者是否属于劳动关系中的雇员并不要求他不受限制地符合上述所有标准，也不必要求所有特征始终存在。但是其中最重要的是第一点，即劳动的附属性或依附性。

雇主一般通过雇员的概念来定义，在劳动关系中与雇员相对的一方是雇主。他是企业财产的人格化的代表，是生产经营与管理权的载体。劳动关系中，劳动者向雇主让渡自己的劳动力，雇主向劳动者支付劳动报酬。其中，工资及其他劳动条件是连接雇主与雇员的最基本的因素，即雇主提供一定的劳动条件并通过工资来雇佣劳动者，劳动者则是为了获取工资才接受雇主的雇佣并为其付出劳动力的。在市场经济条件下，工资就其性质而言，是市场所决定的劳动力作为生产要素的均衡价格。由此可见，劳动关系的本质是一种经济利益关系、交换关系。在前资本主义的各个历史阶段，不存在生产条件的分离，因此也不存在生产资料与劳动力的结合问题；只有随着生产力的发展，出现生产条件的分离以及两者的结合问题，才出现这里所研究的劳动关系问题领域。劳动关系因生产要素属于不同的所有者而产生，是产权关系的另一种表现形式，与劳动分工并无直接的联系。

（二）劳动关系的特征

第一，劳动关系的存在以劳动为基础，劳动是这种关系的实质与内容。

第二，劳动关系的当事人由其在生产过程中的地位所决定而具有特定性，一方是雇主

（用人单位），另一方是雇员（劳动者）；而其他与劳动有着密切联系的社会经济关系的主体并不具有特定性。在市场上出售自己产品的农户与消费者之间的关系、作家与出版社因图书出版而发生的关系、信息咨询公司的咨询员与各类客户之间的关系均不属于劳动关系。

第三，劳动者在劳动过程中必须服从经营者的管理、命令与指挥，必须服从所在雇主组织的内部劳动规则。

第四，劳动关系通常与集体劳动相联系，与有酬劳动相联系。

（三） 劳动法律关系的定义与内涵

所谓劳动法律关系，是指劳动法律规范在调整劳动关系过程中所形成的劳动者（雇员）与用人单位（雇主）之间的权利义务关系，即人们在实现现实的劳动过程中所发生的权利义务关系。若没有国家意志的干预，劳动关系就完全根据当事人双方的意志形成，是纯粹的双方的行为，但是，在现代市场经济制度中，国家意志介入到劳动关系之中，劳动关系的性质就发生了变化。当劳动关系受到法律确认、调整和保护时，劳动关系也就不完全取决于雇主与雇员双方的意志，即在确定劳动关系各方面的内容，如工时、工资、劳动条件等，以及变更、终止劳动关系时，必须服从国家意志的制约，使确立的劳动关系既符合雇主与雇员双方的意志，又符合国家法律意志的要求。与此同时，任何一方违反法律规范，都将承担法律责任。劳动关系经劳动法律规范、调整后，即改变为劳动法律关系，雇主、雇员双方有明确的权利义务。这种受到国家法律规范、调整和保护的雇主与雇员之间以权利义务为内容的劳动关系即为劳动法律关系，它与劳动关系的区别在于劳动法律关系体现了国家意志。

（四） 劳动法律关系的特征

第一，劳动法律关系是以劳动关系和劳动法律规范为前提而形成的社会关系，它是法律对人们的劳动行为及其相互关系进行调整而出现的一种状态。

第二，劳动法律关系是以法律上的权利义务为纽带而形成的社会关系，雇主与雇员按照法律规范分别享有一定的权利、承担一定的义务，从而使雇主与雇员之间的行为与要求具有法律意义。

第三，劳动法律关系是一种双务关系，雇主、雇员在劳动法律关系之中既是权利主体又是义务主体，互为对价关系，任何一方在自己未履行义务的前提下，无权要求对方履行义务，不能只要求对方履行义务而自己只享有权利。

第四，劳动法律关系是以国家强制力作为保障手段的社会关系，是由观念抽象状态转化为现实秩序的一种状态。国家强制力是否立即发挥作用，取决于劳动法律关系主体行为的性质；强行性规范而形成的劳动法律关系内容受国家强制力的直接保障，如不得雇用童工，不得低于最低工资标准雇用员工等；任意性规范形成的劳动法律关系的内容，当其受到危害时，则需权利主体的请求后国家强制力才会显现。

由于法律的国家性、普遍性，由于劳动关系在现实生活中通常表现为劳动法律关系，它是劳动关系的现实状态，故人们在运用劳动关系的概念时，一般对劳动关系与劳动法律关系并不加以严格的区分，如建立或解除劳动关系、劳动关系的运行、劳动关系的调整等，其中的劳动关系既是指劳动关系，又是指劳动法律关系。

二、劳动关系的基本类型

劳动关系在经济社会中是一种最为基础性的社会关系，由于对劳动关系双方利益关系的性质和利益关系处理原则的不同，认识和调整劳动关系形成了几种有代表性的观点，并可以依此划分劳动关系的类型。劳动关系类型的划分与劳动关系的研究方法有密切的联系。

（一）阶级斗争观点与利益冲突型劳动关系

1. 阶级斗争的观点

阶级斗争的观点认为，阶级矛盾和阶级斗争是社会发展变化的根本源泉，这类矛盾和斗争是社会发展的根本动力。资本主义社会中的劳动关系所依存的经济组织——企业是一个雇佣组织，它是社会的缩影和复制品，社会的阶级矛盾必然反映到雇佣组织之中。阶级矛盾的根源在于生产条件占有的不同，一方是劳动力产权的所有者——雇员，另一方是资本产权的所有者——雇主。劳动与资本的关系是资本剥削劳动，并以最大限度获取利润作为这种劳动关系运行的根本目的。各种社会和政治组织的组成主要是各组织之间经济能力的差异，而所有社会矛盾与政治矛盾不过是经济矛盾的反映。社会的矛盾反映到雇佣组织中形成如下的结构：

（1）劳资矛盾。生产条件占有的不平等造成劳动的异化，劳动已经不是发展自己的主要力量，反而成为自己的对立面，成为压榨自己的异己的力量。劳动已经成为资本剥削的材料。劳资矛盾是雇佣组织所有矛盾和紧张的根源，而这些矛盾是社会矛盾发展的结果。

（2）工会发展。工会的出现和发展是劳动关系矛盾发展的反映。雇员加入工会不仅提高了雇员与雇主抗衡的能力，避免了工人之间的竞争，而且成为一个具有共同利益的社会团体。劳动者在工会运动中所形成的团结和情谊转化为社会和政治体系中的阶级意识。工会活动是随着工人阶级的壮大而出现的政治行动，是为了达到经济与社会变革所进行的政治活动的重要组成部分，因此，工会要达到其根本目标，必须使工会会员认识到工会的历史使命并且按照工会既定的政策活动。

2. 利益冲突型劳动关系

以阶级斗争的观点研究劳动关系，将劳动关系看做利益冲突型劳动关系。劳动关系在冲突、斗争、妥协中维系和发展。在这种劳动关系没有被打破之前，劳动过程呈现出以下特征：第一，劳动与资本之间的关系是一种剥削关系。劳动与工资的等价交换使资本获得了超过劳动力价值的剩余价值，资本所获取的剩余价值造成了资本的增殖。第二，资本积累要求不断扩大生产规模和降低劳动成本。第三，生产过程要保持持续的发展，必须建立并保持一种对生产过程的控制结构。第四，劳动过程的延续要求雇主与雇员达成某种共识，要求雇员对暂时的共同目标的妥协和对协调生产活动手段的认同。

以阶级斗争的观点研究劳动关系的学者认为，资本主义社会在 19 世纪和 20 世纪中期以前的劳动关系的基本特点是，雇主通过经验管理和科学管理等手段剥削雇员和雇员地位下降。他们认为管理具有二重性：其一，管理是协作劳动的客观需要；其二，管理是资本的职能。在利益冲突型劳动关系中，运用科学管理的方法，如时间研究、动作研究、劳动定额标准研究、各类分工的发展，管理部门将工作分解为各项任务，再分配给每个雇员，使每个工人或群体受制于生产产出的控制，这样有助于资本的所有者一方面达到提高生产效率、增加利润的目的，另一方面又可以降低生产过程中资本的投入成本，减少工资支出，使生产成果与雇员的个人利益直接挂钩。雇主控制了劳动过程，使劳动关系发生了重大变化。雇员的利益随着工作的分解而多元化，很难形成一个利益焦点。雇员的收入取决于个人的劳动成果，集体谈判的重要性因而降低。

进一步，研究者认为，利益冲突型劳动关系的变化是雇主控制劳动过程方法的变化。一种新的控制劳动过程的方法是“分而制之”的方法：将雇员分为两类，其中一类是核心雇员，他们的技能、经验、知识是企业长期发展与盈利的基础，劳动力市场的替代比较困难；另一类属于“边际”雇员，这些雇员的作用和职能与企业的长期发展和竞争力的联系不大，劳动力市场的替代极为容易。雇主对两类雇员采用不同的管理策略，导致两类雇员产生分歧，减少雇员对雇主各种管理控制手段的抵制。

另一种新的控制方法属于“灵活控制”。如对劳动过程的控制除了采用科学管理手段和技术方法进行直接控制以外，还可以采用多种形式的“责任自治”“共同协商”“劳动成果承包”等方法进行间接控制。这些方法在形式上似乎提高了雇员的地位，使之具有一定的自我控制的权利，实际上这些方法被严格限定在一定范围内使用，以有助于降低管理控制的成本、保证雇主的利益并达到提高生产效率的目的。

以阶级斗争的观点研究劳动关系的学者认为价值创造和价值分配应是同一的。谁创造价值，价值就应当归谁所有。劳动创造了价值，为共同利益作了必要扣除后就应当归劳动者分配，价值就应当归劳动者所有。资本等生产要素不创造价值，就不能参与分配，否定了资本、管理等生产要素以及其他物化劳动在价值创造过程中的必要作用，忽视了资本所创造的社会生产力对价值创造的意义，忽视了科学技术通过积累劳动在创造价值和剩余价值的作用。价值的创造是一个十分复杂的过程，它首先是劳动过程，而不仅仅是劳动力作用的结果，它是劳动、资本以及与之密切联系的科学技术、管理等多重因素综合作用的结果。不承认这一点，就可能导致忽视各种形式的积累劳动和知识劳动的作用。分工及其机器的广泛使用确实可以使劳动的差别越来越小，但这只是机器在生产过程中的应用对劳动所造成的一种趋势。与此相应，还存在着另一种对劳动者知识、经验与技能的要求越来越复杂的趋势。在当代，寓寄在劳动者身上的人力资本在某种意义上说同样属于物化或积累劳动的结果，而人力资本或劳动者的技能、知识、经验等对价值的创造也发挥着巨大的作用。此外，以阶级斗争的观点研究劳动关系，在剩余价值创造过程的分析中是以生产过程为中心，忽视了市场制度在其发展过程中由于劳动力商品的特殊性而导致的一种社会自我调节机制的功能，包括劳动法、社会法的调整机制的功能；仅仅重视工会组织的政治和社会功能，忽视工会在保护雇员群体经济利益功能的进步意义。

（二）多元化的观点与利益协调型劳动关系

1. 多元化观点的主要内容

多元化观点认为，在企业这个雇佣组织的劳动关系中，存在着相对离散的权力和权威，存在着管理权和所有权的分离。企业是由雇员和雇主组成的，在雇员与代表雇主利益的管理方中有着不同的群体，每个群体都有自己的利益、目标和头面人物（正式的或非正式的）。因此，企业这种雇佣组织不是单一结构的，而是多元结构的。群体之间会在利益分配、权力安排等各方面发生矛盾。在这种情况下，应当通过各种方式和程序，对不同群体之间的矛盾加以协调，以保证企业这样的组织能够长久地存在。多元化观点对雇佣组织的矛盾实质和工会作用的看法如下：

（1）雇主与雇员的矛盾。雇主与雇员的矛盾不仅仅包括劳资纠纷、抱怨、怠工、罢工和关闭企业，而且包括一系列在雇主和管理方与工人和他们的组织之间发生的对立和冲突。多元化的观点认为双方的矛盾是合理的、合乎逻辑的。矛盾源于双方在雇佣组织中的不同目标。就雇主来说，他要追求生产效率和企业的利润，要协调好企业与外界的关系，要关注企业的市场形象。对雇员群体来说，他们关心的是劳动报酬、劳动条件和就业的稳定性。所以，在计划管理决策的每一个问题上将产生有差异甚或对立的认识。例如，裁员、流程再造、结构调整、关闭高成本的企业等都与雇主提高利润水平的目标相一致，但是，所有这一切将导致一部分雇员失去就业岗位；使用新技术将提高企业的利润水平和生产力，但提高了对雇员的技术要求并使劳动过程更为枯燥，甚至有可能影响到雇员的就业稳定性；劳资之间的矛盾也可能源于双方利益的冲突。例如，雇主不管有无可能，总是想将劳动力成本降低到能够吸引和保留劳动力所必需的基本水平以保证企业的竞争能力，而雇员总是想最大限度地增加工资以提高生活水平。雇主想保留最大限度的权力和权威，而雇员则想建立一个保障制度以防止雇主权力的滥用。

当然，在着重于雇佣组织内部矛盾性质的同时，多元化观点认为，劳资双方的这些矛盾是可以协调的，在劳动关系中劳资双方通过谈判可以达成一致，可以形成共同遵守的规则。劳资之间的一致与妥协需要两个前提：首先，不同利益的群体在力量上达到均衡；其次，各群体都把各自的利益要求限定在双方继续合作的程度之内。因此，应当建立一套可以解决矛盾并为双方所接受的谈判机制。在现代产业的发展中，实际上并行不悖地形成了两大相互依存、相互独立、权力对等的力量：劳动和资本。在企业中，并没有一个最后决策的权威，权力对等的两大相互独立的力量——劳动与资本决定他们的共同事务，只有通过谈判、协商，才能达成劳动关系双方合作的基础和解决处理可能出现的矛盾的途径。雇主的决策地位并不是天然赋予的，雇员也应具有一定的决策权，双方只有通过协商谈判解决重要的劳动关系问题。

（2）工会。多元化的观点认为，雇员有理由结成正式的组织以表达自己的意愿，寻求对雇主决策的影响以达到他们的目的。工会的合理性在于它是一种社会价值，应当承认不同利益群体有结合的权利，有反映他们自己利益呼声的权利。雇员通过各类自己的组织发生普遍的联系，此时他们追求更为广泛的社会利益，而不仅仅是企业内的利益。工会的存在本身并不是矛盾的制造者，而是矛盾存在与发展的结果。即使没有工会的存在，劳动关系双方的矛盾也是一种客观存在。工会只是有组织地、持续地反映雇员的利益与要求。实际上越是规模比较大的工会组织，越是能负责任地做到这一点。

2. 利益协调型劳动关系

多元化的观点认为，劳动关系实际上是一个由矛盾向规则转化的系统。劳动关系双方之间的矛盾可以通过劳动关系系统的投入-产出机制将矛盾转化为双方均能够接受的共同规则。劳动关系双方的“各种冲突”可以看做一种投入，而“管理规则”则可看成是一种有效的产出，从而把劳动关系的运行与调整看成是一个把冲突转化为管理规则的过程。也就是说，多元化的观点将劳动关系视作具有一定功能的系统，在外部因素和内部因素的共同作用下，实现这一从投入向产出转化的特定功能，以寻求劳动关系的稳定和谐发展。

劳动关系系统的运行就是将劳动关系主体各方的矛盾向规则转化的过程。因此，劳动关系的研究必须首先重视矛盾是如何产生的；其次才是研究如何解决矛盾。劳资之间的矛盾产生于相互依存的两个方面，其一，产生于雇佣组织内部固有的工业化的特征。例如，企业中技术结构、规模程度、组织机构、利润目标等不断变动的特征，以及发布命令与执行命令、削减劳动成本与提高工资、裁员与寻求就业保障等活动必然造成企业内部劳动关系的紧张环境。其二，劳资之间的矛盾源于工业化市场经济的社会环境。例如，不同社会阶层的价值观的冲突与利益的差异。因此可以认为，作为劳资关系核心的劳资矛盾既可以源于微观的雇佣组织，也可以源于宏观的社会环境。

劳资之间的矛盾实际上经常以潜在的形式存在。解析矛盾，进而探讨如何解决这些矛盾，重要的是认识到劳资之间潜在的矛盾可以通过多种途径转化为显露的矛盾。这些途径均是劳动关系应当研究的内容。首先，矛盾可以通过相对隐蔽的、无组织的个人行为加以转化，例如，雇员士气低落、流动频繁、缺勤率上升；其次，矛盾也可以通过公开的、合法的形式加以转化，例如，建立各种劳动关系调整的程序与机制、申诉抱怨处理机制、劳动争议处理程序、集体谈判机制等；最后，矛盾还可以通过团体施加压力的形式加以转化，例如，采用罢工、关闭企业等产业行动方式或者其他经济、政治手段。

在劳资矛盾的显露过程中，转化矛盾所采用的各种形式都应当被认为是合法且有效的，因为解决矛盾的前提是暴露矛盾。但是一些劳动关系专家认为，当矛盾显露形式所造成的后果超过了某一点时，劳动关系将“失常”或者“变态”，并影响到社会稳定。因此，在劳动关系中，应当禁止严重的侵权行为、大量的无组织行为和旨在消灭对方的行为。

当劳资矛盾由潜在形式转化为公开的形式之后，则需要建立与完善各种调节与转换机制，如集体谈判、劳动争议的调解仲裁、劳动法律制度等，将利益的矛盾转化为企业组织中的规则，从而使劳资双方的关系得到调整。因此，多元化的观点侧重于各种转换机制的研究，提出了一系列转化机制，包括：第一，单方决策机制。包括雇主单方决策，例如由雇主依法制定内部劳动管理规则或雇佣规则、劳动纪律、雇员申诉制度，用以约束规范雇员方和管理方劳动行为与管理控制行为；工会单方决策，通过工会组织控制劳动力的有效供给；政府单方决策，完善劳动立法，制定社会政策、收入政策。第二，双方协商机制。例如，劳动关系双方共同协商、集体谈判和雇员参与管理。第三，三方协商机制。例如，劳动关系双方与政府就劳动关系运行的重大事项进行共同协商，制定有关劳动法律制度、社会政策、劳动政策以及各类劳动标准，充分考虑雇主与雇员的利益。在上述各种决策机制中，集体协商谈判被认为是一种解决矛盾、制定规则的简单有效的方法。很多劳动关系学者认为，集体谈判也是一种雇员通过集体的力量与雇主力量抗衡的最有效的方式。

利益协调型劳动关系类型就是基于多元化观点对劳动关系运行和利益调整的理论概括。

（三）一元化观点与利益一体型劳动关系

1. 一元化观点

一元化观点认为，研究认识劳动关系必须研究雇佣组织，而任何一个雇佣组织都是由两类人组成的一个整体。其中一方为雇主和实现其职能的管理方，他们具有唯一的管理权力和权威，权力来源于企业财产的占有与经营；另一类人是服从管理指挥的雇员群体。但在经济关系上，雇员与雇主都是生产要素的供给者，他们具有共同的价值观和利益追求。由于雇员与雇主都是生产要素的供给者，因而两者之间并没有根本的利益冲突。雇主与雇员是经济过程中的合伙人，无论企业的财产组织形式是业主制还是公司制，其实质都是生产要素供给者的合伙组织，在生产、利润、报酬等方面有着共同的目标。雇主对企业管理和决策的权力是合法的、合理的，也是可以接受的，任何反对这种权力的活动都是不合理的。这种观点认为，雇用组织的基础是和谐一致的，没有必要制造劳资双方的矛盾。在这种观点中，体现了两个内涵。

（1）劳动关系的矛盾。雇佣组织内劳动关系双方确实存在着差异，但这种差异不是利益根本冲突的矛盾，而只是一种摩擦。造成差异的原因主要是组织成员的个性差异、性格偏好的不同，管理者计划和决策风格，组织的信息传递不畅，雇员对雇主的决策和行为不理解等。在解决矛盾的时候，雇主采取的方式经常具有权威性或者家长型的风格，这是其管理权力的合理使用。此外，雇主也可以采用人力资源管理方式以改善劳资双方的关系，完善组织内部的信息传递系统，提高沟通的效率；完善沟通网络，提高雇员对企业的忠诚程度；完善激励、考核和薪资制度，挖掘雇员的潜力等。因为企业内部并不存在实质性的利益冲突，以缓解或者解决利益矛盾为存在前提的集体谈判制度是多余的。

（2）工会是一种来自雇佣组织外部的社会势力。持一元化观点的学者认为，工会是一种历史产物。工会在历史上曾经起过其应有的作用，但是，在当前产业的发展与管理的完善中，企业中不需要通过工会保护雇员利益，因为雇主的管理决策已经将雇员的利益与其他因素统一考虑了。尽管雇主可以接受工会在劳动力市场中存在的事实，但在企业内部行使管理权力的时候，并不愿意将工会作为考虑的因素。工会和集体谈判的存在对于管理方面来说是痛苦的、不受欢迎的，并且一有机会就要予以清除。

2. 利益一体型劳动关系

利益一体型劳动关系类型划分的基础在于生产要素的合作论，即一体化的观点。在利益一体型劳动关系之中，完全可以运用人力资源管理方法协调雇佣组织的矛盾。因为这一观点认为，组织内所有人有共同的价值观、共同的利益、共同的目标，因此，雇主与雇员之间没有根本的利益冲突，没有必要制造劳资双方的矛盾。用人力资源管理的方法调整劳动关系，应当建立雇主与雇员之间的一种新型的、平等的合伙关系。

人力资源管理方法的基础在于组织运行要素的完善，包括：领导关系、组织授权、组织文化、沟通机制等方法设计；人员选择、流程设计、目标责任、绩效管理与控制等制度设计。将管理方法与制度建立和完善相结合可以保证组织的产出和组织的稳定。

人力资源管理方法侧重于个人，侧重于管理方与雇员之间的直接关系，这种方法提倡通过各种新的人力资源管理手段，如合作式的技术革新与劳动组织的重新组合、培训与企业发展计划、个人收入计划、合作信息系统等，使企业的管理者与雇员个人或团队直接联系，没有必要再让工会作为雇员的代表。根据这种方法的研究，劳动关系的调整机制应当从一种对立的、以制定规则为主要目标的机制转化为一种合作的、以提出建议为目标的机制。换句话说，人力资源管理等同于一种“没有工会的劳动关系”。近年来，人力资源管理理论与方法对劳动关系的实践具有重要作用，被誉为建立新型劳动关系的途径。当然，受这种理论和方式的影响，工会在企业中的地位和作用被削弱了。

三、我国劳动关系出现的新转变

（一）利益一体型劳动关系呈现多元化特征

1978年党的十一届三中全会以后，我国进行了深刻的经济体制改革和劳动管理体制的改革，改革的目的是建立社会主义市场经济体制。改革使我国的劳动关系出现了根本性的转变。

在传统的计划经济体制时期，我国劳动关系的典型特征是利益一体型劳动关系。利益一体型劳动关系的基本精神是劳动关系双方的利益一体论，其理论基础是生产资料的公有制。由于生产资料公有制的建立，劳动者个人的利益、企业的利益包含在国家的利益之中，劳动者的利益由国家来代表。在劳动关系的构成、运行和相互利益关系的处理中，工资、工时、劳动条件、就业保障、社会保险等诸方面统一由国家决定，劳动者和用人单位都没有成为独立的物质利益主体。劳动者和用人单位没有改变或调整一般劳动条件的权力，劳动主体与用工主体统一于国家。劳动者和企业并没有真正地参与决定和处理有关劳动关系的事务。从某种意义上说，劳动关系是劳动者与国家之间的劳动行政管理关系，是全体劳动者受雇于国家。劳动关系双方的使命在于完成或超额完成国家计划。在这种劳动关系中，同样存在工会组织，由于在体制设计与运行中，劳动关系双方不存在独立的物质利益，因此工会也不是劳动者这一特定群体的利益代表，体制运行中也无须用工会组织去维护劳动者的权益，因为企业中所有的人都是劳动者。在此种条件下，工会是企业和政府的助手，是为完成国家计划的一种群众组织形式。劳动关系双方利益的调整和处理由国家各项劳动行政管理制度的实施来保障。利益一体型劳动关系是在计划经济体制下存在的劳动关系的主要形态。

经济体制改革使我国的劳动关系处于历史的转换时期，从与计划经济体制相适应的劳动关系转换为与市场经济体制匹配的劳动关系，即从利益一体型劳动关系转换为利益协调型劳动关系。利益一体是计划经济的基本特征，国家代表各方面的利益为基本的出发点处理劳动关系的矛盾和劳动问题。经济体制改革，建立现代企业制度，劳动关系呈现多元化的新特征。伴随着政治和经济体制改革，我国劳动关系发生了深刻的变化，主要表现为以下方面：

第一，劳动关系主体明确化。一方为用人单位或雇主，另一方为劳动者或雇员；生产资料公有制实现方式的改革，特别是产权制度的改革，产权清晰的要求，使国有企业同其他类型的企业一样，都是平等的市场主体。财产的所有权、法人财产权和劳动权在经济关系与劳动关系的运行中完全形成并被明确地独立出来，必然使劳动关系主体明确化。

第二，劳动关系多元化。多种经济形式的发展打破了公有制劳动关系一统天下的局面，与多种经济形式相对应，劳动关系呈现出多元化的特点。使市场在配置资源方面发挥基础性作用的过程中，多元化劳动关系的发展具有强烈的趋同性。无论是何种形式的劳动关系，是国有企业的劳动关系抑或是私有企业的劳动关系，所有制结构的变化和国有企业的产权制度改革，建立现代企业制度，都使得它们是“企业劳动关系”。这种转变决定了所有的劳动的社会性质由直接的社会劳动转变为企业的私人劳动。无论是国有独资企业、国有控股企业还是私营企业，其企业的财产完全转化为法人的财产。公司制企业成为真正意义上的独立的商品生产者和经营者，企业的经营决策者根据自身对市场的判断进行生产经营决策，社会生产在彼此隔离的企业中进行，企业劳动的交换以市场为媒介，集合在企业内的劳动能否实现以及实现的程度只能通过商品在市场的实现程度来判断，劳动表现为企业这一生产者私人的活动，不能也不可能具有直接的社会性。由于企业私人的劳动只有通过市场的评价才能向社会劳动转化，因此私人劳动必须符合社会必要劳动时间的规定就决定着企业的全部行为和它的命运。上述两个方面的特征决定了劳动关系转变的其他特征。

第三，劳动关系利益复杂化。改革本身就是一场深刻的革命，是利益格局全面的调整。社会政治、经济的变化，体制改革所倡导的政企分开，以及此种变化相应带来的行为方式、思维方式的转变，均使劳动关系双方的利益追求趋向复杂化。

第四，劳动关系市场化。平等就业权、自主择业权的确认与实施，企业的法人财产权和经营权的确定与实施，市场经济本身的动态多变属性导致劳动关系的动态多变性；劳动关系的建立、变更、解除、终止主要取决于市场的变化。

第五，劳动关系的利益协调机制趋向法制化。市场经济的发展推动契约自由原则的实施，政府若仍用行政手段干预，单方面决定企业劳动关系双方的事务已不再适宜，市场经济、民主政治、劳动者的法治需要导致依法调节劳动关系双方矛盾和利益，法制化是一个必然的趋势。劳动关系的上述变化虽然各具特色，但其总的方向是在承认劳动关系双方利益差别的基础上，通过规范双方的权利义务来协调双方的利益差别和矛盾。在劳动关系的类型上，我国已经由利益一体型劳动关系向利益协调型劳动关系转变。

（二） 个别劳动关系向集体劳动关系转化

劳动关系的上述变化突出了集体劳动关系作为劳动关系主要形态的功能。集体劳动关系是指在劳动关系运行之中，由于其内在矛盾的积聚与发展，雇员结合起来，组织工会代表自己的意志与雇主或雇主的组织所形成的劳动关系。集体劳动关系的主体以结合起来的雇员为一方，代表资本利益的雇主或雇主组织为另一方。集体劳动关系与个别劳动关系的根本差异之处是雇员个别的意志通过工会组织集合成集体的意志介入劳动关系。雇员的这种结合改变了劳动关系双方的力量对比，使得一般劳动条件决定的协商方式更加趋近于契约自由与正义，弱化劳动关系法律上的形式平等与事实上的不平等的背离。

通过劳动合同的形式建立的个别劳动关系发展为集体劳动关系的基本条件是资本使用的社会化与劳动过程的社会化，以及上述社会化导致雇员结社权在劳动法律上的确认与真正的实现等。现代产业特别是现代工业的发展绝对不能拒绝社会化，因此个别劳动关系转化为集体劳动关系也就是一个必然的趋势。近年来，有研究者也提出了劳动关系集体化转型的问题，认为劳动关系从个别走向集体的转化是指仅仅通过个别劳动关系的结构和调整已经无法解决劳资矛盾和维系劳动关系的稳定，而必须实现劳动关系集体化的结构和调整的转变（常凯，2013）。

集体劳动关系的运行使得一般劳动条件的决定方式与个别劳动关系中劳动条件的决定方式发生了根本的变化，并由此导致社会对劳动关系运行与调整控制的方式发生变化。由于工会作为雇员集体意志的代表介入劳动关系，这就使劳动关系的运行有了新的属性：雇员与雇主的关系转变为工会组织与雇主或雇主组织的关系。在劳动关系理论中，集体劳动关系的运行、调整和控制是其关注的中心。

（三）建立利益协调型劳动关系

利益协调型劳动关系是基于多元化观点对劳动关系运行和利益调整的理论概括，利益协调型劳动关系符合市场经济体制协调劳动关系的一般规律，亦符合我国经济发展所处的阶段。利益协调型劳动关系的本质是在承认劳动关系双方利益差别的基础上，通过规范双方的权利义务和双方的平等协商谈判机制来保障各自的合法权益并实现共同的利益。工会组织和雇主或雇主的组织均能独立而健全地存在并发挥作用，通过集体谈判和集体合同来协调劳动关系双方的利益，贯彻"三方性原则"成为决定劳动条件的基本形式，产业民主制度、工人参与的权利得到法律的保障，劳动关系相对和谐稳定，社会经济也能稳定发展。建立利益协调型劳动关系的这种趋势已经在我国的《劳动法》《工会法》《劳动合同法》以及其他法律法规中得到极其清晰和集中的体现。例如《劳动合同法》第四条规定："用人单位在制定、修改或者决定有关劳动报酬、工作时间、休息休假、劳动安全卫生、保险福利、职工培训、劳动纪律以及劳动定额管理等直接涉及劳动者切身利益的规章制度或者重大事项时，应当经职工代表大会或者全体职工讨论，提出方案和意见，与工会或者职工代表平等协商确定。在规章制度和重大事项决定实施过程中，工会或者职工认为不适当的，有权向用人单位提出，通过协商予以修改完善。"第五条规定："县级以上人民政府劳动行政部门会同工会和企业方面代表，建立健全协调劳动关系三方机制，共同研究解决有关劳动关系的重大问题。"第六条规定："工会应当帮助、指导劳动者与用人单位依法订立和履行劳动合同，并与用人单位建立集体协商机制，维护劳动者的合法权益。"第十八条规定："劳动合同对劳动报酬和劳动条件等标准约定不明确，引发争议的，用人单位与劳动者可以重新协商；协商不成的，适用集体合同规定；没有集体合同或者集体合同未规定劳动报酬的，实行同工同酬；没有集体合同或者集体合同未规定劳动条件等标准的，适用国家有关规定。"第四十三条规定："用人单位单方解除劳动合同，应当事先将理由通知工会。用人单位违反法律、行政法规规定或者劳动合同约定的，工会有权要求用人单位纠正。用人单位应当研究工会的意见，并将处理结果书面通知工会。"在上述条文中可以清晰地看到，从劳动合同的订立到劳动合同的解除、终止等方面，法律均赋予工会组织以巨大的实体与程序权利。

在经济转型与市场经济体制建立和完善的过程中，国家并不独立于劳动关系变化的过程之外。国家通过劳动立法、经济政策、公共政策、社会政策特别是劳动政策明确而具体地作用到劳动关系之中，政府作为一个直接主体介入到劳动关系的运行之中是社会劳动关系的突出特征。马克思指出："行政管理是国家的组织活动。"① 国家的劳动关系管理体制和劳动行政直接影响与制约劳动关系的运行及其状态。国家的劳动关系管理体制与工会和雇主组织之间的相互影响与作用，使团体劳动关系转变为社会劳动关系。

工会组织、雇主或雇主组织决定劳动关系事务的权利和国家的劳动关系管理体制相互交融在一起，如何处理其中的关系是体制发展过程中必然产生的问题。在一定的社会制度框架内，社会与国家权力之间有着复杂的关系，是国家高度集权的"一元架构"还是高度分权的"二元架构"以及两者之间的某种过度或融合状态是当今任何一个国家还未完全解决好的问题。如果是一种高度集权的政治体制与经济体制，形成了国家权力包揽和控制社会的所有领

---

① 马克思，恩格斯．马克思恩格斯全集：第3卷．北京：人民出版社，2002：386.

域包括劳动关系领域的事务，就有可能削弱社会经济领域与文化领域的社会功能，形成国家权力与社会权利的失衡，不能形成国家与社会之间的良性互动，表现在劳动关系领域，使劳动者与企业等经济关系主体失去活力；如果是一种极端的分权结构，又有可能造成社会权利对国家权力的侵蚀，社会多元化发展，如果有某些社会组织不能有效地自我约束，自律性差，在利益分化的基础之上就有可能影响社会公正和社会的有序发展。政府与社会之间的关系与矛盾是劳动关系发展为社会劳动关系的另一个重要原因。

我国正处于从传统的高度集中的政治体制与经济体制向与社会主义市场经济相适应的政治与经济体制转轨的时期。过去由于对社会主义在认识和实践上的偏差及失误，在处理国家与社会关系方面实质上形成了一种“一元架构”，社会权利的空间极为有限。政治权力直接具有经济与社会意义，形成劳动关系领域的各项事务以政治领域为中心的依附状态，政府在实现国家的各项职能的过程中，呈现为在政治上高度集权、在经济上高度集中的特征，政府直接管理企业，企业依附于政府而成为政府的附属物，而工会则又是企业行政机关的附属物或其组成部分，劳动关系直接表现为劳动者与国家或政府的关系。在这种政治领域对经济包括劳动关系领域全面控制的条件下，一定程度地妨碍了经济与社会的发展。

经济体制改革和市场经济的发展，经济决策权在政府、企业和劳动者家庭之间的分配，使得我国社会的自由空间逐渐加大，引发了我国社会结构的重大变迁。在我国现实社会中，政治领域、经济领域、文化领域之间拉大了距离，使它们处于相对独立的社会地位，劳动关系领域更是如此。各个领域开始更多地去追寻属于自己的目标，使得各自的价值原则更趋独立。工会和雇主组织所代表的价值差异凸显出来。面对这种变化，要求国家在实现由社会控制向社会服务的重大转变的基础上，妥善处理好政府的劳动管理体制、工会体制与雇主组织之间的职能分工问题，有效地培养劳动关系领域的自治能力，进而在社会劳动关系中实现政府与社会的良性互动。从这个视角考察，实现政府的职能转变的根本意义，就是要保证政治领域与劳动关系领域之间的健康关系。在社会劳动关系领域，国家要让劳动力市场机制在配置劳动资源方面发挥基础性作用，政府主动“减负”，向社会分权，主张“小政府大社会”。例如，在劳动关系领域，政府只是通过劳动法律规定最低劳动标准、最低社会保障和确认工会的法律地位，不再直接决定劳动关系运行的具体事务。在这种条件之下就提出了在社会关系领域包括劳动关系领域的“大社会”如何构建这个崭新课题。

从最一般的意义上讲，“大社会”是凸显劳动者以及其他组织的价值与权利的民主社会。随着劳动关系的发展与变革，人们越来越认识到，一个具有现代精神的社会是一个倡导社会关系主体参与意识与责任意识的社会。参与意识和责任意识不可能自发形成，更不能用虚幻的或某种强制的命令或主张来促成。参与意识与对应的责任意识的形成必须纳入着重于规范性和机制建设的社会实践的轨道之中。我国社会劳动关系领域已经进入了一个依靠机制诱导而非靠行政命令的时代。例如，政府规定的工资指导线制度、劳动力市场工资指导价位制度、集体合同制度等规范的实施已经向社会发出了这种信号：机制诱导。所以，选择增强社会劳动关系领域自治能力的实现途径，必须创造出形成参与意识和责任意识的机制与条件。比如，形成一个具备成熟和完善的工会组织和雇主组织的系统，这些组织根据国家劳动法律规范的要求，依靠法治来实现自身的价值、利益和社会的公共权益目标。法律划分了社会劳动关系与政府各自的活动领域，以法律为纽带界定各自的事权和活动空间，政府不随意干预劳动关系领域的内部事务，保障工会与雇主组织自主活动的空间。当这种机制形成以后，这些组织在社会上就会产生巨大的影响力，结合政府的劳动行政管理与劳动立法和政策干预，就会使社会劳动关系呈现为一种有序和谐的状态。正是由于上述原因，我国的劳动关系必然转化为利益协调型劳动关系。这种转化的条件具体表现在以下方面。

1. 改革为物质利益原则发挥作用创造了条件

如前所述，利益协调型劳动关系的运行是现代劳动立法原则的具体体现。劳动关系双方在人格上、法律地位上完全平等，作为劳动法律关系主体，劳动关系双方互为权利义务主体，在双方利益关系的调整上，以双方的对等协商交涉为确定劳动条件的基本原则，以权利义务的法律设定调节双方的利益关系。利益协调型的劳动关系强调劳动关系双方在利益差别的基础上的合作，主张通过规范双方的权利义务和双方的平等协商谈判机制来保障各自的合法权益并实现共同的利益。雇主或雇主组织和工会组织均能独立而健全地存在并发挥作用，通过劳动合同、民主参与、集体谈判和集体合同来协调劳动关系双方的利益；劳动条件的决定方面贯彻“三方性原则”成为基本的形式，产业民主制度、工人参与的权利得到法律的保障，劳动关系和谐稳定，社会经济也能稳定发展。

在劳动关系由利益一体型向利益协调型的转变过程中，发展最突出、变化最重大的是劳动关系双方作为利益主体，被独立和区别开来。按照完善社会主义市场经济体制改革的基本原则推进的企业改革，以及企业财产组织形式的变革，使得劳动关系的构成、运行都发生了深刻的变化，劳动关系双方的权利、地位、相互关系以及处理方式实现了重新调整。建立社会主义市场经济体制的改革本身、劳动关系类型的转变，创造了物质利益原则得以发挥作用的条件，而物质利益规律则为建立利益协调型劳动关系奠定了基础。

物质利益原则具有非常丰富的内涵，其主要内容为：第一，物质利益激励机制。明确各种利益主体有自己独立的物质利益，保障利益主体追求自己应得利益的权利，不允许利益主体一方侵犯另一方的权利，从而调动各利益主体的积极性和创造性。第二，物质利益平衡机制。解决各种独立的利益主体之间的利益关系，实行平等协商、等价交换是商品经济或市场经济条件下各种利益主体之间唯一可以接受的利益平衡方式。第三，物质利益调节机制。国家利用经济、行政、法律手段调节国家和各种利益主体之间的关系。第四，物质利益约束机制。利用经济的、行政的、法律的强制手段，使每个利益主体都不能为自身的利益为所欲为，从而使相互联系、相互制约的多个利益主体的利益协调发展。

在劳动方面，劳动合同制度、集体合同制度、民主参与制度、劳动争议调解仲裁制度等作为国家基本劳动制度已经得到确立，基本劳动条件的决定贯彻政府、企业、工会三方性原则，企业具体劳动条件可以通过集体协商，订立集体合同确定等，上述劳动法律制度建设和创新都充分体现了物质利益原则的根本要求。首先，上述制度本身实际上就是一种利益激励机制。普遍实行劳动合同、集体合同制度，这就要求决策权在国家、企业和劳动者之间进行合理的分配。一方面，合同制度保证了企业的人力资源的配置权，它是企业生产经营权的重要组成部分，实施劳动合同、集体合同制，企业可以根据生产经营的实际需要、人工成本的承受能力来选择、确定劳动力的规模、结构和劳动条件，这样就在生产要素的配置方面，使企业追求自身物质利益的权利获得了较坚实的基础；另一方面，劳动合同、集体合同制保证了劳动者平等的择业权和劳动条件的决定权，为劳动者追求正当的自身利益提供了条件。其次，劳动合同制同时也是一种利益平衡、利益调节和利益约束机制。劳动合同是劳动者个人建立劳动关系的表现形式；集体合同是规定一般劳动条件，协调劳动关系双方利益的表现形式。其具体内容可以不同，但是它们都必须体现或包括一些共同性的原则和内容。这些共同性的内容要符合并反映社会主义初级阶段的经济关系，而且必须符合国家的有关法律和法规。而这些条件恰恰是利益调节、利益平衡和利益约束机制的表现。通过签订劳动合同的形式，劳动者与企业建立劳动关系，成为用人单位的一员，承担完成一定职务、一定种类劳动的义务，并要遵守用人单位内部的劳动规则和其他各项工作制度；用人单位则有义务根据劳动者的劳动，支付劳动报酬、保证劳动者享有劳动法规和双方规定的劳动条件。通过集体协商、订立集体合同的形式，劳动关系双方共同决定报酬、福利、工时、休息休假、劳动安全卫生等劳动条件。由此可见，劳动合同、集体合同对签订合同各方的责、权、利实行双向约束，任何一方违反，都要承担相应的责任。

2. 劳动关系三方协商机制运作的有利条件已经形成

首先，社会政治与经济条件初步具备。在政治体制方面，适应市场化改革的要求，我国民主政治建设步伐不断向前迈进，依法治国基本方略的实施标志着整个市场经济以及社会利益关系与劳动关系的调整纳入法制化轨道。特别是《劳动法》、《劳动合同法》和《工会法》的制定和实施，明确将劳动关系三方协商机制纳入法律规范中，这就为政府、工会和雇主或雇主组织依法开展协商、增进合作与沟通创造了条件。在经济体制方面，政府与企业的关系、雇员与雇主之间的关系愈益分明，这就使得不同利益主体之间的利益要求及矛盾更多地需要通过社会层面的三方协商方式妥善加以解决。

其次，三方协商的主体组织得到确立。在政府方面，作为专司劳动行政事务管理的职能部门——人力资源和社会保障部及其所属地方各级劳动行政部门，在有关就业促进、劳动关系调整、社会保障、劳动安全卫生、劳动监察和劳动政策法规制定等方面，按照市场经济的要求进一步转变工作职能，加大了在劳动领域中的宏观调控作用。在雇主组织方面，中国企业家联合会（企业家协会）近年来在自身组织建设和发展会员等方面也不断取得进展，明确并突出了维护经营者合法权益的职能。与此同时，其他各类经营者代表组织也伴随各类新建企业的发展相继建立。在工会组织方面，全国范围内建立的统一的中华全国总工会已容纳 2.8 亿会员（截至 2013 年 6 月），并拥有自上而下的地方与产业工会组织系统。尤其是 20 世纪 90 年代中期以来，适应市场化改革和劳动关系变化的要求，工会进一步明确了工作重点和发展思路，依法将代表和维护职工合法权益作为首要职责。

最后，市场经济国家的成功经验可资借鉴。一方面，经济全球化的发展和我国的对外开放，特别是我国加入世界贸易组织之后，外商投资企业和一些工业化国家或地区的跨国公司在我国进一步发展，不仅引进了大量外资，吸收了国外先进技术与管理经验，同时也引入了调整劳动关系的国际通行惯例，其中包括三方协商机制的经验；另一方面，国际劳工组织在有关促进和发展三方协商方面具有丰富经验并形成了一系列规范性文件，这一切为我国推进劳动关系三方协商机制提供了条件。

3. 体制改革以来的经验促进利益协调型劳动关系的发展

1995 年《劳动法》的实施，三方协商机制开始付诸实践；《工会法》的修订，进一步明确了工会的基本职责。尤其在集体合同制度的推行过程中，一些地方政府劳动行政部门、企业家组织和工会组织经三方协商以联署发文或会签文件等形式，指导和规范企业劳动关系调整的经验的实践。特别是在我国劳动立法实践中，原劳动和社会保障部、全国总工会和中国企业家联合会、企业家协会三方业已开展了卓有成效的三方合作。尤其是 2001 年 8 月，国家一级的劳动关系三方协商机制得以建立，同时一些省市也陆续建立了不同运作形式的地方一级的劳动关系三方协商机制，并取得积极进展。以浙江省杭州市的实践为例，2000 年，杭州市颁布《关于建立杭州市劳动关系三方协调机制和推行区域性行业性平等协商、集体合同制度的意见》，建立起劳动关系三方协商机制；2001 年，发布《关于进一步完善杭州市劳动关系三方协调机制的通知》，要求各区、县完善原有的三方协商机制，建立起常规的劳动关系三方协调会议制度；2003 年，发布《关于进一步完善杭州市劳动关系三方协调机制有关问题的通知》，要求全部县（市、区）建立劳动关系三方协调机制，并逐步向乡镇、街道一级延伸。这一系列公共政策的颁布为三方协商机制的稳步发展提供了强有力的制度保障。同时还根据劳动关系变化，及时调整三方协商组织机构，完善具体运行制度，提升三方协商机制运作的规范性，有效地解决了劳动关系问题。

建立利益协调型劳动关系与其他发达的市场经济国家存在的劳动关系，在劳动条件的决定方面有着共同的特点和形式，但也存在若干区别，主要是体现中国特色：第一，国有企业的劳动关系仍然占重要地位，国有企业产权的终极所有者是全体劳动者，因而劳动者的总体利益仍然是一致的，在肯定利益差别的前提下，坚持利益一致的价值取向；第二，劳动关系的转型具有过渡性，体制转换、利益主体的分化和独立需要一个过程，工会职能、工会工作方式、活动形式的转变也需要一个过程，转变过程中必然会出现新鲜的做法和经验，因而不会将别国的劳动关系双方利益调整模式照搬过来，成为某一特定国家劳动关系的翻版；第三，集体主义的观念、“仁和”的文化传统与西方国家自由主义、个人主义的价值取向的文化传统有巨大的差别，劳动关系属于社会关系，而任何社会关系无不受到该国文化传统的影响，中西文化传统的区别也必然使我国的劳动关系具有中国特色。

（四） 互联网经济时代给劳动关系带来的挑战

随着互联网经济时代的到来，共享经济迅速崛起。2014 年全球共享经济市场规模达到 150 亿美元，据普华永道预测，2025 年全球共享经济规模将达到 3 350 亿美元。有学者认为，共享经济产生的背景主要有以下几个方面：第一，移动互联网以及第三方支付的兴起；第二，大量资源的过剩与闲置；第三，供需双方在共享中获益的需求。共享经济的实质在于借助网络等第三方平台，将供给方闲置资源的使用权暂时性转移，实现生产要素的社会化，通过提高存量资产的使用效率为需求方创造价值，从而促进社会经济的可持续发展（郑志来，2016）。互联网经济时代对劳动关系的重塑和挑战主要体现在以下几个方面。

第一，互联网经济时代背景下劳动关系的外延和范围拓宽。从政府治理的宏观层面而言，互联网经济时代的大众创业、平台就业等形式拓宽了劳动关系的范围，挑战了传统法律法规的适用性。以个体劳动保护为基础的《劳动合同法》难以有效管理互联网时代多样化的劳动关系。程延园（2011）认为，个别劳动关系的规范和管理是市场经济社会劳动关系调整的微观基础。劳动合同是调整劳动关系的重要手段，在建立和稳定劳动关系、实现人力资源的有效配置、保障劳动关系双方的权利义务方面具有积极的作用。当今以互联网为依托，更为多样的工作岗位和自由弹性的工作方式被创造出来。网络特征下，一方面大多数互联网平台就业没有书面劳动合同；另一方面《劳动合同法》对自由弹性的工作约束力不足，一旦发生劳资纠纷，缺乏处理的法律依据。

第二，互联网平台通过优化就业结构重塑了劳动关系。在宏观层面，一方面，互联网平台创造更多的就业机会和全新的工作岗位，如滴滴、优步等互联网约租车平台，对就业产生了拉动效应；另一方面，依托互联网的新业态的出现也可能带来传统工作岗位的消失和低技能劳动力的失业，对就业产生了替代效应。这两种效应共同作用，优化了就业结构，重塑了劳动关系。据麦肯锡统计，到 2025 年互联网新应用最多可以创造 4 600 万个新的工作机会，但是带来的生产力提升将减少 1.3% ～4.0%的用人需求，相当于 1 000 万～3 100 万个岗位（McKinsey，2014 ）。在微观层面，企业利用互联网平台可以在较低的成本约束下，更加高效地配置人力资本和劳动力资源；个人利用互联网平台，在就业过程中工作与闲暇的界限则更加模糊化，互联网平台就业以更加灵活和多元的方式重塑了劳动关系。

第三，互联网经济时代对工会和劳动关系协调机制提出了挑战。在互联网对传统产业渗入的过程中，产业结构优化升级改变了劳动力需求结构。产业工人模式下的工会管理模式重点在于维护劳动者权益，通过薪酬工资、劳动时间协商，扩大职业上升空间，促进职业发展以及构建企业组织文化等途径稳定劳动关系。而产业在优化升级过程中大量技术的应用和对高技能劳动力的需求，对低技能劳动力无疑产生了挤出效应。如何提升低技能劳动力的人力资本水平和就业能力，从而实现再就业，不仅是低技能劳动群体在互联网时代对劳动关系提出的新诉求，也是涉及创新工会工作和劳动关系协调机制的重要内容（纪雯雯、赖德胜，2016）。

第 2 节　劳动关系的调整

一、企业劳动关系调整的形式

企业劳动关系双方利益调整方式，随着产业民主化和法制建设的完善，越来越趋向于规范化、制度化。企业劳动关系调整形式主要有以下制度。

（一） 集体协商制度

集体协商是企业代表或雇主代表与劳动者或雇员群体的代表（一般是工会）为签订集体合同进行商谈，确定劳动条件各方面内容的行为与过程。集体合同是集体协商双方代表依据法律或法规的规定，就劳动条件等事项在平等协商一致的基础上签订的书面协议。集体协商与集体合同是既相互区别又有直接联系的两个概念。集体协商是订立集体合同的必经程序，集体合同是通过协商而达成的关于一般劳动条件的协议。国外一般将集体协商定义为集体谈判，国际劳工组织第 154 号公约《关于促进集体谈判的公约》将集体谈判表述为：“集体谈判适用于单个雇主、雇主群体或组织同单个或若干工人组织之间签订各种协议的过程。”一般来说，集体协商与集体谈判并没有实质性的差别。这一定义的核心是，协商不是雇员和雇主的个人行为，而是双方通过他们的代表进行的集体行为，双方代表在协商过程中均具有主体的独立性，双方权利对等，不受对方控制。

在劳动力市场中，不管从哪种视角观察，劳动者个人都不具备同雇主进行个人谈判的同等实力。这一事实决定了雇员有组织起来以增强谈判影响力的必要。集体谈判作为劳动关系调整的核心内容、确定工资和其他劳动条件的机制以及调整劳动关系的手段，之所以能够吸引众多的雇员，主要的原因就在于，通过集体谈判，雇员可以向雇主施加集体影响，使雇主接受他们提出的有关工作条件的要求。在工作场所中，有两个原因决定了集体谈判比个人谈判更为必要。第一，由于企业内的分工、协作和资本使用的统一性和社会性，企业中很多东西属于“公共事务”，也就是说，这些事务对每一个雇员都有影响。一个人受益的同时，不能防止其他人受益。例如，劳动时间制度、工资制度、劳动安全卫生条件、生产线的速度、争议处理程序、退休养老金计划、裁员与晋升政策等事务明显地影响到雇员整体。集体决定的方式是必要的，没有一个集体性组织，个人将很少考虑其行为对他人的影响。第二，工作于企业组织内的雇员个人，由于其劳动力的本质性特征不可能与雇主保持在力量上的均衡；在劳动力市场的特殊地位使得他们必须组织起来以增强对雇主的影响力，他们需要通过一个集体性的组织来反映他们的呼声。

现代市场经济国家的集体谈判主要有三个层次：一是国家级谈判，即全国性工会或者工会联合性组织与雇主联合性组织之间的谈判；二是产业部门级谈判，即产业工会或者部门工会与雇主协会之间的谈判；三是企业级谈判，即企业工会代表企业的雇员与企业雇主之间的谈判。在西欧、北欧一些国家中，国家级和产业部门级的集体谈判较为普遍；在美国和加拿大，则较多地采用企业级集体谈判形式。在我国，集体协商一般在企业一级，中小企业则主要集中于地域性的行业一级。

集体谈判往往会由于双方意见不一致而导致争议，当此种情形出现时，由于谈判主体的独立性，集体谈判是企业组织内部劳动关系双方组织的自主行为，必须坚持平等合作、协商一致的原则，国家不能采用行政命令、仲裁或司法强制的手段强行消除分歧，因此，只能由政府相关部门进行协调和斡旋。在我国，由于集体谈判、签订集体合同而发生争议时，通常由政府代表进行协商和协调，使争议双方在既维护雇员又能维护企业权益的基础之上达成共识，从而完成集体合同的谈判和签订。在争议发生期间任何一方均不得有过激行为。政府的指导与协调反映了政府的职能由对企业的直接管理和指挥朝宏观调控和微观服务的方向转变。而对于已经生效的集体合同的履行发生的争议，则由劳动争议仲裁机构进行仲裁。

在西方市场经济国家，集体谈判或者在集体合同签订后出现争议时，通常先由政府的代表进行调解和斡旋。如果双方仍不能妥协，则可以诉诸法律。工会在这些情况下可以采用产业行动形式来迫使对方让步；雇主则可能以关闭工厂等手段对工会施加压力。在这些国家，工会行使产业行动权，一般有法律规定的严格程序和条件，有许多限制。集体谈判制度是协调劳资关系的一种主要形式，也是工会维护工人权益的重要手段，甚至被称为工会运动的“基石”。

（二） 雇员参与企业管理制度

在现代社会，工会和雇员代表普遍获得了参与企业管理的权利。不少国家先后通过立法，保障工会和雇员代表的参与权。工会和雇员代表参与企业管理，主要是对企业经营活动提供咨询，或与雇主一起参与对企业某些问题的决策，以便双方的相互理解和配合。目前雇员参与企业管理主要有以下形式。

（1）职工代表大会制度。职工代表大会是我国国有企业职工行使民主管理权利的机构。职工代表由企业职工直接选举产生，企业工会是职工代表大会的工作机构，负责职工代表大会的日常工作，检查、督促职工代表大会决议的执行情况。职工代表大会依法具有对企业生产经营的重大问题的审议建议权；对企业关于劳动条件的相关制度、方案的审查通过和否决权；对企业有关福利事项的方案的审议决定权；对企业经营者、管理者的评议监督权等。通过职工代表大会的形式，及时处理和协调劳动关系主体各方面的利益关系。

（2）企业委员会制。企业委员会由雇主或代表雇主的企业经营者与本企业雇员共同组成。其基本职能有：在企业的劳动人事管理方面拥有决策权；监督企业的经营活动；在企业制定重大发展计划方面，拥有咨询权和建议权；调解劳动关系双方的争议，促进劳动关系双方的沟通；等等。

（3）职工建议制。这一制度的中心内容是动员企业的全体职工为提高企业的经济效益，树立企业的良好形象献计献策。许多企业都制定各种措施，鼓励职工提出合理化建议。职工建议制度为企业创造了巨额的经济效益，同时也提高了企业的凝聚力。

（4）初级董事会制。企业一般只有一个董事会，它是企业的决策机构，初级董事会只是一个协商和咨询性质的机构。初级董事会由企业中下层管理人员组成，其作用在于反映职工的意见，上下沟通交流。

（三） 工会参与国家和社会经济决策

第二次世界大战之后，工会逐步介入政府制定政策的过程。在西方发达国家流行合作式劳资关系，国家与一些重要的经济组织共同决策，共享权力，从而使社会危机与冲突减少到较低程度。在这种劳资关系中，劳资双方各自的利益组织都强大而集中，形成了自上而下的组织形式。这些组织对本组织成员具有绝对的代表权，参与国家政策、法令的制定。劳资双方通过高层谈判，或对政府施加影响，实现有利于自己的劳动立法。在我国，工会组织一直是参政议政的主要社会力量，有权参与法律法规的起草，参与制定国民经济和社会发展规划，参与研究制定工资、物价、劳动安全卫生和社会保险等重大政策措施，即通过各种途径和形式参与管理国家事务、社会事务。

（四） 建立协调劳动关系的机构

企业劳动争议调解委员会是我国企业依法成立的专门处理本企业劳动争议的群众性组织，由雇主代表、工会代表和企业职工代表三方组成，负责本企业的劳动争议的处理。调解委员会主任由工会代表担任，雇主代表的人数不得超过代表人数的 1/3。调解委员会对劳动争议的调解是我国劳动争议处理的一个独立程序，具有群众性、自治性、非强制性等特点，可以将企业内部的劳动争议解决在基层。在其他一些市场经济国家，企业一般也设有劳动关系的协调机构，设立了解决劳资纠纷的组织，企业绝大部分劳资矛盾都由协调机构调解解决。

（五） 雇员参股制

建立现代企业制度的企业比较注重鼓励员工向企业投资入股，参与利润分红，并以此作为经济手段，激发雇员对企业的关心。如瑞典在 1983 年通过了《雇员投资法案》，规定企业雇主每年向雇员提供一定数量的基金用来购买企业股票。这部分资金由工人管理，以增强工人的参与意识，增加劳资双方在经济利益上的联系。

二、集体谈判模型

劳动关系利益的协调是两大组织间的行为，但雇主协会在组织方面比工会松散，而且组织行为不如工会组织明显，因此在阐述企业劳动关系的调整理论时一般是以工会组织为线索，阐述其行为理论和影响，同时涵盖雇主组织的行为。在劳动关系双方利益调整的各种形式当中，集体协商、谈判，订立集体合同占主导地位。实际上，在市场经济条件下，劳动条件的决定方式能为劳动关系双方接受的也只能是在符合国家劳动立法的基础上的集体谈判。

（一）集体谈判的约束条件

前已述及，集体谈判是劳动关系双方决定劳动条件的行为和过程，其目的是达成集体合同。在集体谈判过程中，工会组织当然希望达成对自身极为有利的条款，但这个目标的实现受诸多因素的制约。首先是政府，因为劳动条件的诸多方面的标准具有单方面的强制性，不由劳动关系的当事人协商谈判确定。如最低工资标准、最长劳动时间标准、劳动安全卫生标准、法定社会保险和休假等雇员的福利项目通常是由政府立法强制规定的，不属于集体谈判的内容，或者更准确地说，相关标准只能在国家标准以上，而不能在国家标准以下进行协商谈判。尽管全国的工会组织可以通过参政议政等多种活动形式影响立法机构和政府，但这些法规的稳定性较强，短期内不会有太多的改变。工会实现目标的另一个约束条件是市场，这是一个起着决定性作用的约束条件。因为集体谈判中的另一方是雇主，所达成的集体协议必须使得雇主既能够与工会协调共处，同时又能够在市场上获得必要的成功。提高工人的劳动条件会给雇主提供一种用资本替代劳动的刺激，而且，如果雇主的生产成本提高到一定程度，他们还有可能会受到缩减经营规模的压力。我们可以短期货币工资的决定为例说明集体谈判的约束条件。

货币工资决定了工会必须面对一条向右下倾斜的劳动力需求曲线。这样，无论是这条曲线的位置还是其弹性的大小，都会对工会达到其目标的能力构成一种约束。我们用图形来分析一下。

如图 12－1 所示，有两条需求曲线 D_1 和 D_2，初始工资率为 w_0，就业水平为 L_0。假设企业生产的其他条件不变，一个企业工会组织想将工资率提高到 w_1。想要达到这一目的，就业量就必须下降，这时有两种情况：如果工会所面临的需求曲线是相对富有弹性的 D_1，就业量就会下降到 L_1；如果工会面临的需求曲线是相对缺乏弹性的 D_2，就业量就只会下降到 L_2。在其他条件相同的情况下，劳动力需求曲线的弹性越大，则与任何既定的工资水平提高程度相联系的就业量降低幅度就越大。

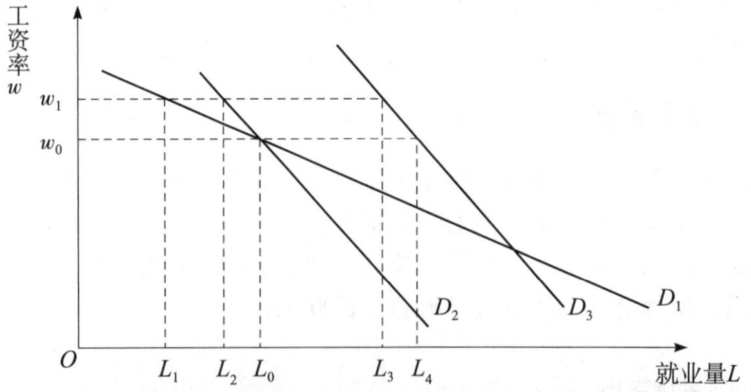

图 12－1　劳动力需求和需求工资弹性对工会所面临的市场约束的影响

假定谈判过程中，劳动力需求曲线从 D_2 向右平移到 D_3，这种移动可能是对最终产品的需求上升所导致的，如果工会成功地将工资率提高到 w_1，那么在这种情况下，就业量就不存在绝对的减少，只不过工会使得就业量没有能够扩大到 L_4，而只是扩大到 L_3。因此，在一般情况下，如果其他条件相同，那么劳动力需求曲线向右（左）平移速度越快，则与任何既定的工资水平提高程度相联系的就业量或就业增长率降低速度越慢（越快）。因此，在那些劳动力需求曲线缺乏弹性的快速增长产业中，工会提高工资的能力更强；相反，在那些劳动力需求的工资弹性极高的产业以及劳动力需求曲线向左平移的产业，工会提高工资的能力是最弱的。

（二）工会弱化约束的努力

上述约束条件限制了工会实现目标的能力，工会必然会通过一些方式来弱化这些约束条件。在各种约束中，劳动力需求的工资弹性的影响是最大的，而劳动力需求的工资弹性主要取决于四个因素：

- 产品需求的价格弹性；
- 生产过程中以其他要素投入替代劳动力的难易程度；
- 其他要素投入的供给弹性；
- 劳动力成本占总成本的比重。

其他条件相同，上述四个因素与劳动力需求的工资弹性存在着正向关系（相关内容在本书第 3 章已做叙述）。如果产品需求的价格弹性较小，以其他投入替代劳动力很困难，其他投入的供给弹性小，劳动力成本占总成本的比重很少，那么，劳动力的需求就会缺乏弹性，工资的提高也不会因就业量的减少而受阻。反之，劳动需求弹性越大，工会赢得工资增长的可能性越小。这是因为需求曲线越富有弹性，与工资增长一定百分比相应的就业量下降的百分比就越大。因此，工会对工资的影响集中于力求降低劳动力需求的工资弹性，弱化工会面临的市场约束，或者增加产品的社会需求。工会一般通过以下活动力求弱化市场约束。

第一，工会通过对立法的支持和直接的公共关系运动改变对最终产品的需求。例如，在 20 世纪 70 年代末 80 年代初，美国的钢铁和汽车工人工会针对限制外国的钢铁和汽车产品在美国的销售量进行大量的社会活动，汽车工人工会在 80 年代支持过国内汽车配件含量立法的提案，这些提案建议，进口的汽车至少应包含一定比例的美国零件；再如 2000 年美国国会审议中国加入世界贸易组织的中美贸易协定，与工会有密切联系的国会议员则持反对意见。这些举动都可以认为是工会弱化约束条件的努力。

第二，工会特别重视技术变化和工艺流程等能够造成对劳动力替代的问题。各国工会目前对计算机技术的发展与应用尤为关注，提出如果遇到技术的重大变化，有权提出重新进行集体谈判要求。另外，工会还限制雇主用其他投入替代劳动力，例如，在集体合同中规定工作岗位的最低定员标准，以防止雇主随意以其他投入替代劳动力。

第三，劳动力市场中存在的大量低工资劳动者，也是对工会提高工资努力的一种威胁。因此，工会必然大力支持政府的充分就业政策、收入保证计划以及社会劳动力流动的某些管理政策等，以降低这类劳动力的市场存量。如果工会不能削减市场中这类劳动力的规模，至少也要提高这类劳动力的价格。所以，工会积极支持政府的工资保证计划（最低工资、平等收入等），要求提高各种劳动标准等，以提高非会员劳动力的价格。在企业中，工会经常使用集体合同中限制雇主转包工作以及自由招工的条款来减少低工资劳动力对会员劳动力的威胁。

下面结合效率合约模型讨论在市场约束既定的情况下，工会和雇主在就工资和福利进行集体谈判的过程中所采取的行为，即工资和就业之间的相互作用以及相互替代。

（三）效率合约

1. 在约束条件下工会效用最大化

集体谈判中，假定工会有能力单方面确定劳动力的价格，雇主只能在既定的新工资率下通过调整雇用量来谋求自己利润的最大化。这一模型的含义是：工会所面临的劳动力需求曲线是工资率的一个简单函数，它被看成是工会和雇主之间关系的最简单模型，如图 12－2 所示。

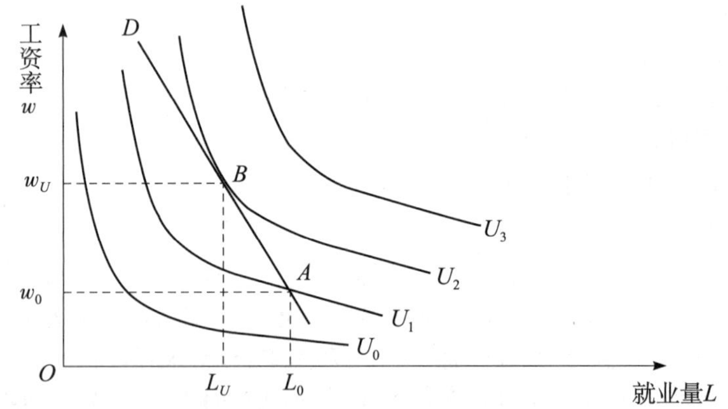

图 12－2 劳动力需求曲线约束之下的工会效用最大化

在图 12－2 中，横轴为就业量，纵轴为工资率，向右下倾斜的直线 D 为企业的劳动力需求曲线。

我们假定工会对其所代表的会员的工资水平和就业量的价值评价是一样的，并且它能够对其会员的关于工资与就业的偏好进行汇总求和，从而以工资和就业量为自变量的工会效用函数就可以成立。工会效用函数通过无差异曲线 U_0，U_1，U_2，U_3 来表示，其数学表达式为：$U=f(w, L)$。这些曲线中的每一条都代表着对工会来说没有效用差别的一系列就业量和工资的组合。无差异曲线具有负斜率，即在保持工会效用函数不变的情况下，工资增加所导致的效用的提高必须用就业的降低来补偿，也就是边际替代率递减（它们凸向原点）。在无差异曲线 U 上，设效用水平不变，即 $dU=0$，则有

$$U=f(w, L)$$

$$\frac{dw}{dL}=-\frac{\frac{\partial U}{\partial L}}{\frac{\partial U}{\partial w}}$$

越在右上方的无差异曲线代表着越高的工会效用水平，而在左下方的无差异曲线则代表较低的效用水平。

假设在没有工会和集体谈判的情况下，市场力量导致工资率达到 w_0 的水平，雇用量达到 L_0 的水平（如图中的点 A 所示）。现在，我们考虑工会和集体谈判这个因素。假定工会并不满意 w_0 的工资率，因为这一工资率对于工会组织而言效用水平比较低，其效用水平在 U_1 上。当然工会组织希望以 U_3 的工资与就业组合形成集体谈判的结果。但是受到劳动力需求曲线的约束，工会达不到如此之高的效用水平。假设通过集体谈判，工会和雇主同意制定一个较高的工资率，于是，雇主将在既定的工资率下决定所要雇用的劳动力。而在谈判工资率一定的情况下，雇主为了实现利润最大化，必须根据劳动力需求曲线来确定自己的雇用量。因此，工会的目标就是，在工资-雇用量组合必须处于需求曲线上这一约束条件之下，使得自己的效用实现最大化。

基于这种情况，工会将会通过集体谈判努力使谈判结果向点 B 处移动，在这一点上，无差异曲线 U_2 正好与劳动力需求曲线相切。在这一点上的工资率等于 w_U，而就业量则等于 L_U。在劳动力需求曲线这一约束条件既定的情况下，点 B 就代表了工会所能够取得的最高效用水平。

2. 效率合约模型

前面的分析表明，雇主被动地接受工会的工资要求，在确定的谈判工资率的情况下，通过劳动投入量的调整实现利润的最大化。谈判结果所决定的工资与就业组合，相对于工会而言确实是在约束条件下实现了效用的最大化。但是此种组合是否有效率则不得而知。现实生活中，劳动条件并不是单方决定的，而是工会和雇主协会两大组织在谈判，共同协商工资率、雇用量等问题，这实际上属于双边垄断组织的竞争行为。由于是双方竞争共同决定工资和雇用量，那么双方的福利从理论上说能够得到改善。因此就存在一系列至少可以使其中的一方获益却不使另一方受损的工资和雇用量组合，这些组合称为“效率合约”。

关于效率，这里指的是狭义上的，广义上的效率是指帕累托最优。一种交换如果使至少一个人的境况变得更好，同时又没有让任何人的利益受损，那么这种交易就被认为是帕累托改进。进一步，如果某种资源配置状态使得任何帕累托改进均不存在，即在该状态下，任何改变都不能使至少有一个市场主体的福利增加而又不使任何主体的福利受损，则此种状态为帕累托最优状态。换言之，如果对于某种状态还存在帕累托改进，即还存在着某种改变可以使至少一个市场主体福利增加而又不使任何市场主体的福利下降，则这种状态就不是帕累托最优。帕累托最优一般指社会福利的改善，即经济效率。我们在这里讨论的“效率”仅仅是指劳动关系双方福利的改善，它并不意味着整个社会从中获益。社会的福利水平是否提高，在这里的讨论是不确定的。

如图 12－3 所示，D 是劳动力需求曲线，I_0，I_1，I_2 是等利润线，初始工资率为 w_0，雇用量为 L_0。如果雇主要想扩大雇用量，那么利润就将下降，为了不使利润下降，就要求制定一个较低的工资率。等利润曲线是一条由一系列的工资和雇用量组合形成的轨迹，沿着这条轨迹运动，按照一定的工资率投入相应的劳动要素，则雇主所获得的利润是不会改变的。利润函数可用下式表达：

$$I=P\cdot f(L,K)-w\cdot L-r\cdot K$$

式中，I 为雇主的利润；P 为产品价格；w 为劳动的价格（工资率）；L 为雇用量；r 为资本的价格；K 为资本量。

从上式容易导出等利润曲线：

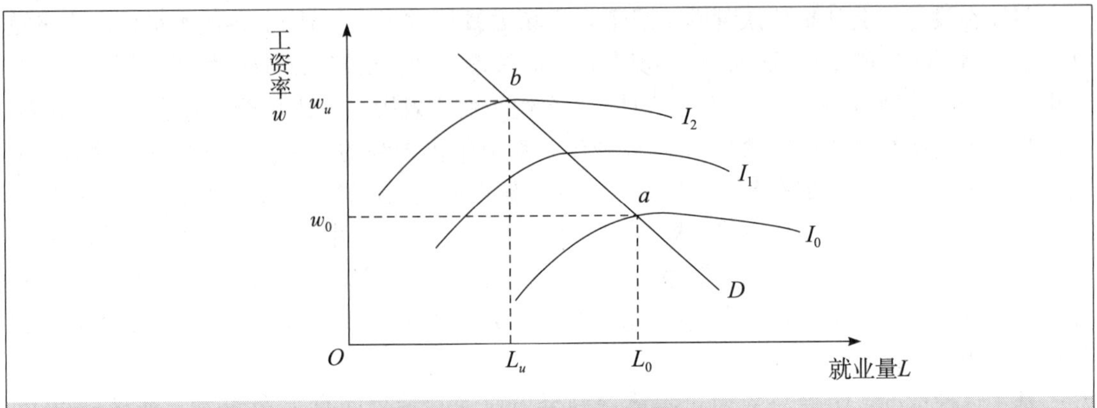

图 12-3　雇主的等利润曲线

$$\frac{\mathrm{d}w}{\mathrm{d}L}=\frac{P\cdot f_L-w}{L}$$

式中，$f_L=\frac{\partial f}{\partial L}$，即劳动的边际生产力。当边际生产力较高时，等式右侧的正值随着劳动投入 L 的增加而递减，最终转为负值，在图形上则表现为凸形曲线。

较高的等利润曲线所代表的雇主利润水平较低，这是因为在较高的等利润曲线上，与每一雇用水平相联系的工资水平更高，可以说相对于等利润曲线 I_2 上的任何一点，I_0 上的所有点都更好一些。显然，最初的工资-雇用量组合点 a 在 I_0 上，I_2 上则包含工会所得出的工资和雇用量的最优组合点 b。

如果把以上两个图形合并在一个坐标上，如图 12-4 所示。

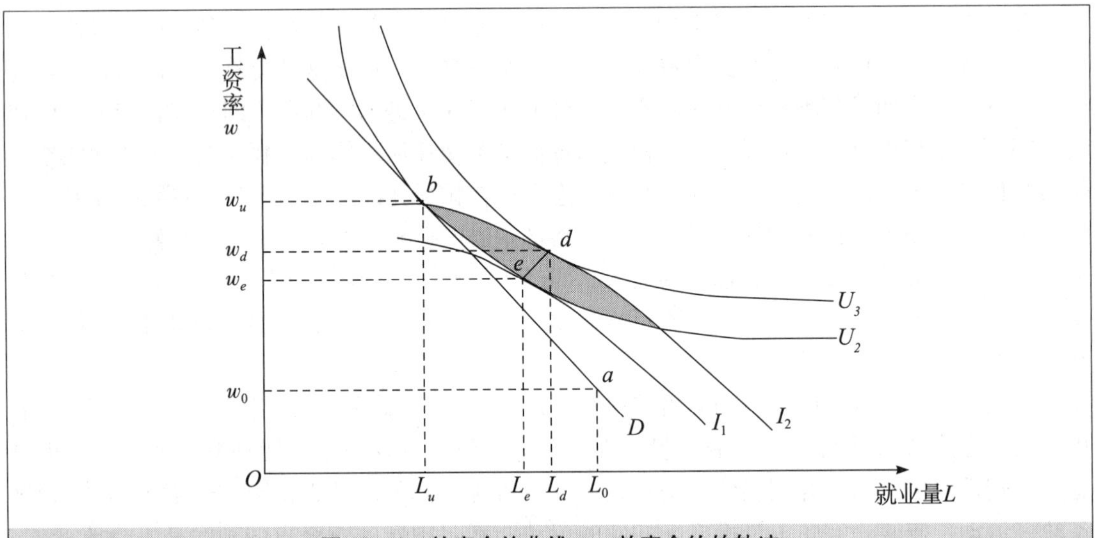

图 12-4　效率合约曲线——效率合约的轨迹

在图 12-4 中，曲线的含义与前面一致，它描述了工会所得出的工资与雇用量组合，即点 b 不是一种效率合约。假设工会的决策点不是定在点 b，双方经过谈判所确定的集体合同的结果为点 d，这时的工资率 w_d 虽然比点 b 所确定的工资率低，但是就业量则增加为 L_d。在点 d 上，工会的福利将会更高，因为现在它将处在更高的无差异曲线 U_3 上，而企业却并未遭受任何损失，因为它同时还在等利润曲线 I_2 上。因此此种变化相对于工会和雇主而言，的确是帕累托改进：工会受益，雇主并无受损。

假设工会同雇主谈判所订立的集体合同在点 e 上，则工资率为 w_e，雇用量为 L_e，与工会的决策点 b 相比，工会的福利状况没有改变，因为它还留在同一条无差异曲线 U_2 上，而企业的福利状况却得到了改善，这是因为它现在能够达到等利润曲线 I_1 了。而 I_1 在 I_2 的下面，即它所代表的是更高的利润水平，此种改变同样是帕累托改进：雇主受益，工会并无受损。

事实上工会和雇主双方能够找到一系列至少不比点 b 差的集体合同结果，这些合约是图中阴影部分所示的工资和就业的组合，这些组合中的任一组合对于工会和雇主的福利均比点 b 为好。效率合约是指那些能够使雇主的等利润曲线与工会无差异曲线相切的点，比如点 d 和点 e。在这些点上，任何一方福利的增加都要使对方的福利受损，即不存在任何帕累托改进的可能。事实上还存在着一条代表这些点的完整轨迹。在图 12-4 中，存在无数条工会的等效用曲线和雇主的等利润曲线，将它们的切点连接起来，可得到曲线 ed，曲线 ed 通常称为效率合约曲线（或效率合约轨迹）。这条曲线上的每一点都代表着工会的无差异曲线和雇主的等利润曲线的一个切点。在这些点上，劳动关系双方的福利，即工会的效用和雇主的利润至少与点 b 相同，并且至少有一方的福利比点 b 更好，进一步，任何改变，即偏离效率合约曲线，都将使一方的福利受损。然而，在 ed 线所有的决策点上，双方并不是无差异的，工会的偏好接近点 d，雇主的偏好接近点 e。实际的集体谈判结果究竟确定在合约曲线的哪一点上，则主要取决于双方谈判力量的大小。

对于效率合约曲线，需要指出两点：

（1）正如图 12-4 所表明的，它偏离企业的劳动力需求曲线并且处于其右侧。这意味着与单方面控制劳动条件时的情况相比，现在企业在既定的工资率下所使用的劳动力更多，这说明集体谈判合约中包含要求雇主在企业中同意使用较多劳动力的约定。比如，合约中可能会有与某些职位最低定员标准有关的约定，或者与决定哪些岗位必须完成哪些特定任务一类的严格规则有关的条款，即严格的分工，在有些合约中甚至还包括对某些工人的长期雇佣条款。尽管雇主可能会因这些条款而获得福利方面的改善——这是因为这些条款能够使工会同意雇主支付较低的工资率，但是对社会而言，社会福利是否增加则具有不确定性。这是因为它没有能够实现成本的最小化而造成了可能的人力资源的浪费，如果劳动力重新配置并发挥出更大的生产率，那么社会就能够进一步提高其总产出，从而增加社会福利，但是，若劳动力市场劳动力供给大于劳动力需求，劳动力的机会成本很小，则必定增进社会福利。

（2）合约曲线将向上倾斜，但这并不意味着它一定像图 12-4 中所描述的那样向右上方倾斜。它倾斜的方向取决于工会无差异曲线的形状和雇主等利润曲线的形状，即取决于工会效用函数和雇主利润函数的特征。

3. 效率合约曲线的改变

效率合约的分析可以明确劳动关系双方集体谈判结果的分布范围，即图 12-4 中的阴影部分，而最佳点则应落在效率合约曲线上。实际上，该谈判区域因一系列条件的变化而改变。

（1）经济周期变动，等利润曲线变位。经济繁荣时期，总需求扩大，导致企业的劳动力需求曲线右移，企业即使支付更高的工资，也能提高其利润水平，等利润曲线向上移动并不降低利润水平，从而可以在工会的较高的等效用曲线上达成集体合同，即可以使效率合约曲线向上变动。若经济处于不景气时期，总需求下降，变动恰恰相反，即使工会的谈判力量很强，也很难获得较多的工资增长。

（2）技术变化，等利润曲线形状改变。企业的生产技术特点不同，利润函数的特点也不一样，等利润曲线的形状因此就存在着差异。等利润曲线极大地依赖于雇用量增减导致的企业的劳动边际生产力的变化。在某种特定的技术下，雇用量一旦超过某一水平，边际生产力就会迅速地下降，而采用别的技术，则可能存在缓慢下降的差异。这种差异如图 12－5 所示，在图中与工会的效用函数 U 在点 A 相切的等利润曲线 I_s 对应于前者那样的技术特点；与点 B 相切的曲线 I_z 对应于后者的技术特点。前者的等利润曲线比较倾斜，而后者则比较平缓，所以由这种差异决定的谈判范围以及效率合约曲线必然不同（为使图形清晰，效率合约曲线略）。比较倾斜的等利润曲线对应于比较高的工资率和比较少的雇用量，比较平缓的等利润曲线则对应于比较低的工资率和比较高的雇用量。

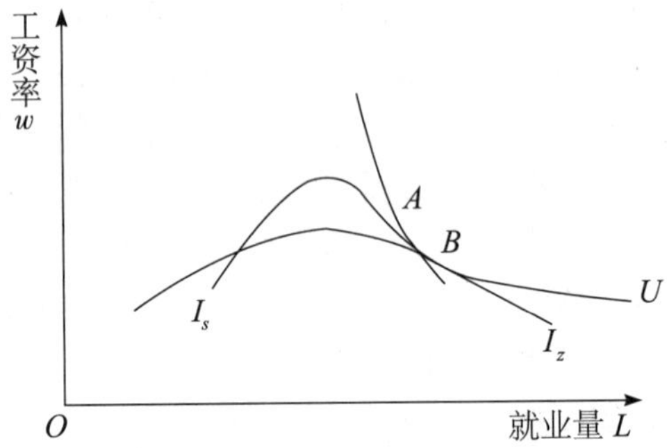

图 12－5　技术特点——等利润曲线变化

（3）工会偏好改变，等效用曲线改变。工会是雇员的有关工资和就业偏好的代表，如果偏好变化，必然使效用函数发生变化，从而使工会的等效用曲线发生变动。图 12－6 中的工会偏好的变化表现为等效用曲线 U 到 V 的变化。工会偏好如果更为重视工资，边际替代率比较高，反之，边际替代率比较低。工会效用函数的选择左右着效率合约的决定。

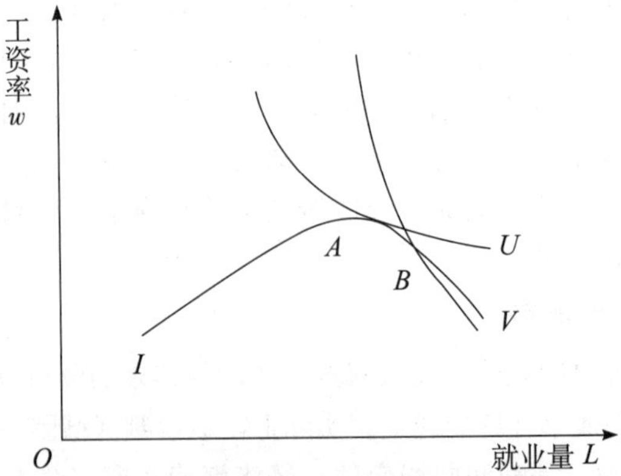

图 12－6　工会效用曲线变化

（四）集体谈判的范围论

英国经济学家庇古教授于 20 世纪初在其《福利经济学》一书中建立了一种短期工资决定模型，这一模型讨论了劳动关系双方关于工资的集体谈判的范围。模型的结构由工会和雇主各自的谈判要求构成：反映工会的工资谈判要求分为上限与坚持点；反映雇主的谈判要求分为下限与坚持点。当工资率通过集体交涉决定，而不是通过劳动力市场的自由竞争决定时，工资率不再是由劳动供求决定的单一点，而存在一个由工会工资要求的上限和雇主愿意提供的工资的下限构成的“不确定性范围”。集体谈判中工会的最初工资增长要求（通常高于竞争工资率以上的某一点）决定这个范围的上限，工会认为上限以外的工资增长会对其会员的就业产生不利影响；工会的坚持点（底线）是集体谈判工资增长的最低要求，若低于此点则不被会员接受，而宁愿以产业行动为抵制手段。雇主最初愿意提供的工资增长（通常低于竞争工资率以下的某一点）决定这个范围的下限，认为低于此限度就难以保证生产所需的必要的劳动力供给和企业的市场形象；雇主的坚持点则是最大能够允诺的工资增长，若超过该点则以关闭企业为抵制手段。不确定性范围的长度与劳动力需求弹性和供给弹性构成相反方向变动。

图 12－7 是达成协议的范围理论图解，上限是点 A，下限是点 D。在这两个端点之间，经过提议、让步和反提议等一系列过程，工会逐渐降低其原有的工资增长期望值，雇主也会逐渐提高其愿意提供的工资增长作为让步。不过，双方的让步都不是没有限度的，谈判双方都有一个让步的最大限度，即各自的坚持点。图 12－7 中，工会的坚持点是 B；雇主的坚持点是 C。

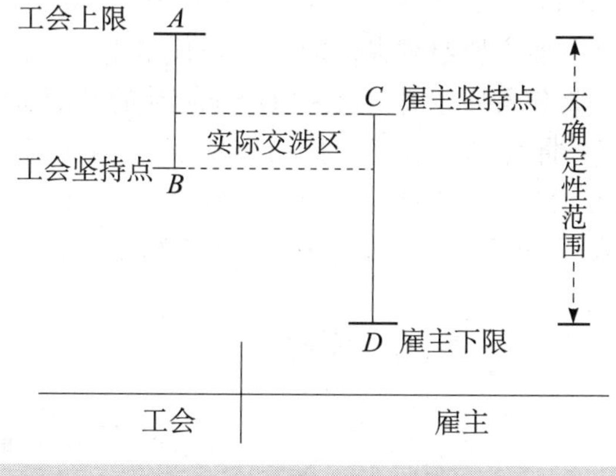

图 12－7　可以达成协议的庇古范围论图解

在图 12－7 中，双方的坚持点之间有一个重叠区，这个重叠区便构成可能不经产业行动或关闭企业而达成协议的实际交涉区。如果工会的坚持点位于雇主的坚持点之上（如图 12－8所示），双方的坚持点之间没有一个重叠区，不存在可能的交涉范围。此时，如果双方不修正原有的坚持点，集体谈判就将破裂，工会的产业行动或关闭企业都有可能发生。经双方显示力量和妥协，各自的坚持点会发生变化，最终会形成实际交涉区。因此，集体谈判的关键在于双方坚持点的确定，以及集体谈判的结果靠近哪一方的坚持点的问题：集体谈判结果越接近某一方的坚持点，越能表明其对方获得利益。

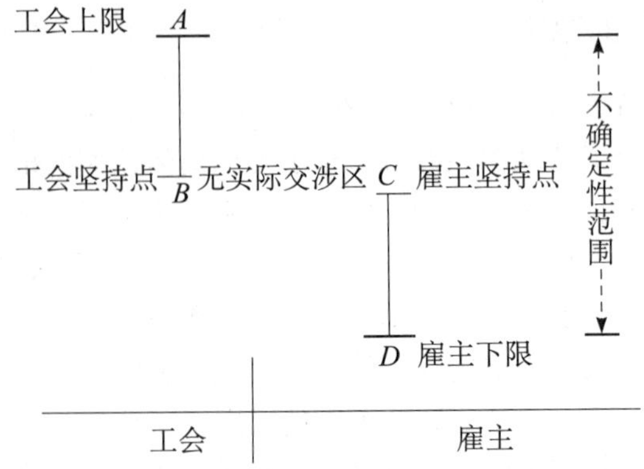

图 12-8 不能达成协议的庇古范围论图解

坚持点的决定因素可以归纳为以下方面：(1) 宏观经济状况。当经济处于繁荣时期，总需求比较旺盛，劳动力市场的劳动力供求状况将有利于增强工会的谈判力量，从而使工会的坚持点上移；反之，经济停滞，失业率居高不下，则会使工会坚持点下移；(2) 其他工会组织的集体谈判结果的影响效应；(3) 工会组织的团结程度、雇主的实际支付能力，以及工会和雇主各自的财务状况；(4) 集体谈判各方的交涉技巧与公共关系能力等。

（五） 希克斯谈判模型

希克斯集体谈判模型如图 12-9 所示。该模型表明，谈判方将接受的工资水平与建立这一工资水平所需要的产业行动时间长度之间存在函数关系。假设集体谈判双方仅就提高工资幅度问题进行谈判，纵轴 w 是工会和雇主正在谈判中的工资增长百分比，横轴是预期的工会产业行动的持续时间。雇主所愿意提供的工资增长水平是 w_1，为了避免工会采用产业行动进行抵制，工资水平将随着雇主对工会采取产业行动的预期所做的让步而提高，从而可得到雇主的让步曲线 *EC*，曲线 *EC* 上的任何一点表示雇主对应每一工会所采取的产业行动长度所能支付的最高工资增长；*EC* 曲线将会变得水平，意味着雇主提高工资有一个最高限度，超过这一水平，在任何情况下，雇主都不会再提高工资。

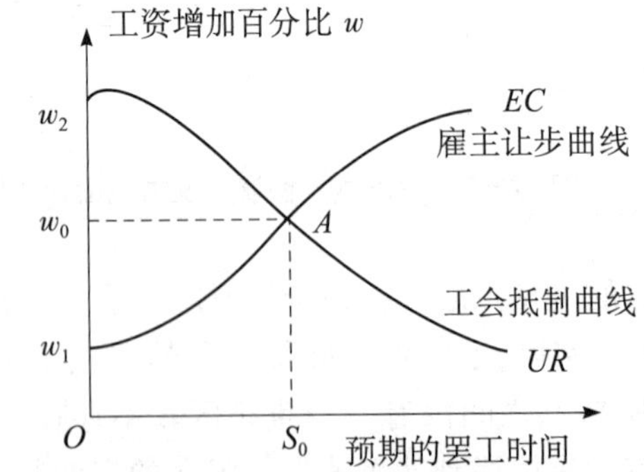

图 12-9 集体谈判让步曲线模型

从工会方面来说，其工资增长要求为纵轴的 w_2。考虑到采取产业行动的损失与成本，工会可以接受的工资增长低于该点。工会的抵制曲线 UR 表示在各种采取产业行动长度的条件下可以接受的最低工资增长水平。UR 曲线随着产业行动的预期长度而下降，最后也将趋于平滑，表明工会采取产业行动有最长的时间限度，超过这一限度，工会将接受雇主提供的工资增长水平。若集体谈判破裂而发生产业行动，随着产业行动的继续，工会的工资要求将会下降，而雇主所愿意提供的工资则逐渐上升，直至产业行动进行到点 S_0，双方达成了妥协。在这一点上，工资提高到点 w_0，预期产业行动结束。

希克斯模型表明若集体谈判各方都明确对方的底线，为了不发生产业行动的成本，双方将在产业行动发生之前就在点 w_0 达成协议。但这是不可能的，因为谈判各方都有隐藏自己底线的真实位置和诱导对方的动机。故希克斯模型的真正意义在于为研究集体谈判双方的谈判力量提供了框架。希克斯模型有三个方面的含义：

（1）如果 EC 曲线保持不变，则任何 UR 曲线向上移动（增强工会对雇主的抵制力量）的因素都将同时提高预期的产业行动时间和预期的工资上涨幅度。决定工会抵制力量的因素分别是：第一，工会的组织程度。若产业行动期间雇主不能找到足够的劳动力替代产业行动工人，就将会增强工会的抵制力量。第二，工会的财务状况。若工会可以支付足够的产业行动津贴以弥补工人的损失等，也将使 UR 曲线的形状更加平坦。此外，宏观经济状况对 UR 曲线有直接影响，比如失业率很低，产业行动者很容易找到临时性的工作，那么工人们决定产业行动以及将产业行动继续下去的愿望就会增强。根据发达国家的经济状况确实发现，在相对繁荣时期，产业行动的可能性不仅更大，而且产业行动的时间也更长。

（2）任何强化雇主拒绝能力的因素都会导致 EC 曲线的下降，从而也使 UR 曲线下降。这些因素是：第一，产业行动企业产品的替代可能性。可能性小，将加大雇主的谈判力量。第二，产品市场的供给状况和市场结构。预期的产业行动期间企业有充分的库存而不失去市场，垄断性企业将比竞争性企业更具有谈判力量。此外，凡是削弱工会的抵制力量的因素都将是强化雇主谈判力量的因素。

（3）产业行动似乎是一种不必要的浪费。如果在不出现产业行动或只经过一段较短时间产业行动的情况下，预期的妥协工资 w_0 就能够达到，那么雇主和工会双方都可以少承担一部分损失。在产业行动可能对双方都带来较高成本的情况下，双方都可能会同意提前达成某种谈判草案。实际上，有一些证据确实表明，产业行动给双方造成的总和成本越高，产业行动发生频率越低，持续时间也越短。

希克斯模型与庇古模型的主要区别是：希克斯模型指出了精确的工资决定点，而庇古模型给定的只是一个大体的范围。希克斯谈判模型为更加复杂的谈判理论的发展奠定了基础。不过，希克斯模型可能存在几个严重的缺陷；（1）该模型不现实的假定，即谈判双方意识到对手的让步意愿；（2）该模型假定让步曲线是固定的，不受谈判过程中变化和动态因素的影响，希克斯模型并未意识到这样的可能性，即随着谈判过程的继续，让步的意愿会增强；（3）该模型可能高估了谈判双方计算谈判成本的准确性。

工会与雇主之间的集体谈判是谈判行为在劳动关系领域的一种表现形式，而作为谈判的一个特征，是谈判的不确定性。这种不确定性可以概括为两个方面。第一是谈判本身的不确定性。谈判延续多长时间、谈判是否有结果、谈判的结果是什么、谈判中是否会出现产业行动或关闭企业等抵制行为、谈判双方是否能够达到各自的目的等，存在着不确定性。第二是谈判未来的不确定性。集体谈判的目的在于未来，双方谈判未来几年的集体合同，然而，在谈判中双方均不可能准确预计未来合同期间的经济形势，例如，未来社会的经济活动状况、企业本身的销售与利润、今后的消费品价格水平，以及为保证雇员的生活水平而需要增加的工资数额等。此外，集体谈判还有一个特征，就是谈判问题的多维性。在谈判中，货币条款与非货币条款构成了谈判的两个主要方面，涉及各种简单的和复杂的事项，如工资增长幅度、福利待遇提高水平、工作时间、休假、工龄优惠、雇主权力、工会安全、争议处理程序等。

集体谈判的上述特征决定了劳动关系双方在谈判中的基本策略。在谈判中，双方首先是对各种谈判的问题进行分析，从而确定谈判的目标和各种项目的先后顺序。然而，在几乎所有的集体谈判中，对于各种问题，各方公开的要求与可以接受的条件之间，以及与国家相应最低劳动标准之间总是留有较大的余地。这就使双方均难以确定对方对各种问题的实际态度（最后的位置），双方既不能读透对方的心理，也不能对谈判的发展做出预测。这种情况也决定了谈判的必要性，因为通过谈判过程的信息交换、对话与讨论，双方将获得较为完整的信息，并对上述问题有较好的了解。这样，就可以在谈判过程中了解对方关心的问题以及对方对这些问题的态度。通过谈判，各方了解各种谈判问题对于对方的重要程度，了解在这些问题上对方留有多大的余地。

集体谈判的另一策略是妥协与让步。在几乎所有的谈判中，妥协是关键的要素。在尽可能考虑自己利益的前提之下，谈判各方都在寻找一种可以接受的解决途径。

虽然劳动关系双方的谈判实力是影响集体谈判最终结果的重要因素，但起决定作用的仍然是经济因素。市场经济条件下，在短期内，假设其他条件不变，则企业的工资和利润互为消长，因此雇主总是具有尽量压低工资的动机。劳动力要素相对于资本要素处于劣势，使这种动机能够产生效果。但是，这种动机遇到的一个极限，便是工人的基本生活资料、已经达到的生活水平等。劳动者必须生存并能保障劳动力的再生产正常进行，这不仅是社会道德的起码要求，也是雇主取得利润的需要。因此，在给定的经济环境下，法定最低工资水平构成雇主的工资下限。

雇主投资的目的在于取得利润，而利润率必须高于利率，否则就不会有投资行为。没有投资行为，对劳动者也不利，因此工会确定工资时必须能够使雇主获得超过利率的利润率。利润率的下限为利率，故当利润率等于利率时，工资达到它的上限。在生产函数中，资本和劳动力两种要素存在替代性，当雇主的收入等于资本的边际收益——利率时，工人的收入等于劳动力的边际收益——工资。此时，工资达到其上限——劳动力的边际产品收益。由此可见，通过集体谈判订立集体合同，劳动关系双方共同决定劳动条件，是经济规律得以发挥作用的形式。

在市场经济发展过程中，国家的经济政策与制度安排所追求的价值目标是效率与公平，通过集体协商、谈判，由劳动关系双方共同决定工资等劳动条件，充分体现了劳动关系双方权利的对等性。因而，由劳动关系双方集体协商谈判，订立集体合同确定工资、劳动条件保障了劳动关系运行的公平性、公正性。雇员通过工会组织进行集体协商，保证了雇员的意志在工资、劳动条件的决定方面得以表达的途径。由劳动关系双方协商、谈判决定工资等劳动条件可以在给定生产力的条件下保障效率的实现。而双方协商的结果所决定的工资和劳动条件标准的水平是何种程度反而是不重要的，重要的意义在于形成了一种与市场经济运行相适应的价格决定机制。正是基于上述两点，建立利益协调型劳动关系确实是保障效率与公平双重价值取向的较好的选择。

三、劳动关系的社会调整

如前所述，企业劳动关系的调整存在多种形式，无论是集体谈判还是其他民主管理形式，其调整一般局限于企业内部，由劳动关系双方依据法律法规进行，是企业内部事务，政府只是间接地施加影响，主要依靠企业劳动关系双方的自我约束。而劳动关系的社会调整，则是政府凭借国家权力直接进行干预。

（一） 劳动关系调整的基本原则

在现代社会，各国劳动关系的社会调整均遵循劳动法的规定实施。调整劳动关系的基本原则是指调整劳动关系以及与劳动关系密切联系的一些其他社会关系时必须遵循的基本准则和指导思想。宪法中有关劳动问题的规定确定了调整劳动关系基本原则的内容，它贯穿于劳动立法、守法、执法、法律监督、劳动争议处理、司法的全过程。

基本原则的特征主要是：

（1）基本原则是劳动法律中具有指导性、纲领性、规律性的基本准则，而不是劳动法律制度中调整某一具体行为的规定，原则所覆盖的事实状态远广于具体的规定，适用的范围也大于具体的法律规范。

（2）基本原则反映了劳动法律的性质、价值取向和特点；基本原则具有稳定性，只要社会经济制度不发生变化，基本原则不会发生变化。

（3）基本原则对具体的劳动法律规范具有约束力，具体的劳动法律规范不得与基本原则相抵触，它适用于全国各地区、各种性质的劳动关系。

（二） 基本原则的内容

我国劳动关系的社会调整所遵循的基本原则包括以下内容。

1. 劳动者享有平等的劳动权利

劳动权原则是调整劳动关系的首要原则，其含义是劳动者享有平等的就业权和自由地选择职业的权利，劳动权不能因民族、性别、宗教信仰而受到歧视。国家通过宏观经济政策、社会政策促进经济发展，创造就业机会，扩大就业。

2. 劳动者有通过劳动获得劳动报酬的权利

劳动报酬是劳动者实现其生存权的基本保障，是获得生活资料的根本来源，国家坚持按劳分配和同工同酬原则，实行最低工资制度，保障劳动者的劳动报酬权的实现。

3. 劳动者有休息休假的权利

在法定劳动时间之外，国家保障劳动者的休息权，依法规定企业的工作时间制度、年休假制度，对企业延长工作时间实施严格的限制措施。

4. 劳动者有获得劳动安全卫生保护的权利

劳动安全卫生保护是保障劳动者在劳动过程中的安全、卫生所必须采取措施的法律规范，任何雇主都必须为劳动者提供符合国家劳动安全卫生标准的劳动条件和必要的劳动防护用品，防止、减少劳动安全卫生事故，减少职业危害。对女职工和未成年工提供特殊保护。

5. 劳动者有接受职业技能培训的权利

国家发展各种形式的教育和培训事业，开发劳动者的职业技能，提高职业技术素质，增强劳动者的就业能力和工作能力。

6. 劳动者有获得社会保险和福利的权利

国家发展社会保险事业，建立社会保险制度，设立社会保险基金，使劳动者在养老、患病、工伤、失业、生育等情况下获得帮助和补偿。国家鼓励雇主为其雇员建立各种形式的企业补充保险。

7. 劳动者有提请劳动争议处理的权利

国家建立劳动争议处理制度，依法保护劳动关系双方的合法权益。

8. 劳动者有依法参加和组织工会、参与民主管理的权利

劳动关系的社会调整的形式主要为国家的各项劳动法律制度。其具体内容的阐述已经超出了劳动经济学的范畴，属于劳动法学研究的领域。

◆ 本章小结

劳动关系的狭义含义是指在实现现实的生产过程中劳动者与劳动力使用者所结成的一种社会经济关系。劳动关系的一方当事人为劳动力产权的所有者即劳动者；另一方当事人为资本产权的代表者即经营者。如雇主与雇员或劳动者与用人单位。劳动关系中，劳动者向雇主让渡自己的劳动力，雇主向劳动者支付劳动报酬。其中，工资及其他劳动条件是连接雇主与雇员的最基本的桥梁。

劳动法律关系是指劳动法律规范在调整劳动关系过程中所形成的劳动者（雇员）与用人单位（雇主）之间的权利义务关系，即人们在实现现实的劳动过程中所发生的权利义务关系。

劳动力产权的所有者即劳动者在劳动关系中是劳动主体，其行为目标是工资、劳动条件和职业的稳定性；在现代市场经济条件下，由于财产的所有权与经营权的分离，雇主或用人单位通常并不是资本产权的最终所有者，但他享有资本的经营权——法人财产权。享有法人财产权或经营权的雇主在劳动关系中是用工主体，其行为目标是利润、效率。

在劳动关系双方利益调整的各种形式中，集体协商、谈判，订立集体合同占主导地位，实际上，在市场经济条件下，劳动条件的决定方式能为劳动关系双方接受的也只能是在符合国家劳动立法的基础上的集体谈判。

通过集体谈判订立集体合同，劳动关系双方共同决定劳动条件，是经济规律得以发挥作用的形式。

通过集体协商、谈判，由劳动关系双方共同决定工资等劳动条件，充分体现了劳动关系双方权利的对等性。因而，由劳动关系双方集体协商谈判，订立集体合同确定工资、劳动条件保障了劳动关系运行的公平性。由劳动关系双方协商、谈判决定工资等劳动条件可以在给定生产力的条件下保障效率的实现。正是基于上述两点，建立利益协调型劳动关系确实是保障效率与公平双重价值取向的较好的选择。

◆ 关键词

劳动关系	利益冲突型
利益一体型	利益协调型
集体协商制度	集体谈判制度

◆ 复习与思考

1. 何谓劳动关系？其特征是什么？

2. 构建利益协调型劳动关系应坚持何种原则？为什么说我国劳动关系构建的目标取向应是利益协调型劳动关系？

3. 通过集体谈判决定劳动条件的社会前提是什么？

4. 怎样正确理解集体谈判的约束条件？

5. 如何理解效率合约模型的效率含义？

6. 影响集体谈判范围的因素是什么？

附　录
劳动经济学的形成与发展

劳动经济这门科学从产生到现在已经有 100 多年了。它的产生和发展在国外和国内都经历了一个曲折、复杂的过程。下面分别阐述劳动经济学在发达国家和我国的形成与发展。

第 1 节　发达市场经济国家的劳动经济学

虽然古典政治经济学派的代表人物大多对劳动和工资问题有过不同程度的论述，但是把它作为一门独立的经济学科则是最近 100 多年的事情。美国、日本和英国的劳动经济学的产生和发展大体上经历了劳工运动→劳动问题→劳动经济几个发展阶段。

在美国，由于有组织的工厂劳动形式出现和劳工运动的发展，理查德・T. 埃里于 1886 年出版了《美国劳工运动》一书，引起了学者研究劳动问题的兴趣；1905 年托马斯・T. 亚当斯和海伦・L. 萨姆纳出版的《劳动问题》一书长期被尊为经典著作，是劳动领域里第一本教材；1925 年所罗门・布卢姆的《劳动经济学》的出版表明，这个新的专业——劳动经济学正式登上了经济学舞台，已开始形成一种“具有明确的理论性和实证性的体系”。这时，美国的一些大学如威斯康星大学、芝加哥大学等，先后在经济系单独开设了劳动经济学课程，出现了一批专门研究劳动经济问题的学者。从此，劳动经济学被科学界承认为一门独立的经济科学。

劳动经济学的产生是社会经济运行的必然结果。第一次世界大战后，美国经济发展异常迅速，工业产量已居世界首位，成为市场经济最发达的国家。伴随着经济的发展，工人阶级队伍不断壮大，工会力量日益增强，劳资关系出现了空前紧张的局面，大规模的罢工行动对工业生产造成了很大威胁。垄断资本迫切需要一种理论来缓和阶级斗争，先前只在政治经济学中对劳动问题所做的一般论述已经无法满足这种需要。正是在这种客观条件下，制度学派才建立起这门独立的经济科学，企图用制度不完善来解释资本主义社会的阶级矛盾，并用劳资合作的原则来解决劳动问题。

早期的劳动经济学主要说明劳动史、集体谈判、工会组织管理、社会保险、劳动报酬、劳动时间和劳动法等。

劳动经济学建立时间不长，资本主义世界发生了空前严重的经济危机，各国失业和贫困现象加剧，劳资关系矛盾更加尖锐，劳动经济学的研究普遍受到重视。西欧和日本等也先后建立起自己的劳动经济学。但是，由于早期的劳动经济学内容狭窄、理论性不强，到 20 世纪 30 年代末就陷入了无人问津的境地。进入 40 年代，芝加哥学派发动了一场“劳动经济学革命”，重新肯定了 19 世纪新古典经济学传统，突出强调劳动力市场的自发调节作用，把劳动力市场的论述引入劳动经济学中，使劳动力市场成为劳动经济学的主要内容。此后，劳动经济这门科学重新受到学术界的重视，有了很大发展，各著名大学的经济学科都开设了劳动经济学课程，研究劳动经济的学者大大增加。60 年代以来，随着科技进步、生产力发展和劳资关系的演变，市场经济发达国家的劳动经济科学有了进一步发展，新成立的劳动经济研究所不断出现，劳动经济学专著和教材不断出版，论文和研究报告不断发表，呈现一派持续发展的形势。

对于劳动经济学研究的对象，不同学者各有其不同的表述。美国的伊兰伯格和史密斯认为，劳动经济学研究劳动力市场的运行和结果。确切地说，劳动经济学研究雇主和雇员对工资、价格、利润及雇佣关系的非货币因素（如工作条件）的行为反应。英国的 L.C. 汉特认为，劳动经济学研究劳动力商品的特征以及由这些特征而产生的各种制度。日本的岛田晴雄认为，劳动经济学是一门研究劳动的人的学问，就业、失业、劳动时间、生产率、收入、工资、物价、余暇时间，就是与人们的工作和生活有关的各种问题。虽然不同学者的表述方法有所不同，但就所论述的实质来说，都是劳动力市场的运行、机制和结果，都是对劳动力市场及其相关问题进行的经济分析。

发达国家劳动经济学中所说的劳动力市场，不仅是指买卖劳动能力的具体场所，而且主要泛指调节劳动力的经济机制。其所涉及的内容十分广泛，几乎所有劳动问题都直接或间接地受劳动力市场的决定和影响，这就决定了劳动经济学研究内容的多样性和复杂性。美国的劳动经济学自 20 世纪 40 年代以来，内容不断增加，除了原有的工会运动和劳资关系以外，通常包括劳动力的供给和需求、工资的决定与结构、就业与失业、劳动政策与立法等。最近 20 多年来，又增加了一些新的内容，如性别、种族和民族歧视、人力资本投资（教育与培训）、劳动力流动（迁移、移民以及人员流动）、工资与劳动生产率、工会和劳动力市场、物价与通货膨胀、人口老龄化、生活质量等。有的劳动经济学还把社会保险、生活福利、工时休假、安全卫生等也包括在内。

尽管劳动经济学的内容因著者而异，各有不同，但从美、英、日各国的教材中可以看到，其基本内容还是大体相同的。其共同性的东西主要包括劳动力市场概论、劳动力的供给与需求、就业与失业、工会与集体谈判、劳动政策等。这些内容都是围绕劳动力市场这个中心来安排的，有些是劳动力市场本身的问题，有些则是影响劳动力市场的制度问题。

每个国家对劳动经济的研究基本上都是以本国的国情为依据的，所以，发达国家劳动经济学虽然基本内容大致相同，但所研究的具体问题却有很大差别。例如，美国在就业与工资研究方面特别重视种族歧视，这在英国则不是重要问题，日本更不存在这个问题。终身雇佣和年功序列则是日本劳动经济学所特有的问题。

发达的市场经济国家都很重视劳动经济学，把它放在重要的地位，这是由劳动的极端重要性决定的。虽然有的经济学家不承认劳动创造世界这个原理，但他们却看到了劳动要素在生产中的重要作用。摩尔根说，“劳动是生产的基本因素之一”；雷诺菲说，“无论何地，劳动总是生产中最主要的因素”；弗里德曼也说过，“劳动对于人类来说总是首要的活动。有一种社会……都要组织劳动去生产商品，提供劳务”。岛田晴雄对劳动经济学的地位讲得更深刻：“如果认为人们通过劳动创造出价值，将这些价值进行整合的机制就是经济，那么，研究这种机制与结构的经济学几乎都与人们的劳动有关。从这个意义上看，大概可以说劳动经济学是经济学的根本。”

西方经济学家把劳动经济摆在如此重要的地位，是因其在现代社会经济运行中具有其他经济学科所无法替代的极大作用。摩尔根说：“劳动经济学的知识对于一个工业社会中未来的工业上和政治上的领导人的价值可以说几乎是显而易见、毋庸赘述的。”劳动关系是工业国家所面临的最重大的经济问题之一，“这种国家经济的稳定增长，大半取决于处理劳动关系时取得的成功程度。对于如此重大的一些问题，需要有一套完善的、科学的方法来加以解决或改善”。从选民的观念来看，劳动经济学课程的作用在于重视和说明人力资源的有效安排及劳动者收入分配这样一些重大的问题。马歇尔也强调劳动问题的解决“是决定一个社会福利、经济增长和经济稳定的重要因素”，“政府官员必须根据劳动经济学知识来解决各种劳动问题”，这种知识“不仅对工人和雇主是重要的，而且也同作为消费者、选民和纳税人的社会成员有关系”。总之，他们认为在市场经济条件下，劳动经济学对于政府、企业、工人和普通公民都有着重要的指导作用。

发达市场经济国家研究劳动经济学通常使用的是“科学研究方法”。这种方法有四个步骤：第一步，构建一个预想的假设；第二步，收集一切可以得到的有关的事实和资料并分类；第三步，根据现有的事实和资料的研究得出暂时的结论；第四步，在不同时间和不同条件下，对暂时的结论进行检验和再检验，以确定其正确与否。用美国《现代劳动经济学》的作者伊兰伯格和史密斯的话说就是，“主要运用经济理论分析是什么，即运用实证经济学的分析方法解释人们的行为，同时还运用规范经济学的分析方法判断应该是什么”。

在说明“是什么”和“为什么”时，他们经常使用的工具是实证经济分析法和逻辑推理法；在说明“应该是什么”时，则应用规范经济学的分析方法。用我们的话说，前者是定性分析法，后者是制度分析和定量分析法。“实证经济学是一种行为理论，它假定人们对利益反应积极，而对成本反应消极。”虽然他们强调实证经济分析用于劳动经济学的重要性，但在实践中，最近几十年来定量分析的东西越来越多，大量运用数学公式、模型、图表来表示劳动力供求、工资、就业、失业等的关系及其变化。

第 2 节　中国的劳动经济学

我国在 1927 年就出版了著名社会学家陈达的《劳动经济概论》和《劳动经济学》，但那时，劳动经济学只是在社会学或经济学里讲授的一门课程，始终未能形成一门独立的学科。劳动经济学成为一个独立的学科和专业是新中国成立以后的事。

在过去相当长的一段时期内，我国劳动经济学的理论和体系基本上处于停滞的状态，即保持着20世纪50年代初照搬自苏联的模式，这是与我国实行高度集中的计划经济体制相对应的。长期以来，我国的劳动经济学把有计划的社会劳动组织和企业劳动管理作为自己的主要研究方向，背离了劳动经济的基本研究对象，即作为一种资源的劳动的有效配置问题。这就混淆了劳动经济与劳动管理之间的关系，束缚了劳动经济学作为一门经济理论的发展。即使在劳动经济的研究上也主要从社会主义意识形态出发进行制度分析，回答劳动制度、工资制度和劳动保障制度应该是什么，什么样的劳动制度才能适应社会主义等问题。在分析方法上，我国计划经济时期的劳动经济学主要运用历史分析和经验分析的方法，强调对各级组织的意识和行为准则的调查研究，忽视对经济生活中的运作分析；强调本国的特殊性和社会主义制度下劳动的本质问题，而否认存在于各种经济制度下的经济运行规律的一般性和共同性。

这种劳动经济学的基本缺陷就是对劳动关系的理想化描述及对现行政策和管理方式的辩解，而缺乏应有的理论逻辑和经济发展的预测力。因此，这种劳动经济学随着改革开放的深入发展和社会主义市场经济体制的建立，已越来越不适应我国经济和社会发展的需要。党的十四大和十五大提出并确定我国的经济体制改革的目标及实现途径是逐步建立社会主义市场经济体制，在这样的形势下，劳动经济学的理论研究必须有新的发展，要重新建立适应社会主义市场经济体制的新型的劳动经济学学科体系。

与过去的计划经济体制下的劳动经济学相比，市场经济体制下的劳动经济学具有以下几个鲜明特点。

(1) 经济分析与制度分析相结合。以经济分析为主，体现劳动经济学作为一门经济学科应有的特点与深度；以微观经济分析作为主要方法，同时融入宏观经济学、新制度经济学、发展经济学的有关内容，并吸收当前国内外经济学研究的新成果，力求达到本学科发展的前沿。

(2) 与我国具体实践相结合。现代劳动经济学的基本原理与我国劳动经济运行的具体实践相结合。在体系、结构安排上有选择地借鉴西方劳动经济学的理论和方法，在数据和资料的引用上、经济运行过程的实证分析上则力求反映中国特色，加深对我国劳动资源配置过程的认识。

(3) 静态分析与动态分析相结合。这虽然是经济分析的一般要求，但对于我国劳动经济学的构建具有特殊的意义。这是因为我国正处在从计划经济体制向社会主义市场经济体制转轨的时期，劳动力市场处于初期发育阶段。劳动资源配置处于两种体制并存状态，因而存在一些与一般市场经济不同的特殊矛盾问题。这就决定了我国劳动经济学内容的复杂性和研究方法的多样性。我们必须运用系统的方法、历史的方法，把劳动经济问题纳入整个国民经济体系和经济体制改革的全过程，全面加以把握。

改革的实践呼唤着理论指导，我国劳动经济体制改革迫切需要深化劳动经济理论的研究。社会主义市场经济体制下的劳动经济学要以邓小平建设中国特色社会主义理论为指导，把经济学的一般原理与中国的实际结合起来，以现代劳动经济学的理论分析为“经”，以中国的制度背景和实际运作为“纬”，使之成为能反映中国特色社会主义的现代劳动经济学。它既要反映劳动经济学作为一门应用性基础学科的特点，从经济学的角度去分析劳动资源的有效配置问题，以提供有关劳动经济运作的基本分析框架，又要符合我国经济体制改革的目标，以社会主义市场经济为出发点，反映我国从计划经济过渡到双轨制经济，再到完善的社会主义市场经济的变化发展过程，即反映不同发展阶段劳动资源配置的特点。

建立中国特色社会主义的现代劳动经济理论和学科体系是一项十分艰巨的任务，需要广大劳动经济的理论研究工作者和实际工作者知难而进、开拓创新，为改革开放和经济发展的实际需要服务。

第3节　劳动经济专业在中国的建立与发展

新中国劳动经济专业的发展过程是曲折复杂的，经历了劳动专修科→劳动经济本科→多层次全面发展三个阶段。

一、劳动经济专业的建立

新中国成立前旧中国著名高等学校里设有社会学系，开设过劳动经济或劳动问题课程，新中国成立初期这种情况没有什么变化。1950 年在教育部的主持下，在全国的高等学校进行了一次教学改革，各个大学的社会系都设立了理论组、民族组、劳动组和民政组四个组，分别为国家和有关部门培养专业干部。北京的清华、燕京、辅仁三所大学和上海、广州等地的大学都设立了劳动组。劳动组的教学计划是由劳动部的代表和当时北京的三所大学社会学系的教师共同研究制定的。课程设置主要是按照劳动部门主管的业务需要确定的，除政治课、基础课外，还有劳动概论、劳动政策与立法、劳动行政、劳动力调配、工资、劳动保险、劳动保护和工人运动史等专业课。社会学系的劳动组在 1950—1952 年的 3 年间共培养毕业生 50 多人，这些毕业生大多分配到劳动部做管理和研究工作。

1952 年，全国高等院校在教育部的主持下进行了一次大规模的院系调整，全国各大学的社会学系全部撤销，其四个专门组分别被安排到民族和工运等相关院系中。在教师的争取和劳动部的支持下，三所大学的劳动组合并成立了一个劳动专修科。1952 年 11 月至 1953 年 8 月设在中央财经学院，1953 年 9 月调整到中国人民大学。专修科的课程设置和劳动组的差不多，只不过学制改为 3 年，原来的劳动概论、劳动行政和工人运动史三门课被精简了。劳动专修科毕业 70 余人，1954 年又招收了 100 余名一年制调干生。

劳动专修科成立后，教育部得到了一份莫斯科国民经济学院的《劳动经济专业 1951 年的教学计划》，从而了解到苏联高等学校里已设有劳动经济专业；1954 年全国总工会干部学校收集到莫斯科高级工人运动学校的劳动经济学教材，知道了苏联劳动经济学的内容。这时专修科的教师和劳动部领导建议在中国人民大学建立一个劳动经济专业，但是中国人民大学未予同意，并且决定于 1955 年秋停办劳动专修科。恰在此时，劳动部筹备在朝阳门外红庙建立北京实验技工学校，于是便决定在同一校舍内另设一个北京劳动干部学校。劳动干部学校于 1955 年 8 月成立，当时设劳动经济、劳动保护和锅炉检验三个班，1956 年初开学。学员是从全国各地劳动部门和产业部门在职干部中心抽调的，学制一年。劳动经济班除政治理论课外，还有劳动经济学、劳动法、国民经济计划、统计学原理、工业企业管理等课程，初步形成了劳动经济专业的雏形。劳动干部学校受到党和国家领导人的高度重视，1957 年 1

月，毛泽东、刘少奇、陈云、邓小平等领导人在中南海怀仁堂亲切接见了全体教师和毕业生并合影留念，给新中国的劳动经济教育事业留下了闪光的一笔。

二、正式建立第一个劳动经济专业大学本科

大学本科的建立和发展经历过一个曲折和动荡的过程。

1958 年"大跃进"期间，劳动干部学校升格为北京劳动学院。当时有劳动经济、劳动保护、机械和动力四个系。从此，我国高等学校里第一次有了培养劳动经济专门人才的大学本科。劳动经济专业的教学计划是按照我国劳动工作的实际需要和苏联的教学计划制定的。学制 4 年，共设 26 门课，除政治课、基础课、专业基础课外，专业课有劳动经济学、劳动法、劳动统计学、中国劳动工作史和劳动经济专题讲座 5 门课。主要专业课劳动经济学讲授的内容，一部分是劳动部门实际业务内容和当时的劳动政策法规，另一部分参考了 1956 年工人出版社出版的苏联梁思尼阔夫的《劳动经济》和柯斯津的《劳动经济学》。劳动经济专业 1959 年开始在全国招生。

1960 年刚刚招进第二届学生，就遇到国民经济困难时期。劳动部根据高等教育部的意见，决定撤销劳动学院，在两届学生毕业以后重新恢复北京劳动干部学校。

1963 年春，正在劳动学院等待停办期间，当时的物资总局根据刘少奇同志要办一所培养"识货工程师"的高等学校的指示，与劳动部经过几次协商后，接办了劳动学院，变更校名为北京经济学院，原有的两个系保留，继续为劳动部门培养干部。劳动经济系 1963 年暑期恢复招生。1966 年"文化大革命"爆发，全院"停课闹革命"，教学工作完全停顿。

1959—1970 年劳动经济系共为国家培养劳动经济专门人才 400 多名，这些学生被分配到劳动部门、产业部门和企事业单位从事劳动工作，大部分成为劳动人事部门的骨干力量，大多为处、局级领导干部，也有的成为副部级领导干部，为新中国的劳动事业做出了贡献。

劳动经济学是那个时期劳动经济系的主要专业课，但是并没一本正式出版的教材，所用的教材为上下两册的讲义，主要内容包括：劳动经济学的对象与任务、社会劳动力管理与就业、定员定额与企业劳动管理、劳动报酬与保险福利等。虽然其理论性与系统性不够强，但都适应了计划经济条件下培养劳动人事干部的实际需要。

1974 年，由中国人民大学四个系、北京工商专科学校和原北京经济学院的相关专业重新组建了归属北京市领导的新北京经济学院，原有的劳动经济系逐渐得到恢复和发展。从 1977 年开始每年招收一两个班的本科生，1979 年开始招收研究生。1981 年我国恢复学位制度后，该系第一批获得硕士学位授予权。1979 年中国人民大学成立了劳动经济研究室，1984 年在劳动人事部教育司的支持下，建立了劳动人事学院，先后招收了本科生和硕士研究生，1994 年中国人民大学劳动人事学院被批准为劳动经济学博士学位授予单位，1995 年开始招收劳动经济学博士生。2000 年首都经济贸易大学（1995 年由原北京经济学院和原北京财贸学院合并组建）劳动经济学院也被批准为劳动经济学博士学位授予单位。

三、全国劳动经济教学和科研飞跃式的发展

首先，很多高等院校设立了劳动经济系或劳动经济专业，招收本科生和大专生，如上海

财经大学、北方交通大学、中南财经学院、重庆工学院、北京物资学院、济南大学和东北财经大学等，设有劳动经济专业的大学由1家增至近40家；1985年以后，广播电视大学、自学高等考试、职工大学、函授大学、夜大学也纷纷设置劳动经济专业，招收不脱产的在职学员。到20世纪末，我国的劳动经济专业已经发展成从大专到本科、硕士、博士，层次完整、形式多样的办学体系。劳动经济专业的教学计划和内容，根据改革和发展的需要不断调整和逐步完善，主要专业课设有劳动经济学、企业劳动管理、劳动就业管理学、劳动报酬学、保险福利学、劳动心理学、劳动社会学、劳动统计学、劳动定额学、劳动法学、人事管理学、组织行为学、管理心理学、行政管理学、人员绩效测评、社会保障学、劳工关系概论、社会调查研究方法、职业技能开发导论、人力资源开发与管理和比较公务员制度等。这些课程大多配有比较成熟的教材，加大了专业课的深度，基本上适应了劳动人事工作从计划体制向市场经济体制转变的需要。

其次，科研机构、学术团体和专业学术刊物有了较大的发展。1981年以前，全国没有一个劳动经济专业学术团体；专业刊物只有一本《劳动》杂志；除政策研究室外，没有一个专门研究劳动的科研机构。20世纪80年代末期以来，我国先后建立了劳动科学研究所、工资研究所、社会保障研究所、劳动科学研究院、人事与人才研究院等；全国性的劳动经济学术团体有中国劳动学会、中国人力资源开发研究会和人事与人才研究会等。各省、直辖市和自治区也都相应建立了专业学术组织，基本上形成了一个全国性专业学术团体网络。专业学术刊物除面向国内外公开发行的《中国劳动保障》、《中国劳动保障报》、《人口与经济》和《中国人力资源开发》（其前身为《劳动与人事》）外，大多数省、直辖市、自治区和一些中央部委也都创办了自己的学术刊物，总数已超过30家。

随着国内教学科研力量的不断增强和改革开放的需要，特别是我国与国际劳工组织的关系正式恢复以来，我国劳动界同国际劳工组织及其主要成员美国、苏联、日本和英国的联系与合作有了很大发展。除每年派代表团出席国际劳工大会和理事会以及互派学者、留学生以外，还在培训、学术交流方面做了大量工作，除苏联的《劳动经济学》被译成中文出版以外，美国的《劳动经济学》和《现代劳动经济学》、日本的《劳动经济学》等多部教材被译成中文出版。

在改革开放大好形势鼓舞下，劳动经济方面的科研成果也获得了大丰收。在这些科研成果中，提出了许多指导我国劳动人事制度变革与发展、促进新体制成长的一系列创新观点，使我国的劳动经济研究摆脱了教条主义的束缚，逐步形成了以应用研究为主、教学科研与实际工作部门相结合的欣欣向荣的新格局。

我国的劳动经济专业虽然有了很大发展，但是同21世纪我国改革和发展的实际需要相比，同发达国家的劳动经济专业的规模和水平相比，差距仍然很大，问题不少，概括起来主要表现在以下几个方面。

（1）专业知识面过窄。我国的劳动经济受计划经济体制的影响比较大，存在学科口径太细、专业知识面过窄的问题。虽然改革开放以来也提出过不少亮点，但对实际工作部门决策的影响还不够大，还没有成为政府决策的理论基础，没有引起领导决策层的足够重视。

发达国家的劳动经济研究范围相当广泛，劳动问题、劳工运动与劳资关系、劳动力市场、收入分配与生活质量，只要涉及劳动和劳动力市场方面的经济问题，都进行分析、研究，以便为政府决策提供理论依据。20 世纪 60 年代以来，随着人力资本理论的出现，人力资源的开发与管理已经成为全球热门话题。我国人口众多，更应该对这个问题给予应有的重视。

(2) 教育思想滞后，培养目标定位不准。目前我国高等教育中，普遍存在重理论轻实践、重知识灌输轻创造能力培养、重专业教育忽视素质培养的倾向。发达国家的劳动人事管理早已进入人力资源管理阶段，而我国劳动经济专业培养的目标还停留在劳动人事管理高级专门人才阶段，既无法适应 21 世纪人力资源管理人才复合性、通用性、应用性的基本要求，又会导致学科过细、知识面过窄的局面。

(3) 课程结构老化，教学手段落后。目前，我国劳动经济专业的课程体系通常包括教育部指定的基础课、专业基础课和专业课三部分。这样的课程结构体系不同程度地存在着基础理论单调，综合素质教育与创造能力方面的培养不足，反映当代科技发展前沿的课程较少，专业课程内容之间交叉、重叠现象较多，内容陈旧，与实际脱节等问题。从教学手段和方法看，大部分高校因“重理轻文，重工轻管”思想作怪，对劳动经济教学投入少，缺乏先进的测试实验设备，教学设施简陋，现代化教育手段应用极少。这种呆板模式和落后手段培养出来的学生基础知识面不宽，基本技能欠缺。

(4) 教学水平不高，量化分析能力偏低。随着改革的深入，市场机制的力度在不断强化，地方和企业自主权的扩大，要求它们要搞好劳动力供给与需求的综合平衡，设计科学合理的收入分配方案、社会保障方案，这既需要劳动经济知识，又需要较高计算能力和数学水平。然而，目前我国的成人高等教育劳动经济专业不设高等数学课，普通高校的高等数学课课时偏少、水平偏低，计算机使用能力较弱。

参考文献

1. 王守志．现代劳动经济学．北京：首都经济贸易大学出版社，1997.
2. 张琪．劳动经济学．北京：中国统计出版社，2001.
3. 张抗私，周鹏，姜广东．当代劳动经济学．北京：经济科学出版社，2000.
4. 赵履宽，等．劳动经济学．北京：中国劳动出版社，1998.
5. 温海池．劳动经济学．天津：南开大学出版社，2000.
6. 李福田，陈宇．劳动经济学原理．北京：北京经济学院出版社，1989.
7. 卢昌崇，高良谋．当代西方劳动经济学．大连：东北财经大学出版社，1997.
8. 张德远．西方劳动经济学．上海：上海财经大学出版社，1999.
9. 董克用，潘功胜．西方劳动经济学教程．北京：中国劳动出版社，1995.
10. 马斌．西方劳动经济学概论．北京：中央编译出版社，1997.
11. 吴照云，李振球．就业原理与就业指导．北京：经济管理出版社，1997.
12. 王永江．劳动就业管理与实务．北京：北京经济学院出版社，1997.
13. 刘庆唐．劳动就业概论．北京：劳动人事出版社，1987.
14. 卢福财．人力资源经济学．北京：经济管理出版社，1997.
15. 刘国光，李京文．中国经济大转变．广州：广东人民出版社，2001.
16. 龚仰军，应勤俭．产业结构与产业政策．上海：立信会计出版社，1999.
17. 汪洪涛，包亚钧．宏观经济分析：中国发展路径和趋势的探索．太原：山西经济出版社，1999.
18. 毛健．产业结构变动与产业政策选择．北京：中国财政经济出版社，1999.
19. 陈宇，等．人力资源经济活动分析．北京：中国劳动出版社，1991.
20. 杨宜勇，等．就业理论与失业治理．北京：中国经济出版社，2000.
21. 杨治．产业经济学导论．北京：中国人民大学出版社，1985.
22. 李江，等．中国经济问题报告．北京：经济日报出版社，1998.
23. 许涤新．简明政治经济学辞典．北京：人民出版社，1983.
24. 2000年世界劳动报告．北京：中国劳动社会保障出版社，2001.

25. 中国统计年鉴（1994，1999，2000）. 北京：中国统计出版社，1994，1999，2000.

26. 中国人口统计年鉴（1998）. 北京：中国统计出版社，1998.

27. 蒋正华 . 1992 年中国生育率抽样调查数据集 . 北京：中国人口出版社，1995.

28. 姚新武，尹华 . 中国常用人口数据集 . 北京：中国人口出版社，1994.

29. 马克思，恩格斯 . 马克思恩格斯全集：第 44 卷 . 北京：人民出版社，2001.

30. 马克思 . 政治经济学批判 . 北京：人民出版社，1976.

31. 亚当・斯密 . 国民财富的性质和原因的研究 . 北京：商务印书馆，1972.

32. 约翰・梅纳德・凯恩斯 . 就业、利息和货币通论 . 北京：商务印书馆，1999.

33. 萨伊 . 政治经济学概论 . 北京：商务印书馆，1982.

34. C. A. 摩尔根 . 劳动经济学 . 北京：工人出版社，1984.

35. 马歇尔 . 经济学原理：上卷 . 北京：商务印书馆，1964.

36. 岛田晴雄 . 劳动经济学 . 北京：北京经济学院出版社，1989.

37. 樋口美雄 . 劳动经济学 . 东京：东洋经济新报社，1998.

38. 清家笃 . 劳动经济 . 东京：东洋经济新报社，2004.

39. 伊兰伯格，史密斯 . 现代劳动经济学——理论与公共政策：第六版 . 北京：中国人民大学出版社，2000.

40. 斯蒂格利茨 . 经济学：上册 . 北京：中国人民大学出版社，1997.

41. 西奥多・W. 舒尔茨 . 论人力资本投资 . 北京：北京经济学院出版社，1990.

42. 加里・S. 贝克尔 . 人力资本 . 北京：北京大学出版社，1987.

43. 亚瑟・W. 小舍曼，乔治・W. 勃兰德，斯科特・A. 特耐尔 . 人力资源管理：第十一版 . 大连：东北财经大学出版社，2001.

44. P. 萨鲁哈诺卡 . 劳动力管理的经济问题 . 长春：吉林省劳动服务公司，1983.

45. 德・伊・瓦连捷伊 . 马克思列宁主义人口理论 . 北京：商务印书馆，1978.

46. 日本总务厅 . 劳动力调查年报 . 1996.

47. 日本总务厅统计局 . 世界统计 . 2000.

48. 日本厚生省 . 厚生白皮书 . 1992.

49. 日本劳动省 . 劳动白皮书 . 1998.

50. 日本厚生劳动省 . 劳动经济白皮书 . 2004.

51. Occupational Outlook Handbook，Compiled by The United States Department of Labor. 2000—2001 Edition .

52. 曾湘泉 . 劳动经济学 . 上海：复旦大学出版社，2003.

53. 国际统计年鉴（2005）. 北京：中国统计出版社，2005.

54. 陈广汉 . 中国二元劳动力市场工资决定与收入分配 . 研究报告，2006.

55. 袁伦渠 . 劳动经济学 . 大连：东北财经大学出版社，2002.

56. 杨俊青，刘珊珊 . 劳动经济理论研究 . 北京：中国经济出版社，1998.

57. 国际劳工局 . 世界就业报告（2004—2005 年）. 北京：中国劳动社会保障出版社，2006.

58. 谌新民 . 企业内部劳动力市场 . 北京：中国社会科学出版社，2006.

59. 李中斌，等 . 劳动经济学 . 北京：中国社会科学出版社，2007.

60. 沈琴琴．劳动经济学．北京：中国劳动社会保障出版社，2008.

61. 蔡昉，都阳，高文书，王美艳．劳动经济学——理论与中国现实．北京：北京师范大学出版社，2009.

62. 托马斯·寇肯，哈瑞·卡兹，罗伯特·麦克西．美国产业关系的转型．北京：中国劳动社会保障出版社，2008.

63. 冯同庆．劳动关系理论研究．北京：中国工人出版社，2012.

64. 约翰·W. 巴德．劳动关系：寻求平衡：原书第3版．北京：机械工业出版社，2013.

65. 曹红钢．政府行为目标与体制转型．北京：社会科学文献出版社，2007.

66. 徐长玉．中国劳动力市场培育研究．北京：中国社会科学出版社，2009.

67. 陈庆云．公共政策分析．北京：北京大学出版社，2011.

68. 蔡昉．中国劳动与社会保障体制改革研究30年．北京：经济管理出版社，2008.

69. 杜焱，杜佳慧．我国就业结构的统计度量．统计与决策，2006（1）．

70. 中国劳动统计年鉴（2012）．北京：中国统计出版社，2012.

图书在版编目（CIP）数据

劳动经济学/杨河清主编．—5版．—北京：中国人民大学出版社，2018.8
面向21世纪人力资源管理系列教材
ISBN 978-7-300-25963-5

Ⅰ.①劳… Ⅱ.①杨… Ⅲ.①劳动经济学-高等学校-教材 Ⅳ.①F240

中国版本图书馆CIP数据核字（2018）第150729号

"十二五"普通高等教育本科国家级规划教材
面向21世纪人力资源管理系列教材
劳动经济学（第5版）
主　编　杨河清
副主编　张　琪
Laodong Jingjixue

出版发行	中国人民大学出版社		
社　　址	北京中关村大街31号	**邮政编码**	100080
电　　话	010－62511242（总编室）		010－62511770（质管部）
	010－82501766（邮购部）		010－62514148（门市部）
	010－62515195（发行公司）		010－62515275（盗版举报）
网　　址	http://www.crup.com.cn		
经　　销	新华书店		
印　　刷	天津鑫丰华印务有限公司	**版　　次**	2002年5月第1版
开　　本	787 mm×1092 mm　1/16		2018年8月第5版
印　　张	22.5 插页1	**印　　次**	2023年12月第9次印刷
字　　数	550 000	**定　　价**	42.00元

中国人民大学出版社　管理分社

教师教学服务说明

中国人民大学出版社管理分社以出版工商管理和公共管理类精品图书为宗旨。为更好地服务一线教师，我们着力建设了一批数字化、立体化的网络教学资源。教师可以通过以下方式获得免费下载教学资源的权限：

★ 在中国人民大学出版社网站 www.crup.com.cn 进行注册，注册后进入“会员中心”，在左侧点击“我的教师认证”，填写相关信息，提交后等待审核。我们将在一个工作日内为您开通相关资源的下载权限。

★ 如您急需教学资源或需要其他帮助，请加入教师 QQ 群或在工作时间与我们联络。

中国人民大学出版社　管理分社

教师 QQ 群： 648333426（工商管理）　114970332（财会）　648117133（公共管理）
教师群仅限教师加入，入群请备注（学校＋姓名）

联系电话： 010-62515735，62515987，62515782，82501048，62514760

电子邮箱： glcbfs@crup.com.cn

通讯地址： 北京市海淀区中关村大街甲 59 号文化大厦 1501 室（100872）

管理书社　　人大社财会　　公共管理与政治学悦读坊